Pesquisa qualitativa com texto, imagem e som

Dados Internacionais de Catalogação na Publicação (CIP)
(Câmara Brasileira do Livro, SP, Brasil)

Pesquisa qualitativa com texto: imagem e som : um manual prático / Martin W. Bauer, George Gaskell (orgs.) ; tradução de Pedrinho Guareschi. – 13. ed. Petrópolis , RJ : Vozes, 2015.

Título original: Qualitative Researching with Text, Image and Sound : a Practical Handbook.

6ª reimpressão, 2024.

ISBN 978-85-326-2727-8

1. Ciências sociais – Metodologia 2. Ciências sociais – Pesquisa 3. Ciências sociais – Pesquisa – Metodologia 4. Pesquisa avaliativa (Programas de ação social) 5. Pesquisa qualitativa I. Bauer, Martin W. II. Gaskell, George.

02-2085   CDD–001.42

Índices para catálogo sistemático:
1. Pesquisa qualitativa : Metodologia   001.42

Martin W. Bauer e George Gaskell (orgs.)

Pesquisa qualitativa com texto, imagem e som

Um manual prático

Tradução de Pedrinho Guareschi

EDITORA VOZES

Petrópolis

Edição inglesa publicada por Sage Publications de Londres,
Thousand Oaks e Nova Delhi,
© Martin W. Bauer and George Gaskell 2000

Tradução do original em inglês intitulado
Qualitative Researching With Text, Image and Sound

Direitos de publicação em língua portuguesa:
2002, Editora Vozes Ltda.
Rua Frei Luís, 100
25689-900 Petrópolis, RJ
www.vozes.com.br
Brasil

Todos os direitos reservados. Nenhuma parte desta obra poderá ser reproduzida ou
transmitida por qualquer forma e/ou quaisquer meios (eletrônico ou mecânico, incluindo
fotocópia e gravação) ou arquivada em qualquer sistema ou banco de dados sem
permissão escrita da editora.

CONSELHO EDITORIAL

Diretor
Volney J. Berkenbrock

Editores
Aline dos Santos Carneiro
Edrian Josué Pasini
Marilac Loraine Oleniki
Welder Lancieri Marchini

Conselheiros
Elói Dionísio Piva
Francisco Morás
Gilberto Gonçalves Garcia
Ludovico Garmus
Teobaldo Heidemann

Secretário executivo
Leonardo A.R.T. dos Santos

PRODUÇÃO EDITORIAL

Aline L.R. de Barros
Jailson Scota
Marcelo Telles
Mirela de Oliveira
Natália França
Otaviano M. Cunha
Priscilla A.F. Alves
Rafael de Oliveira
Samuel Rezende
Vanessa Luz
Verônica M. Guedes

Revisão dos capítulos 13,15 e glossário: Denise Amon
Editoração e org. literária: Luciana Bassous Pinheiro
Capa: André Gross

ISBN 978-85-326-2727-8 (Brasil)
ISBN 978-07-619-6481-0 (Reino Unido)

Este livro foi composto e impresso pela Editora Vozes Ltda.

SUMÁRIO

Apresentação, 7

Sobre os autores, 11

Introdução, 15

1 Qualidade, quantidade e interesses do conhecimento – Evitando confusões, 17
Martin W. Bauer, George Gaskell e Nicholas C. Allum

Parte I – Construindo um *corpus* de pesquisa, 37

2 A construção do *corpus*: um princípio para a coleta de dados qualitativos, 39
Martin W. Bauer e Bas Aarts

3 Entrevistas individuais e grupais, 64
George Gaskell

4 Entrevista narrativa, 90
Sandra Jovchelovitch e Martin W. Bauer

5 Entrevista episódica, 114
Uwe Flick

6 Vídeo, filme e fotografias como documentos de pesquisa, 137
Peter Loizos

7 Bemetologia: para uma contínua (auto-)observação e avaliação da personalidade, 156
Gerhard Fassnacht

Parte II – Enfoques analíticos para texto, imagem e som, 187

8 Análise de conteúdo clássica: uma revisão, 189
Martin W. Bauer

9 Análise argumentativa, 218
Miltos Liakopoulos

10 Análise de discurso, 244
Rosalind Gill

11 Análise da conversação e da fala, 271
Greg Myers

12 Análise retórica, 293
Joan Leach

13 Análise semiótica de imagens paradas, 319
Gemma Penn

14 Análise de imagens em movimento, 343
Diana Rose

15 Análise de ruído e música como dados sociais, 365
Martin W. Bauer

Parte III – O auxílio do computador, 391

16 Análise com auxílio de computador: codificação e indexação, 393
Udo Kelle

17 Palavras-chave em contexto: análise estatística de textos, 416
Nicole Kronberger e Wolfgang Wagner

Parte IV – Questões de boa prática, 443

18 Falácias na interpretação de dados históricos e sociais, 445
Robert W.D. Boyce

19 Para uma prestação de contas pública: além da amostra, da fidedignidade e da validade, 470
George Gaskell e Martin W. Bauer

Glossário, 491

APRESENTAÇÃO

Este é um livro de que necessitávamos e que até certo ponto merecíamos. Necessitávamos, pois o número de pesquisadores(as) que atualmente trabalham com métodos qualitativos é enorme. De ponta a ponta, no Brasil e na América Latina, pode-se já afirmar que a maior parte das investigações nas ciências humanas e sociais emprega, ao menos como uma dimensão importante, métodos qualitativos de diferentes tipos. Não tínhamos um referencial claro, coerente, seguro, abrangente e, por assim dizer, amadurecido, para servir de parâmetro. Finalmente, ele está aqui. Merecíamos, pois, um pouco como consequência do que acabamos de dizer. O esforço investigativo que está sendo empregado em nossas diferentes instituições merece que se volva o olhar para esses grupos de trabalho e lhes ofereça um apoio seguro, aprofundado, que sirva como retribuição do esforço empenhado, por um lado, e como um impulso para maiores e mais aprofundados empreendimentos, por outro. Este livro chegou, portanto, em boa hora.

Gostaria de mencionar algumas das muitas razões pelas quais este livro é bem-vindo.

Em primeiro lugar, ele vem preencher um vácuo que nos afligia dentro da própria pesquisa qualitativa. Há grande número de investigadores trabalhando neste campo, mas sem um ponto de apoio e um referencial mais ou menos comum. Investíamos muito tempo em discussões sobre uma ou outra técnica, mas sem uma referência que nos mostrasse o espectro global, de tal modo que pudéssemos especificar com clareza de que método falávamos, como o poderíamos conceituar, qual semelhança e diferença entre os diversos métodos, quais as vantagens e limitações de cada um. Deste modo, após dois capítulos iniciais, que nos apresentam uma excelente discussão epistemológica sobre a relação entre pesquisa qualitativa e quantitativa, os diversos autores desfilam diante de nós aquilo mesmo que todo pesquisador já se perguntou e, se não, irá se perguntar: Qual a melhor maneira de enfrentar meu objeto? Entrevista em grupo ou individual? – cap. 3. O que é entrevista narrativa? – cap. 4. O que é entrevista episódica? – cap. 5. Como analisar imagens em vídeos, filmes, fotografias, documentos? – cap. 6. Quero pesquisar grande número de observações por largo espaço de tempo? – cap. 7. O que é uma análise de conteúdo clássica? – cap. 8. O que é uma análise argumentativa? – cap. 9. O que é uma análise de discurso, entre as 57 existentes? – cap. 10. Como se faz uma análise da conversação e da fala? – cap. 11. O que é e como fazer uma análise retórica? – cap. 12. O que é e como fazer uma análise semiótica? – cap. 13. Como fazer uma análise com imagens em movimento, como na TV? – cap.14. Como fazer uma análise dos ruídos ou de músicas? – cap.15. Tudo isto para depois, em dois capítulos, mostrar bem criticamente até onde nos podem ajudar programas de computador para análise de informações qualitativas. Finalmente, os dois últimos capítulos, para que não fique nenhuma dúvida, ajudam-nos a fazer uma reflexão crítica sobre a importância e a responsabilidade de quem faz pesquisa qualitativa, mostrando como, a partir do conhecimento acumulado da pesquisa quantitativa, não se precisa ficar devendo nada a tais conquistas, se soubermos trabalhar com cuidado e método. E se isto tudo não bastasse, um glossário fecha o volume com a definição dos termos mais importantes discutidos no livro.

Mas não é tudo. Há um ponto fundamental que gostaria de ressaltar: percebe-se, de imediato, que os autores dos capítulos são pessoas que já labutaram no campo específico do método que apresentam e que possuem uma prática reconhecida. Todos eles, além de terem feito pesquisa dentro do tema, possuem produções reconhecidas e atualizadas e são especialistas no assunto. São uma fonte segura, experimentada, sadia, de onde podemos beber com segurança. Cremos ser isto essencial, pois assim nos dão uma visão global do campo, mostram as vantagens e os problemas de cada método, como alguém que já experimentou na prática estas dificuldades. E fazem isto muito bem. É assim que, ao menos um terço dos capítulos, quando não mais, traz um exemplo concreto, prático, de uma pesquisa que emprega o tipo de método sobre o qual disserta.

Se fosse mostrar mais uma razão da importância do livro, diria que ele não é extremado ou fundamentalista. Aceita o desafio dentro do campo da investigação social, procurando estabelecer um diálogo com a tradição geral da pesquisa. Não rompe com o conhecimento adquirido, mas procura avançar, mostrando como é possível

APRESENTAÇÃO

progredir na tarefa investigativa, trazendo novas luzes e novos enfoques, sem necessariamente estabelecer dicotomias irreconciliáveis. Reconhecendo as diferenças necessárias, traz avanços significativos, mostrando a possibilidade de um diálogo fecundo e construtivo com outras dimensões metodológicas.

Tenho a impressão que temos agora um referencial para podermos julgar se uma investigação dentro da dimensão qualitativa é uma boa prática de pesquisa. Antes, os examinadores, tanto das dissertações de mestrado e teses de doutorado, como os revisores de artigos para revistas científicas, ficavam um tanto perplexos no momento de fazer uma avaliação crítica do valor dos referidos trabalhos. Se não por outro motivo, este já justificaria a importância e a necessidade do presente volume que você tem em mãos.

Finalmente, julgo que o livro nos traz uma contribuição muito útil e prática no sentido de dar início à padronização de uma linguagem em métodos de pesquisa qualitativa, possibilitando assim que o diálogo entre os colegas avance de maneira suave e profunda. Uma agenda para este diálogo deveria incluir, entre outras, a discussão dos critérios de boa qualidade em pesquisa qualitativa e a necessidade de oferecer uma prestação de contas pública à comunidade científica sobre a produção em pesquisa qualitativa.

Fazer uma tradução que seja fiel e compreensível não é fácil. Ainda mais numa área como esta. Necessitei criar, adaptar e aportuguesar alguns termos, mas apenas no intuito de poder ser mais claro e inteligível. Sou grato aos estatísticos, matemáticos, linguistas, semiólogos, comunicadores e a outros a quem recorri para poder tomar uma decisão prudente entre a criatividade e a repetição. Antecipo-me, pois, nas escusas por muitas falhas que certamente você encontrará. E bem mais erros e falhas haveria não fosse o carinho e agudez inteligente da doutoranda Denise Amon, da PUCRS, que corrigiu e aperfeiçoou os capítulos 13, 15 e o glossário, e contribuiu com muitos outros comentários. Muito obrigado a ela e a todos que puderem mandar sugestões de correções para uma segunda e outras edições que certamente se seguirão.

Pedrinho A. Guareschi
PUCRS

SOBRE OS AUTORES

Bas Aarts é professor de Língua Inglesa Moderna e diretor do Survey of English Usage at University College London. Seu principal interesse em pesquisa é a sintaxe do inglês atual. Suas publicações incluem *Small Clauses in English: the Nonverbal Types* (1992, Mouton de Gruyter), *The Verb in Contemporary English; Theory and Description* (1995, editado com C.F. Meyer, Cambridge University Press) e *English Syntax and Argumentation* (1997, Macmilan).

Nicolas C. Allum é um research officer no Methodology Institute, London School of Economics and Political Science. Ele está atualmente investigando percepções públicas da biotecnologia com George Gaskell e Martin Bauer. Sua pesquisa de doutorado se concentra na percepção de risco, confiança e julgamento moral com respeito a tecnologias controvertidas. Outros interesses são comportamento dos votantes, análise textual com auxílio de computador, e filosofias da ciência e probabilidade. Publicações recentes incluem Worlds Apart: The Reception of Genetically Modified Foods in Europe and the US, *Science*, 16 de julho de 1999; e *A Social Representations Approach to the Analysis of Three Textual Corpora using Alceste*, dissertação de mestrado, LSE, 1998.

Martin W. Bauer estudou Psicologia e História na Universidade de Bern, e tem seu PhD pela London School of Economics. É professor de Psicologia Social e Metodologia da Pesquisa na LSE e é research fellow do Science Museum, Londres. Pesquisa ciência e tecnologia nas percepções sociais e reportagens da mídia, e as funções da resistência na transformação organizacional e societal. Recentes publicações incluem Towards a Paradigm for Research on Social Representations, *Journal for the Theory of Social Behavior* (vol. 29, 1999), The Medicalisation of Science News – from the Rocket-Scalpel to the Gene-Meteorite Complex, *Social Science Information* (vol. 37, 1998); *Resistance to New Technology: Nuclear Power, Information Technology, Biotechnology* (1997, Cambridge University Press).

Robert Boyce ensina História Internacional na London School of Economics onde se especializa na política das relações econômicas internacionais. Entre suas recentes publicações estão estudos sobre a crise econômica no período entre guerras, relações dos bancos centrais, o desenvolvimento da comunicação de alta velocidade, as origens econômicas da II Guerra Mundial, a indústria inglesa de bebidas dentro da Europa e política monetária francesa.

Uwe Flick é sociólogo e psicólogo, professor de Pesquisa Empírica em Nutrição na Alice-Salomon University of Applied Sciences, Berlim, Alemanha, e Privatdozent em Psicologia na Technical University of Berlim, Alemanha. Seus interesses em pesquisa incluem conhecimento cotidiano, representações sociais, metodologia qualitativa, saúde individual e pública e mudança tecnológica na vida cotidiana. Recentes publicações incluem *An Introduction to Qualitative Research* (1999, Sage) e *Psychology of the Social* (editado com U. Flick, 1998, Cambridge University Press).

Gerard Fassnacht é Privatdozent no departamento de Psicologia, University of Bern, Suíça. Seus interesses em pesquisa incluem personalidade (em específico desenvolvimento social), etologia humana, observação, diagnóstico, metodologia da pesquisa e filosofia da ciência. Recentes publicações incluem *Systematische Verhaltensbeobacthung* (3ª edição totalmente revisada, 1995, Reinhardt); e *Theory and Practice of Observing Behavior* (1982, Academic Press).

George Gaskell é professor de Psicologia Social e diretor do Methodology Institute at the London School of Economics. Ensina na área de delineamento de pesquisa, levantamentos e questionários, investigação qualitativa, atitudes e representações sociais e psicologia econômica. Recentes projetos de pesquisa incluem aspectos cognitivos da metodologia da pesquisa e um estudo comparativo internacional das percepções públicas da moderna biotecnologia. É editor de *Societal Psychology* (1990, Sage), com H. Himmelweit, e *Biotechnology in the Public Sphere* (1998, Science Museum Press), com John Durant e Martin Bauer.

Rosalind Gill é psicóloga social e leciona Gender Theory na LSE. É especialista em mídia e novas tecnologias e autora de *Gender-Technology Relation* (com Keith Grint, 1995, Taylor e Francis) e *Gender and the Media: Representations, Audiences and Cultural Politics* (2000, Polity Press).

Sandra Jovchelovitch é professora de Psicologia Social na LSE. Trabalhou extensamente com comunidades locais e publicou ampla-

— 12 —

SOBRE OS AUTORES

mente no campo das representações sociais. Sua pesquisa atual é sobre como transformações nas esferas públicas modelam a produção e a racionalidade das representações sociais.

Udo Kelle é professor de Métodos em Pesquisa Social na University of Vechta. Seus principais interesses de pesquisa cobrem os campos da metodologia da pesquisa quantitativa e qualitativa, teoria da decisão e sociologia das trajetórias de vida. Presentemente trabalha com conceitos para integrar métodos qualitativos e quantitativos em pesquisa social. É editor de *Computer-aided Qualitative Data Analysis: Methods, Theory and Practice* (1995, Sage).

Nicole Kronberger é mestre em psicologia pela Universidade de Viena. Seu foco de pesquisa é em problemas psicossociais de moralidade, compreensão pública da ciência e análise qualitativa. Recentes publicações incluem *Swarzes Loch, Geistige Lämung und Dornröschenschlaft: Ein Metaphernanalytischer Beitrag zur Erfassung von Alltagsworstellung von Depression (Black Hole, Mental Paralysis and Deep Sleep: a Methaphor Analysis of Lay Conceptions of Depression) e Psychotherapie und Sozialwissenschaft* (1999) 1 (2), 85-104.

Joan Leach é professora em Ciência da Comunicação no Imperial College of Science, Technology & Medicine. Ela recebeu bacharelado em Literatura Inglesa e bacharelado em Biologia da University of Illinois at Urbana-Champaign. Recebeu seu mestrado em Comunicação e seu PhD como um Andrew Mellon Doctoral Fellow na retórica da ciência da University of Pittsburg. É editora da revista quadrimensal *Social Epistemology*, e publicou sobre ética do discurso, a história e o papel dos comunicadores na ciência e medicina, e as representações da ciência na mídia durante a crise BSE. Ensina no curso de graduação em Ciência da Comunicação e no curso de mestrado em ciência da comunicação no Imperial College.

Milos Liakopoulos completou seu PhD na LSE sobre a controvérsia com relação aos alimentos geneticamente modificados na Inglaterra. Sua pesquisa é sobre atitudes públicas com respeito à biotecnologia e sobre a cobertura da mídia sobre biotecnologia.

Peter Loizos teve uma primeira atividade como produtor de filmes e documentários antes de entrar para a Antropologia Social, que ensina na LSE desde 1969. É o autor e coeditor de *The Greek Gift: Politics in a Cypriot Village; The Heart Grown Bitter: A Chronicle of Cypriot War Refugees; Gender and Kinship in Modern Greece* (com E. Papataxiarchis); *Choosing Research Methods: Data Collection for Development*

— 13 —

Workers (com Gryan Pratt); *Innovation in Ethnographic Film: From Innocence to Self-consciousness; Conceiving Persons: Ethnographies of Procreation* (com P. Heady), e mais de 50 trabalhos, relatórios, capítulos e artigos numa gama de temas, incluindo transferência de propriedade e classe; desenvolvimento político e clientelismo; conflito étnico; participação em projetos de desenvolvimento Dfid (Nepal e Nigéria), adaptação dos refugiados à privação e conservação do capital social dos refugiados, e assuntos de representação de filmes de televisão.

Greg Myers é professor sênior de Linguística e Língua Inglesa moderna na Lancaster University, onde ensina no programa de Culture, Media and Communications. Seu livro mais recente é *Ad Worlds: Brands, Media, Audiences* (1999, Arnold), e está trabalhando na dinâmica da opinião em grupos focais. O trabalho desse capítulo foi financiado em parte por uma bolsa do Economic and Social Research Council (Inglaterra).

Gemma Penn concluiu seu PhD em 1998 no Departamento de Psicologia Social da LSE, onde também lecionou por dois anos. Atualmente está trabalhando como consultora autônoma em pesquisa social e estatística. Seus interesses em pesquisa incluem publicidade e promoção de vendas, psicologia social da saúde, com ênfase particular no fumar e na medicalização e satisfação dos pacientes com o atendimento de saúde.

Diana Rose estudou nas universidades de Aberdeen e London e tem seu PhD dessa última. Escreveu amplamente em sociolinguística, métodos qualitativos, representações sociais, análises de televisão e saúde mental. Lecionou psicologia social e estudos femininos e atualmente é pesquisadora sênior na equipe do User-Focused Monitoring no The Sainsbury Centre for Mental Health em Londres. Diana Rose é supervisora do sistema de saúde mental.

Wolfgang Wagner é professor no Departamento de Psicologia Social e Econômica da University of Linz, Áustria. Seus interesses em pesquisa passam pelo pensamento cultural e social cotidiano, teoria da representação social, cognição distribuída e partilhada, processos de grupo, e problemas de transferência e aplicação da teoria na prática profissional. Suas principais publicações incluem *Alltagsdiskurs: die Theorie Sozialer Repräsentationen (Everyday Discourse: The Theory of Social Representations*, 1994, Göttingen: Hogrefe).

INTRODUÇÃO

Este livro tem uma história de uns cinco anos. Iniciou no Instituto de Metodologia da London School of Economics (LSE), criado para munir os estudantes de pesquisa com um amplo treinamento em métodos de pesquisa quantitativa e qualitativa. Somos responsáveis pelo desenvolvimento de cursos e apoio à pesquisa qualitativa. Àquela época, um número crescente de estudantes e pesquisadores dedicavam-se, com muita satisfação, a estudos qualitativos, e os editores, com ainda maior satisfação, forneceram um número crescente de livros, que estimularam uma estranha guerra de palavras entre métodos quantitativos e qualitativos. A ideia de que esses métodos se constituem em enfoques mutuamente exclusivos, dentro da pesquisa social, possui uma longa história, materializada nas séries muito úteis de livros verdes e azuis, publicadas pela editora Sage.

Através de nossos esforços, tentamos evitar três posturas comuns. Primeiramente, relutamos equiparar a pesquisa qualitativa a um conhecimento interessado em "dar poder", ou "dar voz aos oprimidos". Embora estes possam ser entusiasmos louváveis, no contexto de grande parte da prática de pesquisa qualitativa, eles são, no mínimo, ingênuos e possivelmente mal encaminhados. Em segundo lugar, consideramos que o espectro de dados acessíveis à pesquisa social vai além das palavras pronunciadas nas entrevistas. Desde o início, incluímos outras formas de texto, bem como imagens e materiais sonoros, na nossa discussão sobre fontes de dados. Em terceiro lugar, consideramos as batalhas epistemológicas entre pesquisadores qualitativos e quantitativos, entre uma diversidade de grupos de discussão interna e grupos externos, como polêmicas, verborrágicas e improdutivas. Por conseguinte, concentramos nosso esforço no esclarecimento dos procedimentos, na prestação de contas pública e na boa prática em pesquisas empíricas. Esta filosofia, que poderia ser identificada de maneira ampla como socioconstrutivista, guiou nossa escolha de colaboradores para este livro, de forma que possuíssem uma postura teórica dentro destes parâmetros. Alguns dos autores pertencem à LSE e têm contribuído para o programa de ensino de metodologia por diversos anos. Encontramos outros excelentes pesquisadores que aceitaram o convite de contribuir com o que poderia ser chamado de "enfoque da LSE" em pesquisa qualitativa: privilegiar os procedimentos e a boa prática, e evitar confusões epistemológicas.

Após uma introdução às questões centrais da quantidade, qualidade e interesses do conhecimento, o livro está estruturado em quatro partes.

A parte I discute diferentes maneiras de coletar dados e diferentes tipos de dados: texto, imagem e materiais sonoros. O principal argumento aqui é que a construção de um *corpus* é o princípio que permite uma coleta sistemática de dados, sem seguir a lógica da amostragem estatística. A parte II introduz oito diferentes enfoques analíticos cobrindo, novamente, texto, imagem e materiais sonoros. Cada enfoque apresenta sua nomenclatura específica, é contextualizado brevemente, apresenta um exemplo e desenvolve passo a passo os procedimentos, concluindo com uma discussão sobre o que constitui uma boa prática.

A parte III introduz dois tipos de uso do computador para auxílio à análise de dados – indexação e codificação, também conhecidos como Caqdas e análise de coocorrência Kwic – como exemplos do considerável trabalho no desenvolvimento de software nessa área. A parte IV enfoca problemas de interpretação, do ponto de vista do historiador, que procura compreender os atores no passado, mas cujos problemas são semelhantes aos do pesquisador social. Onze falácias de interpretação dão uma indicação do que pode estar acontecendo de errado em toda tentativa de interpretar o "outro", em determinada situação. Finalmente, nós apresentamos nossas recomendações sobre critérios de qualidade para pesquisa qualitativa. Sublinhamos seis critérios que são diferentes, mas funcionalmente equivalentes, em termos de prestação de contas pública, aos critérios tradicionais de amostragem representativa, fidedignidade e validade. Critérios para avaliar a pesquisa qualitativa são indispensáveis, mas se aplicam critérios diferentes na definição de uma boa prática.

Expressamos nossa gratidão aos colegas do Instituto e aos estudantes do curso de mestrado em Métodos de Pesquisa Social, por seu encorajamento e sua crítica construtiva, na medida em que este livro ia tomando forma, e obrigado a Jane Gregory por sua edição cuidadosa do manuscrito.

1
QUALIDADE, QUANTIDADE E INTERESSES DO CONHECIMENTO
EVITANDO CONFUSÕES

*Martin W. Bauer, George Gaskell e
Nicholas C. Allum*

Palavras-chave: análise de dados; a lei do instrumento; geração de dados; modos e meios de representação; a situação ideal de pesquisa; delineamento da pesquisa; interesses do conhecimento.

Imagine um jogo de futebol. Dois jogadores adversários correm atrás da bola e, de repente, um deles cai, rolando pelo chão. Metade dos espectadores assobiam e gritam, e a outra metade respira aliviada, pois o possível perigo foi superado.

Podemos analisar esta situação social competitiva da seguinte maneira. Primeiro, existem os atores: os jogadores de futebol, 11 de cada lado, altamente treinados, habilidosos e articulados em seus papéis, com o propósito de ganhar o jogo; e os árbitros, isto é, o juiz e os bandeirinhas. Este é o "campo da ação".

Temos depois os espectadores. Os assistentes, em sua maioria, são leais torcedores de um time ou outro. São poucos os que não se identificam com um ou outro dos times. Haverá, contudo, um ou dois espectadores que não conhecem o futebol, e são apenas curiosos. As arquibancadas dos espectadores são o "campo de observação ingênua" – ingênua no sentido de que os espectadores estão simplesmente assistindo aos acontecimentos no campo e são como que parte do próprio jogo, que eles experienciam como se eles próprios estivessem jogando. Devido a sua lealdade a um dos times, pensam e sentem dentro de uma perspectiva partidária. Quando um dos jogadores cai, isto é interpretado pelos torcedores do seu time como uma falta, enquanto que para os fãs do outro time não passa de um erro pessoal e teatral.

Finalmente, há a posição daqueles que descrevem a situação como nós o fazemos aqui. Temos uma curiosidade sobre a natureza tribal do acontecimento, do campo de ação e dos espectadores que estão sendo observados. Em termos ideais, tal descrição requer uma análise fria da situação, que não tenha envolvimento com nenhum dos times. Nosso envolvimento direto pode ser com o futebol em geral – seus problemas atuais e futuros. A isto nós chamamos de "campo de observação sistemática". A partir desta posição, podemos relacionar três formas de evidência: o que está acontecendo no campo, as reações dos espectadores, e a instituição do futebol como um ramo do esporte, dos negócios ligados aos divertimentos ou ao comércio. Evitar um envolvimento direto exige precauções: a) uma consciência treinada das consequências que derivam do envolvimento pessoal; e b) um compromisso em avaliar as observações de alguém metodicamente e em público.

Tais observações com diferentes graus de imparcialidade são a problemática da pesquisa social. Por analogia, podemos facilmente estender este "tipo ideal" de análise daquilo que podemos chamar uma "situação total de pesquisa" (CRANACH et al., 1982: 50), a outras atividades sociais, tais como votar, trabalhar, fazer compras e compor música, para mencionar apenas algumas. Podemos estudar o campo de ação e perguntar que acontecimentos estão no campo (o objeto de estudo); podemos experimentar subjetivamente tal acontecimento – o que está acontecendo, como nos sentimos e quais os motivos para tal acontecimento. Esta observação ingênua é semelhante à perspectiva dos atores e dos auto-observadores. Finalmente, nós nos concentramos na relação sujeito/objeto que brota da comparação da perspectiva do autor e da perspectiva do observador, dentro de um contexto mais amplo e pergunta como os acontecimentos se relacionam às pessoas que os experienciam.

Uma cobertura adequada dos acontecimentos sociais exige muitos métodos e dados: um pluralismo metodológico se origina como uma necessidade metodológica. A investigação da ação empírica exige a) a observação sistemática dos acontecimentos; inferir os sentidos desses acontecimentos das (auto-)observações dos atores e dos espectadores exige b) técnicas de entrevista; e a interpretação dos

1. QUALIDADE, QUANTIDADE E INTERESSES...

vestígios materiais que foram deixados pelos atores e espectadores exige c) uma análise sistemática.

O delineamento da pesquisa: geração de dados, redução e análise

É útil distinguir entre quatro dimensões na investigação social. Estas dimensões descrevem o processo de pesquisa em termos de combinações de elementos através das quatro dimensões. Primeiro, há o delineamento da pesquisa de acordo com seus princípios estratégicos, tais como o levantamento por amostragem, a observação participante, os estudos de caso, os experimentos e quase experimentos. Segundo, há os métodos de coleta de dados, tais como a entrevista, a observação e a busca de documentos. Terceiro, há os tratamentos analíticos dos dados, tais como a análise de conteúdo, a análise retórica, a análise de discurso e a análise estatística. Finalmente, os interesses do conhecimento referem-se à classificação de Habermas sobre o controle, a construção de consenso e a emancipação dos sujeitos do estudo. Estas quatro dimensões são mostradas na Tabela 1.1.

Tabela 1.1 – *As quatro dimensões do processo de pesquisa*

Princípios do delineamento	Geração de dados	Análise dos dados	Interesses do conhecimento
Estudo de caso	Entrevista individual	*Formal*	
Estudo comparativo	Questionário	Modelagem estatística	
Levantamento por Amostragem	Grupos focais	Análise estrutural	Controle e predição
Levantamento por Painel	Filme	*Informal*	Construção de consenso
Experimento	Registros audiovisuais	Análise de conteúdo	Emancipação e "empoderamento"
Observação Participante	Observação sistemática	Codificação	
	Coleta de documentos	Indexação	
Etnografia	Registro de sons	Análise semiótica	
		Análise retórica	
		Análise de discurso	

Muita confusão metodológica e muitas afirmações falsas surgem da compreensão equivocada ao se fazer a distinção entre qualitativo/quantitativo na coleta e análise de dados, com princípios do delineamento da pesquisa e interesses do conhecimento. É muito possível conceber um delineamento experimental, empregando entrevistas em profundidade para conseguir os dados. Do mesmo modo, um delineamento de estudo de caso pode incorporar um questionário de pesquisa para levantamento, junto com técnicas observacionais, como por exemplo estudar uma corporação comercial que passa por dificuldades. Um levantamento de grande escala de um grupo de minoria étnica pode incluir questões abertas para análise qualitativa, e os resultados podem servir a interesses emancipatórios do grupo minoritário. Ou podemos pensar em um levantamento aleatório de uma população, coletando os dados através de entrevistas com grupos focais. Contudo, como mostra o último exemplo, certas combinações de princípios de delineamentos, com métodos de coleta de dados, ocorrem com menos frequência, devido às implicações ligadas aos recursos. Defendemos a ideia de que todas as quatro dimensões devem ser vistas como escolhas relativamente independentes no processo de pesquisa e que a escolha qualitativa ou quantitativa é primariamente uma decisão sobre a geração de dados e os métodos de análise, e só secundariamente uma escolha sobre o delineamento da pesquisa ou de interesses do conhecimento.

Embora nossos exemplos tenham incluído a pesquisa de levantamento, nesse livro nós trabalhamos principalmente com geração de dados e procedimentos de análise dentro da prática da pesquisa qualitativa, isto é, pesquisa não numérica.

Modos e meios de representação: tipos de dados

Duas distinções sobre dados podem ser úteis nesse livro. O mundo, como o conhecemos e o experienciamos, isto é, o mundo representado e não o mundo em si mesmo, é constituído através de processos de comunicação (BERGER & LUCKMANN, 1979; LUCKMANN, 1995). A pesquisa social, portanto, apoia-se em dados sociais – dados sobre o mundo social – que são o resultado, e são construídos nos processos de comunicação.

Neste livro, distinguimos dois modos de dados sociais: comunicação informal e comunicação formal. Além disso, distinguimos três meios, através dos quais os dados podem ser construídos: texto, imagem e materiais sonoros (cf. Tabela 1.2). A comunicação informal possui algumas poucas regras explícitas: as pessoas podem falar, desenhar ou cantar do modo que queiram. O fato de haver poucas regras explícitas não significa que não existam regras, e pode acontecer que o foco central da pesquisa social seja desvelar a ordem oculta do mundo informal da vida cotidiana (cf. Myers, cap. 11, neste volume, sobre análise da conversação). Na pesquisa social, estamos interessados na maneira como as pessoas espontaneamente se expressam e falam sobre o que é importante para elas e como elas pensam sobre suas ações e as dos outros. Dados informais são gerados menos conforme as regras de competência, tais como capacidade de escrever um texto, pintar ou compor uma música, e mais do impulso do momento, ou sob a influência do pesquisador. O problema surge quando os entrevistados dizem o que pensam que o entrevistador gostaria de ouvir. Devemos reconhecer falsas falas, que podem dizer mais sobre o pesquisador e sobre o processo de pesquisa, do que sobre o tema pesquisado.

Tabela 1.2 – *Modos e meios*

Meio-modo	Informal	Formal
Texto	Entrevistas	Jornais, Programas de rádio
Imagem	Desenhos de crianças Rabiscos feitos ao telefonar	Quadros Fotografias
Sons	Cantos espontâneos Cenários sonoros	Escritos musicais Rituais sonoros
Relatos "distorcidos" "falsos" ou encenados	Ruídos estratégicos	Afirmações falsas sobre uma representação

Por outro lado, existem ações comunicativas que são altamente formais, no sentido de que a competência exige um conhecimento especializado. As pessoas necessitam de treino para escrever artigos de jornal, para produzir desenhos para um comercial, ou para criar um arranjo para uma banda popular ou para uma orquestra sinfônica. Uma pessoa competente pode ter estudado as regras do comércio, muitas vezes para modificá-las a seu proveito, o que se chama de inovação. A comunicação formal segue as regras do comércio. O fato de o pesquisador usar os produtos resultantes, tais como um artigo de jornal, para a pesquisa social, provavelmente não influencia o ato da comunicação: não faz diferença o que o jornalista escreveu. Nesse sentido, os dados baseados nos registros não trazem problema. Um problema diferente surge, contudo, quando os comunicadores dizem representar um grupo social que, na realidade, não representam. O cientista social deve reconhecer essas falsas pretensões de representação.

Os dados formais reconstroem as maneiras pelas quais a realidade social é representada por um grupo social. Um jornal representa até certo ponto o mundo para um grupo de pessoas, caso contrário elas não o comprariam. Nesse contexto, o jornal se torna um indicador desta visão de mundo. O mesmo pode ser verdade para desenhos que as pessoas consideram interessantes e desejáveis, ou para uma música que é apreciada como agradável. O que uma pessoa lê, olha, ou escuta, coloca esta pessoa em determinada categoria, e pode indicar o que a pessoa pode fazer no futuro. Categorizar o presente e, às vezes, predizer futuras trajetórias é o objetivo de toda pesquisa social. Neste livro nós nos concentramos quase que exclusivamente no primeiro ponto: a categorização do problema.

A filosofia deste livro pressupõe que não há "um modo ótimo" de fazer pesquisa social: não há razões convincentes para nos tornarmos *pollsters* (pessoas que conduzem pesquisas de opinião), nem devemos nos tornar todos *focusers* (pessoas que realizam pesquisas com grupos focais). O objetivo deste livro é superar a "lei do instrumento" (DUNCKER, 1995), segundo a qual uma criança que só conhece o martelo pensa que tudo deve ser tratado a marteladas. Por analogia, nem o questionário de levantamento, nem o grupo focal se constituem no caminho régio para a pesquisa social. Este caminho pode, contudo, ser encontrado através de uma consciência adequada dos diferentes métodos, de uma avaliação de suas vantagens e limitações e de uma compreensão de seu uso em diferentes situações sociais, diferentes tipos de informações e diferentes problemas sociais.

Estamos de acordo agora que a realidade social pode ser representada de maneiras informais ou formais de comunicar e que o meio de comunicação pode ser composto de textos, imagens ou materiais sonoros. Na pesquisa social nós consideramos todos eles como importantes, de um modo ou de outro. É isto que tentaremos esclarecer.

Pesquisa qualitativa *versus* pesquisa quantitativa

Tem havido muita discussão sobre as diferenças entre pesquisa quantitativa e qualitativa. A pesquisa quantitativa lida com números, usa modelos estatísticos para explicar os dados, e é considerada pes-

1. QUALIDADE, QUANTIDADE E INTERESSES...

quisa *hard*. O protótipo mais conhecido é a pesquisa de levantamento de opinião. Em contraste, a pesquisa qualitativa evita números, lida com interpretações das realidades sociais, e é considerada pesquisa *soft*. O protótipo mais conhecido é, provavelmente, a entrevista em profundidade. Estas diferenças são mostradas na Tabela 1.3. Muitos esforços foram despendidos na tentativa de justapor pesquisa quantitativa e qualitativa como paradigmas competitivos de pesquisa social, ao ponto de haver pessoas que construíram carreiras dentro de uma ou de outra, muitas vezes polemizando sobre a superioridade da quantitativa sobre a qualitativa, ou vice-versa. Os editores foram rápidos em demarcar um mercado e criaram coleções de livros e revistas com a finalidade de perpetuar tal discussão.

Tabela 1.3 – *Diferenças entre pesquisa quantitativa e qualitativa*

	Estratégias	
	Quantitativas	Qualitativas
Dados	Números	Textos
Análise	Estatística	Interpretação
Protótipo	Pesquisas de opinião	Entrevista em profundidade
Qualidade	*Hard*	*Soft*

É correto afirmar que a maior parte da pesquisa quantitativa está centrada ao redor do levantamento de dados (*survey*) e de questionários, apoiada pelo SPSS (*Statistical Package for Social Sciences*) e pelo SAS (*Statistics for Social Sciences*) como programas padrões de análise estatística. Tal prática estabeleceu padrões de treinamento metodológico nas universidades, a tal ponto que o termo metodologia passou a significar estatística em muitos campos da ciência social. Paralelamente, desenvolveu-se um amplo setor de negócios, oferecendo pesquisa social quantitativa para uma infinidade de propósitos. Mas o entusiasmo recente pela pesquisa qualitativa conseguiu mudar, com sucesso, a simples equiparação da pesquisa social com a metodologia quantitativa; e foi reaberto um espaço para uma visão menos dogmática a respeito de assuntos metodológicos – uma atitude que era comum entre os pioneiros da pesquisa social (cf., por exemplo, LAZARSFELD, 1968).

Em nossos esforços, tanto em pesquisar como em ensinar pesquisa social, estamos tentando um modo de superar tal polêmica estéril, entre duas tradições de pesquisa social aparentemente competitivas. Estamos procurando este objetivo apoiados em vários pressupostos, como os que se seguem.

Não há quantificação sem qualificação

A mensuração dos fatos sociais depende da categorização do mundo social. As atividades sociais devem ser distinguidas antes que qualquer frequência ou percentual possa ser atribuído a qualquer distinção. É necessário ter uma noção das distinções qualitativas entre categorias sociais, antes que se possa medir quantas pessoas pertencem a uma ou outra categoria. Se alguém quer saber a distribuição de cores num jardim de flores, deve primeiramente identificar o conjunto de cores que existem no jardim; somente depois disso pode-se começar a contar as flores de determinada cor. O mesmo é verdade para os fatos sociais.

Não há análise estatística sem interpretação

Pensamos que é incorreto assumir que a pesquisa qualitativa possui o monopólio da interpretação, com o pressuposto paralelo de que a pesquisa quantitativa chega a suas conclusões quase que automaticamente. Nós mesmos nunca realizamos nenhuma pesquisa numérica sem enfrentar problemas de interpretação. Os dados não falam por si mesmos, mesmo que sejam processados cuidadosamente, com modelos estatísticos sofisticados. Na verdade, quanto mais complexo o modelo, mais difícil é a interpretação dos resultados. Escudar-se atrás do "círculo hermenêutico" de interpretação, de acordo com o qual a melhor compreensão provém do fato de se saber mais sobre o campo de investigação, é para os pesquisadores qualitativos um lance retórico, mas um lance bastante ilusório. O que a discussão sobre a pesquisa qualitativa tem conseguido foi desmistificar a sofisticação estatística como o único caminho para se conseguir resultados significativos. O prestígio ligado aos dados numéricos possui tal poder de persuasão que, em alguns contextos, a má qualidade dos dados é mascarada e compensada por uma sofisticação numérica. A estatística, como um recurso retórico, contudo, preocupa-se com o problema relativo ao tipo de informações que são analisadas: se colocarmos informações irrelevantes, teremos estatísticas irrelevantes. No nosso ponto de vista, a grande conquista da discussão sobre métodos qualitativos é que ela, no que se refere à pesquisa e ao treinamento, deslocou a atenção da análise em direção a questões referentes à qualidade e à coleta dos dados.

1. QUALIDADE, QUANTIDADE E INTERESSES...

Parece que a distinção entre pesquisa numérica e não numérica é, muitas vezes, confundida com outra discussão, isto é, a distinção entre formalização e não formalização da pesquisa (cf. Tabela 1.4). A polêmica sobre estes tipos de pesquisa é muitas vezes ligada ao problema da formalidade, e baseada na socialização metodológica do pesquisador. O formalismo implica abstrações do contexto concreto da pesquisa, introduzindo assim uma distância entre a observação e os dados. Explicando melhor, o formalismo é uma abstração para propósitos gerais, útil para o tratamento de muitos tipos de dados, contanto que determinadas condições sejam satisfeitas, tais como independência das mensurações, igual variância, etc. A natureza abstrata do formalismo implica uma especialização tal que pode conduzir a um desinteresse total para com a realidade social representada pelos dados. Muitas vezes é esse "distanciamento emocional", e não tanto os números em si, que leva pesquisadores com outras convicções a não se sentirem bem com a pesquisa quantitativa. Como mostraremos a seguir, contudo, isso tem a ver com o fato de se lidar com um método de pesquisa específico, mas pode ser discutido com mais proveito no contexto mais amplo dos interesses do conhecimento. A pesquisa numérica possui um amplo repertório de formalidades estatísticas a seu dispor, enquanto que um repertório equivalente na pesquisa qualitativa não está ainda bem desenvolvido – apesar do fato de que seu antecessor, muitas vezes invocado, o estruturalismo, fosse muito forte em formalismos (cf., por exemplo, ABELL, 1987).

Tabela 1.4 – A formalização e a não formalização da pesquisa

	Quantitativa	Qualitativa
Não formalização	Frequências descritivas	Citações, descrições, anedotas
Formalização	Modelagem estatística, por ex. um livro de introdução	Modelagem teórico-gráfica, por ex. Abell (1987)

Pluralismo metodológico dentro do processo de pesquisa: além da lei do instrumento

Uma consequência infeliz da prática de se centrar em dados numéricos no treinamento em pesquisa foi uma interrupção prematura na fase de coleta de dados no processo de pesquisa. Com muitas pessoas competentes no tratamento de dados numéricos, o processo de coleta de dados é rapidamente reduzido às rotinas mecânicas do delineamento do questionário e da amostra do levantamento, como se esta fosse a única maneira de se fazer pesquisa social. Não há dúvida que muito se conseguiu devido ao refinamento destes procedimentos, ao passar dos anos, e o *status* do levantamento (*survey*), como o mais importante método de pesquisa social é justificado devido a isso. Nada justifica, contudo, sua condição como o único instrumento de pesquisa social. Estamos aqui no perigo de sucumbir à "lei do instrumento": dê um martelo a uma criança, e todas as coisas no mundo devem ser marteladas.

O que é necessário é uma visão mais holística do processo de pesquisa social, para que ele possa incluir a definição e a revisão de um problema, sua teorização, a coleta de dados, a análise dos dados e a apresentação dos resultados. Dentro deste processo, diferentes metodologias têm contribuições diversas a oferecer. Necessitamos de uma noção mais clara das vantagens e desvantagens funcionais das diferentes correntes de métodos, e dos diferentes métodos dentro de uma corrente.

A ordenação do tempo

Um modo de descrever a funcionalidade dos diferentes métodos é ordená-los em um desenho que implique uma linha de tempo. Tradicionalmente, a pesquisa qualitativa foi considerada apenas no estágio exploratório do processo de pesquisa (pré-desenho), com a finalidade de explorar distinções qualitativas, a fim de se desenvolver mensurações, ou para que se tivesse certa sensibilidade com o campo de pesquisa. Formulações mais recentes consideram a pesquisa qualitativa como igualmente importante depois do levantamento, para guiar a análise dos dados levantados, ou para fundamentar a interpretação com observações mais detalhadas (pós-delineamento). Delineamentos mais amplos consideram duas correntes paralelas de pesquisa, tanto simultaneamente como em sequências oscilantes (delineamento paralelo; delineamento antes e depois). Finalmente, a pesquisa qualitativa pode ser agora considerada como sendo uma estratégia de pesquisa independente, sem qualquer conexão funcional com o levantamento ou com outra pesquisa quantitativa (independente). A pesquisa qualitativa é vista como um empreendimento autônomo de pesquisa, no contexto de um programa de pesquisa com uma série de diferentes projetos.

A função independente da pesquisa qualitativa possui uma limitação que nós tentamos enfrentar neste livro. Embora seja possível considerar a pesquisa numérica e a não numérica como empreendimentos autônomos, o problema com a pesquisa qualitativa é que ela é um "pesadelo didático". Se comparados com a tradição de pesquisa numérica, baseada na amostragem, no questionário e na análise estatística, os pesquisadores qualitativos, e os que pretendem tornar-se pesquisadores qualitativos, encontram pouca clareza e orientação na literatura para seus procedimentos. Embora isto esteja mudando lentamente, à medida que a massa crítica de pesquisadores desta linha está aumentando, a maioria da literatura está ainda preocupada em demarcar o território legítimo deste procedimento metodológico autônomo. Esta retórica legitimadora levou a uma hipertrofia epistemológica, originando definições de posicionamentos e contraposicionamentos dentro de um campo competitivo, com mais obscurantismo e jargões do que com esclarecimento e, ao final de contas, foi de pouca serventia quando se trata de saber o que fazer quando se faz pesquisa qualitativa. Até o presente momento, temos muito apoio para nos "sentirmos bem", face à crítica tradicional, mas há pouca auto-observação crítica.

Discurso independente dos "padrões de boa prática"

A vantagem didática e prática da pesquisa numérica é sua clareza de procedimentos e seu elaborado discurso de qualidade no processo de investigação. Um discurso de qualidade serve a vários propósitos numa investigação: a) para estabelecer uma base para autocrítica; b) para demarcar uma prática boa de uma ruim, servindo como padrões para a revisão dos pares; c) para ganhar credibilidade no contexto da credibilidade pública; d) para servir como um instrumento didático no treinamento dos estudantes. Sem querer imitar literalmente a pesquisa quantitativa, a pesquisa qualitativa necessita desenvolver *equivalentes funcionais*. A fim de reforçar a autonomia e a credibilidade da pesquisa qualitativa, necessitamos procedimentos e padrões claros para identificar uma boa prática e uma prática ruim, tanto através de exemplos como de critérios abstratos. Este livro traz uma contribuição nesta direção.

Elementos retóricos da pesquisa social

Historicamente, a ciência e a retórica tiveram uma relação difícil. A retórica foi vista pelos pioneiros da ciência como uma forma de embelezamento verbal que necessitava ser evitado se alguém quisesse alcançar a verdade do problema: veja o lema da Sociedade Real de

Londres, *nullius in verbis* (nada nas palavras). Este ideal científico da descrição e explicação da natureza, sem recorrer a meios retóricos, está sendo cada vez mais desafiado pela visão realista do que está acontecendo na comunicação no meio dos cientistas e entre cientistas e outros setores do público (GROSS, 1990). O "deve" da ciência está obscurecendo o "é" da ciência. Um elemento essencial da atividade científica é "comunicar", e isto implica persuadir os ouvintes que algumas coisas são importantes e outras não. A persuasão nos leva à esfera tradicional da retórica como "a arte de persuadir". Por conseguinte, nós consideramos a pesquisa social científica como uma forma de retórica com meios e normas específicas de engajamento.

A análise retórica incorpora os "três mosqueteiros" da persuasão: o *logos*, o *pathos* e o *ethos* (cf. Leach, cap. 12 neste volume). O *logos* se refere à lógica do puro argumento, e os tipos de argumentos empregados. O *pathos* se refere aos tipos de apelo e reconhecimento dado à audiência, levando em consideração a psicologia social das emoções. O *ethos* abrange as referências implícitas e explícitas na situação de quem fala, que estabelece sua legitimidade e credibilidade no falar o que está sendo dito. Deveríamos, portanto, pressupor que toda apresentação de resultados de uma pesquisa é um conjunto dos três elementos básicos da persuasão, na medida em que os pesquisadores querem convencer seus pares, os políticos, as agências de financiamento, ou mesmo seus sujeitos de estudo, da autenticidade e importância de seus achados. No contexto de se comunicar os resultados da pesquisa, o ideal científico de uma retórica de pura racionalidade argumentativa, sem *pathos* ou *ethos*, é uma ilusão.

Esta perspectiva apresenta várias implicações úteis para nosso problema da pesquisa qualitativa. Primeiro, sentimo-nos livres para considerar a metodologia da pesquisa social como o meio retórico, através do qual as ciências sociais podem reforçar sua forma específica de persuasão. O surgimento e a trajetória histórica desta forma de retórica na esfera pública da sociedade moderna são, em si mesmos, problemas históricos e sociológicos. Em segundo lugar, libertamo-nos do obscurecimento epistemológico que pesa sobre as discussões dos métodos, e podemos nos concentrar em desenvolver comunicações verossímeis, dentro das regras do jogo científico. Em terceiro lugar, podemos tratar a pesquisa quantitativa e qualitativa de modo igual, a partir destes pressupostos. Em quarto lugar, a retórica se desenvolve no contexto do falar e do escrever públicos, o que nos lembra que o método e o procedimento constituem uma forma de responsabilidade pública para a pesquisa que necessita ser exercida à altura. E finalmente, o ideal científico não é perdido, mas é preservado, a partir de uma motivação coletiva para se construir e conservar esta forma específica de persuasão científica – isto é, manter uma retórica em favor do *logos*, reduzindo o *ethos* e o *pathos* na comunicação. As regras do método e os procedimentos para se conseguir apresentar evidência em público nos protegem da supervalorização da autoridade (*ethos*), e de apenas satisfazer ao público – dizendo-lhe o que quer ouvir (*pathos*). Não dar ouvidos nem à autoridade, nem ao público, continua sendo um valor central de qualquer pesquisa que mereça tal nome. Isto é apenas relevante em contraste com outras formas de retórica da vida pública, que diferem em sua combinação de *logos*, *ethos* e *pathos*. Os mundos da política, da arte e da literatura, os meios de comunicação e os tribunais, encorajam e cultivam formas de persuasão que são diferentes da forma como ela é empregada na ciência. Atente-se que "diferentes da ciência" não significa "irrelevantes": notícias, julgamentos legais e boatos são formas importantes de comunicação embora difiram, em sua combinação de *logos*, *pathos* e *ethos*, do que normalmente é considerado uma comunicação científica.

Deste modo, consideramos os métodos e procedimentos de coleta e de apresentação de evidência como essenciais para a pesquisa social científica. Eles definem o grau específico de retórica que demarca as atividades científicas de outras atividades públicas, e colocam com clareza a pesquisa dentro da esfera pública, sujeitando-a às exigências de credibilidade. Os métodos e os procedimentos são o meio científico de prestação de contas pública com respeito à evidência. Temos, contudo, de pressupor uma esfera pública que tenha liberdade de permitir uma busca da evidência sem censura, o que não pode ser assumido como algo dado (HABERMAS, 1989).

Interesses do conhecimento e métodos

> *Métodos quantitativos e qualitativos são mais que apenas diferenças entre estratégias de pesquisa e procedimentos de coleta de dados. Esses enfoques representam, fundamentalmente, diferentes referenciais epistemológicos para teorizar a natureza do conhecimento, a realidade social e os procedimentos para se compreender esses fenômenos* (FILSTEAD, 1979: 45).

Esta afirmação exemplifica o ponto de vista de que enfoques quantitativos e qualitativos com referência à pesquisa social representam posições epistemológicas profundamente diferentes. Eles são, dentro de tal concepção, modos de investigação mutuamente exclusivos. Outra afirmação, contudo, que muitas vezes é feita, refere-se à significância crítica, radical ou emancipatória, implicada na escolha do método feita pelo pesquisador. A pesquisa qualitativa é, muitas vezes, vista como uma maneira de dar poder ou dar voz às pessoas, em vez de tratá-las como objetos, cujo comportamento deve ser quantificado e estatisticamente modelado. Essa dicotomia é inútil, como já vimos.

Um modo alternativo de pensar sobre os objetivos da pesquisa social e sua relação com a metodologia é levar em conta a filosofia de Jürgen Habermas, apresentada em *Knowledge and Human Interests* (Conhecimento e Interesses Humanos, 1987). Habermas identifica três "interesses do conhecimento", que devem ser compreendidos, a fim de dar sentido à prática da ciência social e de suas consequências na sociedade. Mas ele ressalta que não são as orientações intencionais e epistemologicamente conscientes dos cientistas que fornecem a chave para tal compreensão. Ao contrário, ele concebe os interesses do conhecimento como tradições "antropologicamente sedimentadas" (HABERMAS, 1974: 8). Os interesses constitutivos do conhecimento aos quais Habermas se refere são, de fato, as "condições que são necessárias a fim de que sujeitos capazes de falar e agir possam ter uma experiência que possa fundamentar uma objetividade" (1974: 9). Tentando tornar isso claro, nós descartamos a ideia de que interesses, no sentido de Habermas, possam ser colocados "a serviço" de qualquer enfoque metodológico; ao contrário, eles existem, em primeiro lugar, como condições necessárias para a possibilidade da prática de pesquisa, independentemente de que métodos específicos sejam empregados:

O fato de negarmos a reflexão é positivismo (1987: VII).

Em *Knowledge and Human Interests*, Habermas quer reconstruir a "pré-história" do positivismo, para mostrar como a epistemologia, como uma crítica do conhecimento, foi sendo progressivamente minada. Desde Kant, argumenta Habermas, "constrói-se o próprio caminho sobre estágios abandonados de reflexão" (1987: VII). A partir do predomínio do positivismo, a filosofia não pode mais compreender a ciência; pois é a própria ciência que constitui a única forma de conhecimento que o positivismo admite como crítica. A investigação kantiana sobre as condições de um conhecimento possível foi substituída por uma filosofia da ciência que "se restringe à regulação pseu-

1. QUALIDADE, QUANTIDADE E INTERESSES...

donormativa da pesquisa estabelecida" (1987: 4), como o falsificacionismo de Popper. Habermas tenta reabilitar uma dimensão epistemológica dentro da filosofia da ciência, "autorreflexão crítica", através da qual a ciência pode se tornar capaz de autocompreensão (não cientística). E, ao fazer isso, argumenta Habermas, a ciência, e particularmente a ciência social, é capaz de revelar as condições que possam impedir uma prática de pesquisa crítica e emancipatória.

Podemos agora voltar à tipologia específica de interesses que Habermas emprega. Através de uma interpretação de Marx, Peirce, Gadamer e Dilthey, Habermas identifica três interesses constitutivos do conhecimento que estão na base das ciências "empírico-analíticas", "histórico-hermenêuticas" e "críticas". As ciências empírico-analíticas têm como sua base um interesse no controle técnico. A luta perpétua para controlar o mundo natural, necessária para a reprodução de nós mesmos como seres humanos, leva-nos a formular regras que guiam nossa ação com propósito racional. Em outras palavras, o imperativo racional para a aquisição do conhecimento científico sempre foi o de conseguir controle sobre as condições materiais em que nos encontramos e com isso aumentar nossa saúde e segurança física e espiritual. Devido ao fato de nosso interesse pela natureza ser fundamentalmente o de controlar suas condições, "este sistema de ação condiciona, com necessidade transcendental, nosso conhecimento da natureza ao interesse no possível controle técnico sobre os processos naturais" (McCARTHY, 1978: 62). As ciências empírico-analíticas procuram produzir conhecimento nomológico. A predição e a explicação possuem, portanto, uma relação de simetria. Leis universais fundamentadas empiricamente são combinadas com um conjunto de condições iniciais, que resultam em um conjunto de covariâncias (previsíveis) de acontecimentos observáveis. Este é um modelo que pode ser visto em muita pesquisa social quantitativa.

As ciências histórico-hermenêuticas, diz Habermas, surgem através de um interesse prático no estabelecimento de consenso. Para que a ciência (e, na verdade, qualquer outra prática social) aconteça, é imperativo que haja compreensão intersubjetiva fidedigna, estabelecida na prática da linguagem comum. A compreensão hermenêutica (*Verstehen*) tem como finalidade restaurar canais rompidos de comunicação. Isto se dá em duas dimensões: a primeira, no elo entre a própria experiência de vida de alguém e a tradição à qual ele pertence; e a segunda se dá na esfera da comunicação entre diferentes indivíduos, grupos e tradições. A falta de comunicação é uma carac-

— 31 —

terística perpétua e onipresente do mundo social, e se constitui num problema social óbvio. A preocupação em restabelecer o entendimento mútuo torna-se então, de igual modo, um problema perpétuo e onipresente. As ciências histórico-hermenêuticas procederam de práticas em questões públicas – na política e na organização de comunidades e de trabalho para produção – onde a vida individual e a organização social são impossíveis sem alguma estabilidade do sentido intersubjetivo. Estas são, pois, as condições que exigem o desenvolvimento das ciências culturais ou sociais. Habermas contrasta a finalidade das ciências empírico-analíticas com as ciências culturais (*Geisteswissenchaften*):

> As primeiras têm como finalidade substituir regras de comportamento que fracassaram na realidade com regras técnicas testadas, enquanto que as segundas procuram interpretar expressões da vida que não podem ser compreendidas e que bloqueiam a reciprocidade das expectativas comportamentais (1987: 175).

O cientista cultural necessita aprender a falar a língua que ele interpreta, mas deve necessariamente aproximar-se de tal interpretação de um ponto histórico específico. E ao fazer isto, é impossível não levar em consideração a totalidade de interpretação que já está presente: o pesquisador entra no que poderia se chamar de "círculo hermenêutico". O ponto a que tudo isso conduz, para Habermas, é ao estabelecimento de consenso entre os atores. Este consenso é necessariamente fluido e dinâmico, pois ele é conseguido através de uma interpretação que evoluiu, e continua a evoluir, historicamente. Essa orientação consensual para se apreender a realidade social constitui o "interesse prático" das ciências hermenêuticas – cuja finalidade (não dita) é estabelecer as normas comuns que tornam a atividade social possível.

A esta altura, pode-se ver claramente como a clivagem quantitativo/qualitativo pode ser caracterizada como a que separa técnicas de "controle", por um lado, e de "compreensão", por outro. Mas isto, na verdade, não confronta a afirmativa mais forte feita, muitas vezes, em favor da pesquisa qualitativa, de que ela é intrinsecamente uma forma de pesquisa mais crítica e potencialmente emancipatória. Um objetivo importante do pesquisador qualitativo é que ele se torna capaz de ver "através dos olhos daqueles que estão sendo pesquisados" (BRYMAN, 1988: 61). Tal tipo de enfoque defende que é necessário compreender as interpretações que os atores sociais possuem do mundo, pois são estes que motivam o comportamento que

1. QUALIDADE, QUANTIDADE E INTERESSES...

cria o próprio mundo social. Embora isso seja certamente verdadeiro, não se conclui que o resultado seja necessariamente uma produção crítica. Na verdade, pode-se imaginar uma situação em que tal "entendimento", da maneira como é construído, sirva de fundamento para o estabelecimento de mecanismos de controle social.

Uma crítica bem-sucedida é a que explica os fenômenos sob investigação com mais sucesso do que as teorias aceitas até o momento. E ao fazer isto, ela deve desafiar pressupostos que até o momento tinham sido aceitos acriticamente. Corremos o risco, ao assumirmos um enfoque fenomenológico, socioconstrucionista ou qualquer outro enfoque qualitativo, de substituirmos acriticamente nossos próprios pressupostos, pelos de nossos informantes. Deste modo, por arte de um "empiricismo por proximidade", a pesquisa qualitativa pode repetir os erros considerados, em geral, como sendo associados a um positivismo acrítico.

A esta altura Habermas é, mais uma vez, útil. Os interesses emancipatórios daquilo que Habermas (1987: 310) chama de ciências "críticas", não excluem um modo de investigação empírico-analítica: mas de igual modo eles vão mais além que o entendimento hermenêutico. A tese de Habermas é a de que os interesses emancipatórios fornecem o referencial para se avançar além do conhecimento nomológico e da *Verstehen*, e nos permitem "determinar quando afirmações teóricas atingem regularidades invariantes da ação social como tal, e quando elas expressam relações ideologicamente congeladas de dependência que podem, em princípio, ser transformadas" (1987: 310). É através de um processo autorreflexivo que as ciências críticas podem chegar a identificar estruturas condicionadoras de poder que, acriticamente, se mostram como "naturais", mas são, de fato, o resultado de uma "comunicação sistematicamente distorcida e de uma repressão sutilmente legitimada" (1987: 371).

Habermas vê o período do Iluminismo como a idade de ouro da ciência "crítica", da astronomia até a filosofia. Mas o que distingue este período não é simplesmente o fato de que ele marcou o começo do "método científico", mas que a aplicação da razão, como corporificada no método, foi inerentemente emancipatória, devido ao desafio que ela colocou à legitimação da Igreja e da hierarquia social existente. A afirmativa de Habermas é, pois, que a razão (o que nós comumente entendemos hoje por racionalismo) em si mesma é inerente a um interesse de conhecimento emancipatório e que a aplicação da razão é fundamentalmente um empreendimento crítico. Não se deveria, porém, tentar compreender esta postura como uma prescrição normativa a ser assumida pelos cientistas sociais "radicais", ao invés disto, ela é um caminho para se teorizar como, e por que, uma boa ciência, de qualquer espécie, pode ser uma atividade libertadora para a humanidade.

Zygmunt Bauman, escrevendo na mesma linha de ideias que Habermas dentro da tradição da teoria crítica, apresenta uma sugestão prática para a operacionalização de um enfoque de pesquisa crítica – "autenticação":

> O potencial emancipatório do conhecimento é posto à prova – e na verdade pode ser concretizado – somente a partir do diálogo, quando os objetos das afirmações teóricas se transformam em participantes ativos no processo incipiente de autenticação (1976: 106).

A autenticação de uma teoria crítica, deste ponto de vista, somente pode ser conseguida através da aceitação de sua importância pelos que constituem seus objetos. Por exemplo, uma pesquisa qualitativa que pressuponha a devolução dos resultados aos participantes do estudo pode conseguir, na verdade, tal resultado. É claro, chega-se aos limites de tal enfoque, quando os objetos da pesquisa são pessoas que já ocupam posições de poder ou de elite – como os políticos, gerentes e profissionais. Em tais casos, os informantes podem ter interesses pessoais a defender e podem, por isso, procurar distorcer seus reais pontos de vista com respeito às interpretações críticas feitas pelos pesquisadores.

Mas a crítica não precisa ser, exclusivamente, o campo do enfoque qualitativo. Estudos vitorianos sobre pobreza, tais como *Poverty: a Study of Town Life* (1902), de Rowntree, atingiram um *status* crítico, podemos dizer, ao desvelar a extensão da pobreza em escala quantitativa:

> A classe trabalhadora recebe até 24 por cento menos de comida do quanto, conforme provado por peritos especializados, é necessário para a manutenção da eficiência física (1902: 303).

> É um fato que pode muito bem causar grandes sofrimentos, que nesse país de abundante riqueza durante um tempo de prosperidade sem igual, mais que um quarto da população esteja vivendo na pobreza (1902: 304).

O trabalho quantitativo de Rowntree consistia em uma simples estatística descritiva; mas ela se mostrou poderosa devido a sua habilidade em expor condições ocultas de pobreza e privação. Apresentações de dados numéricos chamam, frequentemente, a atenção no discurso dos meios de comunicação; eles são recursos retóricos. E isso se constitui em um modo pelo qual, para citar Bauman, a teorização social "brota da escrivaninha do pesquisador e navega pelas águas infinitas da reflexão popular" (1976: 107).

Parece claro, então, que se deve também levar em consideração a recepção dos resultados da pesquisa pelo público pretendido (ou talvez não pretendido), como parte da "situação total da pesquisa". Os achados de pesquisas realizadas com grupos focais sobre o consumo de álcool, por exemplo, possuem uma significação diversa, dependendo do fato de eles serem publicados na imprensa popular, como parte de uma campanha de saúde pública, com o fim de ajudar alcoólicos, ou se forem usados para dar informações às estratégias de marketing de uma grande cervejaria. Neste caso, a recepção dos achados por quem e para que propósito é um ponto crucial. A recente controvérsia sobre o Censo dos Estados Unidos do ano 2000 é um exemplo onde os estatísticos, que estavam pleiteando empregar uma metodologia sofisticada de amostragem de estágios múltiplos, queriam corrigir a subestimação de minorias étnicas, inerente ao método constitucionalmente consagrado de "contagem completa" (WRIGHT, 1998). A tempestade política que se seguiu é um exemplo onde uma reflexão pública generalizada sobre assuntos sociais relevantes foi desencadeada devido às claras implicações de uma metodologia de pesquisa quantitativa clássica.

A implicação, então, da tipologia de interesses do conhecimento de Habermas é que nós podemos considerar que o potencial crítico de diferentes metodologias de pesquisa, *sui generis*, não é importante no que se refere às discussões apresentadas nos capítulos que se seguem. A prontidão dos pesquisadores em questionar seus próprios pressupostos e as interpretações subsequentes de acordo com os dados, juntamente com o modo como os resultados são recebidos e por quem são recebidos, são fatores muito mais importantes para a possibilidade de uma ação emancipatória do que a escolha da técnica empregada.

Referências bibliográficas

ABELL, P. (1987). *The Syntax of Social Life*. Oxford: Clarendon Press.

BAUMAN, Z. (1976). *Towards a Critical Sociology:* an Essay on Common Sense and Emancipation. Londres: Routledge.

BERGER, P. & LUCKMANN, T. (1979). *The Social Construction of Reality* (1968). Harmondsworth: Peregrine.

BRYMAN, A. (1988). *Quantity and Quality in Social Research*. Londres: Unwin Hyman.

CRANACH, M. von et al. (1982). *Goal-directed Action*. Cambridge/Londres: Academic Press.

CRANACH, M. von (1982). The Psychological Study of Goal-directed Action. In: CRANACH M. von & HARRE R. (orgs.). *The Analysis of Action*. Cambridge: CUP, p. 35-73.

DUNCKER, P. (1935). *Zur Psychologie des produktiven Denkens*. Berlim: Springer.

FILSTEAD, W.J. (1979). Qualitative Methods: a Needed Perspective in Evaluation Research. In: COOK T.D. & REICHARDT C.S. (orgs.). *Qualitative and Quantitative Methods in Evaluation Research*. Beverly Hills, CA: Sage.

GROSS, A.G. (1990). *The Rhetoric of Science*. Cambridge, MA: Harvard University Press.

HABERMAS, J. (1989). *The Transformation of the Public Sphere*. Cambridge: Polity Press [German original 1962, Luchterhand].

_____ (1987). *Knowledge and Human Interests*. Cambridge: Polity Press.

_____ (1974). *Theory and Practice*. Londres: Heinemann.

LAZARSFELD, P.F. (1968). An Episode in the History of Social Research: a Memoir. In: FLEMING, D. & BAILYN, B. (orgs.). *The Intellectual Migration*: Europe and America 1930-1960. Cambridge, Mass.: HUP, p. 170-337.

LUCKMANN, T. (1995). "Der Kommunikative Aufbau der Sozialen Welt und die Sozialwissenschaften". *Annali di Sociologia*, 11, p. 45-71.

McCARTHY, T. (1978). *The Critical Theory of Jurgen Habermas*. Cambridge: Polity Press.

ROWNTREE, B.S. (1902). *Poverty*: a Study of Town Life. Londres: Macmillan.

WRIGHT, T. (1998). "Sampling and Census 2000: the Concepts". *American Scientist*, May 1998.

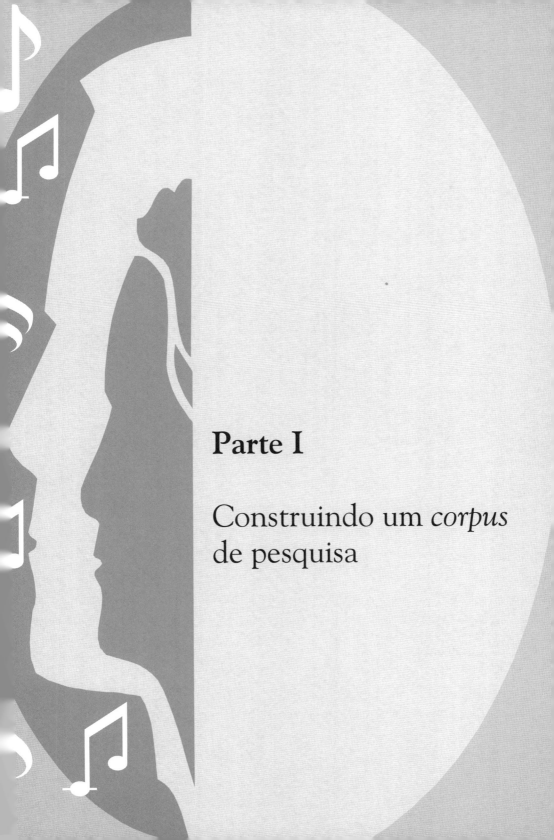

Parte I

Construindo um *corpus* de pesquisa

2
A CONSTRUÇÃO DO *CORPUS*: UM PRINCÍPIO PARA A COLETA DE DADOS QUALITATIVOS

Martin W. Bauer e Bas Aarts

> *Palavras-chave*: *corpus*; distorção da amostragem (não cobertura, percentual de resposta); paradoxo *corpus* teórico; homogeneidade; referencial de amostra; população; estratégia de amostragem; relevância; saturação; representações (variação interna); estratos e funções (variação externa); amostra representativa; sincronicidade.

Toda pesquisa social empírica seleciona evidência para argumentar e necessita justificar a seleção que é a base de investigação, descrição, demonstração, prova ou refutação de uma afirmação específica. A orientação mais elaborada para selecionar a evidência nas ciências sociais é a "amostragem estatística aleatória" (cf. KISH, 1965). A competência da amostra representativa é inconteste. Em muitas áreas de pesquisa textual e qualitativa, contudo, a amostra representativa não se aplica. Como selecionar pessoas para uma pesquisa com grupos focais? Temos intenção, de fato, de representar uma população através de quatro ou cinco discussões com grupos focais? Infelizmente, até agora não se deu a tal assunto suficiente atenção. Na prática, os pesquisadores muitas vezes tentam justificar o racional de uma amostragem que parece distorcida, como se fosse a escolha de uma falsa analogia. Neste capítulo, nós propomos a "construção de um *corpus*", como um princípio alternativo de coleta de dados. Empregamos definições consistentes para nossos conceitos básicos: "amostragem" significa amostragem estatística aleatória; "construção de *corpus*" significa escolha sistemática de algum racional alternativo, que será explicado a seguir. Amostragem e construção de *corpus* são dois procedimentos de seleção diversos. Do mesmo modo que amostragem representativa, nós trilhamos o caminho intermediário entre a contagem de uma população e a conveniente seleção. A seleção não sistemática viola o princípio de prestação de contas pública da pesquisa; a construção de um *corpus*, porém, garante a eficiência que se ganha na seleção de algum material para caracterizar o todo. Deste modo, a construção de um *corpus* e a amostragem representativa são funcionalmente equivalentes, embora sejam estruturalmente diferentes. Empregando este tipo de linguagem, conseguimos uma formulação positiva para a seleção qualitativa, em vez de defini-la como uma forma inferior de amostragem. Em resumo, nós defendemos que a construção de um *corpus* tipifica atributos desconhecidos, enquanto que a amostragem estatística aleatória descreve a distribuição de atributos já conhecidos no espaço social. Ambos os racionais devem ser cuidadosamente distinguidos para se evitar confusões sobre pesquisa qualitativa e falsas inferências a partir dela.

Desenvolvemos esta argumentação em três etapas. Primeiro, revisamos brevemente os conceitos centrais da amostragem representativa e fazemos alusão a problemas que surgem de populações que não podem ser conhecidas. Em segundo lugar, discutimos a construção de um *corpus* no campo em que ele foi desenvolvido: a linguística. Finalmente, abstraímos regras desta prática, como orientações para a seleção de informações na pesquisa social qualitativa.

Amostragem representativa na pesquisa social

A prática de fazer inventários sobre a população possui uma longa história: governos quiseram saber que tipo de habitantes eles governam a fim de orientar sua política. A curta história da amostragem aleatória começou no fim do século dezenove, em um clima de opiniões conflitantes entre pesquisadores: alguns acreditavam em uma contagem completa, alguns na amostragem, e outros em estudos de caso singulares. Apenas uma aliança não santa entre pesquisadores de estudo de caso e pesquisadores que lidavam com amostragens aleatórias pôde dar fim à dominação dos que defendiam a contagem completa (O'MUIRCHEARTAIGH, 1977).

A amostragem garante eficiência na pesquisa ao fornecer uma base lógica para o estudo de apenas partes de uma população sem que se percam as informações – seja esta população uma população de objetos, animais, seres humanos, acontecimentos, ações, situa-

2. A CONSTRUÇÃO DO *CORPUS*...

ções, grupos ou organizações. Como pode o estudo de uma parte fornecer um referencial seguro do todo? A chave para decifrar este enigma é *representatividade*. A amostra representa a população se a distribuição de algum critério é idêntica tanto na população como na amostra. Os parâmetros de uma população são calculados através das estimativas observadas na amostra. Quanto maior a amostra, menor é a margem de erro destas estimativas, embora o próprio processo de amostragem possa trazer outros erros. Em princípio, é necessário provar que os critérios da amostra e as variáveis focais de fato se correlacionem. Na prática, contudo, presume-se em geral que se a amostra representa a população a partir de um determinado número de critérios, então ela representará também a população naqueles critérios nos quais alguém esteja interessado: o pesquisador pode entrevistar 2000 ingleses, cuidadosamente selecionados conforme idade, sexo e classe social, e ele terá segurança para caracterizar as opiniões da nação, digamos, sobre modificação genética de alimentos, dentro de uma margem conhecida de erro. Isto é possível seguindo-se o racional da amostragem, o que trará enorme economia de tempo e esforço.

A amostragem refere-se a um conjunto de técnicas para se conseguir representatividade. A exigência-chave é o referencial de amostragem que operacionaliza a população. Ele se compõe de uma lista específica de unidades que são levadas em conta na seleção. Cada item da lista representa apenas um membro da população, e cada item possui uma probabilidade igual de ser selecionado. Um referencial de amostragem pode se constituir de números de telefones, endereços e códigos postais, listas de eleitores ou listas de companhias. Por exemplo, a lista de estudantes que estão prestando exame em uma universidade é um referencial de amostragem para a população estudantil deste ano específico. A qualidade do referencial de amostragem é medida pelo quanto ela não consegue abranger todos os elementos que devem ser pesquisados (não cobertura). A maioria das definições que levam em conta as tensões internas da população são mais amplas que sua operacionalização em uma possível lista: por exemplo, a população de uma nação inclui seus prisioneiros e os portadores de doença psíquica, enquanto que a lista de eleitores irá excluí-los. Os números dos telefones dão margem a situações a descoberto, pois algumas residências não possuem telefone, enquanto que outras possuem diversos. A não cobertura total é a primeira distorção da amostra.

O referencial de amostragem é uma precondição para se poder aplicar uma estratégia de amostragem. Gerando 100 números aleatórios entre 1 e 5000, e selecionando os itens da lista que corresponde a esses 100 números aleatórios, cria-se uma simples amostra aleatória de 100 dentro de 5000. Tomemos como um exemplo mais elaborado uma amostra de múltiplos estágios para o estudo de opiniões sobre alimento geneticamente modificado. O pesquisador pode selecionar uma amostra de 50 áreas a partir dos códigos postais do correio, estratificadas conforme características socioeconômicas, tais como a média da renda e a residência urbana ou rural. O pressuposto é que a renda e a residência urbana ou rural irão influenciar nas opiniões. No segundo estágio, ele seleciona aleatoriamente, em cada uma das 50 áreas, 40 residências, a partir da divisão feita pelo código postal, onde finalmente o pesquisador irá entrevistar um membro da família, com idade acima de 15 anos, cuja data de nascimento esteja mais próxima da data da entrevista. Teremos uma cota de amostra se, no passo final, as unidades forem selecionadas não aleatoriamente, mas pedindo-se ao entrevistador que ele encontre uma cota: a cota poderia ser 20 mulheres e 20 homens, porque nós sabemos que homens e mulheres estão igualmente distribuídos na população.

Dos 2000 entrevistados selecionados, alguns poderão não ser encontrados. Esta falta de resposta apresenta uma segunda distorção na amostragem. No caso de uma amostra aleatória, saberemos quantos não foram atingidos; mas no caso da cota de amostragem, não saberemos, o que torna esse tipo uma amostra não aleatória e, para muitos pesquisadores, um procedimento duvidoso. Uma amostragem representativa conseguirá a melhor descrição possível de uma população, apesar de se pesquisar apenas parte dela. Contudo, ela depende da possibilidade de um referencial de amostragem, de uma lista ou uma combinação de listas dos membros de uma população, ou do conhecimento da distribuição de características essenciais na população. Sem listas ou distribuições conhecidas, o procedimento não pode ser executado.

Vamos discutir alguns casos onde o pressuposto de uniformidade de uma população é problemático. Algumas discussões sobre representatividade defenderam três dimensões: indivíduos, ações e situações (cf., por exemplo, JAHODA et al., 1951). Indivíduos agem em situações, e, para generalizar os resultados de uma pesquisa com indivíduos agindo em situações, todas estas três dimensões devem ser controladas. Uma amostragem, contudo, que se concentra nos indi-

2. A CONSTRUÇÃO DO *CORPUS*...

víduos, conseguirá dar conta com segurança apenas deles. Tentativas rotineiras de amostragem não se preocupam nem com as ações, nem com as situações. Poucas ações humanas (trabalhar, comprar, votar, jogar, pensar, decidir) foram objeto de intenso estudo psicológico que levasse a generalizações sobre a ação humana, sem se fundamentar em amostragens. Do mesmo modo, não foram feitas tentativas para construir amostras a partir das situações onde as pessoas agem. Por que não? É que nem as ações, nem as situações, parecem ter uma população que possa ser definida. Teríamos de estudar *populações desconhecidas*. Votar, trabalhar e comprar são atividades importantes; contudo, não é evidente até que ponto sua estrutura e função representam toda a atividade humana. A maioria dos cientistas sociais considera os resultados que se mostram consistentes em algumas situações diferentes, como réplicas, e por isso, seguros. Ao fazer isso, eles garantem uma generalização para os atores, mas violentam uma indução que possa se aplicar a ações e situações; a amostragem não se aplica nem para ações, nem para situações (DAWES, 1977). A ciência social parece dormir tranquilamente com esta prática contraditória.

Vejamos casos de populações que não podem ser conhecidas. Um prêmio de muitos milhares de libras esterlinas foi recentemente oferecido, em uma conferência pública, para quem fosse capaz de apresentar um referencial de amostragem para conversações e interações humanas. O conferencista estava seguro que ninguém seria capaz de responder ao desafio. Observe o conteúdo da fala, a concatenação das palavras, em um pequeno número de palavras, de acordo com uma gramática. Em qualquer momento, o número de frases possíveis é infinito, porque o espaço de combinação das palavras é um recurso infinito. Falas, conversações e interações humanas são sistemas abertos, cujos elementos são as palavras e os movimentos, em um conjunto infinito de sequências possíveis. Para sistemas abertos, a população é, em princípio, impossível de ser conhecida. Seus elementos podem ser no máximo tipificados, mas não listados.

A lógica da amostragem representativa é útil para muita pesquisa social, mas ela não se presta para todas as situações de pesquisa. Há o perigo de nós estendermos indevidamente os procedimentos da amostragem representativa a estudos em que ela é inadequada. Criticamos certas formas de coleta de dados como desvios da "população padrão". Contudo, mesmo no reino da probabilidade, a "lei dos pequenos números" impera. Os seres humanos tendem (com

— 43 —

exceção dos estatísticos, é claro) a superestimar a representatividade das observações cotidianas (TVERSKY & KAHNEMANN, 1974; GIGERENZER et al., 1989: 219s.). A lição é clara: prestemos mais atenção à amostragem. Nossos esforços, contudo, podem estar mal orientados: a busca por representatividade pode canalizar escassos recursos no que diz respeito a estratégias de seleção que são inadequadas para o problema em questão.

A noção de *corpus*

Iremos discutir agora o que o linguista oferece na construção de seu *corpus*. A linguagem é um sistema aberto. Não podemos esperar uma lista de todas as frases das quais se poderá selecionar aleatoriamente. A comunidade dos linguistas rejeitou recentemente a moção de que os *corpora* da linguagem sejam representativos do uso da linguagem (JOHANSSON, 1995: 246).

A palavra *corpus* (latim; plural *corpora*) significa simplesmente corpo. Nas ciências históricas, ela se refere a uma coleção de textos. Pode ser definida como "um corpo de uma coleção completa de escritos ou coisas parecidas; o conjunto completo de literatura sobre algum assunto... vários trabalhos da mesma natureza, coletados e organizados" (*Oxford English Dictionary*, 1989); ou como "uma coleção de textos, especialmente se for completa e independente" (McARTHUR, 1992). Exemplos, colecionados principalmente durante o século dezenove, são o *Corpus Doctrinae*, um conjunto de tratados teológicos da história eclesiástica alemã; o *Corpus Inscriptorum Semiticorum*, uma coleção completa dos antigos textos judaicos na Academia Francesa; ou o *Corpus Inscriptorum Graecorum*, dos textos gregos antigos na Academia de Berlim. Estas coleções procuram ser completas e tematicamente unificadas, além de servir para pesquisa.

Outra definição de *corpus* é "uma coleção finita de materiais, determinada de antemão pelo analista, com (inevitável) arbitrariedade, e com a qual ele irá trabalhar" (BARTHES, 1967: 96). Barthes, ao analisar textos, imagens, música e outros materiais como significantes da vida social, estende a noção de *corpus* de um texto para qualquer outro material. Em seu opúsculo sobre os princípios da semiótica ele reduz as considerações sobre seleção a poucas páginas. Seleção parece menos importante que análise, mas não pode ser separada dela. A arbitrariedade é menos uma questão de conveniência e, em princípio, mais inevitável. Os materiais devem ser homogêneos, por isso não se deve misturar texto e imagens em um mesmo *corpus*. Uma boa análise permanece dentro do *corpus* e procura dar conta de toda a diferença que está contida nele. Em resumo, embora significados mais antigos de "corpo de um texto" impliquem a coleção completa de textos, de acordo com algum tema comum, mais recentemente o sentido acentua a natureza proposital da seleção, e não apenas de textos, mas também de qualquer material com funções simbólicas. Esta seleção é, até certo ponto, inevitavelmente arbitrária: a análise compreensiva tem prioridade sobre o exame minucioso da seleção. O *corpus* linguístico, contudo, oferece uma discussão mais sistemática.

O que são *corpora* de linguagem?

Corpora, no sentido linguístico, são coleções de dados de linguagem que servem para vários tipos de pesquisa. O termo está ligado a desenvolvimentos de estudos de linguagem em computador (JOHANSSON, 1995; BIBER et al., 1998). Um *corpus* linguístico é "um material escrito ou falado sobre o qual se fundamenta uma análise linguística" (*Oxford English Dictionary,* 1989), ou "textos, falas e outros tipos considerados mais ou menos representativos de uma linguagem e geralmente armazenados como um banco de dados eletrônico" (McARTHUR, 1992). Os *corpora* são estruturados a partir de vários parâmetros, tais como o canal (falado ou escrito, escrito para ser falado, etc.), temática (arte, família, religião, educação, etc.), função (persuadir, expressar, informar, etc.). Combinações destas subcategorias podem formar uma tipologia hierárquica de registros, como veremos. Os primeiros *corpora* de linguagem eram geralmente do tipo escrito e colecionados manualmente.

Uma vez construídos, os *corpora* podem ser usados como banco de dados para pesquisa linguística. Quando os primeiros *corpora* foram construídos, o tratamento dos dados tinha também de ser feito manualmente. Assim, por exemplo, um pesquisador que estivesse interessado em trabalhar com verbos de percepção em inglês (verbos como ver, ouvir, etc.), teria de pesquisar o *corpus* manualmente, a fim de encontrar estes verbos. Mais tarde estes *corpora* foram computadorizados: o primeiro foi o Brown *Corpus*, construído na década de 1960 na Brown University, em Providence, Rhode Island. Hoje em dia, todos os *corpora* são computadorizados e permitem pesquisas automatizadas.

Os primeiros *corpora* computadorizados surgiram em uma era importante na história da linguística, isto é, no início da era chomskyana. O livro de Chomsky *Syntactic Structures* (1957) é a publicação seminal deste período. Chomsky defendia que todos os seres humanos possuem uma capacidade linguística inata, que ele chamou de gramática universal. Desde os inícios da linguística chomskyana, houve uma ênfase sobre a maneira como os linguistas podem proceder na construção de representações abstratas de cada um, e de todo conhecimento de linguagem daquele que fala. Devido ao fato de a teoria ser toda sobre representações abstratas, este campo da linguística é caracterizado por um distanciamento do empiricismo, e por uma confiança no conhecimento interno da linguagem que nós possuímos como falantes inatos. Chomsky fez uma distinção entre o que ele chamou de competência (*competence*), que é o conhecimento inato que os falantes têm da linguagem, e desempenho (*performance*), a maneira como eles fazem uso de seu conhecimento inato. Mais recentemente ele introduziu o termo I-language (linguagem internalizada) e E-language (linguagem externalizada). A teoria de Chomsky é uma teoria da competência (uma teoria da I-language), e não do desempenho (teoria da E-language). No modelo chomskyano, toda linguagem particular constitui um epifenômeno, com o termo linguagem ficando agora exclusivamente para significar a I-language.

Os primeiros seguidores de Chomsky atacavam muito a linguística de orientação empírica. Nelson Francis, o compilador do Brown *Corpus*, foi questionado em uma palestra por Robert Lees, um seguidor de Chomsky, no que ele estava trabalhando. Francis respondeu que estava compilando um *corpus* do inglês escrito e falado dos Estados Unidos. Isto foi visto com animosidade por Lees, que afirmou ser uma completa e total perda de tempo. O ponto de vista de Lees, e o de muitos chomskyanos daquele tempo, era o de que seria apenas suficiente refletir um pouco, para se conseguir exemplos pessoais de fenômenos linguísticos particulares em inglês. Os linguistas chomskyanos sempre insistiram que os únicos dados interessantes para o estudo da linguagem eram dados introspectivos, isto é, dados que eram construídos na base do conhecimento de uma linguagem de um falante nativo. A aversão a dados empíricos persistiu até hoje. O próprio Chomsky, quando foi recentemente perguntado por um de nós sobre o que pensava do *corpus* linguístico moderno, respondeu simplesmente: "não existe". A coleção de dados de um *corpus* é visto por Chomsky como sendo igual a uma coleção de borboletas.

2. A CONSTRUÇÃO DO *CORPUS*...

Os linguistas que trabalham com *corpus*, por sua vez, afirmam que os *corpora* podem ser utilmente empregados por linguistas que não são falantes nativos, e podem conter exemplos que seriam difíceis de imaginar, porque eles são raros. Eles pensam que a linguística deva estar interessada em dados concretos da linguagem, isto é, dados de desempenho, e não em dados prontos, dados de competência artificial. É claro que a questão sobre que tipo de dados devem ser usados não era o único ponto de divergência. Os linguistas que lidam com *corpus* são, em sua maioria, indutivistas, enquanto que os chomskyanos são dedutivistas. A controvérsia é, pois, também metodológica.

O que é uma linguística corpus, *e como os* corpora *podem ser usados na pesquisa linguística?*

O campo da linguística é vasto e inclui subdisciplinas tais como a psicolinguística, a neurolinguística, linguística forense, sociolinguística, linguística formal ou teórica, semântica e assim por diante. Há pessoas que falam agora também em *corpus* linguística. Poder-se-ia perguntar se a *corpus* linguística deve ser vista do mesmo modo como os outros ramos da linguística. Falando estritamente, a *corpus* linguística não é de fato um ramo da linguística como tal: ela é uma metodologia linguística, que pode ser usada em todos os ramos da linguística. Assim, por exemplo, alguém que lida com sintática, pode recorrer a um *corpus* para estudar estruturas gramaticais particulares, enquanto que um sociolinguista pode querer estudar conversações telefônicas num *corpus*, para ver se as pessoas falam ao telefone de maneira diferente de quando se comunicam face a face. Na verdade, com isto em mente, alguns *corpora* contêm não apenas uma, mas várias categorias de conversações telefônicas: por exemplo, conversações entre pessoas do mesmo *status* social, e entre pessoas de *status* social diferente. Outro emprego que os sociolinguistas fizeram de *corpora*, é o estudo das diferenças entre as maneiras como os homens e as mulheres falam (cf., por exemplo, TANNEN, 1992a; 1992b; COATES, 1996). Linguistas, ou sociolinguistas que estão interessados no fenômeno dos "avisos manuscritos", uma das categorias encontradas no levantamento inicial do *corpus* de emprego do inglês na University College London, podem ter achado divertido o seguinte aviso encontrado na porta de um banheiro público, na estação de Euston, em Londres: "Os banheiros estão estragados, por favor, use a plataforma 6."

Como lidam os pesquisadores no emprego de um *corpus*? E o que eles investigam? Obviamente, isto depende de seus objetivos de pesquisa. De qualquer modo, é necessário um programa de computador que possa fazer buscas inteligentes. O tipo mais simples de busca é para se encontrar um item léxico específico, digamos, a palavra "o". As coisas se tornam mais complexas se a busca é feita, por exemplo, para se encontrar todos os substantivos num *corpus*. Para que isto possa ser feito, o *corpus* necessita ser analisado gramaticalmente. Antigamente, essa análise gramatical era feita manualmente; agora ela é feita automaticamente. O primeiro passo da análise é a etiquetação (*tagging*). Nesse processo, é dada a cada e a toda palavra uma etiqueta como, por exemplo, substantivo, verbo, adjetivo, etc. Isto pode ser feito automaticamente por um programa de computador. Os resultados são corretos em cerca de 90% dos casos, e necessitam ser corrigidos manualmente. O segundo passo de análise gramatical implica analisar o *corpus* a partir de construções gramaticais. Por exemplo, em uma frase como esta: "O cão mordeu o carteiro", o programa pode analisar "o cão" como o sujeito da frase, e "o carteiro" como o objeto direto. Novamente, a análise automática deve ser corrigida manualmente. Uma vez completa a análise gramatical, podem ser formuladas questões. Para isso, é necessário um programa de busca. Este pode ser instruído para encontrar todos os objetos diretos que seguem o verbo "ver". Pesquisadores da University College London desenvolveram um etiquetador, um analisador gramatical e também um programa de busca. O programa de busca é chamado de "ICE *Corpus* Utility Program", ou abreviadamente "Icecup".

Um exemplo de corpus: *o* Corpus *de Inglês Internacional (International Corpus of English – ICE)*

Como exemplo de um *corpus*, a Figura 2.1 mostra as categorias textuais no ICE (International *Corpus* of English), desenvolvidas no Departamento de inglês da University College London. ICE é internacional no sentido de que *corpora* identicamente construídos foram montados, ou estão em processo de montagem, em mais ou menos 20 países de fala inglesa, entre eles Estados Unidos, Canadá, Austrália, Nova Zelândia, Quênia e Nigéria. O *corpus* foi planejado para comportar tanto material falado como escrito, e tanto as categorias faladas como as escritas são posteriormente subdivididas. O *corpus* ICE-GB, do inglês britânico, está agora completo, e é acessível em CD-ROM; os outros *corpora* nacionais estão ainda em construção (cf. www.ucl.ac.uk/english-usage).

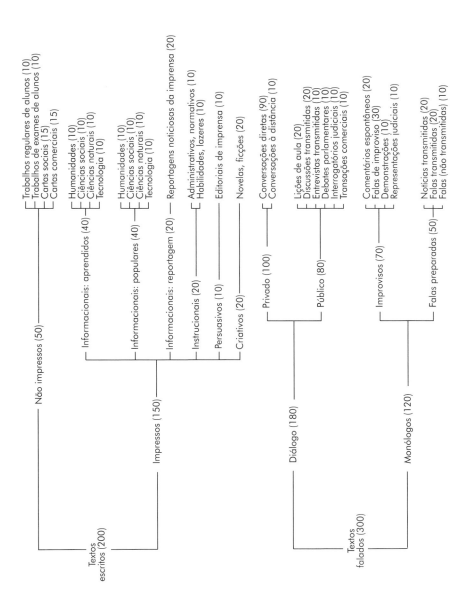

Figura 2.1 – *Um esboço do mapa ICE.*

Os diferentes *corpora* do projeto ICE estão sendo construídos a fim de permitir aos pesquisadores estudar aspectos particulares da língua inglesa em diferentes variedades de inglês. A construção idêntica de diferentes *corpora* nacionais está sendo implementada a fim de permitir comparações estatísticas significativas entre as variedades de inglês. Para dar um exemplo, alguém que estivesse interessado em comparar o uso dos verbos de percepção no inglês australiano, com seu uso no inglês britânico, teria possibilidade de usar os ICE-GB e o ICE-Austrália *Corpora* para sua investigação.

Como são construídos os corpora *da linguagem?*

Alguém talvez pudesse pensar que os linguistas que trabalham com *corpus* estivessem interessados desde o início com a questão de como construir *corpora*, e com temas relacionados, tais como representatividade estatística. Surpreendentemente, isto não é assim. Textos básicos, relativamente bons, que tratam desse problema, foram publicados apenas recentemente, a partir do início da década de 1990 (ATKINS et al., 1992; BIBER, 1993). A fundamentação lógica para a construção de *corpus* se desenvolveu autonomamente, para se poder solucionar problemas práticos. A amostragem estatística teve pouca influência no desenvolvimento da linguística *corpus*; na verdade, os méritos de um racional para *corpora* de linguagens são discutidos. Uma moção, no sentido de que "os *corpora* da linguagem deveriam ser baseados na representação estatística", foi derrotada em uma reunião de linguistas em Oxford, há alguns anos. Propostas padrão com respeito à amostragem estatística são dificilmente aplicáveis na construção de um *corpus* de linguagem (ATKINS et al., 1991: 4).

Questões discutidas de construção de *corpus* são parecidas com as que se seguem. Que categorias de fala e de escrita devem ser incluídas? Qual deve ser o tamanho das amostras para cada categoria de escrita ou fala, em termos de número de palavras? Qual deve ser o tamanho do *corpus* em termos do número de palavras? É comumente aceito que o tamanho do *corpus* é uma questão menos relevante, enquanto que a representatividade merece mais atenção.

Os *corpus* linguistas aceitam duas dimensões importantes de representatividade no delineamento de um *corpus* (BIBER, 1993: 243). Primeiro, um *corpus* deve incluir "o espectro de distribuições linguísticas em uma linguagem" (1993: 243) – por exemplo, um espectro abrangente de construções gramaticais. O que exatamente constitui

2. A CONSTRUÇÃO DO *CORPUS*...

"o espectro de distribuições linguísticas" é algo difícil de determinar *a priori*, mas pode-se dizer que essa afirmação se refere à soma total do conhecimento empiricamente estabelecido e diacronicamente acumulado que os gramáticos que trabalham têm de uma linguagem particular – em outras palavras, o material a respeito do qual a maioria dos linguistas concordaria que devesse ser coberto por uma ampla gramática de inglês, como a de Quirk et al. (1985). Esta variação interna da linguagem é chamada de variação tipo, ou dialética.

Em segundo lugar, um *corpus* deve incluir um suficiente espectro de texto dentro da população alvo, onde esta é compreendida como significando uma coleção de materiais textuais demarcada, isto é, rigidamente definida, a partir de diferentes contextos. Estas variações são também chamadas de registros, gêneros ou funções, e diferem de acordo com variáveis situacionais e temáticas. Isso exige uma reflexão cuidadosa. A escolha da população alvo depende dos objetivos da pesquisa de alguém: um linguista que está interessado no desenvolvimento da linguagem construirá um *corpus* de um modo diferente de alguém que quer estudar, digamos, a variação dialética (cf. ASTON & BURNARD, 1998: 23). A classificação de registros ou funções de fala que possam conter variação interna é uma questão de percepção linguística e de intuição: a questão se apresenta a partir de como alguém decide se a população desejada é ou não suficientemente diversa. Atkins et al. (1992: 7) assinala que o espectro de tipos de texto que estão à escolha é aberto, assim como culturalmente específico. Por exemplo, poder-se-ia imaginar que alguém, ao construir um *corpus* representativo de uma sociedade onde a religião desempenha um papel crucial, queira incluir sermões, enquanto que em outros *corpora* esta categoria possa ser de interesse bem menor. Ao final, as decisões sobre que tipos de texto devem ser incluídos e quais devem ser excluídos de um *corpus* são arbitrárias.

Corpora amplos, de propósitos gerais, diferem na taxonomia dos textos que eles incluem, e esta variedade reflete seus objetivos diferentes. O Brown *Corpus* definiu como população alvo para material escrito todos os textos impressos e publicados nos Estados Unidos em 1961, incluindo 15 gêneros de texto, com subgêneros. Um exemplo de gênero de texto seria "ciência aprendida" e um subgênero dele poderia ser "ciências naturais". Outro exemplo de gênero de texto poderia ser "linguagem jornalística", com "comentários esportivos" como um possível subgênero. As amostras foram escolhidas de uma lista de todos os itens da Biblioteca da University Brown e do

Providence Athenaeum, publicados em 1961. O levantamento do English Usage *Corpus* na University College London, que data aproximadamente do mesmo período que o Brown *Corpus*, tem como sua população alvo o inglês falado e escrito de adultos com instrução (cf. Figura 2.1).

Ainda mais no que diz respeito a *corpora* que têm como objetivo representar uma linguagem particular como um todo, deve-se deixar claro que, para a pesquisa linguística, um *corpus* construído proporcionalmente, isto é, seguindo um racional de amostragem aleatória fundamentada em todo o emprego da linguagem, não seria adequado. Tal *corpus* consistiria, predominantemente, da linguagem falada, porque uma estimativa de 90% de toda linguagem produzida é conversacional (BIBER, 1993: 247). Ao contrário, os linguistas exigem um espectro de amostras de uso da linguagem que são suficientemente diversas, e contêm o espectro completo de estruturas gramaticais. Desse modo, além das amostras da conversação, deveria haver amostras do material que não é produzido em grandes quantidades, como, por exemplo, a linguagem científica altamente técnica (cf. Figura 2.1). A construção de um *corpus* linguístico é altamente superseletivo de certas funções da fala e gêneros de texto, devido a sua significância em manifestar um tipo de variedade específico. Os linguistas levam em consideração o fato raro, enquanto que a amostragem representativa sugere que ele seja ignorado.

O paradoxo do corpus *teórico*

No delineamento do *corpus*, os gêneros e funções do texto e da fala são organizados a partir do que parecem ser fundamentos intuitivos. Josef Schmied, um *corpus* linguista alemão, chamou a isto de "paradoxo do *corpus* teórico":

> De um lado, um *corpus* é mais representativo do uso da linguagem em uma comunidade, se suas subdivisões refletem todas as variáveis que determinam a variação da linguagem nessa comunidade; de outro lado, nós necessitamos de resultados de um *corpus* representativo, a fim de determinar estas variáveis empiricamente (1996: 192).

A fim de remediar tal problema, o delineamento do *corpus* é visto por Biber como um processo cíclico (cf. Figura 2.2), pois não se pode determinar *a priori* com que se parecerá um *corpus* representativo. Com outras palavras, a construção de *corpora* sucessivos com um enfoque particular deve levar a algo parecido a um padrão industrial para se ter um *"corpus* equilibrado". Para Atkins et al. (1992), um *corpus* equilibrado é elegantemente preparado a partir de uma reconsulta múltipla ao usuário, de tal modo que origine um modelo manejável do material linguístico em escala reduzida. Equilibrar significa que sucessivas correções são implementadas, a fim de compensar pelos vieses que vão sendo identificados. Um processo cíclico virá trazer o reconhecimento devido a duas regras da construção do *corpus*. Biber observa que a variação externa precede a percepção da variação interna e deste modo a construção do *corpus* deve começar de diferentes contextos (Regra 1). De acordo com Atkins et al., o objetivo é maximizar a variedade dialética interna, através da extensão das funções, registros ou gêneros que estão sendo considerados (Regra 2). Um *corpus* está equilibrado quando esforços adicionais acrescentam pouca variância dialética. O problema é determinar estas variações externas que acrescentam algo significativo ao tipo de variedade interna.

Figura 2.2 – *Delineamento do* corpus *como um processo cíclico* (BIBER, 1993: 256).

Um padrão posterior de construção de *corpus* pode incluir documentação dos melhoramentos cíclicos, um trabalho que leve a uma taxonomia padrão de textos e de situações de fala, e convenções para assinalar os textos-símbolo selecionados e exemplos de fala com códigos padrão. A transparência não mudará a arbitrariedade inevitável na seleção, mas a trará à luz do dia, de tal modo que possamos evitar acusações falsas e sugerir melhoramentos posteriores (ATKINS et al., 1992).

Corpora nas ciências sociais

A questão que surge agora é o que podemos aprender dos linguistas ao pensar sobre como selecionar dados para a pesquisa qualitativa. *Corpus* não é um termo técnico que seja amplamente empregado na metodologia das ciências sociais. À medida que a pesquisa qualitativa vai ganhando magnitude crítica, a seleção das entrevistas, dos textos e de outros materiais exige um tratamento mais sistemático comparável ao da pesquisa por levantamento.

Devemos distinguir *corpora* para propósitos gerais, de *corpora* tópicos. Um *corpus* para propósitos gerais é delineado, tendo em mente um espectro amplo de questões de pesquisa, e serve como um recurso no seu sentido mais amplo. A maior parte dos *corpora* linguísticos de larga escala é projeto deste tipo. A julgar pelo esforço empregado, estes *corpora* são recursos comparáveis ao censo feito de dez em dez anos, ou ao levantamento anual da força de trabalho realizada em muitos países.

Coleções de arquivos se constituem em *corpora* de pesquisa para propósitos gerais. Podemos pensar nas muitas bibliotecas nacionais que possuem coleções completas de jornais e revistas publicados neste país, em papel e/ou microfichas. A British Newspaper Library de Londres armazena todos os jornais diários e semanais, impressos nas Ilhas Britânicas, desde o início do século dezenove. Nos últimos anos, tiveram início serviços que fornecem diariamente coleções completas do que é publicado em jornais, como a FT-Profile ou Reuters, ou com CD-ROM regular atualizado, diretamente das publicações dos jornais. Muitas destas fontes são praticamente completas e estão registradas, prestando-se assim a uma amostragem representativa, até mesmo estritamente aleatória. A análise de conteúdo clássica faz bom uso desses desenvolvimentos.

Um *corpus* tópico é planejado para um fim estritamente definido de pesquisa; ele pode tornar-se um recurso geral de investigação para análise secundária. Muita pesquisa social com base em textos ou entrevistas é deste tipo. Um exemplo de *corpus* tópico é o Ulm Texbank (MERGENTHALER & KAECHELE, 1988). A coleção inclui transcrições literais de mais de 8000 sessões de psicoterapia, a partir de mais de 1000 pacientes e ao redor de 70 terapeutas da Alemanha, Áustria, Suíça e dos Estados Unidos. Ela foi planejada como um recurso para pesquisa psicoterápica, para estudar a dinâmica da interação e da experiência. Embora a maior parte do material seja de orientação psicanalítica, nem todos os relatos o são. Psicoterapia é uma forma particular de interação humana que se dá em todo o mundo, e neste *corpus* a representatividade não é um princípio de seleção de dados: tal racional teria de considerar centros mundiais urbanos de atividades psicoterápicas, tais como Nova York, Zurique, Viena e Buenos Aires, como locais de amostragem. Ao contrário, os critérios que guiaram a seleção são a orientação terapêutica (registro

1), a diagnose do paciente (registro 2), o sucesso do tratamento (registro 3), e um mínimo de duração de 300 a 500 horas (registro 4). A seleção tem como objetivo equilibrar diferentes registros e possibilitar uma pesquisa comparativa. Ela não pretende ser representativa, nem com respeito à distribuição do sucesso ou fracasso na vida concreta, nem com respeito às 600 diferentes escolas de terapia, mas pretende ter suficientes exemplos entre os 34 tipos de texto que se relacionem com interações terapêuticas. O foco de análise é a atividade verbal, as expressões das várias formas de emotividade durante o curso da terapia. O objetivo é relacionar uma diagnose particular inicial e subsequentes padrões de dinâmica verbal com os resultados da terapia. O *corpus* é projetado no sentido de maximizar a variedade interna de dinâmica verbal durante as sessões, confrontada com os registros externos da orientação do terapeuta, a diagnose, o resultado da terapia e a duração do tratamento (MERGENTHALER, 1996).

Como construir um *corpus* nas ciências sociais

Os linguistas e os pesquisadores qualitativos enfrentam o "paradoxo do *corpus* teórico". Eles começam a estudar as variedades nos temas, opiniões, atitudes, estereótipos, cosmovisões, comportamentos e práticas da vida social. Contudo, como essas variedades são ainda desconhecidas, e por isso também não se sabe sua distribuição, os pesquisadores não podem conseguir uma amostragem de acordo com um racional de representatividade. Mas os paradoxos muitas vezes se resolvem quando nós recorremos ao tempo. Os linguistas sugerem um procedimento por etapas: a) selecionar preliminarmente; b) analisar essa variedade; c) ampliar o *corpus* de dados até que não se descubra mais variedade.

Em outras palavras, eles concebem o *corpus* como um sistema que cresce. Esta é a primeira lição para a seleção qualitativa:

Regra 1 – Proceder por etapas: selecionar; analisar; selecionar de novo.

Relevância, homogeneidade, sincronicidade

As sugestões de Barthes (1967: 95s.) para o delineamento do *corpus* podem ser úteis para a seleção qualitativa: relevância, homogeneidade, sincronicidade. Primeiramente, os assuntos devem ser teoricamente relevantes, e devem ser coletados a partir de um ponto de vista apenas. Os materiais em um *corpus* têm apenas um foco temático, apenas um tema específico. Por exemplo, um estudo de notícias sobre ciência e tecnologia exige um *corpus* de itens noticiosos que se refira à ciência e à tecnologia, e isso exclui todos os outros itens noticiosos. É um problema diferente de determinar a proporção de notícias sobre ciência entre todas as notícias: isto exigiria uma amostra representativa de todas as notícias. Embora este critério pareça trivial, ele serve como um alerta para ser levado em consideração e que pode servir para a seleção.

Em segundo lugar, os materiais de um *corpus* devem ser tão homogêneos quanto possível. Isto se refere à substância material dos dados. Materiais textuais não devem ser misturados com imagens, nem devem os meios de comunicação ser confusos; transcrições de entrevistas individuais não devem ser juntadas a transcrições de entrevistas com grupos focais. Imagens, textos e entrevistas individuais e com grupos focais podem ter a ver com partes do mesmo projeto de pesquisa; mas devem, contudo, ser separados em *corpora* diferentes para comparação.

Em terceiro lugar, um *corpus* é uma interseção da história. A maioria dos materiais tem um ciclo natural de estabilidade e mudança. Os materiais a serem estudados devem ser escolhidos dentro de um ciclo natural: eles devem ser sincrônicos. O ciclo normal da mudança irá definir o intervalo de tempo dentro do qual um *corpus* de materiais relevantes e homogêneos deve ser selecionado. Por exemplo, padrões familiares têm probabilidade de permanecerem estáveis por uma ou duas gerações; modas no vestir mudam a cada ano; políticas editoriais de jornais e televisão podem ter um ciclo de poucos anos; opiniões têm um ciclo curto, de dias ou semanas. Para a construção de um *corpus*, muitos materiais dentro de um ciclo apenas, são preferíveis a um tipo de material que passou por vários ciclos. Mudanças através dos ciclos são estudadas comparando dois *corpora*, não dentro de um único ciclo.

Saturação

Um procedimento para se superar o paradoxo do *corpus* teórico é mostrado na Figura 2.3. O espaço social é desdobrado em duas dimensões: estratos ou funções, e representações. A dimensão horizontal abrange os estratos sociais, funções e categorias que são conhecidos e são quase que parte do senso comum: sexo, idade, atividade ocupacional, urbano/rural, nível de renda, religião e assim por diante. Estas são as variáveis segundo as quais os pesquisadores sociais geralmente segmentam a população; elas são externas ao fenômeno concreto em questão. O principal interesse dos pesquisadores qualitativos é na tipificação da variedade de representações das pessoas no seu mundo vivencial. As maneiras como as pessoas se relacionam com os objetos no seu mundo vivencial, sua relação sujeito-objeto, é observada através de conceitos tais como opiniões, atitudes, sentimentos, explicações, estereótipos, crenças, identidades, ideologias, discurso, cosmovisões, hábitos e práticas. Esta é a segunda dimensão, ou dimensão vertical de nosso esquema. Esta variedade é desconhecida e merece ser investigada. As representações são relações sujeito-objeto particulares, ligadas a um meio social. O pesquisador qualitativo quer entender diferentes ambientes sociais no espaço social, tipificando estratos sociais e funções, ou combinações deles, juntamente com representações específicas. Os ambientes sociais ocupam um espaço social e podem ter um projeto de interesse e de investimento comuns que justifique suas representações específicas. A variedade externa e interna, os estratos e as representações podem se correlacionar, mas não é necessário. Existem ambientes sociais velhos e novos que estão emergindo em uma sociedade dinâmica. Isto exige uma imaginação sociológica e um conhecimento histórico para se reconhecer novos ambientes sociais, e para identificar os ambientes tradicionais que produzem diferenças com respeito à representação de um novo problema na sociedade (BAUER & GASKELL, 1999).

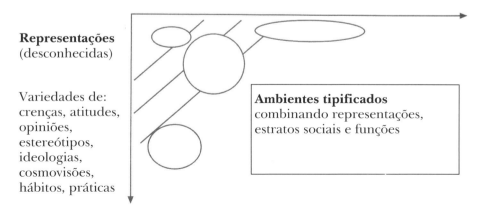

Figura 2.3 – *As duas dimensões do espaço social: estratos e representações.*

Para selecionar pessoas a serem entrevistadas ou documentos para uma pesquisa qualitativa, nós escolhemos indivíduos e fontes de acordo com critérios externos: estratos sociais, funções e categorias. Por exemplo, podemos convidar entrevistados para um estudo com grupo focal sobre temas referentes à moralidade da clonagem humana por sexo, idade e educação. O foco de investigação, contudo, não é a diferença entre sexos ou idade dos grupos, mas a variedade de temas éticos e sua estrutura argumentativa. Em outras palavras, a pesquisa qualitativa tende a maximizar a variedade do fenômeno desconhecido, neste caso os temas éticos referentes à clonagem. Isto é diferente da pesquisa de levantamento por amostragem: ali as opiniões e atitudes são esquematizadas *a priori* nas perguntas e comparadas com estratos conhecidos de pessoas. Por exemplo, a pesquisa irá mostrar as diferenças nas opiniões conforme os níveis de educação, sexo ou idade. Seguindo essas considerações, formulamos mais três regras:

Regra 2 – Na pesquisa qualitativa, a variedade de estratos e função precede a variedade de representações.

Regra 3 – A caracterização da variedade de representações tem prioridade sobre sua ancoragem nas categorias existentes de pessoas.

Regra 4 – Maximizar a variedade de representações, ampliando o espectro de estratos/funções em consideração.

Uma implicação destas regras pode ser que certos estratos são propositadamente superselecionados, de tal modo que um grupo particular, que apresenta visões complexas, pode receber uma atenção desproporcional na investigação. Se, por exemplo, nas discussões de grupos focais sobre clonagem humana, as mulheres mostram muito mais preocupação e diversidade de pontos de vistas, o pesquisador não hesitará explorar diferentes estratos e funções entre as mulheres apenas – por exemplo, com ou sem filhos, conforme sua religião, etc. Poder-se-á ignorar o fato de que o *corpus* seja composto mais por falas de mulheres do que de homens. Contudo, para evitar conclusões equivocadas, todo julgamento sobre a distribuição de opiniões deverá ser evitado. Apenas uma amostragem representativa de opiniões nos permitirá descrever conclusivamente a distribuição de opiniões. Neste sentido, a construção do *corpus* ajuda a tipificar representações desconhecidas, enquanto que em contrapartida a amostragem representativa descreve a distribuição de representações já conhecidas na sociedade. Ambos os racionais devem ser distinguidos com cuidado a fim de evitar confusão e conclusões falsas.

A fim de superar o paradoxo da construção do *corpus* inicial, a pesquisa começa com os estratos e funções externas (Regra 2). Na pesquisa com grupos focais, poder-se-á considerar grupos de idade, ou estratos a partir da educação, a partir de uma intuição inicial sobre o que poderia se constituir em uma diferença com respeito a determinado tema. Os pesquisadores, contudo, devem estar bem atentos em não confiar apenas em suas intuições, quando eles segmentam o espaço social. Precisam manter a mente aberta para estratos e distribuições funcionais posteriores, que podem não ser óbvias num primeiro momento. Podem começar pelo sexo, idade e educação, mas podem precisar levar em consideração a etnia, a religião, as divisões urbano/rural a fim de identificar e maximizar a variedade nas representações das pessoas sobre determinado tema. Aqui a lei da diminuição de retornos pode ser aplicada: acrescentar mais estratos pode fazer apenas uma pequena diferença com respeito a representações adicionais. Quando isso acontece, o *corpus* está saturado. A Regra 1 estipula que a seleção para pesquisa qualitativa é um processo cíclico, e um processo cíclico requer um critério para finalizar, senão o projeto de pesquisa não teria fim. *Saturação* é o critério de finalização: investigam-se diferentes representações, apenas até que a inclusão de novos estratos não acrescente mais nada de novo. Assume-se que a variedade representacional é limitada no tempo e no espaço social. A identificação de mais variedade iria acrescer desproporcionalmente os custos do projeto; então o pesquisador decide parar de investigar novos estratos. Os perigos deste critério são os máximos locais: pode acontecer o caso em que falar com alguém em um bar público não traz nenhuma faceta nova ao assunto em questão; contudo, indo para um bairro diferente, ou saindo da cidade, isto pode se dar. Os pesquisadores vivem em um mundo vivencial; e eles devem se perguntar se a variedade que descobriram cobre seu espaço local ou um espaço mais amplo.

Tamanho do corpus

Pouco pode ser dito sobre o tamanho dos *corpora* para pesquisa qualitativa. Devemos considerar o esforço envolvido na coleta de dados e na análise, o número de representações que se quer caracterizar, e alguns requisitos mínimos e máximos, por exemplo na análise automática do texto, como critérios para o tamanho de um *corpus*.

A maioria das limitações provém do esforço que é exigido para se fazer um grande número de grupos focais, ou entrevistas em profundidade, ou para coletar documentos. O tempo disponível para se fazer essas entrevistas, e para analisá-las, será a primeira restrição sobre o tamanho do *corpus*. Pesquisa qualitativa que envolve uma grande quantidade de material foi corretamente identificada como um "incômodo atrativo" (MILES, 1979). Os pesquisadores coletam facilmente muito mais material interessante, do que aquele com que poderiam efetivamente lidar, dentro do tempo de um projeto. Isto leva à queixa comum de que o projeto termina sem que o material tenha sido analisado com alguma profundidade. Isto também resulta na criação de "porões de dados": materiais coletados, mas nunca de fato analisados. Uma avaliação séria dos procedimentos referentes ao tempo exigido para seleção e análise irá aumentar o realismo de muitos pesquisadores.

Quanto mais representações o pesquisador espera sobre um tema específico, mais diferentes estratos e funções de pessoas, ou materiais, necessitam ser explorados, e maior o *corpus*. O pesquisador terá de decidir estudar uma ou mais representações em detalhe. Do mesmo modo, se for levada em consideração a análise automática do texto, incluindo a aplicação de procedimentos estatísticos, isso pode exigir um número mínimo de palavras num *corpus* para alcançar resultados confiáveis. Por exemplo, Alceste (cf. Kronberger e Wagner, cap. 17 neste volume) exigirá um texto com no mínimo 10.000 palavras. Tais procedimentos podem também colocar um limite máximo no tamanho do *corpus*, além do qual os procedimentos ou não irão funcionar, ou necessitarão um longo período de tempo.

Padrões básicos na construção do corpus *e no relatório*

Como no *corpus* linguístico, devemos renunciar a qualquer esperança de se conseguir um *corpus* totalmente representativo, para propósitos gerais, com respeito a um tópico. Uma multidão de tópicos *corpora* podem emergir de uma prática florescente de pesquisa qualitativa. O problema surge na maneira como tornar esses materiais comparáveis e acessíveis para uma análise secundária. Uma maneira de prosseguir nessa direção é o desenvolvimento de orientações para a construção de *corpus* e para os relatórios. A pesquisa de levantamento desenvolveu e elaborou padrões de como relatar procedimentos de amostragem representativa, e padrões análogos

2. A CONSTRUÇÃO DO *CORPUS*...

podem ser necessários para a pesquisa qualitativa. Tais padrões podem incluir:

- uma descrição da essência dos materiais implicados: texto, imagem, sons, etc.;

- uma caracterização do tópico de pesquisa, por exemplo, problemas éticos com respeito à clonagem humana;

- um relatório sobre as modalidades da ampliação gradual do *corpus* aberto;

- os estratos sociais, as funções e as categorias que foram empregadas no início;

- os estratos sociais, as funções e as categorias que foram acrescentadas posteriormente;

- a evidência para a saturação;

- a duração dos ciclos na coleta de dados;

- o local da coleta de dados.

Na verdade, o ESRC Data Archive da Essex University (Heaton, 1998; ou ESRC em http://www.essex.ac.uk/qualidat/) já iniciou a construir um arquivo para pesquisa qualitativa para o qual são exigidos padrões de relatório, e que protege a privacidade dos informantes – uma questão que é muito delicada na pesquisa qualitativa.

Passos na construção de um *corpus*

1. Decida a área do tópico, e leve em consideração as quatro regras da construção de um *corpus*:

    Regra 1 – Caminhe por etapas: selecionar; analisar; selecionar de novo.

    Regra 2 – Na pesquisa qualitativa, a variedade de estratos e função precede a variedade das representações.

    Regra 3 – A caracterização da variedade das representações tem prioridade sobre sua ancoragem em categorias de pessoas existentes.

    Regra 4 – Maximizar a variedade de representações ampliando o espectro de estratos/funções em consideração.

2. Leve em consideração o espaço social bidimensional: estratos e funções; e representações do tópico. Liste o maior número possível de estratos e funções.

3. Explore as representações do tópico, começando com um ou dois estratos ou funções.

4. Decida se esses estratos têm possibilidade de dar conta da variedade de representações, ou se estratos ou funções sociais adicionais devem ser pesquisados.

5. Amplie o *corpus* adequadamente. Confira se você conseguiu uma variedade saturada. Que estratos não foram considerados?

6. Faça a análise final e revise o espaço social à luz dos achados, e relate seus achados; ou siga um procedimento cíclico, retornando à etapa 4

Referências bibliográficas

ASTON, G. & BURNARD, L. (1998). *The BNC Handbook:* Exploring the British National Corpus with Sara. Edinburgh: Edinburgh University Press.

ATKINS, S. & CLEAR, J. et al. (1992). *Corpus Design Criteria, Literary and Linguistic Computing*, 7, p. 1-16.

BARTHES, R. (1967). *Elements of Semiology.* New York: Hill and Wang, The Noonday Press [tradução do original francês, 1964].

BAUER, M.W. & GASKELL, G. (1999). "Towards a Paradigm for Research on Social Representations". *Journal for the Theory of Social Behaviour*, 29(2), p. 163-186.

BIBER, D. (1993). "Representativeness in Corpus Design". *Literary and Linguistic Computing*, 8(4), p. 243-257.

BIBER, D. CONRAD, S. & REPPEN, R. (1998). *Corpus Linguistics*: Investigating Language Structure and Use. Cambridge: Cambridge University Press.

CHOMSKY, N. (1957). *Syntactic Structures.* The Hague: Mouton.

COATES, J. (1996). *Women Talk.* Oxford: Blackwell.

DAWES, R. (1997). Qualitative Consistency Masquerading as Quantitative Fit, Paper Presented at the 10th International Congress of Logic. *Methodology and Philosophy of Science.* Florence, Italy, August 1995.

GIGERENZER, G. SWIJTINK, S. et al. (1989). *The Empire of Chance*: How Probability Changed Science and Everyday Life. Cambridge: Cambridge University Press.

HEATON, J. (1998). "Secondary Analysis of Qualitative Data". *Social Research Update*, issue 22 (autumn), Sociology at Surrey, University of Surrey.

JAHODA, M., DEUTSCH, M. et al. (1951). *Research Methods in Social Relations*. Vol. 1 and 2. Nova York, NY: Dryden Press.

JOHANSSON, S. (1995). "Icame – Quo Vadis? Reflections on the Use of Computer Corpora in Linguistics". *Computers and the Humanities*, 28, p. 243-252.

KISH, L. (1965). *Survey Sampling*. Nova York, NY: Wiley.

McARTHUR, T. (1992). *The Oxford Companion to the English Language*. Oxford: Oxford University Press.

MERGENTHALER, E. (1996). Computer-assisted Content Analysis. In: *Text Analysis and Computers*. Mannheim: Zuma Nachrichten Spezial, p. 3-32.

MERGENTHALER, E. & KAECHELE, H. (1988). The Ulm Textbank Management System: a Tool for Psychotherapy Research. In: DAHL, H.; KAECHELE & H. THOMAE (orgs.). *Psychoanalytic Process Research Strategies*. Berlim: Springer.

MILES, M.B. (1979). "Qualitative Data as an Attractive Nuisance: the Problem of Analysis". *Administrative Science Quarterly*, 24, p. 590-601.

O'MUIRCHEARTAIGH, C. (1997). Measurement Error in Surveys: a Historical Perspective. In: LYNBERG X., BIEMER X. , et al. (orgs.). *Survey Measurement and Process Quality*. Nova York: Wiley, p. 1-25.

QUIRK, R. et al. (1985). *A Comprehensive Grammar of the English Language*. Londres: Longman.

SCHMIED, J. (1996). Second-language Corpora. In: GREENBAUM, S. (org.). *Comparing English Worldwide:* the International Corpus of English. Oxford: Clarendon Press, p. 182-96.

TANNEN, D. (1992a). *You Just Don't Understand:* Men and Women in Conversation. Londres: Virago.

_____ (1992b). *That's Not What I Meant!:* How Conversational Style Makes or Breaks your Relationships with Others. Londres: Virago.

TVERSKY, X. & KAHNEMANN, X. (1974). "Judgement under Uncertainty: Heuristics and Biases". *Science*, 185, p. 1.124-1.131.

3
ENTREVISTAS INDIVIDUAIS E GRUPAIS

George Gaskell

Palavras-chave: entrevista com grupos focais; moderador; dinâmica do grupo; materiais de estímulo; entrevista individual em profundidade; tópico guia.

Este capítulo é uma espécie de reflexão pessoal sobre os 25 anos de pesquisa qualitativa, e se fundamenta em vários cursos de treinamento e em conferências nas quais participei. É uma tentativa de analisar logicamente o conhecimento tácito que alguém desenvolve a partir de um sem-número de projetos. Embora as discussões conceptuais se refiram principalmente à pesquisa psicossocial, espera-se que os que possuam outras convicções sociais científicas encontrem uma ajuda de valor prático.

O objetivo deste capítulo é fornecer tanto uma fundamentação teórica quanto uma orientação prática para a pesquisa qualitativa. Aqui, pesquisa qualitativa se refere a entrevistas do tipo semiestruturado com um único respondente (a entrevista em profundidade), ou com um grupo de respondentes (o grupo focal). Essas formas de entrevista qualitativa podem ser distinguidas, de um, da entrevista de levantamento fortemente estruturada, em que é feita uma série de questões predeterminadas; e de outro, distingue-se da conversação continuada menos estruturada da observação participante, ou etnografia, onde a ênfase é mais em absorver o conhecimento local e a cultura por um período de tempo mais longo do que em fazer perguntas dentro de um período relativamente limitado.

Nas ciências sociais empíricas, a entrevista qualitativa é uma metodologia de coleta de dados amplamente empregada. Ela é, como escreveu Robert Farr (1982), "essencialmente uma técnica, ou método, para estabelecer ou descobrir que existem perspectivas, ou pontos de vista sobre os fatos, além daqueles da pessoa que inicia a entrevista".

O primeiro ponto de partida é o pressuposto de que o mundo social não é um dado natural, sem problemas: ele é ativamente construído por pessoas em suas vidas cotidianas, mas não sob condições que elas mesmas estabeleceram. Assume-se que essas construções constituem a realidade essencial das pessoas, seu mundo vivencial. O emprego da entrevista qualitativa para mapear e compreender o mundo da vida dos respondentes é o ponto de entrada para o cientista social que introduz, então, esquemas interpretativos para compreender as narrativas dos atores em termos mais conceptuais e abstratos, muitas vezes em relação a outras observações. A entrevista qualitativa, pois, fornece os dados básicos para o desenvolvimento e a compreensão das relações entre os atores sociais e sua situação. O objetivo é uma compreensão detalhada das crenças, atitudes, valores e motivações, em relação aos comportamentos das pessoas em contextos sociais específicos.

Usos da entrevista qualitativa

A compreensão dos mundos da vida dos entrevistados e de grupos sociais especificados é a condição *sine qua non* da entrevista qualitativa. Tal compreensão poderá contribuir para um número de diferentes empenhos na pesquisa. Poderá ser um fim em si mesmo o fornecimento de uma "descrição detalhada" de um meio social específico; pode também ser empregada como uma base para construir um referencial para pesquisas futuras e fornecer dados para testar expectativas e hipóteses desenvolvidas fora de uma perspectiva teórica específica.

Além dos objetivos amplos da descrição, do desenvolvimento conceptual e do teste de conceitos, a entrevista qualitativa pode desempenhar um papel vital na combinação com outros métodos. Por exemplo, intuições provindas da entrevista qualitativa podem melhorar a qualidade do delineamento de um levantamento e de sua interpretação. A fim de construir questões adequadas, é necessário avaliar tanto os interesses quanto a linguagem do grupo em foco. Do mesmo modo, a pesquisa de levantamento muitas vezes apresenta resultados e surpresas que necessitam de ulterior investigação. Aqui, a compreensão em maior profundidade oferecida pela entrevista qualitativa pode fornecer informação contextual valiosa para ajudar a explicar achados específicos.

A versatilidade e valor da entrevista qualitativa são evidenciados no seu emprego abrangente em muitas disciplinas sociais científicas e na pesquisa social comercial, nas áreas de pesquisa de audiência da mídia, relações públicas, marketing e publicidade.

Preparação e planejamento

Nesta seção, são introduzidos alguns aspectos centrais da entrevista individual e grupal. Estes aspectos incluem a preparação e o planejamento, a seleção dos entrevistados, e uma introdução às técnicas de entrevista individuais e grupais. Assume-se aqui que o pesquisador, ou já tenha desenvolvido um referencial teórico ou conceitual que guiará sua investigação e identificado os conceitos centrais e os temas que deverão ser vistos na pesquisa, ou tenha se decidido a trabalhar dentro do referencial da Teoria Fundamentada (*Grounded Theory* – GLASER & STRAUSS, 1967). De acordo com esta escolha, duas questões centrais devem ser consideradas, antes que qualquer forma de entrevista: o que perguntar (a especificação do tópico guia) e a quem perguntar (como selecionar os entrevistados).

O tópico guia

O tópico guia é parte vital do processo de pesquisa e necessita atenção detalhada. Por detrás de uma conversação aparentemente natural e quase casual encontrada na entrevista bem-sucedida, está um entrevistador muito bem preparado. Se forem feitas perguntas inadequadas, então não apenas foi desperdiçado o tempo do entrevistado, mas também o do entrevistador. É fundamental colocar tempo e esforço na construção de um tópico guia, e é provável que se tenha de fazer várias tentativas. Em sua essência, ele é planejado para dar conta dos fins e objetivos da pesquisa. Ele se fundamentará na combinação de uma leitura crítica da literatura apropriada, um reconhecimento do campo (que poderá incluir observações e/ou algumas conversações preliminares com pessoas relevantes), discussões com colegas experientes, e algum pensamento criativo. Como ideal, o tópico guia deveria caber em uma página. Ele não é uma série extensa de perguntas específicas, mas ao contrário, um conjunto de títulos de parágrafos. Ele funciona como um lembrete para o entrevistador, como uma salvaguarda quando der um "branco" no meio de uma en-

3. Entrevistas individuais e grupais

trevista, um sinal de que há uma agenda a ser seguida, e (se um número de minutos é fixado a cada parágrafo) um meio de monitorar o andamento do tempo da entrevista. Um bom tópico guia irá criar um referencial fácil e confortável para uma discussão, fornecendo uma progressão lógica e plausível através dos temas em foco. À medida que o tópico guia é desenvolvido, ele se torna um lembrete para o pesquisador de que questões sobre temas sociais científicos devem ser apresentadas em uma linguagem simples, empregando termos familiares adaptados ao entrevistado. Finalmente, ele funciona como um esquema preliminar para a análise das transcrições.

O tópico guia é, contudo, como sugere o título, um guia, e não nos devemos tornar escravos dele, como se o sucesso da pesquisa dependesse só disso. O entrevistador deve usar sua imaginação social científica para perceber quando temas considerados importantes e que não poderiam estar presentes em um planejamento ou expectativa anterior, aparecerem na discussão. Isto deve levar à modificação do guia para subsequentes entrevistas. Do mesmo modo, à medida que uma série de entrevistas for acontecendo, alguns tópicos que estavam anteriormente na fase de planejamento, considerados centrais, podem se tornar desinteressantes, até mesmo devido a razões teóricas, ou porque os entrevistados têm pouca coisa ou nada a dizer sobre eles. Finalmente, à medida que o estudo progride, o entrevistador pode criar algumas hipóteses, exploradas com uma forma diferente de investigação. Em síntese, embora o tópico guia deva ser bem preparado no início do estudo, ele deve ser usado com alguma flexibilidade. Uma coisa importante: todas estas mudanças devem ser plenamente documentadas com as razões que levaram a isto.

Seleção dos entrevistados

O termo "seleção" é empregado explicitamente em vez de "amostragem". Isto porque a amostragem carrega, inevitavelmente, conotações dos levantamentos e pesquisa de opinião onde, a partir de uma amostra estatística sistemática da população, os resultados podem ser generalizados dentro de limites específicos de confiabilidade. Na pesquisa qualitativa, a seleção dos entrevistados não pode seguir os procedimentos da pesquisa quantitativa por um bom número de razões.

Primeiramente, numa improvável situação de selecionar uma amostra aleatória de, digamos, 30 pessoas, para um estudo qualitativo, a margem de erro ligada a uma divisão de 50/50 com qualquer indicador seria na região de mais ou menos 20%. Assim, se 30 médicos forem entrevistados, a metade disser que eles iriam prescrever remédios homeopáticos e a outra metade disser que eles não iriam, poder-se-ia dizer com segurança que na população dos doutores, entre 30 a 70% iria prescrever tratamentos homeopáticos. Com uma amostra não probabilística, a margem de erro pode ser o dobro. É evidente que se alguém quisesse avaliar o entusiasmo médico, ou a falta dele, com respeito à homeopatia, outras formas de pesquisa social seriam melhor indicadas, por exemplo, um levantamento. Mas, muitas vezes, relatórios de pesquisa qualitativa incluem detalhes numéricos ou quantificadores vagos, tais como "mais da metade" com respeito à distribuição de opiniões ou experiências entre os entrevistados, como se estes números de algum modo fossem pesar na interpretação e na legítima generalização para uma população maior. Isto é não entender a finalidade da pesquisa qualitativa.

A finalidade real da pesquisa qualitativa não é contar opiniões ou pessoas, mas ao contrário, explorar o espectro de opiniões, as diferentes representações sobre o assunto em questão. Em um meio social específico, digamos, na profissão médica, o que nós estamos interessados em descobrir é a variedade de pontos de vista no assunto em questão, por exemplo, a homeopatia, e especificamente o que fundamenta e justifica estes diferentes pontos de vista. A fim de se ter segurança de que toda a gama de pontos de vista foi explorada, o pesquisador não necessitará entrevistar diferentes membros do meio social. Nem todos os médicos têm os mesmos pontos de vista. Mas do mesmo modo, acontece normalmente que existe um número relativamente limitado de pontos de vista, ou posições, sobre um tópico dentro de um meio social específico. Por conseguinte, o pesquisador necessitará levar em consideração como este meio social pode ser segmentado com relação ao tema. Poderá existir algum levantamento, ou informações já prontas, para se montar a seleção dos entrevistados, mas este não é, em geral, o caso. Sem uma informação anterior que possa instruir a seleção dos entrevistados, um pesquisador poderá falar com algumas pessoas dentro da profissão médica e perguntar por que os médicos acham que existam diferenças com relação ao apoio à homeopatia, ou ele poderá supor que tais fatores como a data da formatura, o gênero ou o perfil dos pacientes poderão estar relacionados a diferentes práticas. Sejam quais forem os critérios, o objetivo é maximizar a oportunidade de compreender as

3. Entrevistas individuais e grupais

diferentes posições tomadas pelos membros do meio social (cf. cap. 2 neste volume).

Para outras questões de pesquisa, o problema da seleção dos entrevistados pode ser mais complexo, na medida em que o assunto é relevante para mais de um meio social. Tomemos como exemplo a introdução de alimentos geneticamente modificados (GM). Esta é uma nova tecnologia que atinge a maioria, senão toda a população. Para compreender o espectro de reações aos alimentos GM, seria necessário definir ambientes relevantes dentre os quais se faria a seleção. A praxe, ou a opção tradicional, é usar as variáveis padrão sociodemográficas, como gênero, idade, categoria social e alguma segmentação geográfica, por exemplo urbano/rural. Suponhamos que cada um destes indicadores é classificado como uma dicotomia. Isto nos daria 16 células para cobrir todas as possíveis combinações. No pressuposto que tanto para entrevistas individuais como para grupais, sejam necessárias no mínimo duas entrevistas, isto nos daria 32 entrevistas.

Este seria um empreendimento enorme, fora das possibilidades de muitos estudos. O pesquisador faz, então, uma seleção das 16 células, tomando combinações de características sociodemográficas que provavelmente serão de interesse. Todas estas características serão com isso incluídas, mas não todas as possíveis combinações destas características.

Uma alternativa para se pensar sobre segmentação é empregar grupos "naturais", em vez de grupos estatísticos, ou taxonômicos. Nos grupos naturais, as pessoas interagem conjuntamente; elas podem partilhar um passado comum, ou ter um projeto futuro comum. Elas podem também ler os mesmos veículos de comunicação e ter interesses e valores mais ou menos semelhantes. Neste sentido, grupos naturais formam um meio social. Retornando ao exemplo dos alimentos GM, em vez de continuar no pressuposto de que as características sociais e demográficas seriam um diagnóstico de diferentes pontos de vista com respeito ao tema, a seleção dos entrevistados poderia se basear em grupos naturais relevantes ou ambientes sociais. Sendo que os alimentos GM foram discutidos por ambientalistas em termos de risco, por grupos de consumidores em termos de questões de segurança principalmente para crianças, por grupos religiosos em termos de ética, e pelos agricultores em termos tanto de lucros como de ameaças à agricultura orgânica, estes são candidatos a serem os ambientes. Deste modo, as entrevistas podem ser feitas com membros das organizações ambientais, mães com filhos, pessoas de diferentes crenças religiosas e pessoas envolvidas com agricultura. Dentro destes grupos, será necessário levar em consideração se tais características como gênero, idade e educação seriam relevantes ou não. Sabe-se, por exemplo, que embora os homens tendam a aceitar mais as novas tecnologias que as mulheres, a relação com a idade não é tão tranquila. Uma vez mais o pesquisador terá de tomar algumas decisões entre os benefícios de se pesquisar determinados segmentos e os custos de ignorar outros. Para tais escolhas, é indispensável uma imaginação social científica. Não existem respostas corretas.

Em síntese, o objetivo da pesquisa qualitativa é apresentar uma amostra do espectro dos pontos de vista. Diferentemente da amostra do levantamento, onde a amostra probabilística pode ser aplicada na maioria dos casos, não existe um método para selecionar os entrevistados das investigações qualitativas. Aqui, devido ao fato de o número de entrevistados ser necessariamente pequeno, o pesquisador deve usar sua imaginação social científica para montar a seleção dos respondentes. Embora características sociodemográficas padrão possam ser relevantes, e certamente o são para questões políticas e de consumo, seria mais eficiente e produtivo pensar em termos de ambientes sociais relevantes para outros tópicos em questão. Em algumas circunstâncias, a pesquisa pode assumir um procedimento por fases. Neste caso, a primeira fase pode empregar um delineamento de amostra baseado em todas as informações acessíveis anteriores à investigação do tema. Tendo avaliado as informações desta fase, a segunda fase pode, então, enfocar categorias específicas de entrevistados que pareçam ser particularmente interessantes. Finalmente, sejam quais forem os critérios para a seleção dos entrevistados, os procedimentos e as escolhas devem ser detalhados e justificados em qualquer tipo de relatório.

Quantas entrevistas são necessárias?

Sob muitos aspectos, esta questão provoca a resposta, "que comprimento tem uma corda?", e na realidade, a resposta é: "depende". Depende da natureza do tópico, do número dos diferentes ambientes que forem considerados relevantes e, é claro, dos recursos disponíveis. Contudo, há algumas considerações gerais que guiam a decisão. Um ponto-chave que se deve ter em mente é que, permanecendo todas as coisas iguais, mais entrevistas não melhoram necessaria-

3. Entrevistas individuais e grupais

mente a qualidade, ou levam a uma compreensão mais detalhada. Há duas razões para esta afirmação. Primeiro, há um número limitado de interpelações, ou versões, da realidade. Embora as experiências possam parecer únicas ao indivíduo, as representações de tais experiências não surgem das mentes individuais; em alguma medida, elas são o resultado de processos sociais. Neste ponto, representações de um tema de interesse comum, ou de pessoas em um meio social específico são, em parte, compartilhadas. Isto pode ser visto em uma série de entrevistas. As primeiras são cheias de surpresas. As diferenças entre as narrativas são chocantes e, às vezes, ficamos imaginando se há ali algumas semelhanças. Contudo, temas comuns começam a aparecer, e progressivamente sente-se uma confiança crescente na compreensão emergente do fenômeno. A certa altura, o pesquisador se dá conta que não aparecerão novas surpresas ou percepções. Neste ponto de saturação do sentido, o pesquisador pode deixar seu tópico guia para conferir sua compreensão, e se a avaliação do fenômeno é corroborada, é um sinal de que é tempo de parar.

Em segundo lugar, há a questão do tamanho do *corpus* a ser analisado. A transcrição de uma entrevista pode ter até 15 páginas; com 20 entrevistas haverá, então, umas 300 páginas no *corpus*. A fim de analisar um *corpus* de textos extraídos das entrevistas e ir além da seleção superficial de um número de citações ilustrativas, é essencial quase que viver e sonhar as entrevistas – ser capaz de relembrar cada ambiente entrevistado, e os temas-chave de cada entrevista. Há uma perda de informação no relatório escrito, e o entrevistador deve ser capaz de trazer à memória o tom emocional do entrevistado e lembrar por que eles fizeram uma pergunta específica. Falas ou comentários que numa primeira escuta pareciam sem sentido podem, repentinamente, entrar em cena à medida que as contribuições de diferentes entrevistados são comparadas e contrastadas.

Devido a estas duas razões, há um limite máximo ao número de entrevistas que é necessário fazer, e possível de analisar. Para cada pesquisador, este limite é algo entre 15 e 25 entrevistas individuais, e ao redor de 6 a 8 discussões com grupos focais. É claro que a pesquisa pode ser dividida em fases: um primeiro conjunto de entrevistas, seguido por análise, e depois um segundo conjunto. Ou poderá haver uma combinação de entrevistas individuais e grupais. Em tais situações, seria desejável fazer um número maior de entrevistas e analisar os diferentes componentes do *corpus* separadamente, juntando-os em um estágio posterior.

Uma nota de precaução na entrevista qualitativa

Becker e Geer (1957) afirmam que a observação participante é "a forma mais completa de informação sociológica". Como tal, ela fornece um marco referencial diante do qual se podem julgar outros métodos ou, como eles colocam, "conhecer que tipo de informação nos escapa quando empregamos outros métodos". Em comparação com o intenso trabalho de campo da observação participante, Becker & Geer apresentam três limitações, ou falhas, com respeito à entrevista. Fundamentalmente, elas surgem do fato de que o entrevistador se apoia na informação do entrevistado no que se refere às ações que ocorreram em outras circunstâncias de espaço e tempo.

Em tal situação, o entrevistador não pode compreender plenamente a "linguagem local": a conotação de alguns termos comuns pode ser totalmente diferente. Em segundo lugar, por diversas razões, o entrevistado pode omitir detalhes importantes. Pode ser que algumas coisas lhe pareçam apenas algo dado, aceito sem discussão; outras coisas podem ser difíceis de serem ditas com palavras, ou o entrevistado pensa que seria descortês ou mostraria falta de sensibilidade. Em terceiro lugar, um entrevistado pode ver situações através de "lentes distorcidas", e fornecer uma versão que seja enganadora e impossível de ser testada ou verificada.

Estas limitações da entrevista podem levar o pesquisador a fazer falsas inferências a respeito de situações ou acontecimentos. Na observação participante, o pesquisador está aberto a uma maior amplitude e profundidade de informação, é capaz de triangular diferentes impressões e observações, e consegue conferir discrepâncias emergentes no decurso do trabalho de campo.

Becker e Geer não sugerem que estas potenciais limitações da entrevista invalidem o método. Eles reconhecem que por razões de praticidade e economia a entrevista pode ser um método útil. O que eles apresentam são pontos para consideração, com o fim de sensibilizar os pesquisadores com relação aos problemas e que possam servir como um catalisador de experiências para melhorar as entrevistas. Efetivamente falando, as implicações de Becker e Geer são tríplices. Primeiro, o entrevistador não deve aceitar nada como se fosse pacífico. Segundo, ele deve sondar cuidadosamente mais detalhes do que aqueles que o entrevistado pode oferecer em uma primeira resposta à pergunta. Terceiro, é através do acúmulo de informações conseguidas a partir de um conjunto de entrevistas

3. ENTREVISTAS INDIVIDUAIS E GRUPAIS

que podemos chegar a compreender os mundos da vida dentro de um grupo de entrevistados.

Escolhas metodológicas: entrevistas individuais versus *entrevistas em grupo*

Tendo levado em consideração os alertas de Becker e Geer, enfocamos agora uma discussão central: que tipo de metodologia de entrevista é mais apropriado à investigação, a individual ou a grupal? Há um marcante contraste na escolha de métodos, entre a pesquisa acadêmica e a pesquisa comercial. Falando de modo geral, a pesquisa acadêmica emprega a entrevista individual de profundidade, enquanto que o setor comercial prefere entrevistas em grupo. As diferentes orientações podem ser justificadas com base na tradição ou em considerações pragmáticas. Por exemplo, por ser a pesquisa comercial muitas vezes pressionada pelo tempo, é muito mais rápido fazer um pequeno número de entrevistas com grupos focais do que entrevistar o mesmo número de pessoas individualmente.

É claro que existem muitas semelhanças entre entrevistas individuais e em grupo. Em ambos os tipos de entrevista o pesquisador não orienta a investigação a partir de um conjunto de perguntas predeterminadas como se faz em um levantamento ou questionário. Embora o conteúdo mais amplo seja estruturado pelas questões da pesquisa, na medida em que estas constituem o tópico guia, a ideia não é fazer um conjunto de perguntas padronizadas ou esperar que o entrevistado traduza seus pensamentos em categorias específicas de resposta. As perguntas são quase que um convite ao entrevistado para falar longamente, com suas próprias palavras e com tempo para refletir. Além do mais, diferentemente do levantamento, o pesquisador pode obter esclarecimentos e acréscimos em pontos importantes com sondagens apropriadas e questionamentos específicos.

Haverá, contudo, alguns fundamentos teóricos que possam indicar a escolha do método? Toda pesquisa com entrevistas é um processo social, uma interação ou um empreendimento cooperativo, em que as palavras são o meio principal de troca. Não é apenas um processo de informação de mão única passando de um (o entrevistado) para outro (o entrevistador). Ao contrário, ela é uma interação, uma troca de ideias e de significados, em que várias realidades e percepções são exploradas e desenvolvidas. Com respeito a isso, tanto o(s) entrevistado(s) como o entrevistador estão, de maneiras diferentes, envolvidos na produção de conhecimento. Quando nós lidamos com sentidos e sentimentos sobre o mundo e sobre os acontecimentos, existem diferentes realidades possíveis, dependendo da situação e da natureza da interação. Deste modo, a entrevista é uma tarefa comum, uma partilha e uma negociação de realidades. Ao analisar a produção de conhecimento social, ou representações, Bauer e Gaskell (1999) afirmam que o sistema social mínimo implicado na representação é uma tríade dialógica: duas pessoas (sujeito 1 e sujeito 2) que estão preocupadas com um objeto (O) em relação a um projeto (P), em uma dimensão de tempo. Este triângulo de mediação, prolongado no tempo (S-O-S), é a unidade básica de comunicação para a elaboração de sentido. Sentido não é uma tarefa individual ou privada, mas é sempre influenciado pelo "outro", concreto ou imaginado.

Tendo isto em mente, consideremos a profundidade da entrevista. Ela é uma conversação um a um, uma interação díade. Mas ela difere de conversações comuns sob diversos aspectos. Ela demora mais que uma hora e se dá entre duas pessoas que não se conheciam antes. Existe aqui um papel relacional incomum. Espera-se que uma pessoa, o entrevistador, faça as perguntas; e espera-se do outro, o entrevistado, que responda a elas. O tópico é uma escolha do entrevistador; o entrevistado pode ou não ter pensado seriamente no assunto anteriormente.

Nesta estranha situação, o entrevistado pode se sentir um tanto constrangido e talvez um pouco hesitante e defensivo. Que papel deveriam os entrevistados assumir nesta conversação de desiguais? Podem eles confiar no entrevistador, podem dizer o que realmente sentem? Sua tendência inicial pode ser seguir as normas da conversação cotidiana, limitar as respostas àquilo que se presume ser relevante e informativo (GRICE, 1975), e adotar posições com respeito aos problemas que estejam de acordo com alguma autoimagem específica.

Para contrabalançar estas tendências compreensíveis e encorajar o entrevistado a falar longamente, a se expandir em aspectos de sua vida e ser sincero, o entrevistador deve deixar o entrevistado à vontade e estabelecer uma relação de confiança e segurança, o que se costuma chamar de *rapport*. Isto se consegue através da forma como o entrevistador faz as perguntas, por um encorajamento verbal ou não verbal, e mostrando-se tranquilo e à vontade. À medida que o *rapport* é posto em ação, também o entrevistado com certeza vai se sentir mais à vontade e expansivo, para pensar e falar sobre as coisas além do nível das opiniões superficiais e com menos probabilidade

3. ENTREVISTAS INDIVIDUAIS E GRUPAIS

de oferecer uma racionalização normativa. Ao mesmo tempo, o entrevistador deverá ser sempre mais capaz de prosseguir no tema com outras questões e indagações. Até certo ponto, o entrevistador deve adotar o papel de um conselheiro.

Fundamentalmente, em uma entrevista em profundidade bemfeita, a cosmovisão pessoal do entrevistado é explorada em detalhe. Embora tais pontos de vista pessoais reflitam os resíduos ou memórias de conversações passadas, o entrevistado possui o papel central no palco. É a sua construção pessoal do passado. No decurso de tal entrevista, é fascinante ouvir a narrativa em construção: alguns dos elementos são muito bem lembrados, mas detalhes e interpretações falados podem até mesmo surpreender o próprio entrevistado. Talvez seja apenas falando que nós podemos saber o que pensamos.

A passagem de uma forma específica de interação díade da entrevista em profundidade para a entrevista em grupo traz mudanças qualitativas na natureza da situação social. No grupo focal, o entrevistador, muitas vezes chamado de moderador, é o catalisador da interação social (comunicação) entre os participantes. O objetivo do grupo focal é estimular os participantes a falar e a reagir àquilo que outras pessoas no grupo dizem. É uma interação social mais autêntica do que a entrevista em profundidade, um exemplo da unidade social mínima em operação e, como tal, os sentidos ou representações que emergem são mais influenciados pela natureza social da interação do grupo em vez de se fundamentarem na perspectiva individual, como no caso da entrevista em profundidade.

Os processos sociais nos grupos foram extensamente estudados na literatura que trata da dinâmica dos grupos. Existem pelo menos três progenitores dos grupos focais: a tradição da terapia de grupo do Tavistock Institute (BION, 1961), a avaliação da eficácia da comunicação (MERTON & KENDALL, 1946), e a tradição da dinâmica de grupo em psicologia social (LEWIN, 1958).

Em sua essência, a pesquisa mostra que o grupo, distinto de determinado número de pessoas em um mesmo local, é mais do que a soma das partes: ele se torna uma entidade em si mesma. Ocorrem processos dentro dos grupos que não são vistos na interação diádica da entrevista em profundidade. A emergência do grupo caminha lado a lado com o desenvolvimento de uma identidade compartilhada, esse sentido de um destino comum presente quando dizemos "nós". Um grupo pode se subdividir em facções que confrontam seus próprios pontos de vista e opiniões. A interação do grupo pode gerar emoção, humor, espontaneidade e intuições criativas. As pessoas nos grupos estão mais propensas a acolher novas ideias e a explorar suas implicações. Descobriu-se que os grupos assumem riscos maiores e mostram uma polarização de atitudes – um movimento para posições mais extremadas. Com base nestes critérios, o grupo focal é um ambiente mais natural e holístico em que os participantes levam em consideração os pontos de vista dos outros na formulação de suas respostas e comentam suas próprias experiências e as dos outros.

Fundamentados nestas considerações, podemos sintetizar as características centrais da entrevista de grupo:

1. Uma sinergia emerge da interação social. Em outras palavras, o grupo é mais do que a soma de suas partes.

2. É possível observar o processo do grupo, a dinâmica da atitude e da mudança de opinião e a liderança de opinião.

3. Em um grupo pode existir um nível de envolvimento emocional que raramente é visto em uma entrevista a dois.

Subjacentes ao grupo focal existem vários referenciais sobre o processo de formação do grupo. Por exemplo, Tuckman (1965) identificou quatro etapas de desenvolvimento. Primeiro, existe uma etapa de "formação", em que há certa confusão e incerteza, a criação de familiaridade e os inícios do estabelecimento da identidade do grupo. Isto é seguido pela etapa "tempestuosa", onde há conflito entre os membros do grupo e entre o grupo como um todo e o líder. Se este período de conflito é solucionado, o grupo se torna coeso – é a etapa das "normas". Com os papéis definidos e o grupo estável, é alcançada a etapa de "desempenho" quando o pesquisador poderá executar um verdadeiro e valioso trabalho de investigação. Gordon e Langmaid (1988) acrescentam uma fase final, a do "luto". Aqui, à medida que a sessão grupal chega ao final, e o gravador está desligado, acontecem discussões semiprivadas entre os próprios membros do grupo e entre alguns do grupo e o moderador. Há mais coisas a dizer, explicações para tomadas de posição embaraçosas e, de maneira mais geral, uma reentrada para o mundo real. O moderador gostaria que o gravador ainda estivesse ligado pois temas de alguma significância podem ser levantados. Em tais circunstâncias, é sempre uma boa ideia tomar notas depois que os participantes deixaram a sala.

3. Entrevistas individuais e grupais

A tarefa do moderador é facilitar o progresso do grupo em direção à etapa final, a do "desempenho", que num grupo focal típico de uma sessão de 90 minutos pode compreender entre 15 e 45 minutos.

Tendo discutido alguns tópicos conceituais subjacentes à entrevista individual e grupal, retornamos ao problema de decidir como selecionar entre os dois enfoques. Embora muitos pesquisadores tenham articulado muito bem razões de quando e por que se deve empregar um ou outro enfoque, a literatura de pesquisa sobre o problema é bastante confusa (MORGAN, 1996). Não há um consenso sobre quando um método tem probabilidade de ser mais eficaz. Alguns sugerem que os grupos são mais criativos, outros não; alguns recomendam entrevistas individuais para tópicos mais delicados, mas outros pesquisadores foram bem-sucedidos explorando comportamentos sexuais com grupos focais. Com toda probabilidade, isto depende da natureza do tópico de pesquisa, dos objetivos da pesquisa, dos tipos de entrevistados e até certo ponto das habilidades e preferências pessoais do pesquisador. Não há pesquisa metodológica suficiente para tirar conclusões seguras e rápidas. É possível, contudo, fazer algumas observações gerais que podem ajudar os pesquisadores a considerar as opções e fazer uma decisão bem fundamentada.

Para o mesmo número de entrevistados, o grupo focal é mais eficaz. O grupo fornece critérios sobre o consenso emergente e a maneira como as pessoas lidam com as divergências. Em uma sessão grupal, as pessoas podem ser criativas, o pesquisador/moderador pode explorar metáforas e imagens, e empregar estímulos de tipo projetivo. Na situação grupal, a partilha e o contraste de experiências constrói um quadro de interesses e preocupações comuns que, em parte experienciadas por todos, são raramente articuladas por um único indivíduo. O grupo é antes mais como uma novela, uma perspectiva sobre a vida cotidiana mostrada apenas quando se assiste a todo o programa e não apenas pela contribuição de um único ator.

Há, contudo, algumas desvantagens na técnica dos grupos focais que vêm ilustrar as vantagens da entrevista individual. Primeiro, os participantes em um grupo focal tendem a ser, até certo ponto, autosseletivos. Nem todos os convidados se apresentam e alguns grupos planejados são difíceis de recrutar, por exemplo, minorias étnicas, os idosos e portadores de deficiências, mães com filhos muito pequenos. Do mesmo modo, é difícil, mas não impossível, recrutar entrevistados dentro de uma elite sempre muito ocupada, para uma sessão de grupo. Estes problemas de seleção podem ser evitados através de entrevistas individuais, onde a entrevista pode ser agendada para um tempo e lugar conveniente para o entrevistado. Em segundo lugar, não é exequível dirigir a atenção para uma pessoa particular em uma discussão de grupo, do mesmo modo como se consegue em uma entrevista individual. Com um entrevistado apenas, podemos conseguir detalhes muito mais ricos a respeito de experiências pessoais, decisões e sequência das ações, com perguntas indagadoras dirigidas a motivações, em um contexto de informação detalhada sobre circunstâncias particulares da pessoa. O que o entrevistado diz, e a maneira como a entrevista se desenvolve, pode estar relacionado a outras características relevantes do indivíduo de um modo tal que não é possível dentro da discussão e subsequente análise de um grupo focal.

Na Tabela 3.1, as várias vantagens das entrevistas individuais e grupais são tentativamente sintetizadas. Devido a estas diferentes vantagens e limitações dos grupos focais e das entrevistas individuais, alguns pesquisadores optam por uma junção dos dois métodos dentro do mesmo projeto: um enfoque multimétodo que tem alguma justificação.

Tabela 3.1 – *Uma síntese da indicação de entrevistas em profundidade e grupais*

Entrevista individual	Entrevista grupal
Quando o objetivo da pesquisa é para: Explorar em profundidade o mundo da vida do indivíduo Fazer estudos de caso com entrevistas repetidas no tempo Testar um instrumento, ou questionário (a entrevista cognitiva)	Orientar o pesquisador para um campo de investigação e para linguagem local Explorar o espectro de atitudes, opiniões e comportamentos Observar os processos de consenso e divergência Adicionar detalhes contextuais a achados quantitativos
Quando o tópico se refere a: Experiências individuais detalhadas, escolhas e biografias pessoais Assuntos de sensibilidade particular que podem provocar ansiedade	Assuntos de interesse público ou preocupação comum, por exemplo, política, mídia, comportamento de consumidores, lazer, novas tecnologias Assuntos e questões de natureza relativamente não familiar, ou hipotética
Quando os entrevistados são: Difíceis de recrutar, por exemplo, pessoas de idade, mães com filhos pequenos, pessoas doentes Entrevistados da elite ou de alto *status* Crianças menores de sete anos	Não pertencentes a origens tão diversas que possam inibir a participação na discussão do tópico

A natureza prática das entrevistas

A entrevista com grupo focal

Poder-se-ia caracterizar o grupo focal como sendo parecido com a descrição feita por Habermas (1992) da esfera pública ideal. É um debate aberto e acessível a todos: os assuntos em questão são de interesse comum; as diferenças de *status* entre os participantes não são levadas em consideração; e o debate se fundamenta em uma discussão racional. Nesta característica final, a ideia de "racional" não é que a discussão deva ser lógica ou desapaixonada. O debate é uma troca de pontos de vista, ideias e experiências, embora expressas emocionalmente e sem lógica, mas sem privilegiar indivíduos particulares ou posições.

O grupo focal tradicional compreende seis a oito pessoas desconhecidas anteriormente, que se encontram em um ambiente confortável por um tempo entre uma a duas horas. Os participantes e o moderador sentam num círculo, de tal modo que possa haver um contato frente a frente entre cada um. Quando as pessoas se sentaram, a primeira tarefa do moderador é apresentar a si próprio, o assunto e a ideia de uma discussão grupal.

Para começar este processo, o moderador pede a cada participante que se apresente dizendo o nome, e pode acrescentar um pedido para que adicionem alguma informação pessoal que não cause polêmica. Cada contribuição termina com o moderador dizendo "obrigado", usando o primeiro nome da pessoa. Feito isso, o moderador toma nota dos nomes e das posições na sala. Como na pesquisa em profundidade, o moderador tem um tópico guia que sintetiza as questões e assuntos da discussão. O moderador encoraja ativamente todos os participantes a falar e a responder aos comentários e observações dos outros membros do grupo. Quando a pessoa A diz algo, o moderador pode agradecer, dizendo de novo seu nome, e se volta à pessoa C, perguntando alguma coisa como: "Eu estava muito interessado no ponto de vista de Pedro, isso está de acordo com sua experiência?" O objetivo é avançar a partir de uma discussão liderada pelo moderador, para uma discussão onde os participantes reagem uns aos outros.

Mas o moderador deve ser algo mais que um facilitador da discussão. No espírito das advertências de Becker & Geer, é fundamental que o moderador não assuma nada como sendo pacífico. Talvez as indagações mais comuns que podem se seguir a um comentário sejam perguntas imediatas de efeito: "O que você quer dizer com isso?" e "Por que isso é assim?"

Vejamos alguns exemplos. Se um termo interessante ou uma frase surgir na discussão pergunte sempre: "Quando você diz X, o que você quer dizer com isso?" Se o participante faz uma afirmação factual, o moderador pode perguntar: "E você pensa que isso é uma coisa boa ou ruim?" Do mesmo modo, se alguém diz que não gosta de algo, o moderador pode provocar: "Então você diz que não gosta disso, o que é *isso*?" E, a cada vez que um membro do grupo responde a uma indagação para posterior informação, o moderador deve voltar-se aos outros membros do grupo e perguntar a opinião deles sobre o assunto. É claro que não é sempre necessário que o moderador indague, pois outros membros do grupo podem espontaneamente entrar na discussão com comentários e pontos de vista.

Outra prática proveitosa é o moderador ir trocando a perspectiva do grupo do geral para o particular. Se uma afirmação geral é feita, o moderador pode pedir um exemplo dela, e continuar depois perguntando "É esse um bom exemplo, pode trazer outros?" De maneira oposta, a discussão sobre um caso específico pode provocar a intervenção: "É esse um caso típico, é o que em geral acontece?"

Os moderadores podem usar recursos de livre associação, figuras, desenhos, fotografias e mesmo dramatizações como materiais de estímulo para provocar ideias e discussão, como uma estratégia de fazer com que as pessoas usem sua imaginação e desenvolvam ideias e assuntos.

Vejamos os seguintes exemplos:

Associação livre: para se descobrir como as pessoas imaginam um assunto, isto é, qual a perspectiva que trazem, e para compreender a gama de outros conceitos e ideias com ele relacionadas, a associação livre pode ser iluminadora. O moderador pode perguntar: "Há muita gente falando de engenharia genética hoje em dia; o que vocês pensam da expressão engenharia genética, que palavras, ou frases, vêm à cabeça de vocês?"

A questão é colocada para todo o grupo. Mas é claro que alguns do grupo podem não estar seguros se eles sabem o que a expressão significa, mas isto não importa. Sempre há alguém que tem uma opinião e sugere algumas palavras que levam a uma série de associações. Alguns irão concordar com outros e fornecer mais ilustrações, outros tomarão uma perspectiva diferente. A partir das visões iniciais, o moderador pode guiar o grupo a uma discussão sobre engenharia genética em geral, ou pode perguntar onde as pessoas ouviram falar disso, ou em quem eles confiariam que poderia dizer a verdade sobre o tema. Assim, a técnica de associação livre pode conduzir a muitos caminhos diferentes de discussão, dependendo dos interesses do moderador e dos do grupo.

Escolha de uma figura ou de um assunto: o moderador pode pedir ao grupo que observe oito ou dez exemplos, cuidadosamente selecionados, de um tema representado por palavras e frases colocadas em cartazes ou por figuras (fotografias ou recortes de revistas). Os cartazes ou frases são colocados numa mesa, ou no chão, de tal modo que os participantes possam ver. O moderador pede ao grupo que separe estes estímulos em duas pilhas. Normalmente, a introdução para tal tarefa é seguida por um pedido de mais informação: "Sob que critério devemos separá-los?" O moderador pode dizer: "Bem, a partir de qualquer critério que vocês julguem importante". Na maioria das vezes um ou dois participantes vão responder ao desafio e apresentar uma sugestão; outros irão, então, pedir uma justificativa para tal critério e isto levará a acordos, divergências e modificações. Quando o grupo chega a um acordo sobre uma categorização, os critérios desta categorização são discutidos e explicados. O moderador poderá pedir maior esclarecimento e/ou perguntar se não haveria outras maneiras para se categorizar os estímulos. Deste modo, o conjunto de estímulos se torna um catalisador para a discussão sobre aspectos do tópico.

Escolha de fotografias: aqui, um conjunto de fotografias de um amplo grupo de pessoas é mostrado. Pergunta-se aos participantes: "Quem dessas pessoas poderia...?" e depois disso: "Quem dessas pessoas não poderia...?" E, é claro, à medida que as escolhas são feitas, o moderador pergunta: "e por que você pensa isso?" Embora tais estereótipos forneçam informações sobre crenças populares, eles também servem para se chegar a questões mais amplas, relacionadas ao tópico em questão e muitas vezes provocarão detalhes e preferências pessoais que podem, posteriormente, ser contrastados e refletidos no grupo.

Dramatização: para um moderador mais ambicioso, que gosta de teatro, a criação de uma situação de dramatização pode ser muito reveladora. Vejamos um estudo sobre relações entre médico e paciente. Alguém pode tomar duas pessoas e dar a uma o papel de médico, dizendo-se que ele/ela está atrasado e está pressionado pelo tempo, enquanto que ao outro não são dadas tais informações. Dois outros participantes do grupo são instruídos para que desempenhem o papel de pacientes. É surpreendente como as pessoas desempenham bem os papéis, e levam as instruções a sério. Os papéis são desempenhados e o restante do grupo (o público) pode comentar, aplaudir ou oferecer suas experiências para ilustrar a qualidade no desempenho do papel. Novamente, o comportamento, e o que é dito pelos que desempenham os papéis, é uma fonte de informações em si mesma, mas isto também serve como base para uma discussão mais ampla no tópico em questão.

Embora a entrevista tradicional com grupo focal empregue pessoas desconhecidas, esta não é uma precondição. Na verdade, há vezes em que a familiaridade anterior é uma vantagem. Estudos de culturas organizacionais e de grupos sociais particulares têm vantagens quando se tomam pessoas que partilham um meio social comum. Aqui, o moderador provavelmente será um estranho e poderá fazer uso disto para tirar proveito. O moderador pode tomar a posição de um observador ingênuo e pedir instruções, ou pedir que lhe ensinem alguns pontos específicos. As pessoas aproveitam a oportunidade para falar sobre o papel de ensinar e na medida em que eles, individualmente e coletivamente, explicam sua situação, alguns aspectos do conhecimento tácito autoevidente são elaborados de um modo que seria difícil de conseguir a partir de um conjunto de perguntas.

A entrevista individual

A entrevista individual ou de profundidade é uma conversação que dura normalmente entre uma hora e uma hora e meia. Antes da entrevista, o pesquisador terá preparado um tópico guia, cobrindo os temas centrais e os problemas da pesquisa (cf. acima). A entrevista começa com alguns comentários introdutórios sobre a pesquisa, uma palavra de agradecimento ao entrevistado por ter concordado em falar, e um pedido para gravar a sessão. O entrevistador deve ser aberto e descontraído com respeito à gravação que pode ser justificada como uma ajuda à memória ou um registro útil da conversação para uma análise posterior. Isto permite ao entrevistador concentrar-se no que é dito em vez de ficar fazendo anotações. Confira sem-

3. ENTREVISTAS INDIVIDUAIS E GRUPAIS

pre duas vezes, antes da entrevista, se o gravador está funcionando e tome cuidado para apertar os botões corretos na hora da entrevista. Para fazer com que a entrevista deslanche, é útil começar com algumas perguntas bem simples, interessantes e que não assustem. O entrevistador deve estar atento e interessado naquilo que o entrevistado diz: devem ser dados encorajamentos através de contato com o olhar, balançando a cabeça e outros reforços. Introduza o tema de uma conversação pinçando um ponto e perguntando por mais alguns detalhes. Alguns entrevistados precisam de algum tempo para se descontrair, mas isso é normal. À medida que a entrevista avança, o entrevistador necessita ter as perguntas na memória, conferindo ocasionalmente o tópico guia, mas o foco da atenção deve estar na escuta e entendimento do que está sendo dito. É importante dar ao entrevistado tempo para pensar, e por isso as pausas não devem ser preenchidas com outras perguntas.

Alguns exemplos de perguntas

Muitas destas podem ser seguidas por indagações posteriores.

Convidando para fazer descrições:

Poderia me falar sobre o tempo em que você...?

O que vem à mente quando você pensa em...?

Como você descreveria... para alguém que não teria passado por isso antes?

E levando as coisas adiante:

Poderia me dizer algo mais sobre...?

O que faz você se sentir assim?

E isso é importante para você? Como é isso?

Provocando informação contextual:

Quando você ouviu falar sobre X pela primeira vez, onde você estava e com quem você estava?

O que as outras pessoas que estavam com você disseram naquela ocasião?

Qual foi sua reação imediata?

Projeções:

Que tipo de pessoa você acha que gostaria de X?

Que tipo de pessoa não gostaria de X?

Testando suas hipóteses:

Daquilo que você diz parece que você pensa... Estou certo nisso?

Que pensaria se isso é isso?

Do particular para o geral e vice-versa:

Na sua experiência, é X típico de coisas/pessoas como essas?

Poderia dar um exemplo específico disso?

Tomando uma postura ingênua:

Não entendo muito disso, poderia dizer algo mais sobre isso?

Como você descreveria isso para alguém que não conhecesse tal situação?

Pensamentos finais:

Nós discutimos uma porção de assuntos interessantes, há alguma coisa que nós não discutimos?

Há algo mais que você gostaria de me dizer?

Ao finalizar a entrevista, procure terminar com uma nota positiva. Agradeça ao entrevistado e garanta a ele a confidencialidade das informações. Dê a ele tempo para "deixar" o ambiente de entrevista, pergunte se ele gostaria de fazer mais alguns comentários agora que o gravador está desligado. Finalmente, explique como a informação será usada e talvez o andamento de sua pesquisa.

Análise

Na parte II deste volume são descritos vários enfoques para a análise de um *corpus* com textos. Cada um deles provém de uma orientação teórica diversa, e faz perguntas diferentes ao *corpus* textual, fornecendo um estilo diferente de interpretação. Todos os enfoques

3. Entrevistas individuais e grupais

se fundamentam em um texto completo de entrevista, de tal modo que, seja qual for a orientação analítica escolhida, o primeiro passo é produzir uma transcrição com boa qualidade. No nosso caso, esta transcrição inclui todas as palavras faladas, mas não as características paralinguísticas. Se a transcrição não é feita pelo pesquisador, ele deve conferi-la com a gravação original e editá-la de acordo.

O objetivo amplo da análise é procurar sentidos e compreensão. O que é realmente falado constitui os dados, mas a análise deve ir além da aceitação deste valor aparente. A procura é por temas com conteúdo comum e pelas funções destes temas. Algumas perspectivas teóricas falam de representações centrais e periféricas, sendo as primeiras aquelas que estão disseminadas dentro de um meio social.

Em termos práticos, a análise e interpretação exigem tempo e esforço e não existe aqui um método que seja o melhor. Na essência, elas implicam na imersão do próprio pesquisador no *corpus* do texto. No processo de ler e reler, as técnicas tradicionais empregadas, em geral com um lápis ou outros recursos simples (canetas que realcem o texto), incluem: marcar e realçar, acrescentando notas e comentários ao texto, cortar e colar, identificação da concordância no contexto de certas palavras, formas ou representação gráfica dos assuntos, fichas de anotações ou fichários de notas, e finalmente análise temática. Ao ler as transcrições, são relembrados aspectos da entrevista que vão além das palavras e o pesquisador quase que revive a entrevista. Esta é uma parte essencial do processo e é por isso que é muito difícil analisar entrevistas feitas por outras pessoas.

Um procedimento proveitoso é construir uma matriz com os objetivos e finalidades da pesquisa colocados como temas no título das colunas, e o que cada entrevistado (grupo) diz, como se fossem as linhas. Isto estrutura os dados, juntando as respostas de um modo acessível. Em uma coluna final se acrescentam notas e interpretações preliminares.

À medida que as transcrições são lidas e relidas, tome nota das ideias que vêm à mente. Conserve sempre à sua frente as finalidades e os objetivos da pesquisa, procure padrões e conexões, tente descobrir um referencial mais amplo que vá além do detalhe particular. Às vezes, trabalhe rapidamente e com imaginação, outras vezes trabalhe metodicamente, examinando cuidadosamente as seções do texto em relação a tópicos específicos. Vá em busca de contradições, da maneira como as atitudes e opiniões se desenvolvem nas entrevistas, e de clássicas racionalizações.

A análise não é um processo puramente mecânico. Ela depende de intuições criativas, que podem muito bem ocorrer quando o pesquisador está falando com um amigo ou colega, ou naqueles momentos de reflexão ao dirigir, caminhar ou tomando um banho.

À medida que a interpretação vai se processando, retorne ao material bruto, tanto para as transcrições quanto para as gravações. Algumas vezes, um único comentário assumirá repentinamente um significado importante e irá sugerir um novo modo de olhar para as entrevistas; outras vezes, os dados podem reforçar a análise que está sendo feita. É vital garantir que toda interpretação esteja enraizada nas próprias entrevistas, de tal modo que, quando a análise é feita, o *corpus* pode ser trazido para justificar as conclusões.

Programa computadorizado para análise qualitativa de informações (*Computer-assisted Qualitative Data Analysis Software* – *Caqdas*)

Desenvolvimentos recentes de software implementam as técnicas tradicionais de análise de textos em uma interface com o uso proveitoso do computador. Muitos dos elementos destes desenvolvimentos de software provieram de processadores de texto padrão (a função de cortar e colar, por exemplo). Mas o importante é que os pacotes mais avançados oferecem aspectos adicionais, muitas vezes orientados teoricamente, que vão além de meras manipulações do texto, em direção a uma facilitação da interpretação. Funções comumente acessíveis incluem:

Criação de memorandos: acrescenta comentários ao processo de análise.

Codificação, etiquetação, rotulação: identifica unidades similares do texto.

Recuperação (retrieving): encontra unidades na mesma categoria.

Ligação: texto-texto, código-texto, memorando-texto, memorando-código, código-código.

Procura booleana: encontra combinações específicas de códigos tais como relações "e", "ou", "não".

Interface gráfica: representa as relações entre códigos e textos.

Comparações entre textos de diferentes origens: categorias sociais, séries temporais.

3. Entrevistas individuais e grupais

Os principais resultados do Caqdas são os seguintes: primeiramente, codificar, cortar e colar produzem textos impressos de todas as passagens do texto que se refiram à mesma categoria, por exemplo, códigos do tema, códigos do entrevistado e aspectos formais. Isto fornece uma síntese de todos os elementos relevantes do texto que pertençam a um código específico de interesse. Esta forma de produto é uma maneira eficiente de representar os elementos textuais, de tal modo que o pesquisador pode ilustrar sua interpretação com citações selecionadas.

A interface gráfica e/ou o mapeamento cognitivo oferece a oportunidade de desenvolver uma representação gráfica da estrutura de relações entre os códigos no texto. Ela pode ser hierárquica, usando categorias superordenadas e subordinadas interligadas, ou pode envolver diferentes formas de ligação, tais como "causal", "associativa", "contraditória" e outras. A representação gráfica do texto é o lugar onde aspectos do texto e preconcepções teóricas se encontram em um procedimento formal e interativo.

A maioria dos pacotes de software para análise quantitativa produz um resultado opcional de frequências de código, que pode ser introduzido em uma posterior análise estatística, por exemplo, no SPSS. Esta facilidade fornece uma ligação entre os enfoques qualitativo e quantitativo e propicia a oportunidade de abordagens como traçar perfis, tabulações cruzadas e análise de correspondência. Há, na literatura acadêmica, muitos exemplos interessantes de interpretações complementares obtidas através de análise qualitativa e numérica. Uma característica destes pacotes de software é que eles abrem novas opções, sem fechar as antigas.

Há muitos pacotes disponíveis como o Caqdas. Todos exigem algum tempo para se poder manejá-los, mas o esforço pode valer a pena, particularmente com um *corpus* de texto médio ou grande. Dois destes pacotes populares são o Nud*Ist, baseado na teoria fundamentada dos interacionistas simbólicos, e o Atlas/ti, que é também compatível com a Teoria Fundamentada, mas oferece, além disso, uma função de interface gráfica, valendo-se das ideias da teoria da memória semântica. O Caqdas irá fazer, no mínimo, o que os pesquisadores sempre fizeram, mas fará isso mais sistematicamente e de forma mais eficiente. Em vez de ter sistemas de cartões e canetas para marcar o texto, o computador mantém o sistema de fichas, e permite modificações e mudanças na análise com relativamente me-

— 87 —

nos esforço. Um possível desenvolvimento destas novas ferramentas será que os procedimentos padrão para lidar com dados textuais se tornem um lugar comum e ofereçam um referencial dentro do qual se podem definir padrões básicos de qualidade e avaliação para pesquisa qualitativa.

É necessário, contudo, uma palavra de precaução. Seria desastroso cair na armadilha do "mito do computador", um pressuposto de que pacotes de software irão substituir as habilidades e sensibilidades do pesquisador. Os computadores não farão nunca o trabalho intuitivo e criativo que é parte essencial da análise qualitativa. No máximo, eles irão apoiar o processo e oferecer uma representação do resultado da análise. Devido ao fato de que os pacotes de computador possuem muitas possibilidades, eles contêm o perigo de que o pesquisador fique absorvido na tecnologia e perca a visão do texto.

Passos na entrevista qualitativa

Note-se que na pesquisa concreta estes passos não estão em uma sequência linear. O processo de pesquisa é circular e reflexivo. Por exemplo, depois de algumas entrevistas, tanto o tópico guia como a seleção dos entrevistados pode mudar. Do mesmo modo, a análise é parte do contínuo processo de pesquisa.

1. Prepare o tópico guia.

2. Selecione o método de entrevista: individual, grupal ou uma combinação dos dois.

3. Delineie uma estratégia para a seleção dos entrevistados.

4. Realize as entrevistas.

5. Transcreva as entrevistas.

6. Analise o *corpus* do texto.

Referências bibliográficas

BAUER, M.W. & GASKELL, G. (1999). "Towards a Paradigm for Research on Social Representations". *Journal for the Theory of Social Behaviour*, 29 (2), 163-186.

BECKER, H.S. & GEER, B. (1997). "Participant Observation and Interviewing: a Comparison". *Human Organisation*, 16 (3), 28-32.

3. ENTREVISTAS INDIVIDUAIS E GRUPAIS

BION, W.R. (1961). *Experiences in Groups*. Londres: Tavistock.

FARR, R.M. (1982) Interviewing: the Social Psychology of the Interview. In: FRANSELLA F. (org.). *Psychology for Occupational Therapists*. Londres: Macmillan.

GLASER, B.G. & STRAUSS, A.L. (1967). *The Discovery of Grounded Theory:* Strategies for Qualitative Research. Nova York: Aldine.

GORDON, W. & LANGMAID, P. (1988). *Qualitive Market Research*: a Practitioner's Guide. Aldershot: Gower.

GRICE, H.P. (1975). Logic and conversation. In: COLE P. & MORGAN J.L. (orgs.). *Syntax and Semantics*: Speech Acts, vol. 3. Nova York: Academic Press, p. 41-58.

HABERMAS, J. (1992). *The Structural Transformation of the Public Sphere*: an Inquiry into a Category of Bourgeois Society. Cambridge: Polity Press.

LEWIN, K. (1958). Group Decision and Social Change. In: MACCOBY, E.E. et al. (orgs.). *Readings in Social Psycology*, 3. ed. Nova York: Holt, Rinehart & Winston.

MERTON, R. & KENDALL, P. (1946). "The Focused Interview". *American Journal of Sociology*, 1, p. 541-557.

MORGAN, D.L. (1996). "Focus Groups". *Annual Review of Sociology*, 22, p. 129-52.

TUCKMAN, B. (1965). "Developmental Sequence in Small Groups". *Psychological Bulletin*, 63, p. 384-399.

4
ENTREVISTA NARRATIVA

Sandra Jovchelovitch e Martin W. Bauer

> *Palavras-chave:* fala conclusiva; narrativa principal; teoria própria *Eigentheory*; narrativa; questões exmanentes e imanentes; narrativa e representação; texto indexado e não indexado; entrevista narrativa; informante; fase de questionamento; tópico inicial; esquema autogerador; trajetórias – individuais e coletivas.

O estudo de narrativas conquistou uma nova importância nos últimos anos. Este renovado interesse em um tópico antigo – interesse com narrativas e narratividade tem suas origens na *Poética* de Aristóteles – está relacionado com a crescente consciência do papel que o contar histórias desempenha na conformação de fenômenos sociais. No despertar desta nova consciência, as narrativas se tornaram um método de pesquisa muito difundido nas ciências sociais. A discussão sobre narrativas vai, contudo, muito além de seu emprego como método de investigação. A narrativa como uma forma discursiva, narrativas como história, e narrativas como histórias de vida e histórias societais, foram abordadas por teóricos culturais e literários, linguistas, filósofos da história, psicólogos e antropólogos.

Este capítulo trata do emprego de narrativas na investigação social, discutindo alguns elementos da teoria da narrativa e apresentando a entrevista narrativa como uma técnica específica de coleta de dados, em particular no formato sistematizado por Schütze (1977; 1983; 1992). Na sequência, apresentamos as questões teóricas relacionadas às narrativas, e apresentamos a entrevista narrativa como um método de geração de dados, discutindo em detalhe o procedimento, a indicação para seu uso e os possíveis problemas ligados a esta técnica.

4. Entrevista narrativa

Concluímos com uma discussão sobre o espinhoso problema epistemológico do que, de fato, as narrativas nos contam.

Questões teóricas

Não há experiência humana que não possa ser expressa na forma de uma narrativa. Como salienta Roland Barthes:

> A narrativa está presente no mito, lenda, fábula, conto, novela, epopeia, história, tragédia, drama, comédia, mímica, pintura (pensemos na Santa Úrsula de Carpaccio), vitrais de janelas, cinema, histórias em quadrinho, notícias, conversação. Além disso, sob esta quase infinita diversidade de formas, a narrativa está presente em cada idade, em cada lugar, em cada sociedade; ela começa com a própria história da humanidade e nunca existiu, em nenhum lugar e em tempo nenhum, um povo sem narrativa. Não se importando com boa ou má literatura, a narrativa é internacional, trans-histórica, transcultural: ela está simplesmente ali, como a própria vida (1993: 251-252).

Na verdade, as narrativas são infinitas em sua variedade, e nós as encontramos em todo lugar. Parece existir em todas as formas de vida humana uma necessidade de contar; contar histórias é uma forma elementar de comunicação humana e, independentemente do desempenho da linguagem estratificada, é uma capacidade universal. Através da narrativa, as pessoas lembram o que aconteceu, colocam a experiência em uma sequência, encontram possíveis explicações para isso, e jogam com a cadeia de acontecimentos que constroem a vida individual e social. Contar histórias implica estados intencionais que aliviam, ou ao menos tornam familiares, acontecimentos e sentimentos que confrontam a vida cotidiana normal.

Comunidades, grupos sociais e subculturas contam histórias com palavras e sentidos que são específicos à sua experiência e ao seu modo de vida. O léxico do grupo social constitui sua perspectiva de mundo, e assume-se que as narrativas preservam perspectivas particulares de uma forma mais autêntica. Contar histórias é uma habilidade relativamente independente da educação e da competência linguística; embora a última seja desigualmente distribuída em cada população, a capacidade de contar história não o é, ou ao menos é em grau menor. Um acontecimento pode ser traduzido tanto em termos gerais como em termos indexados. Indexados significa que a referência é feita a acontecimentos concretos em um lugar e em um tempo.

Narrações são ricas de colocações indexicadas, a) porque elas se referem à experiência pessoal, e b) porque elas tendem a ser detalhadas com um enfoque nos acontecimentos e ações. A estrutura de uma narração é semelhante à estrutura da orientação para a ação: um contexto é dado; os acontecimentos são sequenciais e terminam em um determinado ponto; a narração inclui um tipo de avaliação do resultado. Situação, colocação do objetivo, planejamento e avaliação dos resultados são constituintes das ações humanas que possuem um objetivo. A narração reconstrói ações e contexto da maneira mais adequada: ela mostra o lugar, o tempo, a motivação e as orientações do sistema simbólico do ator (SCHÜTZE, 1977; BRUNER, 1990).

O ato de contar uma história é relativamente simples. Conforme Ricoeur (1980), alguém coloca um número de ações e experiências em uma sequência. Essas são as ações de determinado número de personagens, e esses personagens agem a partir de situações que mudam. As mudanças trazem à luz elementos da situação e dos personagens que estavam previamente implícitos. Com isso, eles exigem que se pense, ou que se aja, ou ambos. Contar histórias implica duas dimensões: a dimensão cronológica, referente à narrativa como uma sequência de episódios, e a não cronológica, que implica a construção de um todo a partir de sucessivos acontecimentos, ou a configuração de um "enredo". O enredo é crucial para a constituição de uma estrutura de narrativa. É através do enredo que as unidades individuais (ou pequenas histórias dentro de uma história maior) adquirem sentido na narrativa. Por isso a narrativa não é apenas uma listagem de acontecimentos, mas uma tentativa de ligá-los, tanto no tempo como no sentido. Se nós considerarmos os acontecimentos isolados, eles se nos apresentam como simples proposições que descrevem acontecimentos independentes. Mas se eles estão estruturados em uma história, as maneiras como eles são contados permitem a operação de produção de sentido do enredo. É o enredo que dá coerência e sentido à narrativa, bem como fornece o contexto em que nós entendemos cada um dos acontecimentos, atores, descrições, objetivos, moralidade e relações que geralmente constituem a história. Os enredos operam através de funções específicas, que servem para estruturar e configurar vários acontecimentos em uma narrativa. Primeiro, é o enredo de uma narrativa que define o espaço de tempo que marca o começo e o fim de uma história. Nós sabemos que a vida humana, e a vasta maioria dos fenômenos sociais, fluem sem inícios ou fins precisos. Mas a fim de dar sentido aos acontecimentos da vida, e compreender o que está acontecendo, é importante demarcar os inícios e os fins. Em segundo lugar, o enredo fornece critérios para a seleção dos acontecimentos que devem ser incluídos na narrativa, para a maneira como esses acontecimentos são ordenados em uma sequência que vai se desdobrando até a conclusão da história, e para o esclarecimento dos sentidos implícitos que os acontecimentos possuem como contribuições à narrativa como um todo. Decidir o que deve e o que não deve ser dito, e o que deve ser dito antes, são operações relacionadas ao sentido que o enredo dá à narrativa. Neste sentido, as narrativas se prolongam além das sentenças e dos acontecimentos que as constituem; estruturalmente, as narrativas partilham das características da sentença sem nunca poderem ser reduzidas a simples soma de suas sentenças ou acontecimentos que as constituem. Nesta mesma perspectiva, o sentido não está no "fim" da narrativa; ele permeia toda a história. Deste modo, compreender uma narrativa não é apenas seguir a sequência cronológica dos acontecimentos que são apresentados pelo contador de histórias: é também reconhecer sua dimensão não cronológica, expressa pelas funções e sentidos do enredo.

A entrevista narrativa

A entrevista narrativa (daqui em diante, EN) tem em vista uma situação que encoraje e estimule um entrevistado (que na EN é chamado um "informante") a contar a história sobre algum acontecimento importante de sua vida e do contexto social. A técnica recebe seu nome da palavra latina *narrare*, relatar, contar uma história. Em um manuscrito não publicado, Schütze (1977) sugeriu uma sistematização dessa técnica. Sua ideia básica é reconstruir acontecimentos sociais a partir da perspectiva dos informantes, tão diretamente quanto possível. Até hoje, nós usamos entrevistas narrativas para reconstruir as perspectivas do informante em dois estudos: primeiro, para reconstruir as perspectivas dos atores em um controvertido projeto para o desenvolvimento de um software em um contexto corporativo (BAUER, 1991; 1996; 1997); e segundo, para investigar representações da vida pública no Brasil (JOVCHELOVITCH, 2000). Experiências positivas nos encorajaram a recomendar a técnica e fazer a sistematização de Schütze acessível à língua inglesa, com alguma elaboração.

Esta versão específica de entrevista narrativa não se tornou acessível em inglês, embora escritos sobre narrativas sejam abundantes em diferentes versões. Muitos escritos sobre "narrativas" possuem um enfoque analítico, enfatizando as características estruturais e o significado filosófico das narrativas (RIESMAN, 1993; BARTHES, 1993; BRUNER, 1990; MITCHELL, 1980; JOHNSON & MANDLER, 1980; KINTSCH & van DIJK, 1978; PROPP, 1928). A força da sugestão de Schütze é uma proposta sistemática de criar narrativas com fins de pesquisa social. O manuscrito de Schütze de 1977 permanece sem ser publicado; ele se difundiu largamente como uma literatura não oficial e se tornou o foco de um verdadeiro método de pesquisa em comunidade na Alemanha durante a década de 1980. A ideia original se desenvolveu a partir de um projeto de pesquisa sobre estruturas de poder nas comunidades locais.

Narrativa como um esquema autogerador: "era uma vez"

O contar histórias parece seguir regras universais que guiam o processo de produção da história. Schütze (1977) descreve como "exigências inerentes da narração" (Zugzwaenge des Erzaehlens) o que outros chamam de "esquema da história", "convenção narrativa" ou "gramática da história" (JOHNSON & MANDLER, 1980; KINTSCH & van DIJK, 1978; LABOV, 1972). Um esquema estrutura um processo semiautônomo, ativado por uma situação predeterminada. A narração é então eliciada na base de provocações específicas e, uma vez que o informante tenha começado, o contar histórias irá sustentar o fluxo da narração, fundamentando-se em regras tácitas subjacentes.

O contar histórias segue um esquema autogerador com três principais características, como a seguir:

Textura detalhada: se refere à necessidade de dar informação detalhada a fim de dar conta, razoavelmente, da transição entre um acontecimento e outro. O narrador tende a fornecer tantos detalhes dos acontecimentos quantos forem necessários para tornar a transição entre eles plausível. Isto é feito levando o ouvinte em consideração. A história tem de ser plausível para um público, de outra maneira não seria história. Quanto menos o ouvinte conhece, mais detalhes serão dados. O contar histórias está próximo dos acontecimentos. Ele dará conta do tempo, lugar, motivos, pontos de orientação, planos, estratégias e habilidades.

Fixação da relevância: o contador de história narra aqueles aspectos do acontecimento que são relevantes, de acordo com sua perspectiva de mundo. A explicação dos acontecimentos é necessariamente seletiva. Ela se desdobra ao redor de centros temáticos que refletem o que o narrador considera importante. Estes temas representam sua estrutura de relevância.

Fechamento da Gestalt: um acontecimento central mencionado na narrativa tem de ser contado em sua totalidade, com um começo, meio e fim. O fim pode ser o presente, se os acontecimentos concretos ainda não terminaram. Esta estrutura tríplice de uma conclusão faz a história fluir, uma vez começada: o começo tende para o meio, e o meio tende para o fim.

Para além do esquema pergunta-resposta

A entrevista narrativa é classificada como um método de pesquisa qualitativa (LAMNEK, 1989; HATCH & WISNIESWSKI, 1995; RIESMAN, 1993; FLICK, 1998). Ela é considerada uma forma de entrevista não estruturada, de profundidade, com características específicas. Conceitualmente, a ideia da entrevista narrativa é motivada por uma crítica do esquema pergunta-resposta da maioria das entrevistas. No modo pergunta-resposta, o entrevistador está impondo estruturas em um sentido tríplice: a) selecionando o tema e os tópicos; b) ordenando as perguntas; c) verbalizando as perguntas com sua própria linguagem.

Para se conseguir uma versão menos imposta e por isso mais "válida" da perspectiva do informante, a influência do entrevistador deve ser mínima e um ambiente deve ser preparado para se conseguir esta minimização da influência do entrevistador. As regras de execução da EN restringem o entrevistador. A EN vai mais além que qualquer outro método ao evitar uma pré-estruturação da entrevista. É o empreendimento mais notável para superar o tipo de entrevista baseado em pergunta-resposta. Ela emprega um tipo específico de comunicação cotidiana, o contar e escutar história, para conseguir este objetivo.

O esquema de narração substitui o esquema pergunta-resposta que define a maioria das situações de entrevista. O pressuposto subjacente é que a perspectiva do entrevistado se revela melhor nas histórias onde o informante está usando sua própria linguagem espontânea na narração dos acontecimentos. Seria, contudo, ingênuo afirmar que a narração não possui estrutura. Uma narrativa está formalmente estruturada; como apontamos acima, a narração segue um esquema autogerador. Todo aquele que conta uma boa história, satisfaz às regras básicas do contar histórias. Aqui surge o paradoxo da narração: são as exigências das regras tácitas que libertam o contar histórias.

A técnica é sensível a dois elementos básicos da entrevista, como apontados por Farr (1982): ela contrasta diferentes perspectivas, e leva a sério a ideia de que a linguagem, assim como o meio de troca, não é neutro, mas constitui uma cosmovisão particular. A avaliação da diferença de perspectivas, que pode estar tanto entre o entrevistador e o informante quanto entre diferentes informantes, é central à técnica. O entrevistador é alertado para que evite cuidadosamente impor qualquer forma de linguagem não empregada pelo informante durante a entrevista.

A técnica de eliciar informações

Como técnica de entrevista, a EN consiste em uma série de regras sobre: como ativar o esquema da história; como provocar narrações dos informantes; e como, uma vez começada a narrativa, conservar a narração andando através da mobilização do esquema autogerador. A história se desenvolve a partir de acontecimentos reais, uma expectativa do público e as manipulações formais dentro do ambiente. As regras que se seguem são uma mistura da proposta de Schütze e nossa elaboração pessoal.

A Tabela 4.1 sintetiza o conceito básico de EN e suas regras de procedimento. A entrevista narrativa se processa através de quatro fases: ela começa com a iniciação, move-se através da narração e da fase de questionamento e termina com a fase da fala conclusiva. Para cada uma dessas fases, é sugerido determinado número de regras. A função destas regras não é tanto encorajar uma adesão cega, mas oferecer guia e orientação para o entrevistador, a fim de fazer com que surja uma narração rica sobre um tópico de interesse, evitando os perigos do esquema pergunta-resposta de entrevista. O seguimento destas regras levará certamente a uma situação isenta de constrangimentos, e manterá a disposição do informante de contar uma história sobre acontecimentos importantes.

4. Entrevista narrativa

Tabela 4.1 – *Fases principais da entrevista narrativa*

Fases	Regras
Preparação	Exploração do campo Formulação de questões exmanentes
1. Iniciação	Formulação do tópico inicial para narração Emprego de auxílios visuais
2. Narração central	Não interromper Somente encorajamento não verbal para continuar a narração Esperar para os sinais de finalização ("coda")
3. Fase de perguntas	Somente "Que aconteceu então?" Não dar opiniões ou fazer perguntas sobre atitudes Não discutir sobre contradições Não fazer perguntas do tipo "por quê?" Ir de perguntas exmanentes para imanentes
4. Fala conclusiva	Parar de gravar São permitidas perguntas do tipo "por quê?" Fazer anotações imediatamente depois da entrevista

Preparação da entrevista

Preparar uma EN toma tempo. É necessário uma compreensão preliminar do acontecimento principal, tanto para deixar evidentes as lacunas que a EN deve preencher quanto para se conseguir uma formulação convincente do tópico inicial central, designado a provocar uma narração autossustentável. Primeiramente, o pesquisador necessita criar familiaridade com o campo de estudo. Isto pode implicar em ter de se fazer investigações preliminares, ler documentos e tomar nota dos boatos e relatos informais de algum acontecimento específico. Com base nestes inquéritos iniciais, e em seus próprios interesses, o pesquisador monta uma lista de perguntas exmanentes. Questões exmanentes refletem os interesses do pesquisador, suas formulações e linguagem. Distinguimos das questões exmanentes as questões imanentes: os temas, tópicos e relatos de acontecimentos que surgem durante a narração trazidos pelo informante. Questões exmanentes e imanentes podem se sobrepor totalmente, parcialmente ou não terem nada a ver umas com as outras. O ponto crucial da tarefa é *traduzir questões exmanentes em questões imanentes*, ancorando questões exmanentes na narração, e fazendo uso exclusivamente da própria linguagem do entrevistado. No decurso da entrevista, a atenção do entrevistador deve estar focada em questões imanentes, no trabalho de tomar anotações da linguagem emprega-

— 97 —

da, e em preparar perguntas para serem feitas posteriormente, em tempo adequado.

Fase 1: iniciação

O contexto da investigação é explicado em termos amplos ao informante. Deve-se pedir a ele a permissão para se gravar a entrevista. Gravar é importante para se poder fazer uma análise adequada posteriormente. O procedimento da EN é então brevemente explicado ao informante: a narração sem interrupções, a fase de questionamento e assim por diante. Na fase de preparação da EN, um tópico para narração já foi identificado. Deve-se ter em mente que o tópico inicial representa os interesses do entrevistador. Para ajudar na introdução do tópico inicial, podem ser empregados recursos visuais. Uma linha do tempo, representando esquematicamente o começo e o fim do acontecimento em questão, é um exemplo possível. O narrador, neste caso, irá enfrentar o problema de segmentar o tempo entre o começo e o fim da história.

A introdução do tópico central da EN deve deslanchar o processo de narração. A experiência mostra que, a fim de eliciar uma história que possa ir adiante, várias regras podem ser empregadas como orientações para formular o tópico inicial:

- O tópico inicial necessita fazer parte da experiência do informante. Isso irá garantir seu interesse, e uma narração rica em detalhes.

- O tópico inicial deve ser de significância pessoal e social, ou comunitária.

- O interesse e o investimento do informante no tópico não devem ser mencionados. Isso é para evitar que se tomem posições ou se assumam papéis já desde o início.

- O tópico deve ser suficientemente amplo para permitir ao informante desenvolver uma história longa que, a partir de situações iniciais, passando por acontecimentos passados, leve à situação atual.

- Evitar formulações indexadas. Não referir datas, nomes ou lugares. Esses devem ser trazidos somente pelo informante, como parte de sua estrutura relevante.

4. Entrevista narrativa

Fase 2: a narração central

Quando a narração começa, não deve ser interrompida até que haja uma clara indicação ("coda"), significando que o entrevistado se detém e dá sinais de que a história terminou. Durante a narração, o entrevistador se abstém de qualquer comentário, a não ser sinais não verbais de escuta atenta e encorajamento explícito para continuar a narração. O entrevistador pode, contudo, tomar notas ocasionais para perguntas posteriores, se isto não interferir com a narração.

Restrinja-se à escuta ativa, ao apoio não verbal ou paralinguístico, e mostrando interesse ("hmm", "sim", "sei"). Enquanto escuta, pergunte-se mentalmente, ou escreva no papel, as perguntas para a próxima fase da entrevista.

Quando o informante indica o coda no final da história, investigue por algo mais: "É tudo o que você gostaria de me contar?" Ou "Haveria ainda alguma coisa que você gostaria de dizer?"

Fase 3: fase de questionamento

Quando a narração chega a um fim "natural", o entrevistador inicia a fase de questionamento. Este é o momento em que a escuta atenta do entrevistador produz seus frutos. As questões exmanentes do entrevistador são traduzidas em questões imanentes, com o emprego da linguagem do informante, para completar as lacunas da história. A fase de questionamento não deve começar até que o entrevistador comprove com clareza o fim da narrativa central. Na fase de questionamento, três regras básicas se aplicam:

- Não faça perguntas do tipo "por quê?"; faça apenas perguntas que se refiram aos acontecimentos, como: "O que aconteceu antes/depois/então?" Não pergunte diretamente sobre opiniões, atitudes ou causas, pois isto convida a justificações e racionalizações. Toda narrativa irá incluir determinadas justificações e racionalizações; contudo, é importante não investigá-las, mas ver como elas aparecem espontaneamente.

- Pergunte apenas questões imanentes, empregando somente as palavras do informante. As perguntas se referem tanto aos acontecimentos mencionados na história quanto a tópicos do projeto de pesquisa. Traduza questões exmanentes em questões imanentes.

- Para evitar um clima de investigação detalhada, não aponte contradições na narrativa. Esta é também uma precaução contra investigar a racionalização, além da que ocorre espontaneamente.

A fase de questionamento tem como finalidade eliciar material novo e adicional além do esquema autogerador da história. O entrevistador pergunta por maior "textura concreta" e "fechamento da Gestalt", mantendo-se dentro das regras.

As fases 1, 2 e 3 são gravadas para transcrição literal, com o consentimento dos informantes.

Fase 4: fala conclusiva

No final da entrevista, quando o gravador estiver desligado, muitas vezes acontecem discussões interessantes na forma de comentários informais. Falar em uma situação descontraída, depois do *show*, muitas vezes traz muita luz sobre as informações mais formais dadas durante a narração. Esta informação contextual se mostra, em muitos casos, muito importante para a interpretação dos dados, e pode ser crucial para a interpretação contextual das narrativas do informante.

Durante esta fase, o entrevistador pode empregar questões do tipo "por quê?" Isto pode ser uma porta de entrada para a análise posterior, quando as teorias e explicações que os contadores de histórias têm sobre si mesmos ("eigentheories") se tornam o foco de análise. Além do mais, na última fase, o entrevistador pode também estar em uma posição de avaliar o nível de (des)confiança percebido no informante, o que se constitui em uma informação importante para a interpretação da narração no seu contexto.

A fim de não perder esta importante informação, é aconselhável ter um diário de campo, ou um formulário especial para sintetizar os conteúdos dos comentários informais em um protocolo de memória, imediatamente depois da entrevista. Se alguém organiza uma série de EN, é útil planejar o tempo entre as entrevistas para escrever os comentários informais e outras impressões.

Vantagens e fraquezas da entrevista narrativa

Os pesquisadores que fazem uso da entrevista narrativa apontaram dois problemas principais da técnica: a) as expectativas incontroláveis dos informantes, que levantam dúvidas sobre o forte argumento da não diretividade da EN, e b) o papel muitas vezes irrealístico e as regras exigidas para tais procedimentos.

Expectativas incontroláveis na entrevista

O entrevistador procura obter de cada entrevista uma narração completa dos acontecimentos que expresse uma perspectiva específica. Ele, por conseguinte, coloca-se como alguém que não sabe nada, ou muito pouco, sobre a história que está sendo contada, e que não possui nela interesses particulares. Cada participante, contudo, construirá hipóteses sobre o que o entrevistador quer ouvir, e o que ele provavelmente já sabe. Os informantes geralmente supõem que o entrevistador *sabe* algo sobre a história, e que eles não irão falar sobre aquilo que ele já sabe, pois eles assumem isto como pacífico. É muito problemático montar um "pretenso jogo" de ingenuidade, especialmente com respeito a uma série de entrevistas sobre as quais o informante sabe que ele não é o primeiro a ser entrevistado.

Como foi visto acima, cada informante construirá hipóteses sobre o que o entrevistador gostaria de ouvir. O entrevistador deve, pois, ser sensível ao fato de que a história que ele obterá é, até certo ponto, uma comunicação estratégica, isto é, uma narrativa com o propósito tanto de agradar ao entrevistador quanto de afirmar determinado ponto, dentro de um contexto político complexo que pode estar sendo discutido. Poderá ser difícil, se não impossível, obter uma narrativa de um político que não seja uma comunicação estratégica. O informante poderá tentar defender-se de um conflito, ou poderá colocar-se dentro do conflito, mas sob uma luz favorável com respeito aos acontecimentos.

A interpretação da EN deve levar em consideração tais circunstâncias possíveis, inevitáveis na própria situação da entrevista. A narração em uma EN é uma função da situação como um todo, e deve ser interpretada à luz da situação em estudo, da estratégia presumida do narrador e das expectativas que o informante atribui ao entrevistador. Independentemente do que o entrevistador diz, o informante pode suspeitar de uma agenda oculta. Alternativamente, o informante pode confiar no entrevistador, não assumir uma agenda oculta, e fornecer uma autêntica narrativa dos acontecimentos, mas pode, ao mesmo tempo, transformar a entrevista em uma arena para promover seu ponto de vista, com fins mais amplos do que os da agenda de pesquisa.

A textura da narrativa dependerá, em grande parte, do pré-conhecimento que o informante atribui ao entrevistador. Fazer o papel de ignorante pode ser um requisito irrealístico da parte do entrevistador. Cada entrevista exige que o entrevistador se apresente como ignorante, quando na verdade seu conhecimento real está crescendo de uma entrevista a outra. A credibilidade desta pretensão possui limites, e o conhecimento do entrevistador não poderá permanecer oculto por muito tempo.

Sob tais circunstâncias, Witzel (1982) mostra-se descrente da afirmação de que as estruturas de relevância dos informantes são reveladas pela narração. Toda conversação é guiada por "expectativas de expectativas". Mesmo em casos onde o entrevistador se abstém de formular perguntas e respostas, o informante ativo irá lhe contar a história que irá agradar ou frustrar o entrevistador, ou irá usar o entrevistador para fins que vão além do seu controle. Em todos os casos, as estruturas de relevância do informante podem permanecer ocultas. A narração reflete a interpretação da situação de entrevista. Um contar histórias estratégico não pode ser descartado.

Regras irrealísticas

As regras da EN são formuladas para guiar o entrevistador. Elas são construídas para preservar a espontaneidade do informante em narrar alguns acontecimentos convencionais e problemas em estudo. A questão principal é se tais regras são tão úteis quanto pretendem ser. Novamente Witzel (1982) tem dúvidas se o formato prescrito do "tópico inicial" é, de fato, aplicável para qualquer informante. O entrevistador se apresenta como se ele não soubesse nada sobre o tópico em estudo. Os informantes podem ver esta atitude como se fosse um truque, e esta percepção irá interferir em sua cooperação.

A maneira como o entrevistador inicia sua entrevista implica na qualidade da entrevista. Este fato coloca muita ênfase no início da entrevista. A narração poderá se tornar um produto da maneira como o entrevistador se comporta. A fase de iniciação é difícil de ser padronizada e se apoia totalmente nas habilidades sociais do entrevistador. Esta sensibilidade do método ao momento inicial pode ser causa de ansiedade e estresse para o entrevistador. Tal fato poderá trazer uma dificuldade para a aplicação da técnica da EN em um projeto de pesquisa com vários entrevistadores que possuem diferentes níveis de habilidades. Outro ponto de crítica se refere ao fato de que as regras da técnica de EN foram desenvolvidas dentro de um campo específico de estudo, que lida com políticas locais e pesquisa biográfica. As regras apresentam sugestões que dão conta do problema da interação nestes estudos específicos, e podem não funcionar como se pretende em outras circunstâncias. Este é um problema empírico que deve ser investigado ao se aplicar a EN em diferentes circunstâncias. Pouca pesquisa metodológica, contudo, foi feita além da descrição, ou de uma crítica generalizada da técnica.

As regras da entrevista narrativa definem um procedimento de tipo ideal, que apenas poucas vezes pode ser conseguido. Elas servem como um padrão de aspiração. Na prática, a EN muitas vezes exige um compromisso entre a narrativa e o questionamento. As narrativas revelam as diversas perspectivas dos informantes sobre acontecimentos e sobre si mesmos, enquanto que perguntas padronizadas nos possibilitam fazer comparações diretas percorrendo várias entrevistas sobre o mesmo assunto. Além disso, uma entrevista pode percorrer várias sequências de narração e subsequente questionamento. A interação entre a narração e o questionamento pode ocasionalmente diluir as fronteiras entre a EN e a entrevista semiestruturada. Como afirma Habermas (1991), mais que uma nova forma de entrevista, nós temos uma entrevista semiestruturada enriquecida por narrativas. A questão que surge, então, é se a multiplicação de rótulos para procedimentos com entrevista serve para algum propósito. Flick (1998) aproveitou desta incerteza prática como uma oportunidade para desenvolver a "entrevista episódica" (cf. Flick, cap. 5 deste volume) que pode ser uma forma mais realística de entrevista com elementos narrativos do que a EN no sentido puro de Schütze.

Indicação diferencial para a entrevista de narrativa

As narrativas são particularmente úteis nos seguintes casos:

- Projetos que investigam acontecimentos específicos, especialmente assuntos "quentes", tais como junção de corporações, um projeto de desenvolvimento específico, ou políticas locais (SCHÜTZE, 1977).

- Projetos onde variadas "versões" estão em jogo. Grupos sociais diferentes constroem histórias diferentes, e as maneiras como elas diferem são cruciais para se apreender a dinâmica plena dos acontecimentos. Diversas perspectivas podem realçar um eixo diferente, bem como uma outra sequência nos acontecimentos cronológicos. Além disso, diferença nas perspectivas pode estabelecer uma configuração diferente na seleção dos acontecimentos que devem ser incluídos no conjunto da narrativa.

- Projetos que combinem histórias de vida e contextos sócio-históricos. Histórias pessoais expressam contextos societais e históricos mais amplos, e as narrativas produzidas pelos indivíduos são também constitutivas de fenômenos sócio-históricos específicos, nos quais as biografias se enraízam. Narrativas de guerra são clássicas neste ponto, como são também as narrativas de exílio político e de perseguição (SCHÜTZE, 1992).

Embora o contar histórias seja uma competência universal e as narrativas possam ser usadas sempre que haja uma história a ser contada, nem toda situação social leva à produção de uma narrativa "confiável". Um indicador bom e simples é a duração, ou a ausência da narrativa central no projeto de pesquisa. Entrevistas muito curtas, ou a ausência de narração, podem mostrar o fracasso do método. Bauer (1996) realizou 25 entrevistas narrativas relacionadas a um projeto de desenvolvimento de um software controvertido. De um total de 309 minutos de narração, a duração média das narrações foi de cerca de 12 minutos, com uma escala que ia de 1 a 60 minutos de narração ininterrupta. Isto mostra que a entrevista narrativa não foi igualmente adequada para todos os informantes. Na verdade, quanto maior a distância entre o informante e o cerne da ação, menor a entrevista. Envolvimento direto e imediato nas atividades centrais do evento que está sendo contado parece ser um fator importante na produção de narrativas. Contudo, *ceteris paribus*, a ausência de narrativas pode ser muito significativa. Este é o caso, por exemplo, quando alguns grupos específicos de indivíduos recusam produzir uma narração e, ao fazer isso, expressam uma posição definida em relação aos acontecimentos (JOVCHELOVITCH, 2000).

É também importante levar em consideração problemas ligados ao desempenho do pesquisador. Há casos em que a formulação do tópico inicial é inadequada e ela não consegue engajar o contador de história. Em tais casos, uma reavaliação do desempenho do pesquisador de acordo com as regras da EN pode ajudar a afastar ou superar esta fonte de erro.

Além disso, existem situações sociais que podem levar tanto à subprodução como à superprodução de narrativas (BUDE, 1985; ROSENTHAL, 1991; MITSCHERLICH & MITSCHERLICH, 1977).

4. Entrevista narrativa

Distinguimos ao menos três situações que podem levar à subprodução de narrativas, isto é, onde não há o que contar ou há pouco, independentemente da riqueza da experiência. Primeiro, pessoas que passaram por um trauma podem não estar em uma situação de verbalizar estas experiências. Do mesmo modo como uma narração pode ser terapêutica, ela pode também produzir uma renovação do sofrimento e da ansiedade associados com a experiência que é narrada. Em segundo lugar, há comunidades que mantêm uma verdadeira cultura do silêncio, onde este é muito apreciado e mais importante que falar. Neste caso, o fluxo da narrativa pode ser muito breve, ou mesmo estar ausente. Finalmente, poderá haver situações em que os interesses de um grupo de pessoas pode militar contra a produção de histórias. Neste caso, o silêncio é privilegiado devido a uma decisão política de não dizer nada. Esta pode ser uma estratégia generalizada de defesa, ou pode estar diretamente relacionada à desconfiança no pesquisador.

Em relação à superprodução de narração, as seguintes situações devem ser levadas em consideração. Ansiedades neuróticas podem levar a um contar histórias compulsivo e mobilizar uma vívida imaginação com pouca fundamentação em acontecimentos reais ou na experiência. Esta superprodução pode servir a mecanismos de defesa e a evitar a confrontação com os temas reais em jogo. Antropólogos observaram que algumas comunidades chamam os contadores de história para dizer ao pesquisador o que a comunidade pensa que o pesquisador quer ou necessita ouvir. Isto implica algumas vezes a invenção de narrativas fantásticas, que mistificam mais que revelam.

Todas estas situações devem ser cuidadosamente avaliadas pelo pesquisador. Algumas narrações podem deslanchar respostas psicológicas inesperadas que não são controláveis pelo grupo de pesquisadores. Neste caso, como em todas as situações de pesquisa, considerações éticas devem estar sempre presentes.

A análise de entrevistas narrativas

A entrevista narrativa é uma técnica para gerar histórias; ela é aberta quanto aos procedimentos analíticos que seguem a coleta de dados. A seguir, apresentaremos brevemente três diferentes procedimentos que podem ajudar aos pesquisadores na análise das histórias coletadas durante a entrevista narrativa: a análise temática, a proposta do próprio Schütze e a análise estruturalista.

Transcrição

O primeiro passo na análise de narrativas é a conversão dos dados através da transcrição das entrevistas gravadas. O nível de detalhe das transcrições depende das finalidades do estudo. O quanto uma transcrição implica elementos que estejam além das meras palavras empregadas varia de acordo com o que é exigido da pesquisa. Características paralinguísticas, tais como o tom da voz ou as pausas, são transcritas a fim de que se possa estudar a versão das histórias não apenas quanto ao seu conteúdo mas também quanto a sua forma retórica. A transcrição, por mais cansativa que seja, é útil para se ter uma boa apreensão do material, e por mais monótono que o processo de transcrição possa ser, ele propicia um fluxo de ideias para interpretar o texto. É fortemente recomendado que os pesquisadores façam eles próprios ao menos algumas transcrições, sendo que este é concretamente o primeiro passo da análise. Se a transcrição é feita por alguma outra pessoa, especialmente em um contrato comercial, deve-se ter cuidado para assegurar a qualidade da transcrição. A transcrição comercial para fins de mercado está muitas vezes abaixo da qualidade que é exigida quando o emprego de linguagens específicas é um tema de análise.

A proposta de Schütze

Schütze (1977; 1983) propõe seis passos para analisar narrativas. O primeiro é uma transcrição detalhada de alta qualidade do material verbal. O segundo passo implica uma divisão do texto em material indexado e não indexado. As proposições indexadas têm uma referência concreta a "quem fez o que, quando, onde e por quê", enquanto que proposições não indexadas vão além dos acontecimentos e expressam valores, juízos e toda forma de uma generalizada "sabedoria de vida". Proposições não indexadas podem ser de dois tipos: descritivas e argumentativas. Descrições se referem a como os acontecimentos são sentidos e experienciados, aos valores e opiniões ligadas a eles, e às coisas usuais e corriqueiras. A argumentação se refere à legitimação do que não é aceito pacificamente na história e a reflexões em termos de teorias e conceitos gerais sobre os acontecimentos. O terceiro passo faz uso de todos os componentes indexados do texto para analisar o ordenamento dos acontecimentos para cada indivíduo, cujo produto Schütze chama de "trajetórias". No quarto passo, as dimensões não indexadas do texto são investigadas

4. Entrevista narrativa

como "análise do conhecimento". Aquelas opiniões, conceitos e teorias gerais, reflexões e divisões entre o comum e o incomum são a base sobre a qual se reconstroem as teorias operativas. Estas teorias operativas são então comparadas com elementos da narrativa, pois elas representam o auto entendimento do informante. O quinto passo compreende o agrupamento e a comparação entre as trajetórias individuais. Isto leva ao último passo onde, muitas vezes através de uma derradeira comparação de casos, trajetórias individuais são colocadas dentro do contexto e semelhanças são estabelecidas. Este processo permite a identificação de trajetórias coletivas.

Análise temática: construindo um referencial de codificação

Recomenda-se um procedimento gradual de redução do texto qualitativo (cf., por exemplo, MAYRING, 1983). As unidades do texto são progressivamente reduzidas em duas ou três rodadas de séries de paráfrases. Primeiro, passagens inteiras, ou parágrafos, são parafraseados em sentenças sintéticas. Estas sentenças são posteriormente parafraseadas em algumas palavras-chave. Ambas as reduções operam com generalização e condensação de sentido. Na prática, o texto é colocado em três colunas; a primeira contém a transcrição, a segunda contém a primeira redução, e a terceira coluna contém apenas palavras-chave.

A partir deste parafrasear, desenvolve-se um sistema de categorias com o qual todos os textos podem ser, em última análise, codificados, caso necessário. Primeiramente, são criadas categorias para cada EN, posteriormente ordenadas em um sistema coerente de categorização geral para todas as ENs do projeto. Um sistema final de categorização somente pode ser decidido depois de revisões reiteradas. O produto final constitui uma interpretação das entrevistas, juntando estruturas de relevância dos informantes com as do entrevistador. A fusão dos horizontes dos pesquisadores e dos informantes é algo que tem a ver com a hermenêutica.

O processo de redução descrito acima pode levar à análise quantitativa no sentido da análise de conteúdo clássica (cf. Bauer, cap. 8 deste volume). Uma vez o texto codificado, os dados podem também ser estruturados em termos de frequências que mostram quem disse o que, quem disse coisas diferentes e quantas vezes foram ditas. A análise estatística para dados categoriais pode então ser aplicada. A análise de agrupamento (cluster) poderá fornecer tipos de conteúdos narrativos. Resultados quantitativos podem ser extensamente ilustrados com citações das narrações originais. As perspectivas narrativas do acontecimento ou problema em estudo podem ser descritas e classificadas qualitativa e quantitativamente. A análise do conteúdo é um enfoque possível; outro enfoque pode ser classificar elementos formais da história.

Análise estruturalista

Uma análise estruturalista de narrativas focaliza os elementos formais das narrativas. A análise opera através de um sistema de combinações que inclui duas dimensões: uma é formada pelo repertório de possíveis histórias, do qual qualquer história acontecida é uma seleção, e a outra se refere às combinações particulares dos elementos da narrativa. Na dimensão paradigmática, ordenamos todos os possíveis elementos que aparecem nas histórias: acontecimentos, protagonistas, testemunhas, situações, começos, fins, crises, conclusões morais; na dimensão sintagmática, estes elementos particulares são organizados em uma sequência que pode ser comparada através de cada narrativa e relacionada a variáveis contextuais. Todo *corpus* específico de narrativas será mapeado nesta estrutura bidimensional.

Falando de maneira geral, a análise de narrativas implica sempre a análise de aspectos cronológicos e não cronológicos da história. Narrativas são uma sucessão de eventos ou episódios que abrangem atores, ações, contextos e espaços temporais. A narração de eventos e episódios apresenta uma ordem cronológica e permite uma interpretação de como o tempo é usado pelos contadores de história. Os aspectos não cronológicos de uma narrativa correspondem a explicações e razões encontradas por detrás dos acontecimentos, aos critérios implícitos nas seleções feitas durante a narrativa, aos valores e juízos ligados à narração e a todas as operações do enredo. Compreender uma história é captar não apenas como o desenrolar dos acontecimentos é descrito, mas também a rede de relações e sentidos que dá à narrativa sua estrutura como um todo. É função do enredo organizar os episódios em uma história coerente e significativa. É vital, por isso, identificar o enredo na análise de narrativas.

Abell (1987; 1993) propõe uma representação gráfico-teórica para comparar narrativas. Ela inclui a ação de parafrasear os relatos em unidades que compreendem contextos, ações, omissões e efeitos. Num segundo passo, são construídos gráficos, ligando atores, ações e efeitos no tempo, para representar e para comparar formalmente cursos particulares de ações. Na verdade, o método se constitui em um formalismo matemático para lidar com dados qualitativos, sem ser necessário recorrer à estatística.

Narrativa, realidade, representação

Há uma série de questões que devem ser feitas sobre a relação entre narrativas e realidade, todas elas referentes às conexões entre o discurso e o mundo que está além dele. Deveríamos considerar toda narrativa como uma "boa" descrição do que está acontecendo? Deveríamos aceitar todo relato de um contador de história como válido em relação ao que estamos investigando? E o que dizer de narrativas que estão claramente separadas da realidade dos acontecimentos? Como disse certa vez Castoriadis (1975), ao descrever a Torre Eiffel as pessoas tanto podem dizer "Esta é a Torre Eiffel", ou "Esta é minha avó". Como pesquisadores sociais, precisamos levar esta diferença em consideração.

Este debate não é simples e abrange muitos ângulos. Nós pensamos que é importante refutar alguns excessos recentes que exageraram a autonomia da narrativa, do texto e da interpretação, enquanto minimizavam o mundo objetivo. Mas nós também pensamos que é crucial levar em consideração a dimensão expressiva de toda peça narrativa, independentemente de sua referência ao que acontece na realidade. De fato, as próprias narrativas, mesmo quando produzem distorção, são parte de um mundo de fatos; elas são factuais como narrativas e assim devem ser consideradas. Mesmo narrações fantásticas são exemplos disso. A fim de respeitar tanto a dimensão expressiva das narrativas (a representação do contador de histórias) e o problema da referência a um mundo além deles (a representação do mundo), nós sugerimos a divisão no processo de pesquisa em dois momentos, cada um deles respondendo a diferentes exigências. Consideremos o caso hipotético em que a Torre Eiffel é descrita como "avó". Se um informante produz tal descrição, isto de fato é assim, do ponto de vista da pesquisa social, apesar da tarefa do entrevistador de eliciar o relato e conferi-lo com fidelidade (BLUMENFELD-JONES, 1995). No primeiro momento, a tarefa do pesquisador social é escutar a narrativa de um modo desinteressado e reproduzi-la com todos os detalhes e considerações possíveis. Na verdade, extrema fidelidade em reproduzir as narrativas é um dos indicadores de

PESQUISA QUALITATIVA COM TEXTO, IMAGEM E SOM

qualidade da entrevista de narrativa. A este primeiro momento do processo de pesquisa aplicam-se as proposições:

- A narrativa privilegia a realidade do que é *experienciado* pelos contadores de história: a realidade de uma narrativa refere-se ao que é *real* para o contador de história.

- As narrativas não copiam a realidade do mundo fora delas: elas propõem representações/interpretações particulares do mundo.

- As narrativas não estão abertas à comprovação e não podem ser simplesmente julgadas como verdadeiras ou falsas: elas expressam a verdade de um ponto de vista, de uma situação específica no tempo e no espaço.

- As narrativas estão sempre inseridas no contexto sócio-histórico. Uma voz específica em uma narrativa somente pode ser compreendida em relação a um contexto mais amplo: nenhuma narrativa pode ser formulada sem tal sistema de referentes.

Este, contudo, não é o fim da história. O pesquisador social não apenas provoca e refere narrativas com o máximo de fidelidade e respeito possíveis. Num segundo momento, o observador necessita discutir a história da "avó", por um lado, e a materialidade da Torre Eiffel, por outro. Aqui, as narrativas e biografias devem ser situadas em relação às funções que elas possuem para o contador de história e em referência a um mundo além delas. Neste sentido, para o pesquisador social – um ouvinte e um observador – a história possui sempre dois lados. Ela tanto representa o indivíduo (ou uma coletividade) como se refere ao mundo além do indivíduo. Assim como precisamos ter muita sensibilidade para perceber as imaginações e distorções que configuram toda narrativa humana, precisamos também prestar atenção à materialidade de um mundo de histórias. Como Eco (1992: 43) observou em relação à tarefa da interpretação, "se existe algo a ser interpretado, a interpretação deve falar de algo que deve ser encontrado em algum lugar e, de algum modo, respeitado". Acreditamos que o mesmo é verdade em uma narrativa não ficcional.

A pergunta quase óbvia que surge desta situação refere-se a quem estabelece o que é verdade, e como nós sabemos se a história é fiel ou distorce os acontecimentos. A resposta está totalmente a cargo do pesquisador, que tenta tanto apresentar a narrativa com máxima fidelidade (no primeiro momento) como organizar informação adicional de fontes diferentes, para cotejar com material secundário e re-

— 110 —

4. Entrevista narrativa

visar a literatura ou documentação sobre o acontecimento a ser investigado. Antes de entrar em campo, necessitamos estar equipados com materiais adequados para que possamos compreender e dar sentido às histórias que coletamos.

Passos da entrevista de narrativa

1. Preparação.

2. Início: começar gravando e apresentar o tópico inicial.

3. A narração central: não fazer perguntas, apenas encorajamento não verbal.

4. Fase de questionamento: apenas questões imanentes.

5. Fala conclusiva: parar de gravar e continuar a conversação informal.

6. Construir um protocolo de memórias da fala conclusiva.

Referências bibliográficas

ABELL, P. (1987). (1993). "Some Aspects of Narrative Method". *Journal of Mathematical Sociology*, 18, p. 93-134.

_____ *The Syntax of Social Life*: the Theory and Method of Comparative Narratives. Oxford: Oxford University Press.

BARTHES, R. (1993). *The Semiotic Challenge*. Oxford: Basil Blackwell, p. 95-135.

BAUER, M. (1995). "The Narrative Interview: Comments on a Technique of Qualitative Data Collection". *Papers in Social Research Method* – Qualitative series. 1, London School of Economics, Methodology Institute.

_____ (1991). "Resistance to Change: a Monitor of New Technology". *Systems Practice*, 4(3) p. 181-196.

_____ (1997) (org.). *Resistance to New Technology*: Nuclear Power, Information Technology, Biotechnology. 2. ed. Cambridge: Cambridge University Press.

BLUMENFELD-JONES, D. (1995). Fidelity as a Criterion for Practising and Evaluating Narrative Inquiry. In: HATCH J.A. & WISNEWSKI R. (orgs.). *Life History and Narrative*. Londres: Falmer, p. 25-36.

BRUNER, J. (1990). *Acts of Meaning*. Cambridge, MA: Harvard University Press.

BUDE, H. (1985). "Der Sozialforscher als Narrationsanimateur. Kritische Anmerkungen zu einer erzaehltheoretischen Fundierung der interpretativen Sozialforschung". *Kolner Zeitschrift fur Soziologie und Sozialpsychologie*, 37, p. 310-326.

CASTORIADIS, C. (1975). *L'institution Imaginaire de la Société*. Paris: Éditions du Seuil.

ECO, U. (1992). *Interpretation and Overinterpretation*. Cambridge: Cambridge University Press.

FARR, R.M. (1982). Interviewing: the Social Psychology of the Inter-view. In: FRANSELLA F. (orgs.). *Psychology for Occupational Therapists*. Londres: Macmillan, p. 151-170.

FLICK, U. (1998). *An Introduction to Qualitative Research*. Londres: Sage.

HATCH, J.A. & WISNEWSKI, R. (1995) (orgs.). *Life History and Narrative*. Londres: Falmer.

HERMANNS, H. (1991). Narrative Interviews. In: FLICK U., von KARDOFF E. et al. (orgs). *Handbuch Qualitative Socialforschung*. Munchen: Psychologie Verlags Union, p. 182-185.

JOHNSON, N. & MANDLER, J.M. (1980). "A Tale of Two Structures: Underlying and Surface Forms of Stories". *Poetics*, 9, p. 51-86.

JOVCHELOVITCH, S. (1999). *Representações sociais e espaço público:* a construção simbólica dos espaços públicos no Brasil. Petrópolis: Vozes.

KINTSCH, W. & VAN DIJK, T.A. (1978). "Toward a Model of Text Comprehension and Production". *Psychological Review*, 85, p. 363-394.

LABOV, W. (1972). The Transformation of Experience in Narrative syntax. In: LABOV W. (org.). *Language in the Inner City:* Studies in the Black and English Vernacular. Philadelphia, PA: University of Pennsylvania Press, p. 354-396.

LAMNEK, S. (1989). *Qualitative Sozialforschung*. Vol. 2. Munique: Psychologie Verlags Union.

MAYRING, Ph. (1983). *Qualitative Inhaltsanalyse:* Grundlagen und Techniken. Basel: Beltz.

MITCHELL, W.J.T. (1980). *On Narrative*. Chicago, IL: Chicago University Press.

MITSCHERLICH, A. & MITSCHERLICH, M. (1977). *Die Unfähigkeit zu Trauern*. Munique/Zurique: Pieper.

PROPP, V. (1928). *Morphology of Folktales*. Austin, TX: Austin University Press.

RICOEUR, P. (1980). The Narrative Function. In: MITCHELL W.J.T. (org.). *On Narrative*. Chicago, IL: Chicago University Press, p. 167-185.

RIESMAN, C.K. (1993). *Narrative Analysis*. Newbury Park, CA: Sage.

ROSENTHAL, G. (1991). "German War Memories: Narratability and the Biographical and Social Functions of Remembering". *Oral History*, 19, p. 34-41.

SCHUTZE, F. (1992). "Pressure and Guilt: War Experiences of a Young German Soldier and their Biographical Implications, parts 1 and 2", *International Sociology*, 7, p. 187-208 e 347-367.

_____ (1983). Narrative Repraesentation kollektiver Schicksalsbetroffenheit. In: E. LAEMMERT (org.). *Erzaehlforschung*. Stuttgart: J.B. METZLER, p. 568-590.

_____ (1977). Die Technik des Narrativen Interviews in Interaktionsfeldstudien – Dargestellt an Einem Projekt zur Erforschung von Kommunalen Machtstrukturen. Unpublished manuscript, University of Bielefeld, Department of Sociology.

WITZEL, A. (1982). *Verfahren der Qualitativen Sozialforschung*. Campus: Frankfurt.

5
ENTREVISTA EPISÓDICA

Uwe Flick

> *Palavras-chave*: argumentação; narrativa; narrativa biográfica; entrevista de narrativa; validação comunicativa; episódios repetidos; técnica do incidente crítico; memória semântica e conhecimento; episódio; definição subjetiva; memória episódica e conhecimento.

A pesquisa qualitativa foi desenvolvida e é aplicada dentro de uma variedade de tradições teóricas. Uma característica comum das diferentes tradições de pesquisa de ramos metodológicos da pesquisa qualitativa (a respeito de outras características comuns, cf. FLICK, 1998a), é que quase todo método pode ser relacionado a duas origens: a um enfoque teórico específico e também a um assunto específico para o qual o método foi desenvolvido. O método apresentado neste capítulo foi desenvolvido no contexto de um estudo sobre a representação social da mudança tecnológica na vida cotidiana (FLICK, 1996). Este assunto pode ser caracterizado por muitos aspectos que influenciaram a elaboração do método. Primeiro, uma representação social é uma forma de conhecimento social, o que significa que este conhecimento é partilhado por aqueles que são membros de um grupo social específico e que é diferente do conhecimento partilhado em outros grupos sociais (MOSCOVICI, 1988; cf. FLICK, 1998b para uma visão geral). Em segundo lugar, a mudança tecnológica tem um impacto em praticamente todas as dimensões da vida cotidiana e na vida de quase todas as pessoas, embora o grau e o tempo da aceitação e do emprego destas tecnologias possam variar. Em terceiro lugar, por um lado a mudança se dá em contextos situacionais concretos: alguém compra um computador e isto tem um impacto na maneira como ele passa a escrever. Por outro lado, tais pequenas mudanças vão se somando com o tempo em direção a uma mudança

5. Entrevista episódica

mais ou menos geral em alguns aspectos do dia a dia: a infância de hoje é completamente diferente da infância de épocas anteriores devido às muitas novas tecnologias e seus diferentes impactos. Estes impactos vão se somar a um impacto mais geral que é independente de situações particulares e que se torna parte do conhecimento em um sentido amplo.

Para estudar esta situação, foi necessário desenvolver um método sensível aos contextos situacionais concretos em que as pequenas mudanças ocorrem e ao acúmulo amplo, geral, de tais mudanças. O método deveria também facilitar comparações entre situações de diferentes grupos sociais.

Conceitos subjacentes

Psicologia narrativa

A entrevista episódica se baseia em diversos pressupostos teóricos que podem ser buscados em diferentes campos da psicologia. Uma de suas raízes é a discussão sobre o uso de narrativas de pessoas para coletar informações dentro da ciência social (cf. FLICK, 1998a; RIESMANN & SCHÜTZE, 1987; RIESMANN, 1993). Neste contexto, a narrativa é caracterizada como se segue:

> Em primeiro lugar uma situação inicial é esboçada (como tudo começou), e então os acontecimentos relevantes para a narrativa são selecionados de todo o conjunto de experiências e apresentados como uma progressão coerente dos acontecimentos (como as coisas se desenvolveram), e finalmente é mostrada como ficou a situação no final do desenvolvimento (o que aconteceu) (HERMANNS, 1995: 183).

Esta discussão pode ser vista como inserida em uma discussão mais ampla das ciências sociais sobre a estrutura narrativa do conhecimento e experiência (BRUNER, 1987; RICOEUR, 1984; SARBIN, 1986). Uma de suas origens é James (1893), que sustentou "que todo pensamento humano é essencialmente de dois tipos – raciocínio, por um lado, e narrativo, descritivo contemplativo, de outro". Esta distinção foi retomada em discussões sobre uma psicologia narrativa, ou pensamento narrativo em Sarbin (1986). Aqui, as narrativas são vistas como:

> A forma primária através da qual a experiência humana se torna significativa. O sentido narrativo é um processo cognitivo que organiza as experiências humanas em episódios temporariamente significativos (POLKINGHORNE, 1988: 1).

Neste contexto, leva-se em consideração que a experiência e a vida não possuem uma estrutura narrativa *per se*. Ao contrário, elas são construídas na forma de uma narrativa:

> Refletindo sobre o incidente, tentando compreendê-lo atentamente, você está construindo uma narração, cuja estrutura é essencialmente narrativa (ROBINSON & HAWPE, 1986: 118).

Por conseguinte, o pensamento narrativo é visto como consistindo "de uma criação de ajustamento entre a situação e o esquema de história. Estabelecendo uma adequação, isto é, construindo a história a partir da experiência" (1986: 111) e como a "projeção do formato de história em uma espécie de experiência ou acontecimento" (1986: 113). Esta reconstrução de experiências como narrativas implica dois tipos de processos de negociação. Negociação interna/cognitiva entre experiência e o esquema de história inclui o uso de narrativas prototípicas existentes em uma cultura. Negociação externa com (potenciais) ouvintes significa tanto que eles estão convencidos da história do acontecimento, ou que eles rejeitam ou duvidam dela em grande parte. Os resultados de tais processos são formas de conhecimento contextualizadas e socialmente partilhadas.

Conhecimento episódico e semântico

Uma segunda tradição é a distinção entre memória episódica e memória semântica (retornando a TULVING, 1972), retomada para distinguir conhecimento episódico de conhecimento semântico, por exemplo, em sistemas de especialistas (STRUBE, 1989). Conforme esta discussão, o conhecimento episódico compreende o conhecimento que está ligado a circunstâncias concretas (tempo, espaço, pessoas, acontecimentos, situações), enquanto que conhecimento semântico é mais abstrato e generalizado e descontextualizado de situações e acontecimentos específicos. Os dois tipos de conhecimento são partes complementares do "mundo do conhecimento":

> Conhecimento episódico é parte do conhecimento do mundo, cuja outra parte – correspondendo à memória semântica – é o conhecimento geral (isto é, não concreto, ancorado situacionalmente, por exemplo, conhecimento conceptual, conhecimento de regras, conhecimento de esquemas de eventos (1989: 13).

A fim de tornar acessíveis ambas as partes do conhecimento no estudo de um tema concreto como mudança tecnológica, uma entrevista deve responder a critérios específicos:

5. ENTREVISTA EPISÓDICA

- Deve combinar convites para narrar acontecimentos concretos (que sejam relevantes ao tema em estudo) com perguntas mais gerais que busquem respostas mais amplas (tais como definições, argumentação e assim por diante) de relevância pontual.
- Deve mencionar situações concretas em que se pode pressupor que os entrevistados possuem determinadas experiências.
- Deve ser suficientemente aberta para permitir que o entrevistado selecione os episódios ou situações que ele quer contar, e também para decidir que forma de apresentação ele quer dar (por exemplo, uma narrativa ou uma descrição). O ponto de referência deve ser a relevância subjetiva da situação para o entrevistado.

A Figura 5.1 sintetiza estas relações ao nível do conhecimento e da apresentação.

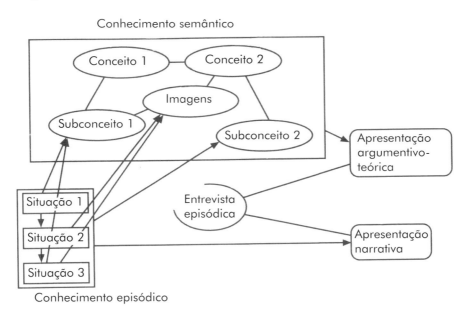

Figura 5.1 – *Formas de conhecimento e apresentação na entrevista episódica.*

Entrevista episódica: como fazer as coisas andar

A entrevista episódica foi criada para colocar esta concepção em termos concretos. Ela pode ser delineada em nove fases, cada uma delas se constituindo em um passo à frente em direção ao objetivo de analisar o conhecimento cotidiano do entrevistado sobre um tema ou campo específico, de tal modo que nos permita comparar o conhecimento dos entrevistados de diferentes grupos sociais – isto é, como uma representação social. Os exemplos trazidos a seguir provêm principalmente de nosso estudo das compreensões das pessoas sobre mudança tecnológica, mas para ilustrar o procedimento para além do contexto em que ele foi desenvolvido, foram também usadas como exemplo algumas questões tomadas de um estudo sobre representação social da saúde em diferentes grupos sociais.

Fase 1: preparação da entrevista

A entrevista episódica se baseia em um guia de entrevista com o fim de orientar o entrevistador para os campos específicos a respeito dos quais se buscam narrativas e respostas. O guia de entrevista pode ser criado a partir de diferentes fontes: da experiência do pesquisador na área em estudo, de dimensões teóricas desta área, de outros estudos e de seus resultados, e das análises preparatórias de uma área que possua aspectos relevantes. Neste passo, é importante desenvolver uma compreensão preliminar da área em estudo, de tal modo que partes relevantes possam ser cobertas, que as perguntas possam ser formuladas e que o guia possa permanecer suficientemente aberto para acomodar qualquer aspecto novo que possa emergir ou ser trazido pelo entrevistado.

No estudo da tecnologia, o guia cobria as principais áreas da vida cotidiana e da tecnologia (para maiores detalhes, cf. abaixo). A primeira parte geral da entrevista enfocava a "biografia tecnológica" do entrevistado e a "mecanização de sua vida cotidiana". Na parte central da entrevista, o foco era nas tecnologias específicas – neste estudo, computadores e televisão. Depois, os tópicos mais gerais relacionados à mudança tecnológica eram de novo mencionados: as questões se referiam às consequências da mudança tecnológica, à responsabilidade (pela mudança e pelas consequências), à confiança e aos temores com respeito às tecnologias.

Comprovou-se ser útil examinar o guia e as perguntas em uma ou duas entrevistas piloto. Se diversos entrevistadores estiverem trabalhando no mesmo estudo ou se a entrevista é usada no contexto de seminários de pesquisa com estudantes, o treinamento para entrevista é um modo útil de conferir e aprender os princípios da entrevista, as questões cruciais e o princípio de narrativas de situação.

— 118 —

5. ENTREVISTA EPISÓDICA

Fase 2: introduzindo a lógica da entrevista

A primeira parte da pesquisa concreta é a instrução do entrevistado. Para fazer com que a entrevista funcione, é importante explicar o caráter das perguntas para o entrevistado e familiarizá-lo com esta prática. A entrevista pode ser iniciada com uma frase como essa:

> Nesta entrevista, eu irei lhe pedir várias vezes que conte situações em que você teve certas experiências com... (por exemplo, tecnologia em geral ou tecnologias específicas).

É extremamente importante ter cuidado nesta introdução, e conferir se o entrevistado entendeu e aceitou sua mensagem.

Fase 3: a concepção do entrevistado sobre o tema e sua biografia com relação a ele

Para introduzir o tópico, pergunta-se primeiro ao entrevistado sobre sua definição subjetiva do tema com perguntas como:

> O que significa tecnologia para você? O que associa com a palavra tecnologia?

> Ou

> O que é saúde para você? O que se relaciona com a palavra saúde para você?

A seguir, a caminhada do entrevistador pelo campo em estudo é construída pedindo a ele que conte a primeira experiência que ele pode lembrar sobre o tema em estudo:

> Quando você olha para o passado, qual foi sua primeira experiência com tecnologia? Poderia, por favor, falar sobre isto?

> Ou

> Quando você olha para o passado e recorda, quando você primeiro pensou sobre saúde? Poderia, por favor, falar sobre isto?

Em questões como estas, o princípio principal da entrevista episódica se aplica: perguntar ao entrevistado que relembre uma situação específica e que a conte. Que situação ele relembra ou seleciona a fim de responder ao convite não é fixada pelo entrevistador. Esta decisão pode ser usada na análise posterior, por exemplo, comparar os graus de proximidade do entrevistado em relação ao tópico em estudo. O caminho da história pessoal do entrevistado em relação ao

— 119 —

tema é então investigado perguntando-se por experiências relevantes particularmente importantes ou significativas:

> Qual foi sua experiência ou contato mais importante com tecnologia? Poderia, por favor, falar-me desta situação?

> Ou

> Qual foi a sua experiência mais significativa com respeito à saúde? Poderia, por favor, falar-me desta situação?

Aqui, novamente é a relevância subjetiva do entrevistado que determina sobre que tecnologia e sobre que situação ele vai falar. Se um entrevistado se referir a permanecer saudável ou a um surto de doença mais ou menos severa, é decisão dele. Posteriormente, estas prioridades sofrerão uma análise comparativa entre os diferentes casos. Especialmente em entrevistas onde é escolhido pelo entrevistado um acesso indireto ao tópico (como saúde), uma retomada da questão pode ser útil. Então o entrevistador pode continuar perguntando:

> Há ocasiões em que você se sente melhor que em outras. Poderia, por favor, falar-me de uma situação em que você se sente particularmente bem?

> Ou

> Quando a saúde se torna um problema para você? Poderia, por favor, falar-me de uma situação deste tipo?

Fase 4: o sentido que o assunto tem para a vida cotidiana do entrevistado

A parte seguinte da entrevista tem como objetivo esclarecer o papel do tema na vida cotidiana do entrevistado. A fim de entrar neste campo, pede-se ao entrevistado que primeiro conte o transcorrer de um dia normal com respeito ao tema:

> Poderia, por favor, dizer como foi seu dia de ontem, e onde e quando a tecnologia teve algo a ver?

> Ou

> Poderia, por favor, dizer-me como foi seu dia de ontem, e quando seu estado de saúde teve algo a ver?

Esse tipo de pergunta tem como finalidade juntar narrativas de uma cadeia de situações relevantes. Após isso, estas situações da vida cotidiana são vistas como relevantes para analisar o tema, são mencionadas com maiores detalhes. Ali, o entrevistador pode escolher uma ou mais diferentes estratégias. No estudo sobre tecnologia, nós perguntamos às pessoas se elas achavam que a tecnologia tinha se tornado mais importante em suas vidas no momento presente:

> Se você examina sua vida, você tem a impressão que as tecnologias hoje desempenham um papel maior do que antes? Poderia, por favor, contar-me uma situação em que a tecnologia ocupa mais espaço do que antigamente?

Os entrevistados eram perguntados depois sobre várias questões relacionadas a situações de sua vida diária em que a tecnologia não acontecia; e sobre situações onde eles queriam mais ou melhores tecnologias. Pedia-se a eles também que descrevessem situações para exemplificar suas respostas ao entrevistador.

Neste estudo, áreas como a casa onde moravam, o local de trabalho e de lazer eram mencionadas em sequência. Para cada uma destas áreas, uma pergunta parecida com esta era feita:

> Se olhar para sua casa, que papel tem a tecnologia ali, e o que ela mudou? Poderia, por favor, dizer uma situação que seja um exemplo disso?

No estudo sobre saúde, os campos para serem explorados eram "a vida cotidiana e a casa" e "o trabalho e o lazer":

> Se você pensa na comida, que papel a saúde desempenha neste contexto para você? Por favor, fale-me sobre uma situação típica.

> Ou

> Quem em sua casa ou família cuida da saúde? Por favor, conte-me uma situação típica.

Estas perguntas ajudam o entrevistado a refletir no sentido geral e relevante do tema a partir de diferentes aspectos de sua vida cotidiana.

Fase 5: enfocando as partes centrais do tema em estudo

A parte seguinte da entrevista se concentra nos aspectos-chave do tema, como definido pela questão central de pesquisa do estudo. No exemplo da tecnologia, o estudo enfocou não apenas a tecnologia em geral, mas especialmente os computadores e a televisão como tecnologias-chave que produziram mudanças na vida diária. Aqui de novo a definição subjetiva do entrevistado sobre cada tecnologia foi mencionada antes:

O que você associa hoje com a palavra computador? Que aparelhos você inclui como computadores?

O primeiro encontro do entrevistado com cada tecnologia é o próximo passo a ser mencionado:

Se você olhar para o passado, quando foi seu primeiro encontro com um computador? Poderia, por favor, contar essa situação para mim?

Estas perguntas são seguidas por muitas outras que enfocam o uso dos computadores em diferentes áreas da vida diária. O mesmo procedimento é feito para a televisão:

O que você associa à palavra televisão hoje?

Se você olhar para o passado, qual foi seu primeiro encontro com a televisão? Poderia, por favor, narrar esta situação para mim?

Que espaço ocupa a televisão na sua vida hoje? Poderia, por favor, contar uma situação que deixe isso claro para mim?

Como você decide se e quando olhar TV? Poderia, por favor, contar uma situação que deixe isso claro para mim?

No estudo sobre saúde, o foco central era sobre como o entrevistado lidava com prevenção e intervenção em questões como:

Você evita situações que colocam em risco sua saúde? Por favor, conte uma situação em que você evitou um perigo para sua saúde.

O que você faz quando não se sente bem? Por favor, conte uma situação em que isto acontece.

Que espera você do seu médico com respeito a sua saúde? Por favor, dê um exemplo de uma situação típica.

Esta fase da entrevista tem como finalidade elaborar a relação pessoal do entrevistado com o tema central. As questões trazidas acima como exemplo abrem as portas das experiências pessoais do entrevistado. Uma tarefa importante do entrevistador é responder

5. Entrevista Episódica

com inquirições mais aprofundadas às respostas e às narrativas do entrevistado, a fim de tornar a entrevista tão substancial e profunda quanto possível.

Fase 6: tópicos gerais mais relevantes

Finalmente, alguns tópicos mais gerais são mencionados na entrevista, a fim de ampliar seu alcance. Em acordo com isto, pergunta-se ao entrevistado por relações mais abstratas:

> Na sua opinião, quem deveria ser responsável pela mudança necessária na tecnologia? Quem é capaz de assumir a responsabilidade, ou deve assumi-la?

> Ou

> Na sua opinião, quem deve ser responsável pela saúde? Quem é capaz, ou deveria assumir a responsabilidade?

Um aspecto ainda são as imaginações do entrevistado com relação às mudanças esperadas ou temidas:

> Que desenvolvimentos você espera na área dos computadores em um futuro próximo? Por favor, imagine estes desenvolvimentos e descreva para mim uma situação que os exemplifique.

Esta parte da entrevista tem como objetivo a elaboração de um referencial de conhecimento transsituacional que o entrevistado desenvolveu ao longo do tempo. Enquanto possível, o entrevistador deve tentar ligar estas respostas gerais às explicações mais concretas e pessoais do entrevistado, fornecidas em fases anteriores da entrevista, a fim de deixar claras todas as discrepâncias e contradições. As aplicações desta entrevista demonstraram que em muitos casos discrepâncias e contradições podem emergir entre a argumentação mais geral dessa fase e as experiências e práticas pessoais relatadas anteriormente.

Fase 7: avaliação e conversa informal

A parte final da entrevista é dedicada à sua avaliação feita pelo entrevistado ("O que não apareceu na entrevista que lhe teria dado uma oportunidade de mencionar seu ponto de vista?"; "Houve alguma coisa que lhe trouxe aborrecimento durante a entrevista?").

Como em outras entrevistas, é proveitoso acrescentar um período de conversa informal, permitindo que o entrevistado fale de tópicos relevantes fora do contexto explícito da entrevista ("O que eu esqueci de mencionar..."; "O que eu realmente quis dizer..." "Minha mulher teve uma experiência engraçada, eu não sei se isso tem a ver com seu estudo, mas...").

Fase 8: documentação

A fim de contextualizar as narrativas e respostas recebidas do entrevistado, um protocolo deve ser escrito imediatamente depois da entrevista. Mostrou-se útil usar uma folha preparada como orientação para este fim. Dependendo do tema da pesquisa, ela pode incluir informação sobre o entrevistado (sua situação familiar, profissão, idade, etc.) e sobre a entrevista (quem, quanto demorou, quem era o entrevistador, etc.). Mais importante que tudo são as impressões do entrevistador sobre a situação e o contexto da entrevista e do entrevistado em particular. Tudo o que trouxe surpresa e tudo o que foi dito depois da gravação deve ser anotado (cf. Figura 5.2).

Informação contextual sobre a entrevista e o entrevistado

Data da entrevista: . . . .
Lugar da entrevista: . . . .
Duração da entrevista: . . . .
Entrevistador: . . . .
Indicadores para identificar o entrevistado: . . . .
Gênero do entrevistado: . . . .
Idade do entrevistado: . . . .
Profissão do entrevistado: . . . .
Trabalha nessa profissão desde: . . . .
Campo profissional: . . . .
Onde nasceu e viveu (cidade/zona rural): . . . .
Número de filhos: . . . .
Idade dos filhos: . . . .
Gênero dos filhos: . . . .
Peculiaridades da entrevista: . . . .

. . . .

. . . .

. . . .

Figura 5.2 – *Exemplo de uma folha de documentação.*

5. Entrevista Episódica

A entrevista deve ser gravada e transcrita em sua totalidade e detalhadamente. O grau de detalhe e exatidão necessários depende do tipo de questão de pesquisa (cf. FLICK, 1998a: cap. 14).

Fase 9: análise de entrevistas episódicas

Os procedimentos de codificação sugeridos por Strauss (1987), Strauss & Corbin (1990) ou Flick (1998a, sobre codificação temática) podem ser empregados para analisar entrevistas episódicas.

Que duração têm as entrevistas episódicas?

A entrevista episódica como tal (fases 2-7) demora entre 60 e 90 minutos. Este tempo varia de acordo com o número de perguntas preparadas, a rapidez do entrevistador em falar e a habilidade do entrevistador em orientar o entrevistado com respeito aos detalhes e abrangência de suas narrativas.

Forças e fraquezas das entrevistas episódicas

O método de entrevista episódica apresentado brevemente aqui pode ser comparado a outros métodos criados com intenções similares. As comparações estão sintetizadas na Tabela 5.1.

Tabela 5.1 – A entrevista episódica comparada com formas alternativas de entrevista

Critério	Entrevista episódica	Técnica do incidente crítico	Entrevista focal	Entrevista narrativa
Indicação para empregar a entrevista	Conhecimento cotidiano sobre certos objetos ou processo	Estudos comparativos de situações problemáticas	Avaliação de estímulos específicos (filmes, textos, media)	Processos biográficos.
Abertura ao ponto de vista do entrevistado através:	Da seleção das situações a serem contadas Dando espaço para a narrativa	Perguntando sobre razões específicas dos incidentes	O critério de especificidade	Dando espaço para uma narrativa abrangente
Estruturação dos dados da coleta através:	Do guia de entrevista Dos tipos de perguntas (para definições e para narrativas)	O foco dos incidentes críticos A orientação para fatos nos acontecimentos	Dando um estímulo Perguntas estruturadas Foco nos sentimentos	Pergunta geradora da narrativa no começo

— 125 —

Critério	Entrevista episódica	Técnica do incidente crítico	Entrevista focal	Entrevista narrativa
Problemas técnicos	Fazer o entrevistado aceitar o conceito de entrevista Explicação do princípio Lidar com o guia de entrevista	Redução dos dados para categorização de (muitos) incidentes	Dilema de combinar os critérios	Manter a narrativa uma vez começada a entrevista Problema em dirigir a narrativa para o tema Grandes quantidades de dados escassamente estruturados
Limitações	Limitação ao conhecimento cotidiano	Restrita a situações problemáticas	O pressuposto de se conhecer aspectos objetivos do objeto em questão	Mais sensível a casos do que apta para comparações

A técnica do incidente crítico

A técnica do incidente crítico de Flanagan (1954) pode ser vista como determinado tipo de "ancestral histórico" da entrevista episódica com ralação a algumas finalidades comuns. O método se aplica principalmente na análise de atividades e exigências profissionais. O conceito de "incidente crítico" sobre o qual a técnica se baseia é semelhante ao conceito de episódios e situações na entrevista episódica. As diferenças podem ser percebidas a partir da seguinte caracterização:

> A técnica do incidente crítico enfatiza procedimentos para se coletar incidentes observados que tenham importância especial e que respondam a critérios sistematicamente definidos. Por incidente se quer significar toda atividade humana observável que não está suficientemente completa em si mesma, para que se permitam inferências e predições que podem ser feitas sobre a pessoa que executa tal ato. Para ser crítico, um incidente deve acontecer em uma situação onde o propósito ou intenção da ação se mostre razoavelmente claro ao observador e onde suas consequências são suficientemente definidas, de tal modo que deixem pouca dúvida sobre seus efeitos (1954: 327).

Esta citação mostra que a técnica do incidente crítico lida com situações claramente definidas no que diz respeito às intenções e aos

5. Entrevista episódica

efeitos, analisados a fim de tirar conclusões e fazer avaliações sobre a pessoa que age. É mais o acontecimento e menos o contexto situacional que está em foco. Comparada a ele, a entrevista episódica permite ao entrevistado decidir que tipo de situação mencionar a fim de esclarecer determinado tipo de experiência. Por isso, a entrevista episódica tem mais a ver com a obtenção de narrativas de diferentes tipos de situações, do que de situações que já foram de antemão definidas de acordo com critérios fixos. Numa entrevista episódica, dá-se especial atenção ao sentido subjetivo expresso no que é contado, a fim de descobrir a relevância subjetiva e social do tema em estudo. A técnica do incidente crítico, por outro lado, está mais interessada nos fatos, do que naquilo que é relatado:

> É evidente que a técnica do incidente crítico é essencialmente um procedimento para se coletar determinados fatos importantes com respeito ao comportamento em determinadas situações... O quanto uma observação relatada pode ser aceita como um fato, depende principalmente da objetividade nessa observação... Acredita-se que um grau regular de sucesso foi conseguido no desenvolvimento de procedimentos que ajudarão na coleta de fatos de um modo bastante objetivo, com apenas um mínimo de inferências e interpretações de natureza mais subjetiva (1954: 335).

Enquanto a entrevista episódica procura a "contextualização" das experiências e acontecimentos a partir do ponto de vista do entrevistado, a técnica do incidente crítico enfatiza, em vez disso, a "descontextualização" do conteúdo factual dos fatos relatados. Consequentemente, um número enorme de incidentes é coletado através deste método (em um estudo apenas chegaram a 2000), que são depois classificados e contraídos. No centro está:

> A classificação dos incidentes críticos... Uma vez desenvolvido um sistema de classificação para qualquer tipo de incidente crítico, um grau razoavelmente satisfatório de objetividade pode ser conseguido ao colocar os incidentes nas categorias definidas (1954: 335).

Mais recentemente Wilpert e Scharpf usaram a técnica do incidente crítico para analisar problemas no contato entre gerentes alemães e chineses:

> As entrevistas se fundamentaram principalmente na técnica do incidente crítico... deste modo pedia-se aos gerentes que narrassem incidentes particularmente problemáticos com o maior número de detalhes possíveis (1990: 645).

Aqui, novamente os acontecimentos factuais nas narrações são mais enfocados do que na entrevista episódica. Além disso, o método de Flanagan restringe-se, em geral, a um fragmento específico da experiência – particularmente acontecimentos problemáticos –, o que se justifica na pesquisa em que ele se aplica. A entrevista episódica é mais aberta a este respeito, porque ela objetiva não apenas situações problemáticas, mas também situações positivas, surpreendentes, satisfatórias, etc. Um tema como a mudança tecnológica não deve, necessariamente, ser reduzido a seus aspectos problemáticos. A entrevista episódica abre espaço às subjetividades e interpretações do entrevistado no contexto das narrativas situacionais; ela não as reduz e classifica imediatamente, mas ao invés disso descobre o contexto de sentido em que ela é narrada.

A entrevista focal

A entrevista focal pode ser vista como um protótipo de entrevistas semiestruturadas. Alguns de seus princípios e critérios para aplicação bem-sucedida (cf. MERTON & KENDALL, 1946) são também relevantes para a entrevista episódica.

O critério de "não diretividade" foi a linha orientadora para a decisão de não confrontar entrevistados, a fim de se conseguir maior comparabilidade e padronização com determinadas situações, mas, ao invés, pedir-lhes que escolham e contem aquelas situações que pareçam para eles particularmente relevantes com respeito a um tópico específico.

O critério de "especificidade" é colocado em termos concretos quando se pergunta ao entrevistado que conte situações e, enquanto possível, situações em que ele teve experiências específicas. Compete a ele decidir se, e até que ponto, aceita o convite para fornecer uma narrativa detalhada e se este critério pode ser conseguido na entrevista. Merton & Kendall definem este critério como se segue:

> A definição da situação feita pelo sujeito deve encontrar expressão plena e específica (1946: 545).

O mesmo se dá no caso do critério de "abrangência": nas entrevistas episódicas não é definida nenhuma área de experiência para a qual uma narrativa é estimulada (como na entrevista narrativa de Schütze, por exemplo: cf. abaixo). Ao contrário, pede-se ao entrevistado narrativas de situações relevantes que provenham de uma va-

5. ENTREVISTA EPISÓDICA

riedade de situações cotidianas. Isto se aproxima do critério de Merton e Kendall, que postulam:

> A entrevista deve maximizar a abrangência de estímulos evocativos e de respostas relatadas pelo sujeito (1946: 545).

Finalmente, a entrevista episódica também tenta dar conta do quarto critério de Merton e Kendall ao dirigir seu foco para as situações:

> Contexto profundo e pessoal: a entrevista deve trazer à tona as implicações afetivas e carregadas de valor das respostas dos sujeitos, para determinar se a experiência possui significância central ou periférica (1946: 545).

Uma vez mais, a inserção da informação a ser coletada em seu contexto, através de estímulos narrativos, oferece um modo de dar conta deste critério.

A entrevista narrativa

A entrevista narrativa foi desenvolvida pelo sociólogo alemão Fritz Schütze (1977; cf. RIEMANN & SCHÜTZE; BAUER, 1996; FLICK, 1998a: cap. 9). Aplica-se aqui o seguinte princípio:

> Na entrevista narrativa, pede-se ao informante que forneça, em uma narrativa improvisada, a história de uma situação de interesse de que o entrevistado participou... A tarefa do entrevistador é fazer com que o informante conte a história da área de interesse em questão como uma história consistente a partir de todos os acontecimentos relevantes, desde o início, até o fim (HERMANNS, 1995: 183).

Após uma "pergunta geradora de narrativa" (RIEMANN & SCHÜTZE, 1987: 353), espera-se que o entrevistado relate, em uma narrativa longa, extensa e improvisada, sua história ligada ao tema em estudo – principalmente sua biografia (profissional ou sobre sua saúde). A tarefa do entrevistador é evitar qualquer intervenção diretiva uma vez começada a narrativa, até que um sinal claro (coda) seja dado de que o entrevistado chegou ao fim de sua história. Somente então deve o entrevistador tentar retornar ao entrevistado para aspectos que ele não tenha ainda narrado com suficientes detalhes e tentar fazer com que ele retome estas partes novamente, recontando detalhes perdidos. Apenas na última parte da entrevista é permitido ao entrevistador fazer perguntas que não se refiram à narrativa. A qualidade dos dados é avaliada principalmente ao se responder à pergunta se, e até que ponto, estes são dados pertencentes à narrativa. Os pressupostos básicos subjacentes ao método são que o entrevistado – uma vez que tenha aceito a tarefa e começado a contar – irá não apenas terminar a história, mas também contar fatos verdadeiros:

> Na edição retrospectiva da narrativa das experiências, os acontecimentos na história de vida (sejam eles ações ou fenômenos naturais) são contados, em princípio, na maneira como eles foram experienciados pelo narrador como um ator (SCHÜTZE, 1976: 197).

Esta vantagem é atribuída às narrativas e não a outras formas de entrevista. As narrações obtidas com a entrevista de narrativa podem ser extremamente longas (chegam até 16 horas em alguns casos), e muito difíceis de orientar na direção de experiências e tópicos específicos. Isto traz problemas para a interpretação dos dados e para a comparação dos dados a partir de diferentes casos. A vantagem é que ela produz versões bastante complexas e compreensivas dos pontos de vista subjetivos dos entrevistados. A entrevista episódica é mais orientada para narrativas de pequena escala e baseadas em situações, sendo, por isso, mais fácil concentrar-se na coleta de dados. Ela evita pressupostos de dados "verdadeiros" e, em vez disso, restringe-se às realizações construtivas e interpretativas dos entrevistados. Não dá prioridade a um tipo de dado, como a entrevista narrativa faz com dados narrativos, mas faz uso das vantagens de diferentes formas de dados – conhecimento semântico e episódico, e expressões narrativas e argumentativas.

Apenas respostas? O bom e mau uso das entrevistas episódicas

A entrevista episódica mostra suas vantagens sobre outros métodos especialmente quando o entrevistador recebe muitas narrativas ricas e detalhadas. Uma aplicação ruim é aquela em que a entrevista gera apenas respostas que nomeiam tópicos, em vez de narrações.

Há diferentes tipos de situações que podem caracterizar a resposta do entrevistado. Os exemplos que seguem ilustram estes diferentes tipos de situações e são tomados do estudo sobre tecnologia mencionado acima.

Tipos de situações na entrevista episódica

O primeiro e principal tipo é o "episódio", isto é, um acontecimento ou situação específica que o entrevistado recorda. No se-

5. Entrevista Episódica

guinte exemplo, o entrevistado conta como ele aprendeu a andar de bicicleta:

> Bem, eu posso lembrar o dia, quando eu aprendi a andar de bicicleta, meus pais me colocaram em uma bicicleta, uma dessas bicicletas pequenas para crianças, largaram-me, não demorou muito, e eu comecei a andar por mim mesmo, meu pai me deu um empurrão e me largou, e então eu continuei a andar até ao fim do estacionamento e então eu caí com meu nariz no chão... Eu acho que esse é o primeiro caso que eu posso lembrar.

Um segundo tipo é o "episódio repetido", isto é, representações de episódios repetidos (no sentido de NEISSER, 1981): uma situação que ocorre repetidamente. Pediu-se a um entrevistado uma situação que deixasse claros os fatores que influenciaram em suas decisões de ver televisão, e ele respondeu:

> Na verdade, a única ocasião quando a televisão tem uma importância particular para mim é o dia do Ano-Novo, porque eu fico tão emocionado, que eu não posso fazer nada mais que ver TV, bem, eu já estou fazendo isso durante anos, passando o dia de Ano-Novo na frente da TV.

Um terceiro tipo são as "situações históricas" e se refere a algum evento específico. Um entrevistado se referiu a Chernobyl, quando lhe foi perguntado sua experiência mais relevante com respeito à tecnologia:

> Provavelmente, bem, a catástrofe do reator de Chernobyl, porque isso atingiu de maneira muito decisiva as vidas de muitas pessoas, que me deixou claro, pela primeira vez, o quanto alguém está à mercê das tecnologias.

Tipos de dados na entrevista episódica

As aplicações mostraram que a entrevista episódica gera não apenas lembranças destes diferentes tipos de situações, mas também os seguintes tipos de dados (cf. Figura 5.3):

- *Narrativas de situação* em diferentes níveis de concretude.

- *Episódios repetidos* como situações que ocorrem regularmente, não mais baseadas em uma referência local ou temporal clara.

- *Exemplos*, que são abstraídos de situações concretas, e metáforas, que vão desde clichês até estereótipos.
- *Definições* subjetivas (de tecnologia, de saúde) quando explicitamente perguntadas.
- Ligadas a estas definições, *proposições argumentativo-teóricas*, por exemplo, explicações de conceitos e suas relações.

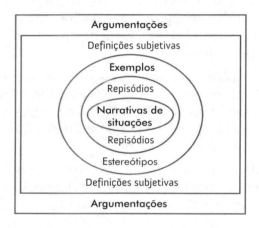

Figura 5.3 – *Tipos de dados na entrevista episódica*.

Indicadores de qualidade em entrevistas episódicas

A qualidade das entrevistas não pode ser julgada simplesmente pela aplicação de critérios tais como fidedignidade e validade, em seus sentidos tradicionais (para maiores detalhes cf. FLICK, 1998a: caps. 11 e 18). Mas alguns aspectos da qualidade estão estreitamente ligados a estes critérios. A fidedignidade das entrevistas episódicas pode ser aumentada pelo treinamento para a entrevista, mencionado acima, e pela análise detalhada das entrevistas-piloto, ou da primeira entrevista. Um segundo passo para maior fidedignidade dos dados obtidos com a entrevista episódica é a documentação detalhada e cuidadosa da entrevista e do contexto daquilo que foi dito ou narrado. O terceiro passo é uma transcrição cuidadosa de toda a entrevista. A validade dos dados pode ser aumentada pela introdução de um passo de validação comunicativa em que se mostram ao entrevistado os dados e/ou interpretações provenientes de sua entrevista, de tal modo que ele pode concordar com eles, rejeitá-los ou corrigi-los. Seu consenso é, então, um critério para a validade dos dados.

5. Entrevista episódica

Finalmente, a entrevista episódica é, em si mesma, uma tentativa de colocar em termos concretos a ideia da *triangulação* interna ao método (DENZIN, 1989; cf. tb. FLICK, 1992), através da combinação de diferentes enfoques (de tipo narrativo e argumentativo) com respeito ao tema em estudo, a fim de aumentar a qualidade dos dados, das interpretações e dos resultados.

Passos na entrevista episódica

1. Prepare um guia de entrevista baseado em uma pré-análise do campo em estudo. Faça entrevistas piloto e treinamento para a entrevista. Prepare uma folha para documentação do contexto da entrevista. O guia de entrevista dá conta da área em estudo? O entrevistado internalizou a lógica da entrevista? A folha de documentação é suficiente para cobrir a informação relevante para a questão de pesquisa?

2. Prepare uma boa apresentação para o entrevistado e preste atenção para que ela fique clara para ele. O entrevistado entendeu e aceitou a lógica da entrevista?

3. Prepare perguntas para definições subjetivas de conceitos relevantes. Prepare perguntas que cubram os passos relevantes da história pessoal do entrevistado relacionadas ao tema ou ao campo de estudo. Preste atenção a qualquer ponto onde uma inquirição mais profunda é necessária. As questões tocam aspectos relevantes dos sentidos subjetivos para o entrevistado? As questões estão orientadas para narrativas de situações (relevantes)? O entrevistador reforçou a lógica de narrativa da entrevista e perguntou questões adicionais para trazer mais profundidade à entrevista?

4. Tente abranger áreas relevantes da vida cotidiana do entrevistado. As questões levam a narrativas de situação? São elas suficientemente abertas para surpresas?

5. Tente conseguir com detalhes as partes centrais do tema em estudo. Tente aprofundar e enriquecer as respostas do entrevistado com perguntas adicionais. O entrevistado entrou em detalhes e com profundidade? O entrevistador foi sensível a qualquer outra questão que poderia ser enfocada?

PESQUISA QUALITATIVA COM TEXTO, IMAGEM E SOM

6. Tente evitar raciocínios muito gerais sem nenhuma referência pessoal ou situacional sobre as respostas do entrevistado. O pesquisador conseguiu levar as respostas do entrevistado ao nível dos interesses pessoais?

7. Avaliação e conversa informal: abra espaço para alguma conversação, para crítica e outros aspectos adicionais. Foram mencionados aspectos adicionais?

8. Use a folha de documentação, faça uma boa gravação e uma detalhada transcrição. Toda informação adicional (além da gravação) está documentada?

9. Escolha um método apropriado para codificação e interpretação das narrativas e respostas. O método leva em conta a qualidade dos dados (por exemplo, a estrutura narrativa das narrações)?

Referências bibliográficas

BAUER, M. (1996). The Narrative Interview – Comments on a Technique for Qualitative Data Collection. In: *Paper in Social Research Methods – Qualitative Series*, vol. 1. Londres: London School of Economics.

BRUNER, J. (1987). "Life as Narrative". *Social Research*, 54, p. 11-32.

DENZIN, N.K. (1989). *The Research Act*. 3. ed. Englewood Cliffs, NJ: Prentice Hall.

FLANAGAN, J.C. (1954). "The Critical Incident Technique". *Psychological Bulletin*, 51, p. 327-358.

FLICK, U. (1998a). *An Introduction to Qualitative Research*. Londres, Newbury Park, CA/New Dehli: Sage.

_____ (org.) (1998b). *Psychology of the Social*. Cambridge: Cambridge University Press.

_____ (1996). *Psychologie des Technisierten Alltags* – Soziale Konstruktion und Repräsentation Technischen Wandels in Verschiedenen Kulturellen Kontexten. Opladen: Westdeutscher.

_____ (1992). "Triangulation Revisited – Strategy of or Alternative to Validation of Qualitative Data". *Journal for the Theory of Social Behaviour*, 22(2), p. 175-197.

HERMANNS, H. (1995). Narrative Interviews. In: FLICK U.; KARDORFF E.V., et al. (orgs.). *Handbuch Qualitative Sozialforschung*. München: Psychologie Verlags Union, p. 182-185.

JAMES, W. (1893). *The Principles of Psychology* (1950, Nova York, NY: Dover).

MERTON, R.K. & KENDALL, P.L. (1946). "The Focused Interview". *American Journal of Sociology*, 51, p. 541-557.

MOSCOVICI, S. (1988). "Notes Towards a Description of Social Representation". *European Journal of Social Psychology*, 22(3), p. 211-250.

NEISSER, U. (1981). "John Dean's Memory: a Case Study". *Cognition*, 9(1), p. 1-22.

POLKINGHORNE, D. (1988). *Narrative Knowing and the Human Sciences*. Albany, NY: Suny Press.

RICOEUR, P. (1984). *Time and Narrative*. Vol. 1. Chicago, Il: University of Chicago Press.

RIEMANN, G. & SCHÜTZE, F. (1987). Trajectory as a Basic Theoretical Concept for Analysing Suffering and Disorderly Social Processes. In: MAINES, D. (org.). *Social Organisation and Social Process – Essays in Honour of Anselm Strauss*. Nova York, NY: Aldine de Gruyter, p. 333-357.

RIESMANN, C.K. (1993). *Narrative Analysis*. Londres, Newbury Park, CA/New Dehli: Sage.

ROBINSON, J.A. & HAWPE, L. (1986). Narrative Thinking as a Heuristic Process. In: SARBIN, T.R. (org.). *Narrative Psychology – The Storied Nature of Human Conduct*. Nova York, NY: Praeger.

SARBIN, T.R. (org.) (1986). *Narrative Psychology – The Storied Nature of Human Conduct*. Nova York, NY: Praeger, p. 111-184.

SCHÜTZE, F. (1977). Die Technik des Narrativen Interviews in Interaktionsfeldstudien, Dargestellt an Einem Projekt zur Erforschung von Kommunalen Machtstrukturen, Manuskript der Universität Bielefeld, Fakultät für Soziologie.

———— (1976). Zur Hervorlockung und Analyse von Erzählungen Thematisch Relevanter Geschichten im Rahmen Soziologischer Feldforschung. In: Arbeitsgruppe Bielefelder Soziologen (orgs.). *Kommunikative Sozialforschung*. München: Fink, p. 159-260.

STRAUSS, A.L. (1987). *Qualitative Analysis for Social Scientists*. Cambridge: Cambridge University Press.

STRAUSS, A.L. & Corbin, J. (1990). *Basics of Qualitative Research*. Londres: Sage.

STRUBE, G. (1989). "Episodisches Wissen". *Arbeitspapiere der GMD*, 385, p. 10-26.

TULVING, E. (1972). Episodic and Semantic Memory. In: TULVING, E. & DONALDSON, W. (orgs.). *Organisation of Memory*. Nova York, NY: Academic Press, p. 381-403.

WILPERT, B. & SCHARPF, S.Y. (1990). "Intercultural Management – Joint Ventures in the People's Republic of China". *International Journal of Psychology*, 25 p. 643-656.

6
VÍDEO, FILME E FOTOGRAFIAS COMO DOCUMENTOS DE PESQUISA

Peter Loizos

> *Palavras-chave*: mídia como fato social; códigos de tempo; vídeo participativo; evidência de vídeo; percepção, distorção, percepção informada; retroalimentação com vídeo/fotos; representações; dados visuais como indicadores de disposições psicológicas; *Scitexing;* registros visuais.

Este capítulo tem como preocupação principal o uso de fotos e vídeo como métodos de pesquisa qualitativa. Ele assume que o leitor não esteja nem familiarizado com o emprego de materiais visuais, nem comprometido, em princípio, em usá-los de algum modo. Ele também supõe que o leitor não tenha pensado nestes métodos como potencialmente úteis. Não é um capítulo sobre "como fazer", pois há manuais baratos e tecnicamente fáceis de serem lidos com este fim. Nem é sobre filme documentário. Ele trata mais das possibilidades para aplicações de métodos visuais a serviço da pesquisa social e das limitações desses métodos.

Estes enfoques merecem um lugar neste volume por três razões. A primeira, é que a imagem, com ou sem acompanhamento de som, oferece um registro restrito, mas poderoso das ações temporais e dos acontecimentos reais – concretos, materiais. Isto é verdade tanto sendo uma fotografia produzida quimicamente ou eletronicamente, uma fotografia única, ou imagens em movimento. A segunda razão é que embora a pesquisa social esteja tipicamente a serviço de complexas questões teóricas e abstratas, ela pode empregar, como dados primários, informação visual que não necessita ser nem em forma de palavras escritas, nem em forma de números: a análise do impacto do tráfico no planejamento urbano, tipos de parques de diversão perigosos ou campanhas eleitorais podem, todos eles, beneficiar-se com o uso de dados visuais. A terceira razão é que o mundo em que vivemos é crescentemente influenciado pelos meios de comunicação, cujos resultados, muitas vezes, dependem de elementos visuais. Consequentemente, "o visual" e "a mídia" desempenham papéis importantes na vida social, política e econômica. Eles se tornaram "fatos sociais", no sentido de Durkheim. Eles não podem ser ignorados.

Mas estes registros não estão isentos de problemas, ou acima de manipulação, e eles não são nada mais que representações, ou traços, de um complexo maior de ações passadas. Devido ao fato de os acontecimentos do mundo real serem tridimensionais e os meios visuais serem apenas bidimensionais, eles são, inevitavelmente, simplificações em escala secundária, dependente, reduzida das realidades que lhes deram origem.

O que eu quero dizer aqui por "visual"? Devido ao fato de muitos de nós usarmos os olhos para ler, há um sentido trivial, segundo o qual nossa leitura deste texto poderia ser chamada de uso de um método de pesquisa visual. Neste capítulo eu vou me preocupar não com a leitura em si, mas com situações onde imagens estão apoiadas tanto em textos escritos como na apreensão de fotografias ou pinturas, e em palavras faladas gravadas em som – trilhas de vídeo. Fotografias e sequências de vídeo podem também incluir palavras escritas, e muitas vezes o fazem: grande parte do que conhecemos sobre a demografia da Roma Clássica está baseado nas inscrições das lápides romanas (HOPKINS, 1978). Normalmente, não incluiríamos isto como um exemplo de "o visual". Temos de incluir o estudo pioneiro do psicólogo social Siegfried Kracauer (1947) do cinema alemão de 1918 até 1933, que defende que os filmes produzidos para, e consumidos por uma nação, permitem uma boa percepção das "profundas disposições psicológicas". Kracauer identificou temas e imagens que trouxeram intuições sobre ideias referentes à sorte e ao destino, sobre líderes e seguidores, sobre humilhação, sobre corpo sadio e doente e muito mais. Ele incluiu no estudo, uma análise de um filme de propaganda nazista que se tornou um padrão e um modelo para análises subsequentes de conteúdo de filmes.

Igualmente pioneiro foi o trabalho do historiador social Aries (1962), que empregou pinturas e gravuras para mostrar como, na Europa pré-industrial, concepções de crianças e da infância diferiam marcadamente daqueles das épocas mais recentes. Aries mostrou como as crianças estavam vestidas com os mesmos tipos de vestimenta dos adultos, como elas eram representadas sem a inocência que nós atribuímos hoje às crianças, e como elas participavam de cenas adultas de entretenimento, como apoio a seus argumentos baseados no texto. Isso pode ser qualificado como um primeiro emprego dos mais imaginativos e influentes da evidência visual na pesquisa da ciência social (cf. Figura 6.1).

Figura 6.1 – *Uma mulher e cinco filhos*.

Vantagens e limitações dos materiais visuais de pesquisa

Antes de nos achegarmos aos usos específicos, é importante discutir algumas falácias sobre registros visuais. Uma falácia está implícita na frase "a câmera não pode mentir". Os seres humanos, os agentes que manejam a câmera, podem e, de fato, mentem: eles falsificam quadros e forjam testamentos e cédulas, podendo distorcer a capacidade comprobatória de registro de dados visuais tão facilmente quanto as palavras escritas, mas de maneiras particulares. Primeiro, uma impressão fotográfica pode ter a informação removida através de "aerógrafos" (*airbrusching*): na verdade, pintando algo ou alguém. Algumas coisas podem ser falsamente acrescentadas também: muitas fotografias de pessoas nuas de uma tribo, publicadas em revistas de fotografias tão "realísticas" como *Picture Post and Life* nos anos de 1940, tinham a genitália nua "vestida" artificialmente, ou então disfarçada, de tal modo que elas eram falsas como fontes históricas. Negativos montados de maneira enganadora podem mostrar duas pessoas sentadas uma ao lado da outra, quando na verdade elas nunca se encontraram.

Quando a manipulação é feita eletronicamente, ela é chamada por jornalistas e editores de fotografias como *scitexing*, conforme a tecnologia de ponta, e ela é frequentemente empregada para alterar sistematicamente o conteúdo de fotografias publicadas (WINSTON, 1995). Em um filme ou vídeo, uma edição habilidosa pode remover palavras faladas de uma frase e um reprocessamento visual pode remover pessoas centrais, ou traços, de um contexto mais amplo. Todas estas manipulações são difíceis de serem detectadas por um olhar que não está treinado, e *scitexing* é impossível de detectar, a não ser que se possa identificar a fotografia original e ter certeza de que ela é de fato original. A situação aqui pode mudar e novos avanços na tecnologia podem brevemente permitir aos peritos saber se uma imagem foi modificada; mas atualmente, aparentemente não existe esta possibilidade. Deste modo, não se pode acreditar no que se vê de maneira ingênua, e se algo mostrado como evidência visual levantar nossas suspeitas, deve ser conferido – corroborado com investigação posterior, com provas testemunhais, e todo e qualquer meio que seja necessário.

A manipulação da imagem visual pode ser mais sutil e oculta, mas ela é claramente ideológica. Susan Moeller mostrou como uma famosa fotografia da Guerra da Coreia – a retirada de soldados cansados para um lugar chamado Changjin, feita pelo fotógrafo de jornal David Duncan – tinha originalmente mostrado muitos americanos mortos, e foi importante porque ela deu a entender a quantidade de custos humanos que tais comprometimentos causaram aos americanos. Muitos anos mais tarde, esta imagem foi usada em um selo americano de 22 centavos, mas sem os cadáveres, louvando, deste modo, a tradição militar americana sem as lembranças desinquietantes das pesadas perdas (MOELLER, 1989: 447, n. 30). No mesmo livro, Moeller discute como muitos outros famosos fotógrafos de guerra começaram a resistir a percepções políticas particulares na condução de guerras (cf. tb. LEWINSKI, 1978).

Uma segunda falácia comum sobre fotografia é de que ela é simplesmente e universalmente acessível a qualquer um do mesmo modo – que ela opera transculturalmente, independentemente dos contextos sociais, de tal modo que todos a verão e entenderão o mesmo conteúdo na mesma fotografia. Isto é falso por diversas razões. Primeiro, nós aprendemos a ver tanto o mundo real como suas reduções convencionais muito específicas a uma bidimensionalidade pla-

6. VÍDEO, FILME E FOTOGRAFIA...

na, como é mostrado em pinturas, fotografias e filmes (GREGORY, 1966; GOMBRICH, 1960). Pessoas isoladas da economia global, que podem não estar acostumadas a fotografias ou a espelhos, terão dificuldade em reconhecer a si mesmos, ou a seus parentes próximos, em simples instantâneos (FORGE, 1966; CARPENTER, 1976). O "aprender" não é somente necessário para um reconhecimento básico, ele está também envolvido diferencialmente na percepção de detalhes significativos: um primeiro observador, olhando uma fotografia, vê um "carro"; um segundo vê uma "sala familiar de tamanho médio para pessoas idosas"; um terceiro vê um "Ford Cortina do ano de 1981, com direção de corrida e rodas esporte". O veículo é o mesmo objeto do mundo real para todos os três observadores, mas suas percepções, sua habilidade para especificá-lo e descrevê-lo, e o sentido que eles dão a ele são diferentes, devido a suas biografias individuais. Tais variações perceptuais complicam toda explicação objetivista ingênua da fotografia como se ela fosse um registro sem ambiguidade. A informação pode estar na fotografia, mas nem todos estão preparados para percebê-la em sua plenitude.

Vou agora discutir alguns tipos de emprego de imagens fotográficas com aplicações potenciais para pesquisa. A primeira, é a documentação da especificidade da mudança histórica. Se alguém está interessado em investigar ou mostrar a natureza específica da mudança, então as fotografias feitas em intervalos regulares, dos mesmos lugares, podem ser ilustrativas. Mudanças em bairros urbanos, paisagens e conteúdos de um quarto; o estado de uma árvore, de uma parede ou de um corpo humano "antes" e "depois" de uma mudança importante; tudo isto, quando adequadamente atestado, testemunhado e controlado quanto ao tempo, lugar e circunstância, pode trazer poderosa evidência ou valor persuasivo. Em um exemplo recente, a fotografia foi usada por Tiffen e seus colegas para apoiar uma argumentação importante sobre densidades populacionais, cobertura por árvores e ambiente agrícola em um distrito do Quênia. Devido ao fato de eles terem podido usar fotografias intituladas com precisão (as coordenadas de lugar e tempo foram fornecidas) do período colonial britânico, compará-las com fotografias tiradas de praticamente o mesmo lugar 45 anos antes, e correlacionar as fotografias com indicadores sociais e econômicos de vários tipos, eles foram capazes de produzir uma argumentação que desafia muita sabedoria convencional. Em 1991, sob condições de uma alta densidade populacional local e cultivo mais intensivo, as paisagens locais estavam na verdade mais densamente cobertas por árvores que em 1937 (TIFFEN & MORTIMORE, 1994; cf. tb. VOGT, 1974) (cf. Figuras 6.2 a e b).

— 141 —

Figura 6.2 – *Duas fotos da paisagem do Quênia, tiradas em 1937(a) e 1991(b).*

Fotos: *(a) R.O. Bernes, 1937, foto 17, reproduzida, com permissão dos Arquivos Nacionais do Quênia; (b) M. Mortimore.*

Fonte: Cortesia de Dr. Mary Tiffen.

6. Vídeo, filme e fotografia...

Aplicações históricas de fotografias podem ser recomendadas também por outras razões. Vários tipos de investigação de história oral podem ser facilitados se o pesquisador vai a uma entrevista preparado de antemão com algumas fotografias relevantes. Suponhamos que se esteja trabalhando sobre a história de um sindicato ou de um partido político e tenhamos visto, em um jornal antigo, uma fotografia de uma enorme multidão, de um encontro anual, ou de uma celebração. A fotografia, adequadamente aumentada, pode servir como um desencadeador para evocar memórias de pessoas que uma entrevista não conseguiria, de outro modo, que fossem relembradas espontaneamente, ou pode acessar importantes memórias passivas, mais que memórias ativas, presentes.

Tais métodos para evocar fatos podem ser empregados também em uma pesquisa micro-histórica: a "história da família" pode ser auxiliada perguntando-se ao entrevistado que examine um álbum de fotografias da família com o pesquisador, ou que mostre a ele um filme antigo de um casamento, de um batismo ou uma festa de aniversário. As imagens fazem ressoar memórias submersas e podem ajudar entrevistas focais, libertar suas memórias, criando um trabalho de "construção" partilhada, em que pesquisador e entrevistado podem falar juntos, talvez de uma maneira mais descontraída do que sem tal estímulo.

Um tipo diferente de emprego de fotografias históricas pode incluir fazer sua leitura para se conseguir uma informação cultural/histórica implícita. No início de 1993, a Scandinavian Airlines (SAS) produziu um relatório anual do ano anterior e o distribuiu aos passageiros. Era um documento interessante que revelava mais do que seus autores tinham consciência (cf. Figura 6.3). Ele mostrava, por exemplo, seu Conselho de Diretores, e esta fotografia consistia de nove executivos da corporação que inspiravam credibilidade, em ternos escuros. O relatório trazia também fotografias do pessoal de bordo e dos pilotos, mas as únicas mulheres que se viam eram aeromoças. Embora possa parecer distorcido ler demais em um único documento, sem um conhecimento maior das políticas de igualdade de relações de gênero da SAS, este relatório anual faz ao menos pensar. Há 50 anos, se tal documento existisse, seria considerado normal e tranquilo para muitos de nós. Na verdade, a própria ideia de que um documento deve ser ilustrado e acessível aos passageiros é uma ideia recente. Contudo, o que talvez seja mais surpreendente sobre a fotografia, é que suas implicações com respeito às relações de gênero foram aparentemente esquecidas pelos executivos que aprovaram o relatório. Por conseguinte, ler tanto os registros visuais presentes como os "ausentes", é uma tarefa de pesquisa possível. Quem falta na fotografia ou na pintura, e por quê? Os jovens? Os idosos? Os pobres? Os ricos? Os brancos? Os negros? E o que essas ausências implicam?

Figura 6.3 – *O relatório da SAS mostra nove executivos condizentes, homens de meia-idade.*

6. Vídeo, filme e fotografia...

Isto nos leva a uma nova questão: o que se pode inferir com segurança, e com sensatez, de uma fotografia? Inferências casuais são fáceis, mas inferência mais segura exige bem mais. Suponhamos que queremos inferir algo sobre atitudes de gênero e mudança social na Grécia de duas fotografias da Figura 6.4: estaríamos autorizados a fazer isso? Duas fotografias, sem informações maiores sobre como elas foram feitas, o quanto elas diferem ou são semelhantes a milhares de outras fotografias de casais gregos, não podem ser mais que sugestivas ou impressionistas. Se nós analisamos centenas de fotografias de casamento e encontramos nelas padrões recorrentes, estaríamos autorizados a pensar que estaríamos lidando "com algo" – mas o quê, exatamente? Pois uma fotografia pode ter sido feita de uma maneira, entre pelo menos quatro outras possíveis:

1. Os sujeitos foram pegos de surpresa pelo fotógrafo, comportando-se de maneira informal.

2. Um grupo de sujeitos, sabendo que alguém iria fazer uma fotografia, posiciona-se de um modo tal, considerado por eles apropriado.

3. Um fotógrafo pode tomar a iniciativa de colocar os sujeitos em uma composição específica e eles podem aceitar esta orientação passivamente.

4. Algum conluio ou negociação entre o fotógrafo e os sujeitos pode ser feito.

Por isso, nós precisamos saber como fotografias de casamento específicas são feitas. Uma pequena observação irá revelar logo que os fotógrafos muitas vezes tomam a iniciativa, devido a suas próprias razões profissionais e estéticas. Mas os fotógrafos pertencem, em geral, à mesma cultura daqueles que eles retratam e querem agradá-los. Deste modo, em um nível analítico, o que é revelado em uma amostra relativamente ampla de fotografias de casamento, pode legitimamente reforçar o ponto de vista de uma compreensão culturalmente construída sobre o que é apropriado. Na década de 1960, em Chipre, havia um costume de casais recentemente esposados tirarem fotografias de casamento. Eles eram geralmente posicionados por fotógrafos profissionais e o casal era colocado literalmente face a face, embora eles tivessem, muitas vezes, se conhecido há poucas horas. Esta postura pode ser vista como sugerindo um período de transição entre um sistema de casamento mais arranjado apenas pelos pais e um em que os jovens estivessem começando a adquirir alguns

Figura 6.4
Fonte: Fotografias de Cornelia Herzfeld.

6. VÍDEO, FILME E FOTOGRAFIA...

poderes de veto sobre pessoas com quem eles iriam casar, embora eles ainda as tivessem encontrado pela primeira vez em reuniões organizadas por iniciativa da família e em encontros formais. Note-se, porém, que esta leitura só se consegue com base em um conhecimento histórico detalhado do tempo e do lugar. Ela não pode ser inferida da postura estudada de uma ou duas fotografias, a não ser que – e isso não é comum – nós tenhamos informação adicional que nos apoie, como no caso da fotografia da família de Uganda, feita por A. F. Robertson (Figura 6.5). Neste caso nós sabemos que a composição da fotografia foi feita pelo homem mais velho (ROBERTSON, 1978.).

Figura 6 – *Uma família da Uganda: a disposição das pessoas foi feita pelo homem mais velho* (ROBERTSON, 1978).

Fonte: Fotografia de A.F. Robertson.

Em um estudo de uma aldeia de Chipre, Sheena Crawford (1987) fez comentários sobre as ressonâncias icônicas das fotografias mandadas por parentes que tinham emigrado. Elas mostravam momentos aprazíveis – celebrações de casamento e batismo, pessoas bem vestidas e interiores de residências bem mobiliados. Elas não mostravam situações de locais de trabalho que poderiam sugerir longos dias de trabalho em condições terríveis. A ênfase estava no sucesso, celebração, lazer, consumo e posses. O trabalho pesado, as dificuldades e o fracasso não estavam representados. A interpretação exige uma leitura tanto das presenças quanto das ausências de um registro visual, e enquanto algumas das ausências podem ser explicadas pelas características de custo ocasional (quem carrega a câmera, quando, onde e por quê?), a homogeneidade das imagens registradas deve comportar um peso semântico.

Um estudo sobre o que é e o que não é fotografado pode ser sugestivo. Nos dias de hoje na Inglaterra, é algo normal fotografar casamentos, aniversários, batismos e algumas cerimônias de casamento são interrompidas, ou ao menos entremeadas com fotografias e registros em vídeo. Mas mortes e funerais não são normalmente fotografados. As pessoas, em geral, não veem que isto deva ser comemorado com fotografias, mas não é de nenhum modo óbvio, ou senso comum que isto deva ser assim. Para membros da família real ou outras celebridades muito estimadas (como Winston Churchill, por exemplo), os serviços de funeral e as procissões são consideradas como interessantes para serem comemoradas visualmente. E existem povos para quem a apresentação de um caixão ornamentado e a fotografia de um túmulo, são aceitáveis por todos.

Vídeo e filme: algumas aplicações

Passemos agora a alguns usos do vídeo e filme em pesquisa social. Tratarei filme e vídeo como praticamente a mesma coisa, embora o registro em vídeo seja, de muitos modos, mais barato, mais simples e mais flexível do que costuma ser um filme de 8mm ou 16mm. Na prática, por razões de facilidade e preço, a maioria dos pesquisadores usa vídeo em vez de filme, e fitas de vídeo baratas, em vez das fitas profissionais mais caras de alta resolução. Precisamos ainda distinguir entre dados produzidos pelo pesquisador e informação visual já existente. Finalmente, necessitamos distinguir ainda entre dados visuais que o pesquisador analisa sem auxílio e dados que servem para comentários focais, ou eliciados, de pessoas entrevistadas.

6. VÍDEO, FILME E FOTOGRAFIA...

O vídeo tem uma função óbvia de registro de dados sempre que algum conjunto de ações humanas é complexo e difícil de ser descrito compreensivamente por um único observador, enquanto ele se desenrola. Qualquer ritual religioso, ou um cerimonial ao vivo (como um casamento), pode ser candidato, ou uma dança, uma hora de ensino em sala de aula, ou uma atividade artística, desde fazer um sapato, até polir um diamante. Não existem limites óbvios para a amplitude de ações e narrações humanas que possam ser registradas, empregando conjuntamente imagem e som em um filme de vídeo. Com uma pequena filmadora de baixa fidelidade ligada a uma tomada elétrica pode-se registrar até quatro horas com uma única câmera, sem interrupção. Enquanto se grava, um código de tempo pode ser inserido na imagem, de tal modo que cada segundo, minuto ou hora é registrado automaticamente. O pesquisador deverá então dar conta de diversas tarefas: exame sistemático do *corpus* de pesquisa; criação de um sistema de anotações em que fique claro por que certas ações ou sequências de ações devam ser categorizadas de um modo específico; e finalmente, o processamento analítico da informação colhida.

Tomemos um exemplo concreto. Suponhamos que um pesquisador esteja interessado em compreender a dinâmica das brigas entre crianças em um pátio de escola, e que tenha conseguido o consentimento das autoridades escolares para fazer um registro confidencial em vídeo de um local pelo período de uns três meses. Suponhamos que o tempo total de intervalo, para toda a escola, seja de duas horas por dia. Em três meses, o estudo, empregando uma única câmera, gerará 120 horas de gravação. O pesquisador deverá decidir, seja de antemão baseado em fundamentações teóricas, ou durante e depois das gravações baseado em fundamentações empíricas e interpretativas, que tipos de ação constituiriam "brigar". O analista quererá então identificar todas as sequências de ação que poderiam servir como exemplos e procurar regularidades. Os brigões se restringem a um pequeno número de indivíduos, ou o brigar é um fenômeno mais geral? As vítimas são sempre um grupo consistente e restrito? Alguma criança alguma vez prestou socorro às vítimas? É o brigar com mais frequência uma ação grupal, ou uma agressão feita por um indivíduo isolado? Estas e muitas outras questões podem ser feitas, e em princípio respondidas, por gravações de vídeo. Mas nós estamos falando de muitas horas de assistência, anotação, agrupamento, revisões, reanálises e uma síntese final. Não seria surpresa se cada hora de dados registrados necessitasse de ao menos quatro horas de trabalho adicional. Isto poderia, em princípio, ser reduzido pela decisão de se trabalhar com apenas uma amostra (5 ou 10%) do material. E isto poderia também ser reduzido se uma primeira revisão geral do material revelasse, de imediato, padrões tão consistentes e evidentes que o trabalho mais paciente, detalhado, seria redundante, e não compensador quanto aos custos. Complicações empíricas posteriores ao estudo poderiam ser acrescentadas: comparações entre padrões no inverno e no verão; investigações sociais sobre os antecedentes dos agressores e das vítimas; o comportamento registrado em sala de aula; e assim por diante. Não haveria razão para que os dados visuais limitassem, ou mesmo dominassem, o estudo, mesmo que em uma etapa específica eles tenham sido a ferramenta principal de investigação. E é muito possível que simplesmente através de uma entrevista cuidadosa com algumas crianças-chave praticamente a mesma informação fosse obtida com mais rapidez e mais simplicidade. O papel do registro visual seria comprobatório, no sentido jurídico, mas ele não precisaria ser o gerador principal de conceitos ou intuições-chave.

Este tipo de exemplo irá levantar questões éticas nas mentes de defensores de direitos humanos. Em geral, associações profissionais baseadas em disciplinas específicas criam orientações éticas para a condução de pesquisas, e elas tendem a tratar o tema da vigilância sem consentimento, como uma invasão da privacidade, considerá-la como inaceitável ou dentro de limites de aceitação. Na pesquisa médica, há normalmente um comitê hospitalar de ética que terá de contrabalançar interesses de pacientes com temas de interesse público mais amplo. O pesquisador social individual poderá ser capaz de trabalhar sem se ligar formalmente a um comitê de ética, dentro da precaução normal de que uma delicada informação pesquisada permanecerá restrita e confidencial, e isto é, além do mais, reforçado pelo Ato de Proteção às Informações (Data Protection Act), da Inglaterra, que inclui a informação armazenada em computadores e processadores. Mas enquanto que com informação puramente escrita, a promessa de não colocar nomes de pessoas possa garantir proteção ética contra identificação, a situação é mais difícil com imagens. Pequenas máscaras eletrônicas brancas sobre os olhos podem disfarçar a imagem de um rosto, mas as vozes são mais distintivas, e embora elas possam ser disfarçadas digitalmente, ouvir vozes humanas distorcidas durante longo tempo causa muito tédio.

6. VÍDEO, FILME E FOTOGRAFIA...

Podem, contudo, existir ainda situações que produzam dilemas éticos. Em 1997, uma equipe de um hospital britânico decidiu usar gravação oculta de vídeo para monitorar o comportamento de crianças que foram consideradas sob condição de risco e que tinham mostrado sinais prévios de danos corporais e dificuldades severas de crescimento. Conseguiu-se evidência de que alguns pais estavam aparentemente causando danos propositais a seus filhos enquanto eles estavam no hospital. Isto levou a uma discussão pública, quando alguns pais protestaram dizendo que sua privacidade tinha sido invadida; e não é difícil sentir simpatia por um pai inocente que se sente sob suspeita e sob fiscalização. Mas fica evidente qual deve ser a defesa por parte dos médicos: primeiro, que a criança foi admitida no hospital e está sob cuidados médicos, e que o hospital tem a obrigação estatutária de defender a criança; em segundo lugar, que causar dano severo a uma criança é um crime, e pode ser direta, ou subsequentemente, prevenida pela vigilância do vídeo; em terceiro lugar, que a gravação em vídeo possui valor de prova evidencial.

Mas a esta altura nós devemos parar para discutir a qualidade e as limitações de tal gravação de vídeo, e como uma defesa legal pode questionar sua capacidade comprobatória. Primeiro, é provável que seja de baixa fidelidade visual; segundo, a qualidade do som pode variar entre ser claramente audível e apenas compreensível; em terceiro lugar, os ângulos da câmera podem não estar sempre em uma posição ótima para mostrar os detalhes mais significativos da sequência de uma ação; e finalmente, devido à redução geral de detalhes em tal gravação, ela pode estar sujeita a uma falsa interpretação concreta sobre a compreensão do ânimo e da intenção, além de todos os outros problemas de interpretação a que o comportamento humano tridimensional (em oposição à gravação de baixa fidelidade) possa ter levado. Acrescente-se a estas dificuldades a probabilidade de que a câmera observa de uma posição fixa e nós temos uma receita para um drama em tribunais.

Há um tipo diferente de aplicação em pesquisa com gravações de vídeo em que a participação do sujeito na análise se torna importante. Suponhamos, por exemplo, que uma pesquisa tivesse enfocado a questão de sua efetiva supervisão. Com o consentimento tanto do estudante de pesquisa como do supervisor, uma série de gravações dos seus encontros seria feita pelo período de dois anos. Então, depois de cada encontro, cada pessoa seria interrogada pelo pesquisador, privadamente, e solicitada a comentar, com mais detalhe, sobre o valor estratégico dos pareceres fornecidos, da ajuda solicitada e assim por diante. Neste caso, a gravação em vídeo seria, de fato, um conjunto amigável de anotações de pesquisa de campo, igualmente acessível às três partes, e mais eficiente que as memórias ou notas literais de qualquer uma delas. A revisão de situações retroinformadoras permitiria uma discussão em mais profundidade, mais esclarecimento, mais debate e diálogo e uma discussão de ações não realizadas e suas implicações. Pode-se substituir a dupla supervisor-pesquisador por qualquer situação interativa em que haja uma troca de informação, um componente de treinamento e uma negociação.

Alguns pontos práticos e de procedimento

1. Registre todo rolo de filme, fita de vídeo, fita de som ou fotografia logo depois que você os produziu. Você vai precisar de todos os detalhes de data, lugar e pessoas. Você precisa colocar um selo de identificação em cada item e guardar uma lista-mestra como um índice. Proteja suas fontes originais, imagens e sons, fazendo cópias extras. Se você, provavelmente, obtiver, ou gerar, uma grande quantidade de material, seja em termos de imagens individuais ou minutos e horas gravados, tem de pensar em problemas de estocagem, de como acessar os dados e obter amostras. Investigue novas maneiras de estocagem através de computador e de sistemas de obtenção de dados, tais como *Avid*, a nova e rápida maneira de editar vídeos.

2. O emprego de imagens de pesquisa em público levanta questões de poder, intromissão, posse e privacidade. Garanta que seus informantes lhe deem permissão clara de reproduzir imagens sobre eles. Isto se aplica igualmente ao seu uso e possível publicação de imagens que eles possuem. Os acordos devem ser feitos por escrito. Garanta, também, que você os informou sobre suas intenções de pesquisa. Cf. Asch (1988) para um cuidadoso trabalho sobre o contrato entre um produtor de filme e um cientista social.

3. Na gravação de vídeo, é relativamente fácil obter imagens que podem ser usadas, e relativamente difícil ter uma boa qualidade de som. Sendo que o sentido do que está acontecendo depende muitas vezes de que os pesquisadores sejam capazes de ouvir claramente o que foi dito, você precisa prestar ao menos tanta atenção à qualidade da gravação do som quanto à quali-

6. VÍDEO, FILME E FOTOGRAFIA...

dade da imagem. Obtenha um bom manual, como o de Hale (1997); descubra tipos de microfones, experimente com tipos diferentes e lugares onde devem ser colocados, antes de fazer algo importante, até que você realmente saiba quais são os problemas.

4. É fácil de sermos levados pela ideia de produzir um vídeo e terminarmos deixando a tecnologia ou a excitação dominar a pesquisa. Para o pesquisador social, as imagens e a tecnologia são uma contribuição, não um fim.

5. Não há razão para se introduzir uma gravação de vídeo em uma situação de pesquisa a não ser que isto seja a melhor ou a única maneira de registrar os dados, ou que seja claramente imperativo gravá-los. Por que esta precaução? Porque a produção de um vídeo irá, inevitavelmente, distrair seus informantes, ao menos até que eles se acostumem e irá provavelmente influenciar as pessoas para que assumam posturas oficiais. Leva um bom tempo até que as pessoas se comportem naturalmente diante até mesmo do mais simples sistema de registro.

6. Milhares de gravações em vídeo são feitas em situações de pesquisa em comunidade, mas a maioria delas provavelmente nunca será examinada seriamente, adquirindo o *status* de "acessórios da moda" da pesquisa e ação, e se tornar uma perda de tempo e dinheiro. Não há dúvida de que historiadores futuros ficarão agradecidos por estes vídeos terem sido feitos, mas este não era o objetivo principal ou o objetivo deste capítulo.

Passos na análise do material visual

1. O uso de uma gravação visual irá trazer uma melhora significativa para o resultado de minha pesquisa?

2. Possuo as habilidades para registrar (som e imagem) de tal modo que consiga fazer eu mesmo a gravação?

3. Calculei o tempo necessário para processar o corpo de dados visuais que resultará desta pesquisa?

4. Planejei um sistema de identificação/catalogação conveniente para manipular, estocar, recuperar os dados e analisar os dados visuais?

PESQUISA QUALITATIVA COM TEXTO, IMAGEM E SOM

5. Como tornar explícitas todas as decisões de classificação feitas, quando estiver analisando "áreas cinzentas" de meus dados? Meus critérios serão transparentes?

6. Expliquei adequadamente minhas intenções para as pessoas que serão filmadas e obtive o consentimento por escrito? Há algum sindicato, ou associação profissional implicada, que deva ser consultada? Não serei considerado um intrometido? Ou um "manipulador bisbilhoteiro"?

7. Conseguirei a liberação dos direitos autorais para publicar o material resultante? Já obtive a permissão escrita dos donos das fotografias pessoais ou dos vídeos?

8. Não necessito eu mesmo me informar melhor sobre temas referentes a direitos de imagem e publicação?

Referências bibliográficas

ARIES, P. (1962). *Centuries of Childhood*: A Social History of Family Life. Nova York: Knopf.

ASCH, T. (1988). Collaboration in Ethnographic Filmmaking: a Personal View. In: ROLLWAGEN, J.R. (org.). *Anthropological Filmmaking*. Nova York: Harwood Academic.

CARPENTER, E. (1976). *Oh, What a Blow that Phantom Gave Me*. Londres: Paladin.

CRAWFORD, S. (1987). Iconography, Sacred and Secular: Visions of the Family. In: HODDER, I. (org.). *The Archaeology of Contextual Meanings*. Cambridge: Cambridge University Press, p. 20-30.

FORGE, A. (1966). Learning to See in New Guinea. In: MAYER P. (org.). *Socialization, the Approach from Social Anthropology*. Londres: Tavistock.

GOMBRICH, E. (1960). *Art and Illusion*. Londres: Phaidon.

GREGORY, R. (1966). *Eye and Brain*. Londres: Weidenfeld & Nicolson.

HALE, N. (1997). *Making a Video*: How to Produce and Present your own Film or Programme. Oxford: How To Books.

HOPKINS, K. (1978). *Conquerors and Slaves*. Cambridge: Cambridge University Press.

6. VÍDEO, FILME E FOTOGRAFIA...

KRACAUER, S. (1947). *From Caligari to Hitler.* Princeton: Princeton University Press.

LEWINSKI, J. (1978). *The Camera at War*: a History of War Photography from 1848 to the Present Day. Londres: W.H. Allen.

MOELLER, S. (1989). *Shooting War*: Photography and the American Experience of Combat. Nova York: Basic Books.

ROBERTSON, A.F. (1978). *Community of Strangers*: a Journal of Discovery in Uganda. Londres: Scolar Press.

TIFFEN, M. & MORTIMORE, M. (with F. GICHUKI) (1994). *More People, Less Erosion*: Environmental Recovery in Kenya. Chichester, Nova York/Brisbane/Toronto/Cingapura: Wiley.

VOGT, E.Z. (1974). *Aerial Photography in Anthropological Field Research.* Harvard, MA: Harvard University Press.

WINSTON, B. (1995). *Claiming the Real*: the Documentary Film Revisited. Londres: British Film Institute.

7
BEMETOLOGIA: PARA UMA CONTÍNUA (AUTO-) OBSERVAÇÃO E AVALIAÇÃO DA PERSONALIDADE

Gerhard Fassnacht

Palavras-chave: agregação; objeto; *bemetologia*; predicador; predicação em cascata; predicador de valor; lei e probabilidade; resolução; monitoramento do comportamento; modelos estacionário e circular ou experimentação contínua.

Bemetologia é um neologismo. Foi condensado a partir da expressão *be*havioral *meteorology* – meteorologia comportamental, e foi introduzido para indicar que a psicologia pode tirar proveito da coleta de dados, como o faz a meteorologia.

Diferentemente de outras ciências, a meteorologia instalou centenas de aparelhos de medição por todo o mundo e eles recolhem continuamente dados para a predição do tempo. Os psicólogos nunca tentaram monitorar seriamente o comportamento a fim de captar flutuações em seus fenômenos, assim como fazem os meteorologistas. Isto talvez seja surpreendente: nossos tópicos não são menos complexos que os da meteorologia, e por isso o "tempo comportamental" pode ser predito através de algumas poucas interações entre fatores situacionais, com alguns poucos traços de personalidade estáveis.

Embora esta afirmação tenha sido contestada a partir de muitas perspectivas (HARTSHORNE & MAY, 1928; 1929; HARTSHORNE et al., 1930; NEWCOMB, 1929; MAGNUSSON & ENDLER, 1977; MAGNUSSON, 1981; MISCHEL, 1968; 1984), a mensuração no sentido da teoria clássica de testes é ainda o procedimento mais praticado em psicologia. Mesmo quando sejam necessárias repetições de mensurações com tempo prolongado, isto é afirmado como se dando dentro do referencial da teoria clássica de teste. O acúmulo através do tempo é considerado como um meio de reduzir erros de mensuração

— 156 —

e por isso de aumento de fidedignidade (EPSTEIN, 1979; 1980; 1990). Por conseguinte, a estabilidade dos traços não é percebida como leis psicológicas que existem naturalmente, mas ao invés, é pressuposta como existindo por detrás das irregularidades da superfície fenomenal. O problema de como supostas leis, de um lado, e as irregularidades observadas, de outro, chega a acontecer, é deixado intocável.

A meteorologia conhece muito bem as leis básicas da física, que emergem dinamicamente em um imprevisível "fluxo determinístico não periódico" (LORENZ, 1963); a psicologia, contudo, parece estar muito longe deste estado. Não existe consenso sobre as leis básicas da personalidade e da psicologia. Deste modo, existiria qualquer outro motivo para a psicologia seguir os passos metodológicos da meteorologia, além da analogia e da alegação de reduzir erros de mensuração?

Leis empíricas e probabilidade

Como surgem as leis empíricas? Esta pergunta é poucas vezes feita e não é respondida com clareza. Não há sinais de acordo, nem mesmo a respeito da forma mais simples que uma lei possa assumir estabilidade, como no peso específico dos objetos, ou um suposto traço latente de personalidade, podendo ambos ser designados como "leis substantivas" (*substance laws*, CAMPBELL, 1921).

Embora seja incapaz de dar uma resposta adequada a esta questão, a psicologia, como as outras ciências, está se esforçando para conseguir leis empíricas, sejam elas simples ou complexas. A suposta existência de leis ocultas controlando os fenômenos psicológicos é um motor cognitivo importante no ato de impulsionar a psicologia para a frente como uma ciência. Proposições expressas qualitativamente como hipóteses serão aceitas, eventualmente, como leis empíricas se elas forem resistentes à falsificação (POPPER, 1959). Este se tornou o derradeiro credo e justificação da psicologia experimental.

A estratégia experimental foi, paradoxalmente, responsabilizada pela confusão tanto empírica quanto teórica, da psicologia; a questão fundamental de se as leis empíricas são construtos, ou se elas são fatos independentes, estáveis, esperando ser descobertas em um canto escondido de nosso mundo fenomênico (HOLLIS, 1994), não causou muito impacto na estratégia de pesquisa. Isto não é surpreendente, pois como pode a psicologia experimental duvidar da existência de pré-requisitos de sua própria existência? Em um sentido estrito, a psicologia experimental não pode ser pensada sem o postulado geral de que na natureza existem leis em ação.

Embora a psicologia tenha estado participando, há algum tempo, de debates sobre a teoria do caos e de sistemas dinâmicos (VALLACHER & NOWAK, 1994; STEWART, 1992), a questão de como supostas leis psicológicas passaram a existir não é satisfatoriamente explicada por este enfoque. O ponto de vista da teoria do caos não pode avançar sem leis, mas ao contrário, as vê como um ponto inicial arbitrário em uma espécie de processo circular, para explicar como a ordem se transforma em desordem e vice-versa.

Mas existe outro tipo de desordem: a pura probabilidade. Consequentemente, a pesquisa sobre o caos desenvolveu métodos para distinguir desordem caótica da pura probabilidade (GRASSBERGER & PROCACCIA, 1983). A probabilidade pode preceder regularidades do mesmo modo como a desordem caótica, mas ela o faz de maneira diferente. Jogar um dado regular resultará, após uma grande quantidade de vezes, em uma frequência de distribuição igual para os seis lados. Esta distribuição pode ser prevista com alta precisão, embora o resultado de uma única jogada seja absolutamente imprevisível. Este processo está longe de ser um processo caótico, pois não está implicada ali uma retroalimentação dinâmica ou uma não linearidade: as ações singulares de jogar consecutivas vezes o dado são independentes umas das outras. Teoricamente, existe uma simples "lei substantiva" que afirma que para cada lado do dado, $p = 1/6$. A lei empírica correspondente surge como uma agregação de um número imenso de jogadas singulares, cada uma com uma única probabilidade, que pode ser afetada por qualquer outro imenso número similar de diferentes fatores de influência. Uma lei empírica predomina não no detalhe, mas apenas no resultado total. Essa compreensão pode ser colocada em uma frase:

As leis empíricas são probabilidade acumulada.

Esta definição de lei natural foi defendida pelo físico Erwin Schrödinger em 1922 (SCHRÖDINGER, 1962), que a adotou do físico experimental Franz Exner (1919). Um dos exemplos mais proeminentes no campo da física é a lei de Boyle, que descreve a relação entre o volume, temperatura e pressão do gás em estado ideal. Embora a movimentação e o impulso das moléculas singulares sejam aleatórias e por isso imprevisíveis, o comportamento de todo o volume de gás segue regras estritas e é, desse modo, previsível com alta precisão.

Leis empíricas e resolução

Podemos ver, a partir do exemplo da lei de Boyle, que poderá haver distúrbios irregulares no nível micro, mas uma ordem clara no nível macro. Como coloca Schrödinger:

> A pesquisa na física ... provou claramente que – ao menos para a grande maioria dos fenômenos cuja regularidade e estabilidade levaram ao postulado de causalidade geral – a probabilidade é a raiz comum da conformidade a uma lei natural estritamente observada.
> Com qualquer fenômeno físico – no qual uma conformidade a uma lei natural pode se observada – milhares, muitas vezes bilhões incontáveis de átomos singulares ou moléculas estão envolvidos... Ao menos em muitos casos totalmente diferentes, nós conseguimos explicar completa e inteiramente a lei observada, combinando o número imenso de processos moleculares individuais. Cada processo molecular pode, ou não, ter sua própria lei estrita – ele não precisa ser pensado como estando de acordo com a regularidade observada dos fenômenos de massa. Pelo contrário, essa conformidade à lei é diluída integralmente nas médias de milhões de processos singulares que (as médias) são os únicos fatos acessíveis a nós. Essas médias mostram suas puras leis estatísticas próprias, que poderão predominar, mesmo se o comportamento de cada processo molecular individual for guiado pela ação de jogar um dado, girar a roleta ou tirar um número de uma caixa (1962: 10).

A partir desta argumentação impressionante, pode-se apresentar a hipótese de que o grau de resolução a unidades que nós aplicamos ao nosso mundo fenomênico desempenha um importante papel no fato de nós descobrirmos leis ou não. Com isso em mente, parece razoável tomar, como um ponto de partida, as três seguintes "teses de especificidade de resolução" (FASSNACHT, 1995: 34s.):

1. As imagens de "realidade" são específicas ao meio representacional (o instrumento) e à situação representacional – isto é, elas são imediatamente corretas dentro de um sistema local de linguagem.

2. Ao menos algumas leis são específicas à resolução aplicada; isto é, certo grau de resolução em uma área de interesse leva ao conhecimento que é totalmente, parcialmente, ou não é ordenado de modo algum.

3. E principalmente, a impossibilidade de uma transformação isomórfica entre diferentes sistemas representacionais deve

ser enfrentada, isto é, nem todas as imagens de uma área supostamente igual de "realidade" podem ser transladadas umas para as outras.

De maneira geral, as "teses de especificidade" enfatizam a importância da resolução ou sua contrapartida, fusão, para conhecimento empírico sobre quaisquer áreas de "realidade" que sejam consideradas, por qualquer meio.

Quando se trata de avaliar pesquisa psicológica de acordo com resoluções aplicadas, nós descobrimos que os pesquisadores geralmente mergulham mais profundamente nos detalhes, aplicando instrumentos que diferenciam progressivamente em direção a unidades de mensuração quantitativa e qualitativa extremamente refinadas. Parece ser este o caso no referente a campos tão diversos como a pesquisa inicial sobre interação (ARGYLE & DEAN, 1965), etologia humana (MCGREW, 1972; SCHLEIDT, 1989), emoção (ELKMAN & FRIESEN, 1978) e julgamento social (VALLACHER & NOWAK, 1994). É claro que não há deficiência de resolução sutil por si mesma. Mas dada a hipótese de que a existência de leis empíricas é parcialmente uma função das unidades de exame minucioso e de mensuração, a questão de o quanto pormenorizadamente nós devemos resolver nossos tópicos, não pode mais permanecer uma questão inocente.

Leis empíricas e dados

A psicologia foi, desde há muito tempo, pensada como sendo diferente das ciências naturais, pelo fato de seus sujeitos não obedecerem às leis naturais (cf., por exemplo, WINDELBAND, 1894). Mas existem leis em psicologia? Esta questão não pode ser respondida sem que o significado do termo "lei" seja esclarecido.

Leis empíricas

Metodologicamente, uma lei estabelece que algo é válido para todos os objetos de determinada classe. Formalmente, uma lei tem a aparência de um condicional generalizado, que pode ser expresso como:

Para cada x, se x é A então x é B.

Traduzindo para uma linguagem comum, temos: todo A é B. A característica de invariabilidade ou constância, expressa em "para cada x", parece valer para todos os tipos de leis (NAGEL, 1961: 75s.).

Isso não traz problemas até que x seja concretamente especificado. Tomemos x como "ser humano", e é duvidoso que exista alguma lei em psicologia. Deste modo, a psicologia distinguiu entre diferentes classes de seres humanos e criou uma "psicologia diferencial". Infelizmente, este passo não leva a condicionais generalizados válidos, e assim distinções posteriores foram tentadas. Como estas também não chegavam a condicionais generalizados estritos, o processo de diferenciação contínua termina inevitavelmente em um estado de exaustão: com um caso singular x, para o qual a afirmação "para cada x", não tem mais nenhum sentido. É claro que a pesquisa concreta se detém muito antes deste ponto ser alcançado. Existe uma saída para este problema, além de interromper o processo? Para responder a esta questão, outro problema deve ser enfrentado: como nós estamos interessados em leis empíricas, e não em leis teóricas, necessitamos explicar o que deve ser entendido por "dados".

Dados como uma predicação em cascata

Tomando emprestado da análise de linguagem crítica (KAMLAH & LORENZEN, 1973), podemos começar com a predicação elementar:

Objeto ← predicado

O termo "predicador" é entendido como um designador e foi introduzido por Carnap (1956: 6) como "expressão(ões) predicativa(s), em um sentido amplo, incluindo expressões de classe". Um predicador nunca pode ser uma descrição definitiva, ou um nome adequado para uma entidade, nem pode ele ser confundido com uma parte gramatical de uma frase (o predicado). De modo igual, "objeto", na sua forma elementar, não possui sentido material como uma entidade que pode ser tocada, sentida ou vista. Kamlah e Lorenzen, por isso, afirmam:

> Nós entendemos objeto como tudo aquilo ao qual um predicador pode ser relacionado, ou que pode ser designado por um nome próprio, ou uma ação dêitica (descrição definitiva) de tal modo que ele é apreensível por um parceiro em um diálogo (1973: 42).

Para representar um esquema geral para dados (de um processo) psicológico, a predicação elementar deve assumir uma forma mais complexa que eu gostaria de designar como "predicação em cascata":

Objeto ← predicador ← valor de predicador ← valor de tempo

Assume-se que os valores de predicador variem tanto quantitativa quanto qualitativamente. O mesmo para valores de tempo, embora a variação qualitativa dos valores de tempo seja uma noção menos comum. Diz-se que os valores variam quantitativamente se eles são expressos em termos de qualquer sistema de números, independentemente de qual seja o nível representacional da escala (ordinal, de intervalo ou de razão). Diz-se que os valores variam qualitativamente se eles são expressos em termos de diferente "sentido designativo" (CARNAP, 1956: 6). Alguns exemplos de variações qualitativas, bem como quantitativas, estão relacionadas na Tabela 7.1. Com estes exemplos em mente, proponho que os dados são predicações em cascata – afirmações específicas ou singulares, com graus específicos de resolução em quatro níveis diferentes. Em todos os quatro níveis da predicação em cascata, diferentes graus de resolução ou fusão em unidades são concebíveis:

1. No nível dos objetos nós podemos tanto diferenciar entre Pedro, Rafael, João, etc., ou vice-versa, agrupá-los em "menino";

2. No nível dos predicadores, unidades diferentes de comportamento e experiência são possíveis de serem distinguidas;

3. No nível de valor, podem ser relacionadas quantitativa ou qualitativamente a diferentes valores de predicador.

4. Aos quais, no último nível, podem ser atribuídos valores de tempo qualitativos ou quantitativos de graus diferentes.

Tabela 7.1 – Exemplos de variações qualitativas e quantitativas

Dados qualitativos

Objeto	←	Predicador	←	Valor qualitativo de predicador	←	Valor qualitativo de tempo
Tempo de Londres	←	temperatura	←	gelada	←	inverno
Tempo de Londres	←	temperatura	←	tépida	←	noite de verão
Tempo de Londres	←	temperatura	←	muito quente	←	verão de 1976
Pedro	←	agressão	←	rosto raivoso	←	agora
Pedro	←	agressão	←	verbal	←	ontem
Pedro	←	agressão	←	física	←	6ª-feira passada

7. BEMETOLOGIA...

Dados quantitativos

Objeto	←	Predicador	←	Valor do predicador quantitativo	←	Valor do predicador de tempo
Tempo de Londres	←	temperatura	←	30°C	←	10.01.95
Tempo de Londres	←	temperatura	←	20°C	←	12.07.97
Tempo de Londres	←	temperatura	←	36°C	←	20.08.76
Pedro	←	agressão	←	na razão de 1 sobre 3	←	9:30, 27. 10.97
Pedro	←	agressão	←	na razão de 2 sobre 3	←	9:34, 26. 10.97
Pedro	←	agressão	←	na razão de 3 sobre 3	←	24.10.97

Se dissermos que uma afirmação singular, ou uma predicação em cascata, são uma imagem da realidade, haverá, então, tantas imagens da realidade quantas combinações de diferentes graus puderem ser controladas por nossos instrumentos de resolução. Mas se nós estamos interessados em descobrir leis empíricas e se nossa hipótese de que a existência de uma lei empírica é específica à resolução aplicada é verdadeira, temos de decidir que combinação de resoluções é a melhor para descobrir estas leis empíricas.

Leis empíricas e bemetologia

Uma recomendação comum para se encontrar leis é: tente algumas teorias. Mas isto esquece que as teorias são, elas mesmas, formuladas e referenciadas dentro do contexto de uma linguagem específica. Tal teoria, por sua vez, pressupõe certa combinação de resolução nos quatro níveis da predicação em cascata. É claro que esta visão é verdadeira principalmente para uma teoria que procura explicar fatos empíricos. Não resta dúvida, tais teorias podem ser um forte guia para se encontrar leis empíricas. Se – como aconteceu na física – ao menos algumas leis empíricas estritas tivessem sido encontradas através de um raciocínio lógico comum, ou mesmo por probabilidade, e se essas leis tivessem sido depois empiricamente provadas, aí sim a teorização através do raciocínio lógico e do consecutivo teste de hipótese seria mais fácil, do que se essas leis não tivessem sido confirmadas. Contudo, este não é, de modo algum, um argumento para se generalizar, em um nível epistemológico, que todos os enfoques científicos empíricos devem seguir estas linhas. Além disso, este fato da história da física não é argumento de que o teste de hipótese a partir de uma teoria é o único método válido e digno de crédito de se fazer pesquisa. A teorização e o teste de hipótese neste sentido estrito são aceitáveis se, e apenas se as áreas empíricas em questão são estruturadas isomorficamente com as regras da lógica.

Se a lógica não está presente, então não há uma maneira lógica de nos aproximarmos do problema. Isto não quer dizer que não haja absolutamente lógica. Mas nós devemos levar em conta esta possibilidade, caso contrário nós deixaremos escapar o fato básico e mais importante: que a acessibilidade lógica ao nosso mundo empírico é apenas um caso específico de um mais geral – sua emergência de probabilidade.

Quando isto acontece em uma ciência onde não são encontradas leis empíricas estritas, seja através do raciocínio lógico ou por probabilidade, predições teóricas – deduções lógicas – de outras leis são difíceis, ou mesmo impossíveis. Imaginemos que a física tivesse começado fazendo pesquisa em partículas elementares que resistissem à concepção de leis empíricas estritas (LINDLEY, 1993): a física não estaria em uma situação melhor do que a da psicologia hoje.

Podemos agora, por analogia, especular se a frustração da psicologia em conseguir leis empíricas estritas emana de combinações inadequadas de resoluções. Como na física das partículas, os fenômenos que os psicólogos investigam são regulados pela probabilidade. Até aqui, não há diferença entre a física e a psicologia: ambos são confrontados pelos processos de probabilidade que não podem ser preditos. Mas por que encontramos leis empíricas estritas na física e não na psicologia?

Se o conceito de Exner-Schrödinger de lei natural estiver correto, então a resposta é clara: sendo as leis naturais resultado de uma fusão, ou agregação, de milhões ou mesmo bilhões de eventos que ocorrem naturalmente, o simples fato de que no funcionamento psíquico concreto não existam acontecimentos de uma quantidade tão grande explica por que a psicologia ainda não encontrou nenhuma lei empírica estrita, e provavelmente nunca encontrará. O ponto chave é: se não há acontecimentos massivos, não há leis.

7. BEMETOLOGIA...

Embora os seres humanos possam se sentir melhor não andando por aí como autômatos, a psicologia como uma ciência poderia, apesar disso, procurar por regularidades no sentido de leis gerais. O que geral quer dizer, neste contexto, depende da classe de objetos aos quais o "todos" está ligado. Automaticamente, "todos" é aplicado àquelas coisas que se supõe serem iguais. De um ponto de vista ético, isto vale para os seres humanos. Embora a psicologia diferencial tenha implicitamente desafiado este ponto de vista, o passo metodológico de dividir todos os seres humanos em subclasses ainda não se mostrou útil.

Se existissem algumas leis psicológicas estritas que fossem válidas para todos os seres humanos, ou para todos os membros de uma subclasse, estas leis provavelmente seriam muito especiais. Primeiro, elas seriam verdadeiras em uma generalidade superficial (todos os seres humanos podem aprender ou ser condicionados), e não seriam mais informativas que afirmações analíticas como "todos os objetos físicos são extensos". Em segundo lugar, se existem algumas leis gerais, elas seriam válidas em campos empíricos reduzidos, que não são considerados como sendo particularmente importantes para resolver os problemas da vida cotidiana ("as pupilas se dilatam durante a excitação sexual"). Mas quando chegamos a fatos socialmente relevantes, as leis são muito menos sólidas, como é verdade para o desenvolvimento da segregação sexual em alunos de pré-escola (LaFRENIÈRE et al., 1984), ou para a maior agressividade dos machos comparados com as fêmeas (EAGLY, 1987; EATON & ENNS, 1986). Embora este último fenômeno tenha sido observado em quase todas as sociedades, estatísticas inferenciais são empregadas para prová-lo. Galileu não necessitou de estatísticas inferenciais para provar a lei da gravidade.

A psicologia provavelmente nunca irá atingir o estado niltoniano de um sólido sistema de leis naturais. Ela se comporta, contudo, como se isto fosse possível: hipóteses são testadas como se elas fossem leis. Se a variância não é totalmente explicada, como é geralmente o caso, presumem-se fatos adicionais, mas ainda desconhecidos, como sendo os responsáveis. Tudo o que não pode ser definitivamente explicado de algum modo, contudo, é chamado de erro de variância. Este enfoque metodológico está a uma enorme distância da compreensão das leis naturais como uma agregação de uma enorme massa de acontecimentos, baseados na probabilidade, que ocorrem naturalmente. Ao contrário, a agregação é compreendida como um artifício metodológico de filtrar leis existentes por debaixo de uma capa fenomenológica irregular e não como um meio de constituí-las.

Se nós tomarmos com seriedade as leis como resultado de uma constituição por agregação – conseguida tanto natural quanto artificialmente – então nós devemos assumir um enfoque metodológico diferente com relação a acontecimentos que ocorrem naturalmente e diferentes interpretações teóricas deles. O seguinte cânon metódico e metateórico adota esta visão e pode ser considerado como a fundamentação conceptual da *bemetologia*:

1. A essência de uma lei natural é um caso de fusão ou de agregação, de imensos fenômenos naturais massivos fundamentalmente acionados pela probabilidade.

2. Ser acionado pela probabilidade não implica, necessariamente, indeterminação. Um acontecimento natural singular, totalmente imprevisível, poderia, contudo, ser determinado por fatores tanto locais quanto próximos. Determinismo, neste sentido, é compatível com probabilidade no sentido de imprevisibilidade e não deve ser igualado a predeterminismo.

3. Há acontecimentos que ocorrem naturalmente e outros que são gerados artificialmente. A queda livre e o movimento das moléculas de gás e das partículas atômicas são objetos ou acontecimentos, que ocorrem naturalmente. Se, por razões de pesquisa, estes eventos são isolados, eles conservam seu caráter de acontecimentos naturais e não artificiais. Caso contrário, o tópico que está sendo investigado muda. Para a psicologia, isto é muito mais difícil de conseguir do que para a física clássica. Os exemplos de queda livre que Galileu investigou em Pisa eram tão naturais como uma maçã caindo de uma árvore. Contudo, acontecimentos gerados artificialmente não ocorrem na natureza. Eles são construídos, ou induzidos, pelo pesquisador: por exemplo, a resposta a um questionário de personalidade ou a um item de um teste de inteligência. Ambos os tipos de acontecimentos – naturais e artificiais – podem ser agregados em leis empíricas. Mas se alguém está interessado em leis naturais empíricas, os dados para a agregação devem ser também naturais. É isto que a *bemetologia* está procurando.

4. A agregação pode trabalhar em todos os níveis da predicação em cascata: no nível dos objetos, predicadores, valores de predicador e valores de tempo. A agregação quantitativa, assim

— 166 —

como a qualitativa, é possível também no nível de valores de predicador e valores de tempo.

5. Do mesmo modo que existem dois tipos de dados, assim há também dois tipos de agregação: um é conseguido pela própria natureza e o outro – o tipo artificial – é conseguido pelos métodos agregativos do pesquisador. Ambos podem levar a leis empíricas. Combinados com os dois tipos de dados, quatro diferentes casos podem ser imaginados:

a) Agregação natural de dados naturais leva a leis naturais, como na lei de Boyle.

b) Agregação natural de dados artificiais parece ser impossível.

c) Agregação artificial de dados naturais é o que a meteorologia consegue, por exemplo, computando a média de temperaturas através dos meses (agregação no tempo) para testar se existe uma lei regular ou uma tendência semelhante a uma lei natural no aquecimento da atmosfera. Este enfoque conduz a leis quase naturais.

d) Agregação artificial de dados artificiais conduz a leis artificiais, como a da estabilidade da inteligência medida por testes de inteligência.

6. As leis empíricas são específicas da combinação de diferentes tipos de resolução – quantitativa ou qualitativa – e de diferentes graus de resolução. Como um contraprocesso à agregação, a resolução abre um conjunto de dados, por sua vez uma visão de realidade, que é possivelmente governado pela probabilidade.

7. Devido ao fato de que, diferentemente da física, o funcionamento psíquico real de um indivíduo não é afetado, enquanto sabemos, por enormes quantidades de eventos agindo em conjunto e simultaneamente, nós raramente encontramos leis empíricas que sejam válidas para indivíduos singulares. Em outras palavras: a ausência de agregação natural de massas de eventos naturais ocorrendo simultaneamente a um nível individual explica por que a psicologia não tem leis naturais estritas. Para pelo menos se aproximar destas leis naturais, é obrigatória uma agregação de acontecimentos que ocorrem naturalmente. Isto é o que a *bemetologia* se propõe fazer.

8. A maioria das regularidades encontradas na psicologia é o resultado de uma agregação de indivíduos no nível do objeto da predicação em cascata. Consequentemente, estas regularidades são válidas, inicialmente, somente para um agregado de indivíduos, e não para um indivíduo singular.

9. Se forem buscadas leis empíricas naturais – regularidades naturais – para indivíduos singulares, a agregação não é permitida no nível do objeto, mas deve entrar em cena em todos os outros níveis da predicação em cascata: nos níveis dos predicadores naturais, dos valores do predicador natural, ou dos valores de tempo.

10. Para determinar leis empíricas naturais que sejam válidas para indivíduos, a estratégia mais importante é, provavelmente, a agregação intraindividual através do tempo.

11. Não há, *a priori,* uma importante doutrina que nos diga qual combinação, seja de resolução ou agregação, produz os resultados mais regulares, isto é, as melhores leis empíricas.

12. Consequentemente, em vez de teste de hipótese baseado em teoria, que se apoia na lógica, é absolutamente crucial a manipulação intuitivo agregativa de grandes quantidades de dados produzidos naturalmente. Isto pode ser conseguido pela combinação de diferentes graus e diferentes tipos de resolução com a ajuda de computadores e de um *software* eficiente. Tal enfoque "artístico" é possível apenas porque nós podemos usar computadores.

13. Finalmente, não há garantia de que a agregação conduza necessariamente a leis empíricas.

A essência destes pontos é um modelo *bemetológico* para a aquisição de dados que irá aplicar o padrão de resolução seguinte:

- No nível dos objetos: observe um objeto singular – uma pessoa, uma díade, um grupo de pessoas interagindo, ou mesmo uma situação.

- No nível dos predicadores: observe um comportamento deste objeto singular que ocorra naturalmente.

- No nível dos valores de predicador: observe alguns poucos valores qualitativos deste comportamento.

- No nível do tempo: observe continuamente durante várias etapas de tempo, repetidamente durante longos períodos de tempo.

Devido ao fato deste enfoque possibilitar a agregação artificial, durante um período de tempo, de valores de comportamento que ocorrem naturalmente, ele estaria à busca de leis quase naturais. Se, como no esboço acima, nenhuma informação adicional é considerada, a lei resultante será uma lei substantiva. De acordo com as teses da especificidade, as leis resultantes – se alguma for encontrada – somente serão válidas para a combinação específica de tipos e graus de resoluções aplicadas. Isto é, o resultado será válido em primeiro lugar somente para o objeto singular sob investigação. E mais, o resultado será válido apenas para o bloco de tempo agregado como um todo. Se, além disso, valores de predicador são agregados, novamente o resultado é válido apenas para este padrão de resolução.

O modelo mínimo para a aquisição de dados *bemetológicos* como esboçado acima, é semelhante ao usado pelas ciências de observação como a astronomia e a meteorologia, que não manipulam seus objetos: o monitoramento contínuo da radiação do fundo cósmico e da temperatura, umidade e pressão de nossa atmosfera são exemplos desse modelo. O modelo predominante em psicologia, contudo, agrega no nível dos objetos: poucos dados de muitos indivíduos são agregados em médias de grupos. De acordo com as teses da especificidade, isto produz resultados que são válidos, em um sentido estrito, para agregados de objetos, e não para indivíduos como objetos. Isto impede a transferência de resultados científicos para a prática, porque a psicologia está muitas vezes mais interessada nos indivíduos do que em agregados deles.

Consequências para a pesquisa em personalidade

Falando de maneira clássica, a inteligência e a personalidade são concebidas como um feixe de atividades trabalhando no escuro para produzir desempenhos pessoais ou comportamento pessoal. Uma teoria dinâmica, como a teoria psicanalítica, verá estas atividades como entidades psíquicas autoativas, enquanto que uma teoria metodológica, como a teoria dos traços, as vê como dimensões latentes, com respeito às quais uma pessoa pode ser caracterizada quantitativamente. Estes escores quantitativos são vistos como constantes, representando faculdades ou qualidades individuais que ajudam ou impedem a pessoa na solução de problemas, ou de se comportar de determinado modo. A segunda visão é tida como sendo a mais importante, ao menos na psicologia. Especificamente, o conceito de dimensão muitas vezes considera tais atividades como unidades de simplicidade homogênea, em contraste com unidades de diversidade que são, em si mesmas, heterogêneas (FASSNACHT, 1982: 66; 1995: 115).

Quando alguém está medindo estes traços latentes, um escore da personalidade concreta ou de desempenho é constituído de duas partes: seu valor verdadeiro e seu valor de erro. Tradicionalmente, o valor verdadeiro é entendido como sendo constante e, por isso mesmo, característico de uma pessoa. A existência de uma constante em um objeto pode ser considerada como sendo uma lei empírica substantiva para este objeto. O componente de erro, contudo, é considerado como sendo governado pela probabilidade. Mas isto é diferente daquilo que foi elaborado acima como sendo o ponto de vista *bemetológico*. De acordo com a *bemetologia*, a força controladora de uma lei natural não é registrada nos bastidores, mas é o resultado macroscópico planejado de um processo de agregação de diferentes acontecimentos de probabilidade única. Ela não é apenas erro de variância, mas também verdadeira variância governada pela probabilidade. Tudo o que contribui, ou mesmo impede um desempenho ou um comportamento, é considerado como sendo um suplemento verdadeiro. Se muitos acontecimentos que contribuem para isso estão em ação, ou se muitos deles são agregados artificialmente através do tempo, o contorno de uma lei empírica pode provavelmente, mas não necessariamente, emergir. Em outras palavras, o conceito de variância de erro, como alimentado exclusivamente por uma grande quantidade de diferentes acontecimentos baseados na probabilidade, e vice-versa, o conceito de variância verdadeira, construído a partir de entidades monolíticas cristalinas puras, deve ser revisado.

Tomemos a inteligência como um exemplo extremo. Na maioria das vezes, a inteligência é concebida como sendo um feixe de traços quantificáveis latentes que pouco mudam através do tempo, mas são mascarados por fatores perturbadores. Isto é bem diferente de um ponto de vista *bemetológico*: a inteligência seria medida na base de acontecimentos que ocorrem naturalmente e o QI seria o resultado de uma agregação que ocorre naturalmente. A mensuração convencional do QI é uma agregação artificial de acontecimentos artificiais. Em nossa terminologia, a afirmação "a inteligência é estável" é uma lei empírica artificial.

Quando ela foi primeiramente teorizada, a inteligência foi concebida como um fenômeno bifatorial, que compreendia um fator geral g e fatores de teste específicos s. Desenvolvimentos teóricos e metodológicos posteriores trouxeram à consideração aspectos adicionais, como compreensão verbal, raciocínio lógico, habilidade espacial e assim por diante. Estes são ainda vistos como sendo quantidades dimensionais, contribuindo para um valor global, verdadeiro, duradouro de inteligência. Se forem encontradas variações de escores de inteligência, elas são interpretadas como uma influência passageira de fadiga ou talvez uma falta momentânea de concentração ou motivação. Mas na vida, onde comportamento "inteligente" e desempenhos "inteligentes" são exigidos, fatores como concentração, motivação, fadiga ou mesmo influências situacionais são importantes. Para dar conta destes problemas e reduzir a variância de erro um passo além, estes próprios fatores são normalmente levados em consideração, integrando-os também como quantidades dimensionais.

De um ponto de vista metodológico, tal enfoque é correto. Ele corre o risco, contudo, de que dimensões quantitativas como tais – embora ligadas a palavras compreensíveis – percam todo seu sentido concreto. Qual é seu *status* ontológico? Existe nas pessoas um objeto real, embora oculto, que nós chamamos inteligência? Tais dimensões da inteligência são, sem dúvida, construções que são – muitas vezes de maneira muito paradoxal – pressupostas existirem como essências quantitativas, em um mundo real. Dizer que isso seriam disposições, apenas leva o problema à questão análoga de se saber qual seria o *status* ontológico das disposições. Seriam tais disposições objetos quantitativos – dimensões contínuas – ou seriam elas objetos qualitativos: um corpo organizado de acontecimentos, cognições, sentimentos, comportamentos e estruturas fisiológicas e neurológicas discretos, bem como substâncias químicas, cada uma delas com uma intensidade definida e uma extensão finita?

Considerações como estas levantam a questão crucial: Como podemos conhecer se a realidade psicológica é melhor compreendida como contínua, ao invés de discreta? Parecem existir duas vantagens muito pequenas, mas importantes, da visão discreta sobre a contínua. Primeiro, a perspectiva discreta se fundamenta em fatos psíquicos singulares concretos, tais como um motivo, um sentimento, uma cognição ou um comportamento. Embora os contornos destas unidades sejam muitas vezes vagos, eles podem ser concretamente experienciados ou observados. Em segundo lugar, uma perspectiva discreta é possível de ser quantificada. Por outro lado, se nós partimos das dimensões, perdemos, muitas vezes, os sentidos indicativos concretos. Dimensões se mantêm como atividades obscuras que são consideradas como tendo uma função facilitadora ou inibidora. O preço que pagamos por tal exercício silencioso é uma duplicidade intransponível de nosso mundo: leis estão agindo nos bastidores, enquanto que no palco está acontecendo o turbulento espetáculo de particulares.

O que pode ser objeto de compreensão são acontecimentos singulares concretos. E por esta razão, ao menos de minha parte, eu prefiro a perspectiva discreta. Esta perspectiva é também compatível com o ponto de vista *bemetológico*, que explica leis naturais, bem como artificiais – não como na visão tradicional, como uma extração, mas como uma agregação ou fusão de acontecimentos singulares concretos.

Dois exemplos de um enfoque bemetológico com respeito à personalidade

Penso que haja boas razões para supor que os conceitos de inteligência e de personalidade, quando medidos por testes ou questionários, sejam cientificamente aceitáveis, e que seja possível definir tais noções gerais com fundamento em acontecimentos concretos que ocorrem naturalmente. Por isso devemos tentar, mesmo que seja um programa difícil e de longo alcance que poderá permanecer descritivo na maioria das vezes.

O grande problema antes de testar qualquer hipótese é, na verdade, como captar acontecimentos experienciais, comportamentais e sociais, de tal modo que eles possam ser trabalhados cientificamente. Dois caminhos se apresentam. O primeiro implica situações naturais que já existem, em que alguém pode usar técnicas e equipamento de computação para coletar acontecimentos ou situações que ocorrem naturalmente, tanto através de protocolos pessoais (PERREZ & REICHERTS, 1992), ou com a ajuda de observadores. Este enfoque pode ser chamado de "modelo circular".

O segundo caminho constrói primeiramente ambientes sociais permanentes físicos, técnicos e naturais, de tal modo que a coleta de dados se torne fácil. Este enfoque pode ser realizado através de instalações de recursos especiais físicos, técnicos e sociais, dentro de instituições tais como hospitais, escolas ou jardins de infância. No

Departamento de Psicologia de Berna há um modelo singular desse tipo – o *BEO (Behavioral Observation) site* – construído para controle de diagnóstico de campo e para pesquisa de campo (FASSNACHT, 1995: 298s.; HAEHLEN & NEUENSCHWANDER, 1998). Embora, pelo fato de ser permanente, esteja restrito a uma instituição particular, este recurso possui a grande vantagem de ser funcional, controlável e instantaneamente adaptável. A grosso modo, ele é semelhante à construção de radiotelescópios, satélites e estações meteorológicas que monitoram continuamente dados naturais relevantes. Eu o chamo de "modelo estacionário".

Ambos os enfoques são modelos de diagnóstico de campo e se apoiam fortemente em novas tecnologias ou são forçados a desenvolver eles mesmos novas tecnologias. O desenvolvimento de tecnologias distintivas é algo muito comum para cientistas naturais: parece ser seu trabalho predominante e concreto. Em psicologia, os pesquisadores estão normalmente preocupados com teorias. O desenvolvimento tecnológico é muitas vezes cognitivamente mais exigente, e – ao menos em psicologia – ele é menosprezado como sendo não científico e deste modo relegado aos técnicos. Esta avaliação negativa impede a pesquisa científica que, de outro modo, já teria sido possível há muito tempo (FASSNACHT, 1974; 1995: 271s.).

Os dois estudos paradigmáticos que se seguem representam as duas maneiras de coleta de acontecimentos que ocorrem naturalmente. Ambos se relacionam a um dos cinco grandes fatores de personalidade (GOLDBERG, 1981; 1990).

O modelo circular

O exemplo do modelo circular mostra como foi realizada uma descrição contínua da emocionalidade – fator IV dos cinco grandes – de uma única pessoa (JÖRI, 1997). Durante três meses, Jöri automonitorou seus sentimentos continuamente, desde quando ela se levantava pela manhã, até ao deitar à noite, dia após dia. Antes de começar seu período de três meses de coleta de dados, ela desenvolveu um esquema de codificação com 35 unidades qualitativas de sentimento. Elas eram mutuamente exclusivas, representando um autêntico sistema de categorização. Para cada momento, havia uma, e apenas uma categoria válida possível. Codificou também se ela poderia detectar o tipo de acontecimento que provocou o sentimento específico: social, externo, interno, ou sem um agente provocador conhecido. Este desempenho ingente foi conseguido conjuntamente com sua atividade diária como estudante. Logo que ela percebesse que seu estado emocional estivesse mudando, codificava este novo estado e o tipo de agente provocador.

A coleta de dados foi feita com um Newton Message Pad (Macintosh), que Jöri carregava com ela por todo o lugar. Dois menus permitiam acesso à lista de categorias de sentimentos e dos eventos desencadeadores. O equipamento básico foi exaustivamente testado para coleta de dados geológicos de campo e adaptado para transferir dados dos códigos de sentimento para um PC. A interpretação dos códigos em unidades significativas e a manipulação dos dados no PC foram realizadas de acordo com o esquema de predicação em cascata pelo pacote de programas Bedaman (FASSNACHT, 1997). Jöri acumulou e computou 2.360 eventos de sentimentos por 93 dias consecutivos.

Argumentos substanciais contra tal enfoque foram apresentados desde os primeiros dias da introspecção: uma contínua autoatenção consciente é impossível, de tal modo que a autoatenção deve ser vista principalmente como sendo muito insignificante e sendo alterada somente quando um sentimento se torna sobremaneira predominante sobre outros eventos da consciência. A própria autoatenção pode ter sido influenciada pelo fluxo dos sentimentos. Tudo isto é verdadeiro e muito conhecido. Mas um dos objetivos de Jöri foi ver se tal retroalimentação dinâmica poderia ser detectada pela análise sequencial de séries de tempo, o que foi, concretamente, o caso. Mas além disso, ela encontrou uma grande quantidade de sentimentos "ruidosos", que não poderiam ser explicados nem por uma retroalimentação dinâmica, nem por algum outro evento desencadeador. E através da agregação por períodos de tempo, comparando o segundo com o terceiro mês da coleta de dados, ela descobriu que sua distribuição de sentimentos era relativamente estável: a correlação das frequências absolutas foi $r = 0.85$, e a correlação do tempo absoluto de cada sentimento anotado foi $r = 0.89$.

O modelo estacionário

O exemplo para o modelo estacionário se relaciona com o fator I dos cinco grandes, extroversão/oscilação, e estudou a sociabilidade. De acordo com o conceito EAS (Emocionalidade, Atividade e Sociabilidade) de Buss e Plomin (1984), a sociabilidade é considerada

7. BEMETOLOGIA...

como a faceta principal do temperamento. Como tal, espera-se que ela se desenvolva bem cedo na infância e que seja relativamente estável no tempo. A pergunta feita era: a estabilidade observada naturalmente, através de um sistema qualitativo de codificação, muda intraindividualmente através do tempo?

Para tentar dar uma resposta, Baumgartner et al. (1997) observaram a variação intraindividual do comportamento social de três crianças de três anos de idade, ocupadas em brincar livremente no BEO de nosso departamento. Três lados do pátio pentagonal foram construídos com janelas de espelho e os outros eram janelas normais. O quarto tinha os brinquedos comuns – blocos, bonecas e objetos móveis como cartas e carrinhos de boneca. Cada brinquedo era colocado em um local específico e depois da sessão o professor os recolocava no mesmo lugar, de tal modo que as crianças os encontrariam sempre no mesmo local espacial. Havia uma mesa em uma posição normal, onde o café era servido, e que era usada também para brincar.

Geralmente, o comportamento foi codificado ao vivo por até 18 observadores, colocados atrás das janelas de espelho em um enorme registrador de eventos, possuindo 512 canais divididos em unidades com teclado de diferentes tamanhos (ZAUGG, 1994). A configuração e as designações dos teclados, em termos do sistema de codificação e os nomes dos observadores e das crianças, foram manipulados pelo programa Bedaman (FASSNACHT, 1997). Para controle rápido, o comportamento era registrado em vídeo de diferentes perspectivas por quatro câmeras. O tempo de codificação das gravações era o mesmo que o usado pelo Bedaman. Normalmente, as gravações são usadas apenas para coletar protótipos de comportamento.

No estudo, três meninas (F1, F2, F3) e um menino (M4) foram observados pelo período de seis meses, em 1997. Todos vinham ao mesmo jardim para 12 crianças no observatório BEO, nas manhãs das segundas e sextas-feiras, das 9:00 ao meio-dia. O café era das 10:00 às 10:15. Com o desenrolar do estudo, a composição do jardim mudou distintamente: apenas cinco das 12 crianças permaneceram – entre elas todos as quatro crianças do estudo – e sete novas se juntaram ao estudo. Por esta razão, o estudo foi dividido em duas situações sociais: o grupo antigo e o grupo novo. Um único e mesmo professor esteve envolvido durante o estudo, e se comportou mais passivamente, de tal modo que as crianças se entretinham livremente com o brincar.

Oito observadores fizeram observações ao vivo entre 11:00 e 12:00. Ao todo, 37 sessões foram realizadas, resultando em aproximadamente 33 horas de observação por criança. Cada criança foi observada simultaneamente por dois observadores durante todo o estudo, e cada observador sempre observava a mesma criança. Durante a codificação, dois estudantes gravavam em vídeo e editavam comportamentos prototípicos como referências. Através de um código de tempo e data, os vídeos e os dados MCR (Multi-Channel Recorder) foram sincronizados. O sistema de categorias foi construído a partir dos seguintes 12 códigos, mutuamente excludentes:

Participação social: não

1. *Ocupado sozinho*: a criança está só e ocupada com uma atividade específica aparentemente importante. A criança não pode ser distraída. Sua atividade é importante contanto que ela faça algo, mesmo que a atividade não seja compreensível para o observador, ou que o assunto da atividade não possa ser identificado ou designado. A criança representa algo enquanto está jogando ou usa brinquedos, mas sempre age ou anda ao redor por conta própria.

2. *Girando ao redor sozinha*: a criança age por conta própria, mas diferentemente da categoria 1, sem representar nada. Exemplos: andando ao redor aparentemente sem nenhum fim, olhando ao redor indecisa, ou sentando sem companhia. A criança parece aborrecida.

3. *Sozinha, assistindo às cenas*: olhando sozinha as outras crianças ou o professor. A atenção está dirigida aos outros: o olhar da criança está vagando. Olhar em dupla e interrompendo uma atividade para dar uma rápida olhada ao redor não fazem parte deste código. A observação da criança pode ser claramente reconhecida como sua ocupação principal.

4. *Sozinha, incerta*: este código é dado se a criança claramente demonstra uma não participação, e nenhum dos códigos anteriores (1, 2, 3) aplica-se.

Participação social: sim

5. *Comportamento paralelo 1*: atividade simultânea, idêntica. Exemplos de comportamento adulto: assistir TV junto; ler o jornal

junto; sentar junto em um café. Exemplos de comportamento de criança: sentar junto em uma mesa; sentar junto em uma fila, ao longo da parede ou da janela; comportamento de partilhar o assistir, isto é, dirigido ao mesmo objeto; escrever, pintar ou misturar algo junto, mas individualmente. As interações são raras.

6. *Comportamento paralelo 2*: comportamento equiparado, idêntico, que revela referência mútua ou consideração recíproca. Exemplos: fazer ruído juntos, correr ao redor juntos, fazer a mesma coisa, mas em sucessão. Diferentemente da categoria 05, as interações são mais frequentes.

7. *Comportamento interativo fracamente associado*: comportamento organizado dissímile, comportamento mutuamente relacionado e coordenado sem ser claramente interpretável para o observador. A razão do comportamento pode ser identificada e designada apenas parcialmente, ou não pode ser identificada de modo algum.

8. *Desempenho de papel, designação distinta*: comportamento organizado dissímile, mutuamente relacionado e coordenado, com uma divisão de trabalho ou de tarefas. O comportamento é interpretável para o observador; a razão do comportamento é identificável e pode ser mostrada. O comportamento definitivamente representa algo. Exemplos: esconde-esconde, circo, praticar exercícios físicos, brincar com um aparelho de trem, brincar de médico, etc.

9. *Participação social confusa*: este código é dado a uma criança que claramente mostra uma participação social e os quatro códigos anteriores (5, 6, 7, 8) não se aplicam. Por exemplo, o seguinte caso é confuso: duas crianças estão juntas em uma casa, mas não podemos ver o que elas estão fazendo.

Participação social: decisão impossível

10. *Criança fora de vista*: a criança está temporariamente fora do jardim ou está escondida.

11. *Geralmente confuso*: o comportamento e a situação são geralmente confusos. Nenhum dos códigos acima se aplica. O código deve ser reservado para quando os observadores estão realmente incertos.

12. *A criança ou o observador ausentes*: a criança ou o observador chegam tarde, vão para casa antes do fim do período de observação, ou estão ausentes durante todo o período.

Para uma visão geral, foi computado o percentual de tempo que cada criança despendeu nas diferentes categorias durante todo o período. Devido ao fato de que para a categoria 10 (fora de vista) e para a categoria 12 (observador ou criança ausentes) as computações não terem sentido, estas categorias foram deixadas fora. Como cada criança era observada duas vezes, a computação foi feita duas vezes. Os resultados são mostrados na Figura 7.1. Como a categoria 11 (geralmente incerto) praticamente nunca fosse usada por nenhum dos observadores, não está representada na figura. As barras que se sobrepõem representam dois observadores.

Primeiramente, pode-se ver que, com exceção do par F e H, os observadores fornecem perfis similares para a mesma criança. Em segundo lugar, os perfis das crianças – seu comportamento social – diferem marcadamente. Em terceiro lugar, há uma tendência geral de algumas categorias de empregarem mais tempo que outras. De modo especial, a proporção da categoria 9 (participação social de tipo obscuro) é alta para todas as crianças. Isto não é provavelmente um efeito do observador, porque, com uma exceção, os observadores concordam em grau elevado nesta categoria. Assim, é o próprio comportamento que parece ambíguo e, como pode ser visto, as crianças diferem na exibição deste comportamento social ambíguo durante todo o período. Poder-se-ia especular que a categoria 9 – comportamento social ambíguo (CSA) – é uma categoria qualitativa desconhecida para a qual não existe ainda designação definida. E porque a própria teoria do comportamento social é insuficientemente precisa para inferi-la, este comportamento somente poderia ser descoberto por acaso e por um enfoque observacional qualitativo.

Além de tais especulações, o enfoque *bemetológico* presta-se muito para questões de estabilidade e consistência em uma base intraindividual ampla. Se os perfis encontrados são característicos de uma criança, eles devem ser estáveis no tempo e nas situações. Isto foi estudado dividindo-se todo o período em quatro intervalos. Duas situações sociais (grupo velho *versus* grupo novo) foram comparadas para computar consistência transituacional. Dentro de cada situação, uma divisão posterior foi feita para avaliar a estabilidade temporal (cf. o debate sobre consistência: MISCHEL, 1968; 1973; EPSTEIN,

7. BEMETOLOGIA...

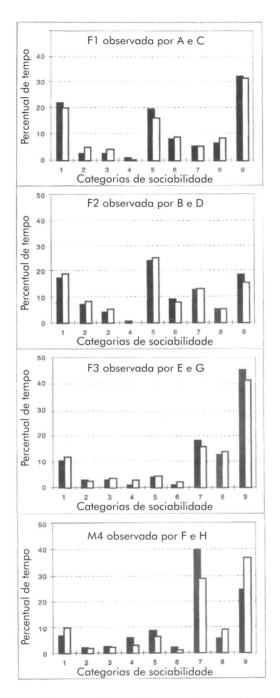

Figura 7.1 – *Percentual de tempo despendido em cada categoria de sociabilidade durante todo o período.*

1979; 1980). Os intervalos consecutivos resultantes foram: período do grupo velho 1 (21 de abril a 28 de maio), período do grupo velho 2 (29 de maio a 4 de junho), feriados (5 de junho a 17 de agosto), período do grupo novo 3 (18 de agosto a 10 de setembro), e período do grupo novo 4 (11 de setembro a 24 de outubro). Correlacionando intraindividualmente o perfil de cada um dos intervalos com cada um dos outros, tem-se como resultado seis comparações por criança. Duas comparações se referem à estabilidade temporal, e quatro à consistência transituacional. Isto é o que Cattell (1957) chama de técnica-O. A Tabela 7.2 apresenta os resultados.

Tabela 7.2 – Correlação intraindividual entre quatro ocasiões em diferentes categorias: técnica-O de correlação (medida: percentual de tempo despendido em 10 categorias)

	Estabilidade temporal				Consistência transituacional					
	Grupo velho		Grupo novo		Velho-novo		Velho-novo		Velho-novo		Velho-novo	
	Período 1-2		Período 3-4		Período 1-3		Período 2-4		Período 2-3		Período 1-4	
Criança	r	p	r	p	r	p	r	p	r	p	r	p
F1	0.83	ss	0.92	sss	0.79	Ss	0.90	sss	0.83	ss	0.86	ss
F2	0.75	s	0.59		0.85	Ss	0.19		0.74	s	0.69	s
F3	0.99	sss	0.81	ss	0.71	S	0.98	sss	0.70	s	0.96	sss
M4	0.92	sss	0.65	s	0.74	S	0.50		0.61		0.78	ss

s: se $r > .63$, então $p < .05$, ss: se $r > .76$, então $p < .01$, sss: se $r > .87$, então $< .001$.

A tabela é aberta a muitas interpretações e especulações. Três delas devem ser imediatamente apontadas porque elas demonstraram a utilidade do enfoque *bemetológico*. Primeiro, a estabilidade do comportamento social parece ser uma característica individual das quatro crianças durante o período observado. Duas crianças (F1, F3) parecem mostrar um comportamento muito estável, e duas (F2, M4) são neste ponto menos estáveis. Em segundo lugar, como era de se esperar, a renovação parcial do jardim resultou em uma desestabilização dos perfis de comportamento social (comparações dos períodos 1 e 3, 2 e 3). Isto acontece provavelmente porque as estruturas sociais dentro do grupo tiveram de ser negociadas com os que chegavam. Em terceiro lugar, no fim do período de observação, as estruturas originais dos perfis das quatro crianças *senior* pareceram ser restabelecidas (comparações dos períodos 1 e 2, 1 e 4).

Conclusão: demos uma chance à descoberta e à mudança

Argumentou-se que as leis empíricas podem ser interpretadas como uma agregação de enormes quantidades de acontecimentos de probabilidade. Pelo que sabemos, não existe em ação tais quantidades de eventos durante o funcionamento psíquico concreto, como é o caso na Física Clássica. Isto pode explicar por que nós não encontramos leis naturais estritas na psicologia.

Mas a noção de fatores de personalidade latente como dimensões, isto é, de objetos quantitativos, pressupõe que leis psicológicas sejam características existentes nos bastidores, disfarçadas por comportamentos de superfície que são interpretados como sendo, até certo ponto, acontecimentos aleatórios. Consequentemente, instrumentos de medida são projetados para detectar estes estados estáveis. Se abandonarmos esta conjetura, que na verdade provém da antiga noção filosófica de identidade de uma pessoa, não há mais necessidade de procurar fatores gerais de personalidade que se supunham válidos, estáveis e os mesmos para todos os indivíduos. Devido ao fato de que não se pode responder empiricamente à pergunta sobre que cognições, motivos, sentimentos e comportamentos devem ser vistos como facetas da personalidade, podemos, ao invés disso, decidir esta questão através da convenção. A emocionalidade, sociabilidade ou quaisquer outros aspectos psicológicos são provavelmente chamados de fatores de personalidade pelo fato de, em nossa cultura e sociedade, serem estimados como características importantes. Esta decisão quase arbitrária, mas fundamentada culturalmente, não ignora a possibilidade de constância. Ela apenas significa, em primeira mão, a concessão de que eventos psicológicos envolvem negociação.

Apesar disso, a constância é ainda possível em três diferentes níveis de generalidade. O mais geral é a regularidade, que deve ser válida para todos os seres humanos. Existem dúvidas se algum dia encontraremos uma lei psicológica neste sentido estrito. O segundo nível de generalidade pode ser chamado individualidade: ele é o ponto de vista diferencial que procura por leis que são válidas para determinada cultura, determinada classe de pessoas ou talvez apenas para alguns indivíduos. O terceiro e o mais baixo nível de generalidade é a peculiaridade. Como Schrödinger apontou, leis não são cópias-carbono impressas através de todas as camadas de resolução. Por isso, os três níveis de generalidade – regularidade, individualidade e peculiaridade, ou "o tripé RIP" – não devem formar uma unidade funcional de tal modo que sejam dependentes um do outro.

Deste ponto de vista, peculiaridade não tem nada em comum com o que geralmente é chamado de lei. Na verdade, peculiaridades são estabilidades bem firmadas dentro da psicopatologia. Encontramos ali, em base individual, todas as variedades de comportamentos estranhos, mas estáveis, e por isso mesmo previsíveis, como estereótipos de movimentos, reações paranoides, reverberações linguísticas, alucinações, cognições esquizoides e assim por diante.

O ponto importante que nós temos ignorado até agora é que dentro do espectro da normalidade existem também peculiaridades que são provavelmente mais estáveis do que nós admitimos à primeira vista. Que Maria tem um andar balanceado, que a identifica claramente dos outros, que ela tipicamente mantém sua cabeça em uma posição levemente inclinada, senta-se na cadeira em uma postura cerimoniosa, olha com um olhar extasiado de inocência, veste-se de uma maneira que chama a atenção, leva a vida a sério, admira Schopenhauer, come com a faca na sua mão esquerda e o garfo na mão direita, embora use a direita, que ela não gosta de torta de limão, mas gosta de torta de maçã, que ela é fascinada pela cultura e pelo povo Inca, que sua cor favorita é azul-escuro, que ela seguidamente coça sua cabeça quando começa a dizer algo: todas estas são características peculiares e estáveis dela.

Consequentemente, constância em termos de peculiaridade é um fato muito comum da vida normal. Mas qual de nossos anônimos comportamentos estáveis peculiares, embora normais, possui o maior impacto em nossas vidas individuais, não pode ser respondido de maneira geral. Alguns comportamentos são irrelevantes, enquanto outros são decisivos. Seria imprudente concluir que peculiaridades normais são fatos superficiais cuja importância está além dos regulares, considerados como residindo nas profundezas desconhecidas de nossas mentes. Rotinas idiossincráticas, comportamentos estranhos ou atividades extravagantes de uma pessoa são, muitas vezes, mais influentes em nossas vidas que qualquer outro fator dos cinco grandes. Mas enquanto que os cinco grandes são acessíveis devido a procedimentos padrões estabelecidos de pesquisa, as leis peculiares não o são.

Para captá-las, necessitamos de estratégias de pesquisa e eventualmente de teorias que deem espaço para acontecimentos de mudança e de probabilidade, e elas podem ser descritas, talvez ilusoriamente, como qualitativas. A razão pela qual nos sentimos muitas vezes desconfortáveis em aceitar tal enfoque como científico provavelmente reside em nossa noção implícita do que são leis: algumas poucas forças quantitativas ondulando homogeneamente por detrás dos bastidores de nosso mundo fenomenal e em oposição à sua desordem superficial. Fugindo desta noção, e vendo leis como uma agregação massiva de acontecimentos aleatórios, abre-se uma perspectiva alternativa. O enfoque *bemetológico* tenta fazer isto, começando na base do tripé RIP. Embora ambíguo, o RIP não significa o fim pacífico dos empreendimentos científicos. Levado a sério, ele dá uma chance à descoberta e à mudança.

Passos em direção a uma bemetologia

1. Selecione um comportamento ou experiência que ocorre naturalmente para estudo; decida se vai seguir o modelo circulatório ou estacionário de observação.

2. Decida se vai coletar os dados como observador ou com um protocolo pessoal.

3. Decida se vai registrar as observações com lápis e papel, ou usando dispositivos eletrônicos de gravação (computador pessoal).

4. Observe uma unidade singular: uma pessoa, uma díade, um grupo interagindo, ou uma situação.

5. No nível do predicador, observe um comportamento/experiência da unidade que ocorre naturalmente.

6. No nível dos valores do predicador, observe relativamente poucos valores qualitativos desse comportamento.

7. Observe continuamente durante etapas de tempo, repetidamente por longos períodos de tempo.

8. Agregue as observações através de unidades, predicadores, valores de predicador ou no decorrer do tempo, dependendo das exigências da análise.

Referências bibliográficas

ARGYLE, M. & DEAN, J. (1965). "Eye-contact, Distance and Affiliation". *Sociometry*, 28: 289-304.

BAUMGARTNER, L. et al.(1997). Temperamentsentwicklung im Vorschulalter. Vier Einzelfalluntersuchungen zur Entwicklung der Soziabilität, Unveroffentliche Vordiplomarbeit aus dem Beobachtungskindergarten der Universität Bern. Berne: Institut für Psychologie.

BUSS, A.H. & PLOMIN, R. (1984). *Temperament*: Early Developing Personality Traits. Hillsdale, NJ: Erlbaum.

CAMPBELL, N.R. (1921). *What is Science?* Unabridged reprint, 1952. Nova York, NY: Dover.

CARNAP, R. (1956). *Meaning and Necessity:* a Study in Semantics and Modal Logic [2nd enlarged edn.], Midway Reprint. Chicago, Il: University of Chicago Press.

CATTELL, R.B. (1957). *Personality and Motivation*: Structure and Measurement. Nova York, NY: World Books.

EAGLY, A.H. (1987). *Sex Differences in Social Behavior*: A Social-Role Interpretation. Hillsdale, NJ: Erlbaum.

EATON, W.O. & ENNS, L.R. (1986). "Sex differences in Human Motor Activity Level". *Psychological Bulletin*, 100, p. 19-28.

EKMAN, P. & FRIESEN, W.V. (1978). *Manual*: Facial Action Coding System. Palo Alto, CA: Consulting Psychology Press.

EPSTEIN, S. (1990). "Comment on the Effects of Aggregation Across and Within Occasions on Consistency, Specifity, and Reliability". *Methodika*, 4, p. 95-100.

_____ (1979). "Stability of Behavior: I. On Predicting Most of the People Much of the Time". *Journal of Personality and Social Psychology*, 37(7), p. 1097-126.

_____ (1980). "The Stability of Behavior: II. Implications for Psychological Research". *American Psychologist*, 35(9), p. 790-806.

EXNER, F. (1919). *Vorlesungen über die Physikalischen Grundlagen der Naturwissenschaften*. Vienna: F. Deuticke.

FASSNACHT, G. (1997). Bedaman. *Behavioral Data Managment. Basic Programms for Managing Data in Terms of Cascade Predications*. [3rd release (1st release, 1987), Unpublished DOS-Version]. Berne: Department of Psychology.

_____ (1995). *Systematische Verhaltensbeobachtung. Eine Einführung in die Methodologie und Praxis*. Dritte, völlig neubearbeitete Auflage. Munique: Reinhardt.

_____ (1990). "An Alternative 'Description of Personality': the Big-Five Factor Structure". *Journal of Personality and Social Psychology*, 59, p. 1.216-1.229.

_____ (1982) *Theory and Practice of Observing Behaviour* (2nd revised edn). Londres: Academic Press.

_____ "Language and Individual Differences: the Search for Universals in Personality Lexicons". *Review of Personality and Social Psychology*, 2, p. 141-165.

_____ (1974). Entwicklung eines Beobachtungssystems zum Sozialverhalten gestörter und Behinderter Kinder in Heimen. Unveroffentliches Forschungsgesuch, Schweizerischer Nationalfond. Berne: Institut für Psychologie.

GRASSBERGER, P. & PROCACCIA, I. (1983). "On the Charaterization of Strange Attractors". *Physics Review Letters*, 50, p. 346-350.

HAEHLEN, A. & NEUENSCHWANDER, S. (1998). BEO Play Group. Behavioural Observation at the Department of Psychology, University of Berne. Prediploma, Video Film. Berne: Department of Psychology, University of Berne.

HARTSHORNE, H. & MAY, M.A. (1929). *Studies in the Nature of Character*. Nova York, NY: Macmillan.

_____ (1928). *Studies in the Nature of Character*. Nova York, NY: Macmillan.

HARTSHORNE, H.; MAY, M.A. & SHUTTLEWORTH, F.K. (1930). *Studies in the Nature of Character*. Nova York, NY: Macmillan.

HOLLIS, M. (1994). *The Philosophy of Social Science*: an Introduction. Cambridge: Cambridge University Press.

JÖRI, M. (1997). Individuelle Gefühlsmuster. Eine über drei Monate laufende Einzelfallanalyse unter Verwendung der Event-sampling-Methode. Berne: Institut für Psychologie.

KAMLAH, W. & LORENZEN, P. (1973). *Logische Propädeutik. Vorschule des vernünftigen Redens. 2., verbesserte und erweiterte Auflage*. B.I.-Hochschultschenbücher, vol. 227. Mannheim: Bibliographisches Institut.

LaFRENIÈRE, P.; STRAYER, F.F. & GAULTHIER, R. (1984). "The Emergence of the Same-sex Affiliative Preferences Among Preschool Peers: a Developmental/etiological Perspective". *Child Development*, 55, p. 1.958-1.965.

LINDLEY, D. (1993). *The End of Physics*: the Myth of a Unified Theory. Nova York, NY: Basic Books.

LORENZ, E.N. (1963). "Deterministic Nonperiodic Flow". *Journal of the Atmosperic Sciences*, 20, p. 130-141.

MAGNUSSON, D. (org.) (1981). *Toward a Psychology of Situations*: an Interactional Perspective. Hillsdale, NJ: Erlbaum.

MAGNUSSON, D. & ENDLER, N.S. (orgs.) (1977). *Personality at the Cross-roads*: Current Issues in Interactional Psychology. Hillsdale, NJ: Erlbaum.

McGREW, W.C. (1972). *An Ethological Study of Children's Behaviour*. Nova York, NY: Academic Press.

MISCHEL, W. (1984). On the Predictability of Behavior and the Structure of Personality. In: ZUCKER, R.A., ARONOFF, J. et al. (orgs). *Personality and the Prediction of Behavior*. Orlando, FL: Academic Press, p. 269-305.

_____ (1973). "Toward a Cognitive Social Learning Reconceptualization of Personality, *Psychological Review*, 80(4), p. 252-283.

_____ (1968). *Personality and Assessment*. Nova York, NY: Wiley.

NAGEL, E. (1961). *The Structure of Science:* Problems in the Logic of Scientific Explanation. Nova York, NY: Harcourt, Brace and World.

NEWCOMB, T.M. (1929). *Consistency of Certain Extrovert-Introvert Behavior Patterns in 51 Problem Boys*. New York, NY: Columbia University, Teachers College.

PERREZ, M. & REICHERTS, M. (1992). *Stress, Coping, and Health*: a *Situation-Behavior Approach* – Theory, Methods, Applications. Seattle, WA: Hogrefe and Huber.

POPPER, K.R. (1959). *The Logic of Scientific Discovery*. Londres: Hutchinson.

SCHLEIDT, M. (1989). "Temporal Structures of Behaviour". *Human Ethology Newsletters*, 5(10), p. 2-4.

SCHRÖDINGER, E. (1962). *Was ist ein Naturgesetz, Beiträge zum naturwissenschaftlichen Weltbild*. Munique: Oldenburg.

STEWART, I. (1992). *Does God Play Dice? The Mathematics of Chaos*. Cambridge, MA: Blackwell.

VALLACHER, R.R. & NOWAK, A. (orgs.) (1994). *Dynamical Systems in Social Psychology*. San Diego, CA: Academic Press.

WINDELBAND, W. (1894). Geschichte und Naturwissenschaft. Strassburger Rektoratsrede. In: WINDELBAND, W. (1924). *Präludien. Aufsätze und Reden zur Philosophie und ihrer Geschichte*. Vol. 2. Tubingen: J.C.B. Mohr, p. 136-160.

ZAUGG, W. (1994). *The Multi Channel Event-Recorder MCR-128/512*. Second prototype (1st prototype, 1988), unpublished manual, Berne: Department of Psychology, University of Berne.

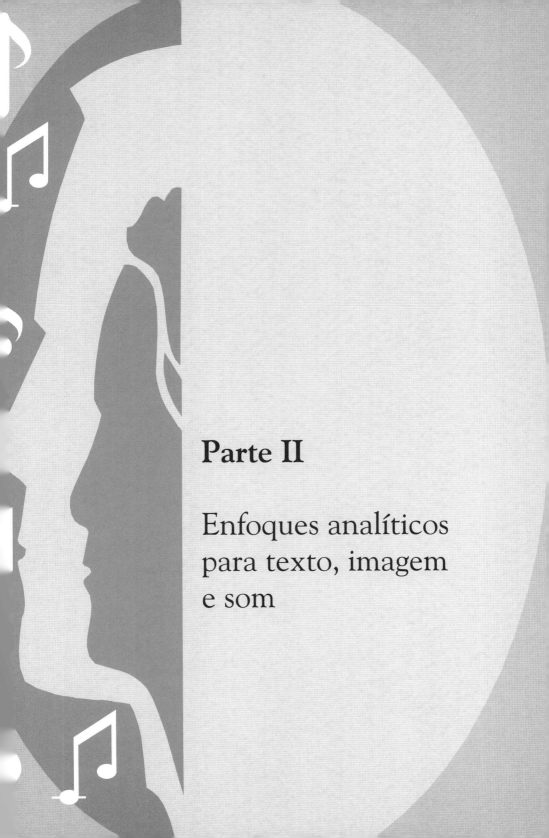

Parte II

Enfoques analíticos para texto, imagem e som

8
ANÁLISE DE CONTEÚDO CLÁSSICA: UMA REVISÃO

Martin W. Bauer

> *Palavras-chave*: ambiguidade; indicadores culturais; semana artificial; dicionário; Caqdas; palavra-chave no contexto (Kwic); livro de codificação; palavra-chave fora do contexto (Kwoc); valor de codificação; lematização; referencial de codificação; métrica: por categoria, ordinal, de intervalo, de razão; patologias de codificação; modularidade folha de codificação; delineamento paralelo; unidade de codificação; amostragem aleatória; coerência; dilema fidedignidade-validade; análise com auxílio de computador; unidade de amostragem; concordância; coocorrência.

A grande maioria das pesquisas sociais se baseia na entrevista: os pesquisadores perguntam às pessoas sobre sua idade, o que fazem para viver, como vivem, o que elas pensam ou sentem sobre X, Y e Z; ou pedem que contem sua história ou narrem fatos. A entrevista, estruturada ou não, é um método conveniente e estabelecido de pesquisa social. Mas assim como as pessoas expressam seus pontos de vista falando, elas também escrevem – para fazer relatórios, para planejar, jogar ou se divertir, para estabelecer normas e regras, e para discutir sobre temas controvertidos. Deste modo, os textos, do mesmo modo que as falas, referem-se aos pensamentos, sentimentos, memórias, planos e discussões das pessoas, e algumas vezes nos dizem mais do que seus autores imaginam.

Os pesquisadores sociais têm a tendência de subestimar materiais textuais como dados. Os métodos de pesquisa passam por ciclos de moda e de esquecimento, mas a World Wide Web (www) e os arquivos on-line para jornais, programas de rádio e televisão, criaram uma grande oportunidade para os dados em forma de textos. À medida que o esforço de coletar informações está tendendo a zero, estamos assistindo a um renovado interesse na análise de conteúdo (AC) e em suas técnicas, em particular em técnicas com o auxílio de computador.

Como diferem, em suas reportagens sobre ciência e tecnologia, os jornais populares e especializados? A televisão comercial trata sua audiência de maneira diferente que uma televisão pública? Como foi tratado o mito da destruição da Bastilha pelas notícias da época? Quando, e como, o tema desempenho começou a aparecer nos livros para crianças? Que informação trazem os memorandos internos de uma organização comercial? Podemos reconstruir mudanças nos valores sociais através de colunas de jornais do estilo "corações solitários" ou em obituários? Estas são apenas algumas das questões que foram discutidas pelos pesquisadores através da análise de conteúdo.

A análise de conteúdo é apenas um método de análise de texto desenvolvido dentro das ciências sociais empíricas. Embora a maior parte das análises clássicas de conteúdo culminem em descrições numéricas de algumas características do *corpus* do texto, considerável atenção está sendo dada aos "tipos", "qualidades", e "distinções" no texto, antes que qualquer quantificação seja feita. Deste modo, a análise de texto faz uma ponte entre um formalismo estatístico e a análise qualitativa dos materiais. No divisor quantidade/qualidade das ciências sociais, a análise de conteúdo é uma técnica híbrida que pode mediar esta improdutiva discussão sobre virtudes e métodos.

No século XVII, uma corte suíça classificou, contou e comparou os símbolos usados nos cantos de uma seita religiosa, mas não conseguiu encontrar provas de heresia (KRIPPENDORFF, 1980:13). No final do século dezenove, a AC demonstrou a "decadência moral" na cobertura de notícias na recém-emergente imprensa amarela (SPEED, 1893). Na Alemanha, Max Weber (1965 [1911]) imaginou uma sociologia cultural engajada na análise de jornais. Mais tarde, muitas comissões reais sobre imprensa da Inglaterra continham análises comparativas do conteúdo das notícias publicadas (McQUAIL, 1977). A AC da propaganda inimiga serve aos serviços de informação em tempos de guerra e ajuda aos interesses comerciais em sua versão civil de monitoramento das corporações da mídia. Durante a década de 1960, o advento do computador intensificou o nível de reflexão metodológica (cf. STONE et al., 1966; GERBNER et al., 1969; HOLSTI, 1968; 1969; DRIPPENDORFF, 1980; MERTEN, 1995).

A interpretação de textos sagrados ou nobres, críticas literárias de valores estéticos, investigação filológica empenhada na reconstituição de textos "originais", ou na revelação de textos "fraudulentos", ou a análise semiótica de comerciais, isto tudo aumenta a complexidade de um texto: um parágrafo fornece a oportunidade para comentários extensos explorando todas as ambiguidades e nuanças da linguagem. A análise de conteúdo, contrastando a isso, reduz a complexidade de uma coleção de textos. A classificação sistemática e a contagem de unidades do texto destilam uma grande quantidade de material em uma descrição curta de algumas de suas características. Uma biblioteca pode estar contida em um único gráfico: AC é um meio de caracterizar diferenças em aproximadamente 700.000 itens escritos sobre ciência e tecnologia na imprensa britânica do pós-guerra (BAUER et al., 1995). A leitura de todos estes artigos seria um trabalho que levaria mais que uma vida.

As definições na Tabela 8.1 realçam algumas características da AC. Ela é uma técnica para produzir inferências de um texto focal para seu contexto social de maneira objetivada. Este contexto pode ser temporariamente, ou em princípio, inacessível ao pesquisador. A AC muitas vezes implica um tratamento estatístico das unidades de texto. Maneira objetivada refere-se aos procedimentos sistemáticos, metodicamente explícitos e replicáveis: não sugere uma leitura válida singular dos textos. Pelo contrário, a codificação irreversível de um texto o transforma, a fim de criar nova informação desse texto. Não é possível reconstruir o texto original uma vez codificado; a irreversibilidade é o custo de uma nova informação. A validade da AC deve ser julgada não contra uma "leitura verdadeira" do texto, mas em termos de sua fundamentação nos materiais pesquisados e sua congruência com a teoria do pesquisador, e à luz de seu objetivo de pesquisa. Um *corpus* de texto oferece diferentes leituras, dependendo dos vieses que ele contém. A AC não é exceção; contudo, ela traça um meio caminho entre a leitura singular verídica e o "vale tudo", e é, em última análise, uma categoria de procedimentos explícitos de análise textual para fins de pesquisa social. Ela não pode nem avaliar a beleza, nem explorar as sutilezas de um texto particular.

Tabela 8.1 – *Algumas definições de análise de conteúdo (ênfases acrescentadas)*

A *semântica estatística* do discurso político (KAPLAN, 1943: 230).
A técnica de pesquisa para a descrição *objetiva, sistemática e quantitativa* do conteúdo manifesto da comunicação (BERELSON, 1952: 18).
Toda técnica para *fazer inferências* através da identificação *objetiva e sistemática* de características específicas de mensagens (HOLSTI, 1969: 14).
Processamento da informação em que o *conteúdo da comunicação é transformado*, através da aplicação objetiva e sistemática de regras de *categorização* (PAISLEY, 1969).
Uma técnica de pesquisa para produzir *inferências replicáveis e práticas* partindo dos dados em direção a seu contexto (KRIPPENDORFF, 1980: 21).
Uma metodologia de pesquisa que utiliza um *conjunto de procedimentos* para produzir inferências válidas de um texto. Essas inferências são sobre emissores, a própria mensagem, ou a audiência da mensagem (WEBER, 1985: 9).

Podemos distinguir dois objetivos básicos da análise de conteúdo ao refletir sobre a natureza tríplice da mediação simbólica: um símbolo representa o mundo; esta representação remete a uma fonte e faz apelo a um público (BUEHLER, 1934). Através da reconstrução de representações, os analistas de conteúdo inferem a expressão dos contextos, e o apelo através desses contextos. Se enfocarmos a fonte, o texto é um *meio de expressão*. Fonte e público são o contexto e o foco de inferência. Um *corpus* de texto é a representação e a expressão de uma comunidade que escreve. Sob esta luz, o resultado de uma AC é a variável dependente, a coisa a ser explicada. Textos atribuídos contêm registros de eventos, valores, regras e normas, entretenimento e traços do conflito e do argumento. A AC nos permite reconstruir indicadores e cosmovisões, valores, atitudes, opiniões, preconceitos e estereótipos e compará-los entre comunidades. Em outras palavras, a AC é pesquisa de opinião pública com outros meios.

Quando o foco está no público, o texto é um meio de apelo: uma influência nos preconceitos, opiniões, atitudes e estereótipos das pessoas. Considerando os textos como uma força sedutora, os resultados da AC são variáveis independentes, que explicam as coisas. A modalidade desta influência é ainda controvertida; contudo, a AC fornece as variáveis independentes no delineamento de estudos sobre efeito da mídia, sobre o estabelecimento da agenda ou em estudos de desenvolvimento.

Os procedimentos da AC reconstroem representações em duas dimensões principais: a sintática e a semântica. Procedimentos sintáticos se enfocam os transmissores de sinais e suas inter-relações. A sintaxe descreve os meios de expressão e influência – como algo é

8. ANÁLISE DE CONTEÚDO CLÁSSICA...

dito ou escrito. A frequência das palavras e sua ordenação, o vocabulário, os tipos de palavras e as características gramaticais e estilísticas são indicadores de uma fonte e da probabilidade de influência sobre alguma audiência. O frequente emprego de uma forma de palavras que não é comum pode identificar um provável autor e determinado vocabulário pode indicar um tipo provável de público.

Os procedimentos semânticos dirigem seu foco para a relação entre os sinais e seu sentido normal – sentidos denotativos e conotativos em um texto. A semântica tem a ver com "o que é dito em um texto?", os temas e avaliações. Palavras, sentenças e unidades maiores de texto são classificadas como exemplos de temas predefinidos e avaliações. A coocorrência frequente de palavras dentro da mesma frase ou parágrafo é tomada como indicador de sentidos associativos. Por exemplo, entre 1973 e 1996, o tema biotecnologia se tornou mais e mais uma parte proeminente das notícias sobre ciência na mídia nacional; a cobertura se diferencia e as avaliações variam com o tratamento específico do que está em foco (DURANT et al., 1998).

As características sintáticas e semânticas de um *corpus* de texto permitem ao pesquisador fazer conjeturas fundamentadas sobre fontes incertas, como falsas reivindicações de autoria ou audiências incertas, seja quando a informação sobre isso é inacessível ou porque os bons resultados podem ser conseguidos com menos custo através da AC. Tais conjeturas podem inferir os valores, atitudes, estereótipos, símbolos e cosmovisões de um texto sobre o qual pouco se sabe. Nós traçamos o perfil de um contexto de audiência de rádio ou nos guiamos por um contexto de audiência de rádio cujo perfil já conhecemos. Traçar um perfil ou comparar os perfis para identificar um contexto, são inferências básicas de uma AC. É possível, por exemplo, medir a estrutura de valor, como sua estabilidade e mudanças, das instituições britânicas, analisando o *Times* de Londres nos últimos 100 anos; ou avaliar os motivos básicos de uma pessoa através de cartas pessoais e anotações no diário. A ideia, contudo, de que alguém pode inferir uma intenção particular de um comunicador ou alguma interpretação específica de um público, é considerada a falácia da análise de conteúdo (ECO, 1994; MERTEN, 1995). Expressão e impressão são conseguidas apenas por agregação e probabilisticamente.

Krippendorff (1980) distinguiu entre diferentes estratégias de pesquisa. Em primeiro lugar, alguém pode construir um *corpus* de texto como um sistema aberto, a fim de verificar tendências e padrões de mudança. Isto significa que o *corpus* de texto nunca está completo; textos adicionais são acrescentados continuamente. Esta é a prática do monitoramento da mídia. Uma amostra de produções da mídia é regularmente codificada para detectar mudanças na ênfase e agrupamentos em um conjunto de temas.

Em segundo lugar, as comparações revelam diferenças que podem ser observadas entre a cobertura de diferentes jornais (comparação por fontes), em falas de um político a diferentes eleitorados (comparação por públicos), e entre jornais científicos e suas versões popularizadas (comparação por entrada e saída). Outras comparações consideram os padrões como parte de um processo de auditoria para identificar e avaliar desempenhos contra normas estabelecidas, por exemplo, sobre obscenidade, discriminação ou informação objetiva. Isto pode ser relevante em uma ação judicial em que o proprietário é acusado de distorcer a cobertura das notícias para que funcionem como publicidade oculta.

Em terceiro lugar, a AC é usada para construir índices. Um índice é um sinal que é causalmente relacionado a outro fenômeno, assim como, por exemplo, a fumaça é um índice, ou um sintoma de fogo. Mudanças no vocabulário de colunas do tipo "corações solitários" pelo espaço de 100 anos são um índice de valores societais: o pressuposto é que a maneira como as pessoas se descrevem e a seus parceiros ideais é uma expressão do que é desejável em uma sociedade. A quantidade de cobertura sobre ciência nos jornais pode ser uma medida da posição da ciência e tecnologia na sociedade, ou igualmente um indicador da incerteza da ciência sobre sua posição na sociedade. A consideração do conteúdo, juntamente com a intensidade, pode definir um índice.

Finalmente, a AC pode reconstruir "mapas de conhecimento" à medida que eles estão corporificados em textos. As pessoas usam a linguagem para representar o mundo como conhecimento e autoconhecimento. Para reconstruir esse conhecimento, a AC pode necessitar ir além da classificação das unidades do texto, e orientar-se na direção de construção de redes de unidades de análise para representar o conhecimento não apenas por elementos, mas também em suas relações.

Existem seis delineamentos de pesquisa de AC. O mais simples, e menos interessante, é o estudo puramente descritivo, que conta a frequência de todas as características codificadas do texto. Mais interessantes são as análises normativas que fazem comparações com padrões, por exemplo, análise de informação objetiva e não distorcida. Nas análises transseccionais, a comparação empírica pode conter textos de diferentes contextos, por exemplo, dois jornais cobrindo uma notícia específica durante um mês. Nas análises longitudinais, as comparações abarcam o mesmo contexto por um período de tempo mais longo. Isso nos permite detectar flutuações, regulares e irregulares, no conteúdo, e inferir mudanças concomitantes no contexto. Estudos mais elaborados funcionam como indicadores culturais: eles podem considerar muitos contextos por um período de muitos anos, como diferentes esferas públicas em que a biotecnologia se tornou um tema de discussão (DURANT et al., 1998). Esse tipo de análise pode ser um substituto viável para pesquisa de opinião (cf. NEISBITT, 1976 ou JANOWITZ, 1976). Os delineamentos mais ambiciosos são os delineamentos paralelos envolvendo análises longitudinais em combinação com outros dados longitudinais, tais como pesquisas de opinião, ou repetidas tentativas de entrevistas não estruturadas (cf., por exemplo, NEUMANN, 1989; DURANT et al., 1998).

A organização de uma análise de conteúdo

Considerações teóricas e textos

Os métodos não são substitutos de uma boa teoria e de um problema de pesquisa sólido. A teoria e o problema – que carregam em si os preconceitos do pesquisador – serão responsáveis pela seleção e categorização dos materiais de texto, tanto implícita como explicitamente. Ser explícito é uma virtude metódica. Digamos que um pesquisador quer atribuir ou disputar a autoria de um texto. Um pressuposto implícito sugere que a autoria do texto é importante; o pesquisador terá, então, de formular explicitamente uma teoria convincente sobre como a individualidade se manifesta no texto.

A AC trabalha tradicionalmente com materiais textuais escritos, mas procedimento semelhante pode ser aplicado a imagens (cf. Rose, cap. 14, neste volume) ou sons (cf. Bauer, cap. 15 neste volume). Há dois tipos de textos: textos que são construídos no processo de pesquisa, tais como transcrições de entrevista e protocolos de observação; e textos que já foram produzidos para outras finalidades quaisquer, como jornais ou memorandos de corporações. Os materiais clássicos da AC são textos escritos que já foram usados para algum outro propósito. Todos esses textos, contudo, podem ser manipulados para fornecer respostas às perguntas do pesquisador.

Há alguns anos, alguns colegas e eu, começamos a mapear o tratamento dado pela mídia à biotecnologia, entre 1973 e 1996, na Europa e na América do Norte. Em um estudo transnacional e longitudinal, nós analisamos a cobertura da mídia sobre biotecnologia em 12 países europeus. Tal cobertura da mídia constitui uma representação linguística, e às vezes também pictórica, de uma nova tecnologia na sociedade (BAUER & GASKELL, 1999). As variações na cobertura da mídia no tempo e no espaço são comparadas, em um delineamento paralelo, com as percepções públicas e os processos de políticas públicas, a fim de explicar a trajetória tecnológica em diferentes contextos. Nós analisamos jornais de primeira linha como representantes da cobertura da mídia sobre biotecnologia. Agregados por um longo período, eles representam um aspecto importante da opinião pública nas sociedades modernas.

Definição e amostragem de unidades de texto

A AC emprega, muitas vezes, uma amostra aleatória para selecionar seus materiais (KRIPPENDORFF, 1980; HOLSTI, 1969; Bauer e Aarts, cap. 2 deste volume). Há três problemas com referência à amostragem: sua representatividade, o tamanho da amostragem e a unidade de amostragem e codificação.

A amostragem estatística fornece um racional para estudar um pequeno número de textos e assim mesmo poder tirar conclusões sobre a coleção completa dos textos. A história da AC no estudo de jornais confirmou esse racional. Textos impressos podem ser facilmente estratificados em uma tipologia hierárquica, por exemplo, jornais diários e revistas semanais, de direita e de esquerda dentro de uma orientação política, cifras de circulação altas ou baixas, distribuição nacional ou regional, populares e especializados, ou de acordo com a propriedade.

Uma estratégia comum de amostra para publicações regulares é a "semana artificial". As datas do calendário são um referencial de amostragem confiável, de onde se pode extrair uma amostra estritamente aleatória. Datas aleatórias, contudo, podem incluir domingos, quando alguns jornais não são publicados, ou os jornais podem fazer publicações em um ciclo, como por exemplo, a página sobre ciência ser publicada às quartas-feiras. Em tais casos, então, a fim de evitar distorções na amostragem de notícias sobre ciência, seria necessário garantir uma distribuição equitativa de quartas-feiras na

8. Análise de conteúdo clássica...

amostra. Uma semana tem sete dias, desse modo, escolhendo cada terceiro, quarto, sexto, oitavo ou nono, etc., dia, por um longo período, é criada uma amostra sem periodicidade. Para cada edição selecionada, todos os artigos relevantes são selecionados.

A amostragem de jornais por datas, quando os artigos, ou mesmo as frases, são a unidade de análise, constitui uma amostragem de agrupamento (cluster). Em amostras de agrupamento, a unidade aleatoriamente selecionada, nesse caso um jornal, é maior que as unidades de análise, dos artigos e das frases, todas elas coletadas.

A amostragem aleatória exige uma lista completa de unidades de onde se possa fazer uma seleção. Às vezes a lista já existe, como com números seriais ou datas do calendário, e às vezes temos de criá-la. Consideremos o caso de se fazer uma amostragem de artigos de imprensa sobre genética, a partir de um banco de dados como o FTProfile. Digitando a palavra genetic*, podemos ter 5.000 artigos em um espaço de alguns anos. Se você somente pode analisar 200 deles, registre ou imprima todos os títulos dos 5.000 artigos e numere-os de 1 a 5.000. Decida, então, por um procedimento de amostragem: ou gere 200 números aleatórios entre 1 e 5.000, ou decida tomar, digamos, um artigo de cada 25. Artigos irrelevantes podem ser rejeitados em favor de outros artigos, à medida que você vai prosseguindo.

Sempel (1952) mostrou que 12 edições, selecionadas aleatoriamente, de um jornal diário, fornecem uma estimativa confiável do perfil de suas notícias anuais. Uma amostra pequena, sistematicamente selecionada, é muito melhor do que uma grande amostra de materiais escolhidos ao acaso. No final das contas, todas as considerações sobre o tamanho da amostra dependem da possibilidade prática. Quantos artigos pode o pesquisador analisar? Quantos códigos e variáveis são empregadas? Qual a distribuição adequada de uma variável para uma análise de multivariância?

As unidades da amostragem são normalmente definidas fisicamente, como um jornal, um livro, uma notícia de televisão e assim por diante. A exclusão, ou inclusão, de uma ou outra dessas unidades é irrelevante; o pressuposto é que as unidades de amostragem sejam substituíveis umas pelas outras. As unidades de gravação são, na maioria das vezes, iguais às unidades de amostragem, exceto no caso de amostra de agrupamento. Muitas vezes é mais fácil fazer amostragem de edições de jornal, e tomar todos os artigos relevantes de cada edição. Nestes casos, a unidade de registro, o artigo, está contida na unidade de amostragem, a edição do jornal.

Krippendorff (1980: 61s.) distinguiu os seguintes tipos de unidades de amostragem e de registro: .

- *Unidades físicas*: são livros, cartas, programas de televisão, filmes e assim por diante.

- *Unidades sintáticas*: são aparentemente blocos sólidos naturais: capítulos em um livro; títulos, artigos ou frases em um jornal; cenas de filme ou tomadas em um filme. A unidade sintática mais óbvia é uma palavra.

- *Unidades proposicionais*: são núcleos lógicos de frases. Proposições complexas são desconstruídas em núcleos na forma sujeito/verbo/objeto. Observe a frase: "Biotecnologia, a mais recente entre as tecnologias de base do pós-guerra, entra na arena pública na década de 1990". Ela pode ser separada em muitas outras frases: "Biotecnologia entra na arena pública na década de 1990", "Biotecnologia é uma tecnologia de base", "Biotecnologia é uma tecnologia de base do período do pós-guerra", "Biotecnologia é a mais recente tecnologia de base". Muitos programas de computador para análise de texto conseguem fazer a segmentação automática de unidades sintáticas tais como parágrafos, frases ou palavras-chave singulares fora do contexto; programas mais especializados conseguem fazer a desconstrução de frases complexas em núcleos proposicionais.

- *Unidades temáticas ou semânticas*: são definidas como características dos textos que implicam um juízo humano. Por exemplo, histórias de fada podem ser classificadas a partir de motivos básicos; cartas podem ser classificadas como cartas de amor ou comerciais. A definição das unidades de amostragem implica, muitas vezes, tais julgamentos de estratificação. Unidades temáticas separadas a partir de fundamentos teóricos são muitas vezes contrastadas com materiais residuais irrelevantes.

A representação, o tamanho da amostra e a divisão em unidades dependem, em última instância, do problema de pesquisa, que também determina o referencial de codificação. O que aparece como uma sequência, da teorização para a amostragem e para a codificação é, na verdade, um processo interativo, e saber conduzi-lo é fundamental. Mas essa direção e revisão tem de parar, ao menos temporariamente, se a análise tem como finalidade apresentar resultados.

8. ANÁLISE DE CONTEÚDO CLÁSSICA...

Em nosso estudo sobre notícias de biotecnologia decidimos fazer uma amostra de jornais líderes de opinião entre 1973 e 1996. O critério "jornal líder de opinião" é uma decisão teórica feita logo no início do estudo. Cada equipe identifica um ou dois jornais-chave: aqueles que os jornalistas e os políticos mais provavelmente leem. O procedimento de amostragem ano a ano varia de país para país, e os arquivos exigem diferentes técnicas: manuseio manual de cópias originais de jornais; emprego de um índice de entrada com palavras-chave, tais como o índice do *The Times*; acessar bancos de dados on-line; uso de coleções existentes de recortes de jornais; e assim por diante. Durante alguns anos, as equipes selecionaram edições de jornais e fizeram amostras de materiais relevantes na forma de agrupamentos. Nos anos seguintes, eles usaram pesquisa on-line, acessaram todos os artigos relevantes e extraíram uma amostra aleatória estrita de um número fixo de artigos em cada ano. Outras equipes criaram uma semana artificial e tomaram os jornais como uma amostra de agrupamento. O *corpus* de texto internacional final contém 5.404 artigos de jornal sobre biotecnologia, de 12 países, por um espaço de 24 anos (BAUER, 1998a). Pensa-se em atualizar o *corpus* até o ano 2001. A amostra, principalmente para estudos internacionais, pode ir à frente apenas de maneira pragmática, tentando fazer o melhor a partir de circunstâncias imperfeitas e diferenciadas.

Categorias e codificação

A codificação e, consequentemente, a classificação dos materiais colhidos na amostra, é uma tarefa de construção, que carrega consigo a teoria e o material de pesquisa. Esse casamento não é conseguido de imediato: o pesquisador necessita dar tempo suficiente para orientação, emendas e treinamento do codificador. A construção de um referencial de codificação é um processo interativo e, se diversos codificadores estão implicados, um processo coletivo, que a certa altura tem de terminar.

Um referencial de codificação é um modo sistemático de comparação. Ele é um conjunto de questões (códigos) com o qual o codificador trata os materiais, e do qual o codificador consegue respostas, dentro de um conjunto predefinido de alternativas (valores de codificação). Embora o *corpus* de texto esteja aberto a uma multidão de possíveis questões, a AC interpreta o texto apenas à luz do referencial de codificação, que constitui uma seleção teórica que incorpora o objetivo da pesquisa. A AC representa o que é já uma representação, ligando os pesquisadores a um texto e a um projeto de pesquisa (BAUER & GASKELL, 1999). A AC não é a última palavra em nenhum texto, mas um encontro objetivado através da sistematicidade e referenciação para além de si, em direção a outros textos e atividades de pesquisa (LINDKVIST, 1981). No final das contas, contudo, até mesmo o enfoque positivista de contar as unidades de texto é apenas outra contribuição à interpretação aberta de um *corpus* de texto.

Categorias e categorização

Diversas considerações entram em jogo na construção de um referencial ou sistema de categorias: a natureza das categorias, os tipos de variáveis de código, os princípios organizadores do referencial de codificação, o processo de codificação e o treinamento para codificação. Cada código, no referencial, possui um número finito de valores de código. No nosso exemplo na Tabela 8.2, o código "tamanho" pode ter os valores de pequeno, médio e grande; ou o código "formato da notícia" pode incluir "últimas notícias", "reportagem", "entrevista", "comentário", "editorial", "revista" e "outro". Enquanto que os valores de "tamanho" são senso comum, os valores de "formato da notícia" são o resultado de extenso trabalho piloto de ler jornais em diferentes países e tentar definir um número finito de formatos de reportagem em jornais de primeira linha. Alguém pode ser capaz de se basear em categorias padronizadas se um código semelhante já tenha sido empregado em uma pesquisa anterior.

Tabela 8.2 – *Exemplo de categorias para artigos de imprensa*

---

c1 tamanho (escala ordinal)
1 = pequeno
2 = médio
3 = grande

c2 formato das notícias (escala categorial)
1 = últimas notícias
2 = reportagem
3 = entrevista
4 = comentário
5 = editorial
6 = revista
7 = outro

c3 contagem de palavras (escala de intervalo e proporcional)
100, 165, 367 ou 658 palavras

---

8. Análise de conteúdo clássica...

Cada unidade de texto deve se ajustar a um código, e nenhuma pode ser excluída. Acrescentando o valor "outro", ou "não se aplica", garante-se que todas as unidades terão seu lugar. Os códigos devem ser exclusivos: para cada unidade é atribuído um único valor em cada código, por exemplo, um artigo é ou pequeno ou grande, mas nunca os dois. Os códigos são independentes um do outro: a codificação do tamanho não tem influência direta na codificação do formato da notícia (a observação que os editoriais são maiores que as últimas notícias pode aparecer como um "fato" empírico). A mistura de categorias deve ser evitada: os códigos devem se originar de uma única dimensão, por exemplo, classificar "vermelho" ao lado de "pequeno", viola esse princípio. Do mesmo modo, o valor "notícia de televisão" junto com um formato de notícia, iria violar o princípio: isso confunde o princípio de notícia como meio, e o princípio de formato de notícia. Confusões desse tipo são normalmente resolvidas dividindo-as em dois códigos: meio massivo (televisão, rádio e imprensa), e formato das notícias (reportagem, entrevista, etc.). Finalmente, os códigos devem ser criados teoricamente e refletir o objetivo da pesquisa. Tanto "tamanho" como "formato da notícia" são códigos originados de uma teoria de que o tamanho de uma história expressa a importância editorial atribuída a ela, e serve como um indicador dos valores existentes nas redações. Por outro lado, o tamanho pode ter um formato específico. O código "formato da notícia" origina-se de uma ideia sobre as diferentes funções que os diferentes formatos possuem nos debates públicos.

Por razões estatísticas, atribuem-se números aos valores de código, como mostrado na Tabela 8.2 (onde 2 = "últimas notícias"). O sentido destes números varia. Variáveis categoriais apenas distinguem, e os números não possuem significância maior: no código 2, "5 = editorial", poderia ser também "7 = editorial". As escalas ordinais ou proporcionais, ao contrário, preservam uma ordem entre os valores: pequeno, médio e grande são mapeados em uma escala 1, 2, 3 onde 3 > 2 e 2 > 1. A contagem de palavras para cada artigo constitui uma escala que preserva a diferença entre os valores; um artigo de 165 palavras é 65% maior que um artigo de 100 palavras. O tipo de métrica tem consequências nos tipos de análises estatísticas que podem ser aplicadas.

A AC é um sistema de codificação que implica valores teóricos (FRANKS, 1999). Uma unidade de texto A pode ser codificada "comentário" em relação a determinada teoria implícita na categoria

— 201 —

"formato da notícia". A unidade de texto A pode ser algo mais: ela não é, por natureza, "comentário". Contudo, a unidade de texto A será ou "comentário", ou "últimas notícias", mas não ambos. Distinções nítidas entre unidades são uma regra de trabalho que nos permitem ignorar diferenças nebulosas e ambiguidades no mundo dos jornais. O treinamento do codificador e a prática coletiva farão com que a unidade de texto A se mostre naturalmente como "comentário", e qualquer ambiguidade remanescente poderá se mostrar em problemas relacionados à fidedignidade. Esta imposição implícita de um sistema de códigos é uma ação de violência semântica que deve ser justificada por resultados surpreendentes, em vez de ser condenada de imediato.

O processo de codificação: papel e lápis ou computador

A codificação concreta pode ser feita tanto com papel e lápis, ou diretamente no computador. No formato de papel e lápis, o codificador receberá instruções na forma de um livro de codificação (cf. abaixo), o material textual e as folhas de codificação. Uma folha de codificação é uma página quadriculada com uma célula reservada para cada código. O codificador irá colocar seu julgamento para cada código na célula designada. Uma vez completa a codificação, todas as folhas de codificação são juntadas e colocadas em um computador para análise dos dados. A codificação computadorizada permite ao codificador fazer seu julgamento diretamente no computador. Capi, Cati (Computer-assisted personal ou telephone interviewing – auxílio do computador pessoal para entrevista, ou auxílio do computador para entrevista por telefone), ou NUD*IST, ou Atlas/ti (cf. Kelle, cap. 16 neste volume) dão conta do processo de codificação diretamente. No caso do Capi ou Cati, é criada uma estrutura que mostra uma sequência de telas ao codificador, uma para cada código, com todas as instruções necessárias e um campo para registrar o julgamento da codificação. NUD*IST e Atlas/ti tomam textos on-line e o codificador etiqueta as unidades de texto com um código predefinido, não perdendo, com isso, a ligação entre o código e a unidade de texto, e ligando unidades de texto com o código. Um arquivo de saída para análise estatística será criado automaticamente. É sempre importante criar um código adicional com o número em série da unidade de texto, e identificar o codificador nos casos em que diversos codificadores estão trabalhando. A AC de grandes *corpora* de textos, com muitos codificadores, como o

8. ANÁLISE DE CONTEÚDO CLÁSSICA...

monitoramento contínuo dos meios de comunicação, poderá se constituir em um empreendimento de escala industrial, exigindo organização, treinamento, coordenação e controle de qualidade.

Qualidade na análise de conteúdo

A análise de conteúdo é uma construção social. Como qualquer construção viável, ela leva em consideração alguma realidade, neste caso o *corpus* de texto, e ela deve ser julgada pelo seu resultado. Este resultado, contudo, não é o único fundamento para se fazer uma avaliação. Na pesquisa, o resultado vai dizer se a análise apresenta produções de interesse e que resistam a um minucioso exame; mas bom gosto pode também fazer parte da avaliação. A metodologia da análise de conteúdo possui um discurso elaborado sobre qualidade, sendo suas preocupações-chave a fidedignidade e a validade, provindas da psicometria. As limitações desses critérios, contudo, mostram-se no dilema fidedignidade-validade. Eu acrescento coerência e transparência como dois critérios a mais para a avaliação de uma boa prática na AC.

Coerência: a beleza de um referencial de codificação

A maioria das AC opera com muitos códigos. A construção de um referencial de codificação, ou sistema de categorias, é um tema teórico que está relacionado com o valor estético da pesquisa. O analista de conteúdo amadurecido pode muito bem desenvolver um senso de beleza: um referencial de codificação gracioso é aquele que é internamente coerente e simples, de tal modo que todos os códigos fluem de um único princípio, ao invés de estarem enraizados na meticulosidade de um empiricismo que codifica tudo o que vem à cabeça. Coerência na construção de um referencial de codificação provém de ideias superiores, que trazem ordem ao referencial de codificação.

A Tabela 8.3 compara diversos conceitos e apresenta noções primárias que fornecem coerência na construção de um referencial de codificação. Cada noção primária é derivada de um princípio, e pode ser posteriormente especificada por códigos secundários. North et al. (1963) investigaram intercâmbios diplomáticos no começo da I Grande Guerra. Seu princípio organizador foi "ações e sua percepção": quem percebe que ações com que efeitos e com que qualificações. Unidades temáticas, parafraseadas a partir dos textos origi-

PESQUISA QUALITATIVA COM TEXTO, IMAGEM E SOM

nais, foram codificadas para a) perceptores, b) atores, c) efeitos nos objetivos, d) descritores avaliativos desses efeitos.

Tabela 8.3 – *Conceitos que trazem coerência na construção de um referencial de codificação*

Conceito	Noções primárias derivadas
Sistema de mensagem pública (p. ex. GERBNER et al., 1969)	Atenção, ênfase, tendência, estrutura
Percepção da ação (p. ex. NORTH et al.,1963)	Perceptor, atores, efeitos em mira, avaliação
Retórica (p. ex. BAUER,1998b)	Marcadores de *logos, ethos, pathos*
Argumentos (p. ex. TOULMIN, 1958)	Exigência, dados, garantia, apoio, refutação, qualificador
Narrativa (p. ex. BAUER et al., 1995; ROSE, cap. 14 neste volume)	Narrador, ator, acontecimento, antecedentes, consequências, ética

A retórica é outro princípio útil de análise. *Logos, pathos e ethos* são os "três mosqueteiros" da persuasão (GOSS, 1990). *Logos* se refere à extração de conclusões das premissas e observações; *pathos* agita as emoções do público; e o *ethos* se refere à apresentação da autoridade pessoal do locutor, e à pretensão de reputação. Estes três conceitos podem ser empregados para codificar unidades de texto em termos de argumentação (marcadores de *logos*), sua função de atrair a atenção de um ouvinte/leitor (marcadores de *pathos*), ou referências à autoridade e reivindicação de reputação do que fala/escreve (marcadores de *ethos*) (BAUER, 1998b; Leach, cap. 12 neste volume). A análise de argumentação inspirou a análise de conteúdo. A análise de Toulmin (1958) sobre uma argumentação prática fornece um princípio pelo qual se podem classificar unidades de texto como exigências, garantias, apoios, dados, qualificadores e refutações (cf. Leach, cap. 12 deste volume). Estes conceitos podem ser empregados para analisar argumentações atribuídas a diferentes atores na mídia, ou em documentos de políticas, tanto para comparar diferentes atores como para avaliar a complexidade da argumentação em diferentes arenas públicas (Liakopoulos, cap. 9 neste volume). Finalmente, a narrativa é um princípio estimulador. Considerar notícias como uma história sugere imediatamente uma quantidade de noções primárias: um contador de história, um ator, acontecimentos, uma situação de fundo, consequências e uma ética. Rose (cap. 14 neste volume) aplicou o princípio de narrativa para analisar a retratação da doença mental em novelas.

— 204 —

8. ANÁLISE DE CONTEÚDO CLÁSSICA...

A construção de módulos é um estratagema na construção de um referencial de codificação que garante tanto a eficiência como a coerência. Um módulo é um bloco bem estruturado de um referencial de codificação que é usado repetidamente. Tomemos, por exemplo, um conjunto de códigos secundários que especifiquem a noção primária de ator em uma narrativa: tipo de ator (individual, coletivo), gênero (masculino, feminino, desconhecido) e esfera de atividade (privada, semiprivada, pública, etc.). Estes três códigos constituem um módulo para especificar atores. Estes estão presentes em diferentes funções em uma narrativa: como o autor, o ator principal, o ator auxiliar; como catalisador das consequências dos acontecimentos; ou como alvo da ética da história. O módulo ator pode agora ser empregado para especificar cada uma das diferentes funções dos atores na narrativa. A construção modular aumenta a complexidade do referencial de codificação sem aumentar o esforço de codificação, e ainda mantém sua coerência; ela também torna tanto a codificação como o treinamento, mais fáceis. Uma vez que o módulo seja memorizado, a repetida aplicação exige pouco esforço adicional e a fidedignidade será reforçada.

O referencial de codificação para a análise da cobertura de notícias sobre biotecnologia compreendia, ao final, 26 códigos, organizados dentro do princípio da narrativa: autor, ator, temas, acontecimentos, local dos acontecimentos e consequências em termos de risco e benefícios. A construção de módulos foi empregada para codificar múltiplos atores e múltiplos temas. O processo de codificação foi desenvolvido pelo período de um ano: as 12 equipes se encontraram duas vezes para negociar e revisar a estrutura do referencial de codificação. O processo completo de amostragem, desenvolvimento de um processo de codificação seguro, estudo piloto e codificação do *corpus* em cada país demoraram dois anos e meio (BAUER, 1998a).

Transparência durante a documentação

Um referencial de codificação é normalmente apresentado como um folheto que serve tanto como guia para os codificadores como um documento do processo de pesquisa. Este folheto irá normalmente incluir: a) uma lista sumária de todos os códigos; b) a distribuição de frequência para cada código, cada um com o número total de códigos (*N*). Cada código será apresentado com uma definição intrínseca, com seu número de codificação (por exemplo, c2), sua etiqueta de codificação (por exemplo, formato da notícia), e uma unidade de texto ilustrativa que se aplica a cada código. Um folheto completo de codificação irá incluir c) uma explicação com respeito ao problema da fidedignidade do codificador, tanto no que se refere a cada código quanto para o processo de codificação como um todo, e uma nota sobre o tempo exigido para se conseguir um nível de fidedignidade aceitável. Isto serve como uma estimativa quanto ao treinamento que é exigido para esse referencial de codificação específico. A documentação detalhada do processo de codificação assegura uma prestação pública de contas, e serve para que outros pesquisadores possam reconstruir o processo caso queiram imitá-lo. A documentação é um ingrediente essencial da objetividade dos dados.

Fidedignidade

A fidedignidade é definida como uma concordância entre intérpretes. Estabelecer fidedignidade implica alguma duplicação de esforço: a mesma pessoa pode fazer uma segunda interpretação depois de um intervalo de tempo (para determinar fidedignidade intrapessoal, consistência, estabilidade), ou duas ou mais pessoas podem interpretar o mesmo material simultaneamente (fidedignidade interpessoal, concordância, reprodutibilidade). Índices de fidedignidade – *phi*, *kappa* ou *alpha* – medem a concordância entre codificadores em uma escala de 0 (não concordância) a 1 (concordância plena), ponderados em relação à probabilidade (SCOTT, 1955; KRIP- PENDORFF, 1980: 129s.; HOLSTI, 1969: 135s.).

A maioria dos projetos de análise de conteúdo enfrenta dois problemas de fidedignidade: a demarcação de unidades dentro de uma sequência de materiais e a codificação dos conteúdos. Unidades de análise semânticas são uma questão de julgamento. Suponhamos que tenhamos selecionado aleatoriamente algumas datas para revistas antigas e estejamos folheando essas edições à procura de artigos sobre biotecnologia. Embora tenhamos definido biotecnologia com cuidado como "reportagem sobre intervenção ao nível do gene", permanece ainda espaço para desacordo. Para a análise de imagens em movimento, a unidade de análise é muitas vezes uma questão de julgamento: alguns selecionadores podem demarcar uma cena para começar vários quadros antes, ou terminar vários quadros depois, diferentemente de outros (cf. KRIPPENDORFF, 1994).

Nenhum analista de conteúdo espera perfeita fidedignidade quando estão implicados julgamentos humanos, e desse modo a questão de um nível aceitável de fidedignidade vem à tona. Sendo que diferentes medidas produzem diferentes valores de fidedignidade, *kappa* e *alpha* são mais conservadores que *phi*; diferentes padrões têm de ser definidos para diferentes medidas. Ainda mais, a fidedignidade pode ser diferente entre os códigos, sendo alguns mais ambíguos que outros. Como determinar a fidedignidade nos diversos códigos? Pela simples média, pela média ponderada, por um conjunto de valores, ou pelo menor valor? A baixa fidedignidade contribui para a margem de erro das medidas estatísticas derivadas dos dados. Os critérios devem levar em consideração as possíveis consequências de uma crescente margem de erro: resultados que influenciam decisões de vida ou morte exigem alta fidedignidade; mas para estudos que pretendem apenas conclusões tentativas ou cautelosas o critério pode ser abrandado. A fidedignidade é geralmente considerada como sendo muito alta quando $r > 0.90$, alta quando $r > 0.80$, e aceitável na amplitude $0.66 < r < 0.79$.

Os pesquisadores devem levar em conta a fidedignidade para melhorar seu processo de codificação. A fidedignidade depende da quantidade de treinamento, da definição das categorias, da complexidade do referencial de codificação e do material. Baixa fidedignidade pode significar muitas coisas. Primeiro, que os codificadores necessitam de treinamento. O treinamento intensivo dos codificadores irá, provavelmente, conduzir a uma fidedignidade mais alta devido à construção de um pensar comum entre os codificadores, com respeito ao material em análise. Em segundo lugar, a fidedignidade poderá ajudar a ordenar as categorias segundo seu grau de ambiguidade. Alguns códigos podem estar muito mal definidos e o acréscimo de exemplos irá melhorar a concordância entre os codificadores. Em terceiro lugar, os codificadores inevitavelmente irão memorizar seus códigos e agilizar sua codificação. Quanto mais diversos e numerosos os códigos, menor a facilidade de poderem ser memorizados, mais treinamento será exigido e mais frequentes serão as ambiguidades e os erros devido ao cansaço. Por isso, a fidedignidade está limitada pela complexidade do referencial de codificação. Finalmente, a fidedignidade pode ser um indicador da polissemia do texto. Baixa fidedignidade pode indicar que as delimitações dos valores do código são muito vagas. Além do mais, os referenciais de codificação complexos aumentam a probabilidade de leituras consistentes, mas diversificadas, das mesmas unidades de texto.

Validação

A validade tradicionalmente se refere a até que grau o resultado representa corretamente o texto, ou seu contexto. A distinção de Krippendorff (1980) entre a validade dos dados, os resultados e os procedimentos é útil. Com relação aos dados, devemos garantir que os códigos se refiram às palavras usadas no texto (validade semântica), e que a amostra represente o corpo inteiro do texto (validade da amostragem). Os resultados podem ser validados através da correlação com critérios externos. Resultados prévios podem validar uma análise de conteúdo, por exemplo, comparando um procedimento simples e um complexo. Isto é, contudo, tautológico, e nem sempre desejável. Por outro lado, poder-se-iam predizer pesquisas de opinião pública a partir da cobertura feita pela imprensa, e testar essa predição sob circunstâncias específicas (validade preditiva). Finalmente, um referencial de codificação necessita incorporar a teoria subjacente à análise (validade de construto). A natureza, contudo, da interpretação sugere que resultados questionadores, conseguidos metodicamente, poderão ter valor independentemente da corroboração externa. Muitas vezes a coerência interna é suficiente para mostrar credibilidade. Na verdade, resultados inesperados, mas conseguidos metodicamente, podem fornecer informação significativa.

A falácia principal da análise de conteúdo é a interferência de intenções particulares, ou compreensões, a partir unicamente do texto (MERTEN, 1995; ECO, 1994). As intenções e a recepção são características da situação comunicativa e não dependem apenas do texto: elas são codeterminadas por variáveis situacionais. Leituras específicas são um assunto para estudos de audiência; intenções específicas são um assunto para estudos de produção. Os textos estão abertos para diferentes leituras, dependendo dos pré-julgamentos. Poderá ser possível excluir determinadas leituras ou intenções, especialmente se os codificadores partilham uma compreensão do mundo com o emissor ou o público. Nenhuma leitura particular de um público, contudo, ou uma intenção particular de um comunicador, permanece apenas dentro do texto. Na melhor das hipóteses, a análise de conteúdo mapeia o espaço das leituras e das intenções através da exclusão ou da tendência, mas nunca a situação concreta da coisa.

Dilemas

Os pesquisadores da AC enfrentam vários dilemas. O primeiro é entre a amostragem e a codificação: um projeto de pesquisa deverá equilibrar o esforço colocado na amostragem e o tempo investido no estabelecimento dos procedimentos de codificação. Uma amostra perfeita é de pequeno valor se ela não deixa tempo suficiente para desenvolver um referencial de codificação, ou para instruir os codificadores a fim de que se possa realizar um processo fidedigno.

O segundo dilema é entre o espaço de tempo e a complexidade da codificação, em outras palavras, entre poucas observações em um longo período de tempo, e muitas observações em um curto período. Quanto mais complexo o referencial de codificação, mais probabilidade haverá de ele se adequar a apenas um pequeno espaço de tempo. Talvez não compense o esforço de adaptar um referencial de codificação complexo a diferentes contextos históricos. Consequentemente, um referencial de codificação simples é indicado para um estudo longitudinal, a fim de evitar anacronismos na codificação, pois os codificadores teriam de ir além da memória de seu tempo vivido (cf. Boyce, cap. 18 neste volume). Diferentemente de uma pesquisa de levantamento, onde um delineamento de painel enfrenta enormes complicações, a análise de conteúdo se adapta muito bem a análises longitudinais. A análise de conteúdo irá, por isso, muitas vezes preferir amostras prolongadas a procedimentos de codificação complexos.

O terceiro dilema é entre a fidedignidade e a validade. Em psicometria, a validade manifestamente nunca pode exceder a fidedignidade. Na análise de conteúdo, contudo, nós temos uma negociação entre as duas. A AC não pode supor um "valor verdadeiro" do texto, que pode sofrer perturbação devido à inexatidão da codificação: a codificação é o valor. A fidedignidade apenas indica uma interpretação objetiva, que não é uma condição necessária para uma interpretação válida. A interobjetividade defende o pesquisador contra a alegação de arbitrariedade ou extravagância. Diferentemente da psicometria, contudo, a baixa fidedignidade não invalida uma interpretação (ANDREN, 1981): as ambiguidades do material são parte da análise. Uma codificação simplificada pode permitir resultados fidedignos, mas pouca informação. Por outro lado, uma alta fidedignidade é difícil de ser conseguida para uma codificação complexa, embora os resultados provavelmente sejam mais relevantes para a teoria e para o contexto prático.

Análise de conteúdo com auxílio de computador

O advento da computação estimulou o entusiasmo para a AC, e existem diversos tipos de análises com auxílio de computador para materiais textuais. A última onda de entusiasmo para o emprego de computadores foi simultânea à proliferação de bancos de dados com textos, tais como Reuters ou FT-Profile. Devido à extensa literatura especializada sobre este assunto (cf. NESSAN & SCHMIDT, 1995; FIELDING & LEE, 1998), irei apenas caracterizar brevemente três correntes básicas.

A primeira corrente de AC com auxílio de computador é Kwoc (Keyword Out of Context: palavra-chave fora do contexto – contador de palavras) que classifica palavras singulares em conceitos. Ele se coloca na tradição do General Inquirer (STONE et al.,1966). Um computador pode facilmente listar todas as palavras de um texto e agrupá-las em um dicionário. Esta é uma lista de conceitos teoricamente interessantes, onde cada conceito é definido por uma lista de símbolos. Por exemplo, palavras como "aproximar-se", "ataque", e "comunicar" podem ser símbolos de "ação socioemocional". Um computador reconhece facilmente sequências de letras como palavras-símbolo, relaciona-as a um conceito de acordo com o dicionário, e conta as frequências dos conceitos em um texto. O General Inquirer sobrevive no pacote de computador Textpack. O estudo mais ambicioso que empregou este enfoque foi o projeto de indicador cultural, de Namenswirth e Weber (1987), que detectou longas ondulações de valores políticos em discursos de políticos na Inglaterra e nos Estados Unidos nos últimos 400 anos.

O principal problema com o Kwoc é que no dicionário os símbolos podem ser relacionados a apenas um conceito. Esta é uma limitação fundamental, pois as palavras são ambíguas. Este problema enfraqueceu muito o entusiasmo inicial do enfoque automático.

A segunda corrente de computadorização é a análise de concordância e coocorrência, que considera palavras-chave em seu contexto (Kwic – keywords in context – palavras-chave dentro do contexto). Uma concordância apresenta uma lista de palavras junto com o cotexto. Muitos pacotes de análise de texto oferecem concordâncias como uma sub-rotina, e eles são muito úteis para explorar o sentido das palavras em um *corpus*, ou para conferir a relevância dos materiais. Por exemplo, a rotina de concordância iria rapidamente ajudar a distinguir artigos sobre o BSE (the Bombay Stock Exchange) de um estudo de cobertura de imprensa do BSE (Bovine Spongiform Enchphalopathy, ou "doença da vaca louca").

A análise de coocorrência, por outro lado, é uma análise estatística de frequentes pares de palavras em um *corpus* de texto. O procedimento supõe que a ocorrência frequente de duas palavras juntas seja semanticamente significante. Programas de coocorrência, tais como Alceste, começam com a rotina de identificação de premissas ("lematização") e estabelecem o vocabulário do *corpus* de texto. Em seguida, eles excluem palavras muito frequentes e muito raras, e contam as coocorrências de palavras dentro de uma unidade de texto definida estabelecendo uma matriz. A partir daí, um algoritmo irá extrair uma representação geométrica, onde pontos são palavras agrupadas em grupos de associações (cf. Kronberger e Wagner, cap. 17 deste volume). Tais programas podem manipular mais ou menos quantidades de texto em apenas determinadas línguas; eles podem alterar os parâmetros da análise, alterar os algoritmos para extrair uma solução de agrupamento, e escolher uma impressão textual ou gráfica.

A terceira corrente de AC com auxílio de computador é Caqdas (Computer-assisted Qualitative Data Analysis Software – software para análise de dados qualitativos com auxílio de comutador). Este é o mais recente desenvolvimento para auxílio na análise de texto (cf. Kelle, cap. 16 deste volume; FIELDING & LEE, 1998). Caqdas comporta a etiquetação, a codificação e a indexação de textos, dando conta por isso da segmentação, ligação, ordenação e reordenação, estruturação e a busca e reapresentação de textos para fins de análise. Uma função inovadora é a produção de memorandos: o codificador pode fazer comentários em cada ação de etiquetação, mantendo, desse modo, um protocolo para reflexão durante a codificação. Estes memorandos podem mais tarde ser empregados para registrar a reflexão ocorrida durante o processo de pesquisa: o pesquisador mostra como ele foi se transformando durante a ação. Bons programas oferecem operadores de busca booleana para consultar segmentos de texto gráficos para mapear ligações no texto, e interfaces para análise estatística dos dados. Caqdas e a análise clássica de conteúdo se encontram no codificador humano.

Os professores muitas vezes dão as boas-vindas ao Caqdas como um controlador, para instilar disciplina nos estudantes inexperientes, que podem pensar que pesquisa qualitativa significa um vale-tudo. Seu amplo emprego, contudo, pode favorecer práticas indesejáveis, tais como a proliferação de estruturas ramificadas na representação dos dados da entrevista ou várias patologias de codificação aberta (FIELDING & LEE, 1998: 119s.). O analista, ao ordenar e reordenar seus códigos e ligações, perde de vista o objetivo da pesquisa. Quando a análise enlouquece – por exemplo, com 2.000 códigos para seis entrevistas – o projeto entra em crise.

Computadores, por mais úteis que sejam, são incapazes de substituir o codificador humano. A análise de conteúdo permanece um ato de interpretação, cujas regras não podem ser realisticamente implementadas com um computador dentro de limitações práticas. O codificador humano é capaz de fazer julgamentos complicados rápida e fidedignamente, se auxiliado.

Forças e fraquezas da análise de conteúdo

A AC foi desenvolvida, na pesquisa social, para a análise de materiais textuais, especificamente material impresso. É um enfoque bastante geral, e o espectro de dados se ampliou no decorrer dos anos, chegando a abarcar praticamente todo artefato cultural (GERBNER et al., 1969). A importância principal da AC talvez tenha sido continuar desafiando a curiosa primazia dos dados da entrevista na pesquisa social.

As vantagens da AC são que ela é sistemática e pública; ela faz uso principalmente de dados brutos que ocorrem naturalmente; pode lidar com grandes quantidades de dados; presta-se para dados históricos; e ela oferece um conjunto de procedimentos maduros e bem documentados.

A AC faz uso de materiais que ocorrem naturalmente: ela encontra traços da comunicação humana em materiais estocados nas bibliotecas. Estas informações remanescentes foram criadas para outros fins, e empregando-as para pesquisa, a AC é, por isso, cuidadosa (WEBB et al., 1966). "Que ocorrem naturalmente" não implica que o pesquisador não invista na construção de uma interpretação: o pesquisador caminha através da seleção, criação de unidades e categorização dos dados brutos, embora evitando a reatividade direta do respondente durante a coleta de dados primários.

A AC pode construir dados históricos: ela usa dados remanescentes da atividade passada (entrevistas, experimentos, observação e levantamentos estão condicionados ao presente). Por conseguinte, ela pode ser um caminho barato para estabelecer tendências sociais, com apenas pequena parcela do custo de um levantamento. O aspecto negativo disso é que a AC apresenta primariamente dados em nível coletivo, caracterizando, desse modo, algo coletivo através de dados remanescentes de comunicação e expressão.

O enfoque sistemático e o emprego de computadores permitem aos pesquisadores lidar com grandes quantidades de material. O tamanho não é em si mesmo uma virtude, mas a quantidade de material sobre alguns tópicos pode chegar a ser esmagador. Por exemplo, minha estimativa para nosso estudo sobre ciência na imprensa nacional da Inglaterra foi de que necessitaríamos investigar até 700.000 artigos. Isso exigia um enfoque sistemático. Longe de ser a última palavra em um *corpus*, a AC pode ser o primeiro passo na ordenação e caracterização dos materiais em um enorme esforço de pesquisa.

Muitas fraquezas da AC foram realçadas na sua curta história. Kracauer (1952) mostrou que a separação de unidades de análise introduz inexatidões de interpretação: citações fora de contexto podem facilmente ser enganadoras. Embora seja sempre preferível considerar uma unidade singular dentro do contexto do *corpus* inteiro, os codificadores irão fazer seus julgamentos dentro do cotexto imediato e através de uma familiaridade geral com o material. Codificar contextualmente é importante para cada unidade de análise, seja ela um artigo, um parágrafo, uma frase, ou uma palavra. Nesse caso, a codificação automática e computadorizada mostrou suas limitações, e o codificador/intérprete humano está longe de ser dispensado.

A AC tende a focalizar frequências, e desse modo descuida do que é raro e do que está ausente: respeitados analistas introduzem códigos teóricos que podem muito bem mostrar ausências relevantes no texto. Este é um problema de enfoque: devemos estar atentos ao presente, ou ao ausente? Em princípio, a AC faz ambas as coisas (cf. Rose, cap. 14 deste volume), embora tenha um viés para o presente.

A relação entre unidades de texto segmentadas, codificadas em uma distribuição de frequência, e o texto original, fica perdida na AC: a categorização perde a sequencialidade da linguagem e do texto (cf. Penn, cap. 13 deste volume). O momento em que algo foi dito pode ser mais importante que o que foi dito. Alguém poderia argumentar que a AC constrói paradigmas de sentido potencial, em vez de compreender o sentido real. A análise longitudinal reintroduz alguma forma de sequência, onde a estrutura de um período pode ser comparada com a estrutura de outro, enquanto que as tendências são estabelecidas.

A procura de uma análise de conteúdo automática – texto dentro, interpretação fora – mostrou ser absurda: a codificação semântica privilegia o codificador humano eficiente (MARKOFF et al., 1974). Grande parte da AC com codificadores humanos sofre de um exagero de minuciosidade no exame – que às vezes se aproxima se uma fidedignidade fetichista. Na análise da maioria das entrevistas e pesquisas de opinião, os pesquisadores atribuem confiantemente a variância observada aos respondentes, enquanto que eles escondem em uma caixa-preta os vários efeitos dos entrevistadores, as situações e estruturas da pergunta, no controle de qualidade. Os analistas de conteúdo devem desenvolver igual preocupação em seus procedimentos, e atribuir também a variância observada às diferenças do texto.

Como métodos de pesquisa social, o levantamento por amostragem, a entrevista e a análise de conteúdo têm praticamente a mesma idade; como explicar, então, seu *status* diferente no arsenal das ciências sociais científicas? Neumann (1989) aponta para vários problemas institucionais que contaminaram a AC durante muito tempo de sua curta história. A AC não conseguiu estimular um interesse acadêmico contínuo, movendo-se para um "gueto metodológico", com ocasionais eclosões de atenção externa na década de 1940, 1970 e 1990. Ela se ressente de uma convergência de atividades de pesquisa. Não existem arquivos de dados para armazenar e tornar acessíveis dados brutos para análise secundária. Pesquisadores individuais constroem sua própria amostra e seu próprio referencial de análise. A AC sofreu as consequências de muita pesquisa rápida e nebulosa que deixou a impressão de que a AC pode provar tudo. Concepções simplistas, escalas de tempo limitadas e questões de pesquisa insignificantes confinaram a AC a projetos de pequena escala realizados por estudantes. Um método não é um substituto para ideias. O uso descritivo de muita AC reflete as dificuldades do problema de inferência: o que isso nos diz, sobre quem? A lacuna entre o possível e a realidade deve ser convenientemente superada com delineamentos de pesquisa paralelos, com múltiplos métodos: pesquisa longitudinal coordenada, incluindo levantamentos de opinião, entrevistas não estruturadas e *corpora* de textos é o caminho que se abre, integrando assim pesquisa qualitativa e quantitativa, em grande escala. A conversação e a escrita são ambas manifestações de opinião pública; e opinião pública que é reduzida a apenas um de seus constituintes tem muita probabilidade de ser falsa.

8. ANÁLISE DE CONTEÚDO CLÁSSICA...

Passos na análise de conteúdo

1. A teoria e as circunstâncias sugerem a seleção de textos específicos.

2. Faça uma amostra caso existirem muitos textos para analisá-los completamente.

3. Construa um referencial de codificação que se ajuste tanto às considerações teóricas como aos materiais.

4. Faça um teste piloto, revise o referencial de codificação e defina explicitamente as regras de codificação.

5. Teste a fidedignidade dos códigos, e sensibilize os codificadores para as ambiguidades.

6. Codifique todos os materiais na amostra, e estabeleça o nível de fidedignidade geral do processo.

7. Construa um arquivo de dados para fins de análise estatística.

8. Faça um folheto incluindo a) o racional para o referencial de codificação; b) as distribuições de frequência de todos os códigos; c) a fidedignidade do processo de codificação.

Referências bibliográficas

ANDREN, X. (1981). Reliability and Content Analysis. In: K.E. ROSENGREN (org.). *Advances in Content Analysis*. Beverly Hills, CA: Sage, p. 43-67.

BAUER, M.W. (1998a). Guidelines for Sampling and Content Analysis. In: DURANT, J. BAUER, M.W. & GASKELL, G. (orgs.). *Biotechnology in the Public Sphere*. Londres: Science Museum, p. 276-298.

BAUER, M. (1998b). "The Medicalisation of Science News – from the Rocket-scalpel to the Gene-meteorite Complex". *Social Science Information*, 37, p. 731-751.

BAUER, M.W. & GASKELL, G. (1999). "Towards a Paradigm for Social Representations Research". *Journal for the Theory of Social Behavior*, 29 (2), p. 63-86.

BAUER, M. et al. (1995). *Science and Technology in the British Press*, 1946-1990. Technical Report to the Wellcome Trust for the History of Medicine, July.

BERELSON, B. (1952). *Content Analysis in Communication Research*. Glencoe, Il: Free Press.

— 215 —

BUEHLER, K. (1934). *Sprachtheorie* – Die Darstellungsfunktion der Sprache. Stuttgart: Gustav Fischer.

DURANT, J. BAUER, M.W. & GASKELL, G. (orgs.) (1998). *Biotechnology in the Public Sphere*. Londres: Science Museum.

ECO, U. (1994). *Apocalypse Postponed:* Does the Audience have Bad Effects on Television? Bloomington. In: Indiana University Press, p. 87-102.

FIELDING, N.G. & LEE, R.M. (1998). *Computer Analysis and Qualitative Research*. Londres: Sage.

FRANKS, B. (1999). Types of Categories in the Analysis of Content. In: BAUER, M. (org.). *Papers in Social Research Methods* – Qualitative Series, Vol. 6. Londres: LSE Methodology Institute.

GERBNER, G. et al. (eds.) (1969). *The Analysis of Communication Contents:* Developments in Scientific Theories and Computer Techniques. Nova York, NY: Wiley, p.123-132.

GROSS, A. (1990). *The Rhetoric of Science*. Cambridge, MA: Harvard University Press.

HOLSTI, O.R. (1969). *Content Analysis for the Social Sciences and Humanities*. Reading, MA: Addison-Wesley.

_____ (1968). Content Analysis. In: LINDZEY G. & ARONSON, E. (orgs.), *Handbook of Social Psychology*. Reading, MA: Addison-Wesley, p. 596-692.

JANOWITZ, M. (1976). "Content Analysis and the Study of Socio-political Change". *Journal of Communication,* 26, p. 10-21.

KAPLAN, A. (1943). "Content Analysis and the Theory of Signs". *Philosophy of Science*, 10, p. 230-247.

KRACAUER, S. (1952). "The Challenge of Qualitative Content Analysis". *Public Opinion Quarterly,* 16, p. 631-642.

KRIPPENDORFF, K. (1994). "On Reliability of Unitizing Continuous Data". *Sociological Methodology,* 25, p. 47-76.

_____ (1980). *Content Analysis*: An Introduction to its Methodology. Londres: Sage.

LINDKVIST, K. (1981). Approaches to Textual Analysis. In: ROSENGREN, K.E. (org.). *Advances in Content Analysis*. Londres: Sage, p. 23-41.

McQUAIL, D. (1977). *Analysis of Newspaper Content*. Royal Commission on the Press, Research series 4. Londres: HMSO.

MERTEN, K. (1995). *Inhaltsanalyse.* 2nd erweiterte Auflage. Opladen: Westdeutscher.

MARKOFF, J., SHAPIRO, G. & WEITMAN, S.R. (1974). Toward the Integration of Content Analysis and General Methodology. In: HEISE, D.R. (org.). *Sociological Methodology* 1975. San Francisco, CA: Jossey-Bass, p. 1-58.

NAMENWIRTH, J.Z. & WEBER, R.P. (1987). *Cultural Dynamics.* Winchester MA: Allen & Unwin.

NEISBITT, J. (1976). *The Trend Report:* A Quarterly Forecast and Evaluation of Business and Social Developments. Washington DC: Center for Policy Process.

NEUMANN, W.R. (1989). "Parallel Content Analysis: Old Paradigms and New Proposals". *Public Communication and Behavior*, 2, p. 205-289.

NISSAN, E. & SCHMIDT, K. (orgs.) (1995). *From Information to Knowledge*: Conceptual and Content Analysis by Computer. Oxford: Intellect.

NORTH, R.C. et al. (1963). *Content Analysis:* a Handbook with Applications for the Study of International Crisis. Evanston, Il: Northwestern University Press.

PAISLEY, W.J. (1969). Title of the Paisley Chapter. In: G. GERBNER, O.R. et al. (orgs.). *The Analysis of Communication Contents*: Developments in Scientific Theories and Computer Techniques. Nova York, NY: Wiley.

SCOTT, W.A. (1955). "The Reliability of Content Analysis: the Case of Nominal Scale Coding". *Public Opinion Quarterly,* 19, p. 321-332.

SPEED, G. (1893). "Do Newspapers Now Give the News?". *Forum,* 15, p. 705-711.

STEMPEL, G.H. (1952). "Sample Size for Classifying Subject Matter in Dailies: Research in Brief". *Journalism Quarterly,* 29 p. 333-334.

STONE, P.J. et al. (1966). *The General Inquirer:* a Computer Approach to Content Analysis. Cambridge, MA: MIT Press.

TOULMIN, S. (1957). *The Uses of Arguments.* Cambridge: Cambridge University Press.

WEBB, E.J.; CAMPBELL, D.T. et al. (1966). *Unobtrusive Measures*: Nonreactive Research in Social Sciences. Chicago: Rand-McNally.

WEBER, M. (1965 [1911]). Sociologie des Zeitungswesen. In: A. SILVERMANN (org.). *Reader Massen Komunikation, Band I* Bielefeld, p. 34-41.

WEBER, R.P. (1985). *Basic Content Analysis.* Beverly Hills, CA: Sage.

9
ANÁLISE ARGUMENTATIVA

Miltos Liakopoulos

> *Palavras-chave*: argumentação; refutação; apoio; retórica; proposição; garantia; dados.

Conforme Aristóteles, nós somos "animais políticos", e com isso, ele queria dizer que os humanos estão organizados em sociedades de acordo com princípios comuns e com práticas de comportamento comumente negociadas. Política foi o nome dado à instituição que permitia a elaboração e organização de práticas comuns na sociedade. A forma principal de comunicação dentro dessa instituição era a fala, mas não qualquer tipo de fala: havia um tipo específico de fala formal, empregada na política, chamada retórica.

Os sentidos das palavras política e retórica mudaram desde os tempos de Aristóteles, mas a maneira como as pessoas se organizam em sociedade e discutem sobre isso é ainda a mesma. Os debates surgem a respeito de assuntos de interesse social e, como a era da informação está alcançando maturidade, mais e mais pessoas estão se tornando ativas nestes debates. O fato de grande quantidade de pessoas estarem tomando parte nos debates sociais possui uma consequência importante: a forma preferida de fala está se tornando menos formal. Apesar de estar mudando sua forma, toda fala que inclui debate se desenrola ao redor de um bloco básico: o argumento. Este forma a espinha dorsal da fala. Ele representa a ideia central ou o princípio no qual a fala está baseada. Ainda mais, ele é uma ferramenta de mudança social, na medida em que pretende persuadir uma audiência em foco.

Este capítulo trata da análise argumentativa. Trata de trazer o argumento para o primeiro plano da pesquisa social sobre debates

9. Análise Argumentativa

públicos. Tem como objetivo oferecer uma visão metodológica compreensiva da análise das estruturas da argumentação, com propósito de compreender melhor os parâmetros que influenciam os debates públicos.

O termo argumentação se refere a uma atividade verbal ou escrita que consiste em uma série de afirmações com o objetivo de justificar, ou refutar, determinada opinião, e persuadir uma audiência (VAN EEMEREN et al., 1987). O objetivo da análise da argumentação é documentar a maneira como afirmações são estruturadas dentro de um texto discursivo, e avaliar sua solidez. A análise normalmente se centra na interação entre duas ou mais pessoas que apresentam argumentos como parte de uma discussão ou debate, ou sobre um texto dentro do qual a pessoa constrói um argumento (VAN EEMEREN et al., 1997).

O enfoque tradicional vê os argumentos tanto como um processo e como um produto. O processo se refere à estrutura inferencial do argumento: ele é uma série de afirmações usadas como proposições, junto com outra série de afirmações usadas como justificativas das afirmações anteriores. O argumento como produto se refere à maneira como os argumentos se tornam parte de uma atividade dentro do contexto geral do discurso. As características básicas de um argumento são (BURLESON, 1992):

a) a existência de uma asserção construída como proposição.

b) uma estrutura organizativa ao redor da defesa da proposição.

c) um salto inferencial no movimento que vai da justificativa para a asserção.

A teoria de argumentação e Toulmin

No passado, as teorias da argumentação focalizavam a lógica da estrutura de argumentação, e procuravam delinear regras que expunham as falácias no pensar (BENOIT, 1992). A teoria do raciocínio de Aristóteles, por exemplo, foi um enfoque influente na avaliação de um argumento a partir da perspectiva da lógica formal. Desse ponto de vista, o argumento é tão válido quanto é o raciocínio existente por detrás dele, e existem determinadas regras universais que podem ser usadas na avaliação da lógica do argumento.

Na era moderna de influência dos meios de comunicação de massa, onde a argumentação alcança muito mais pessoas, em vez de apenas alguns privilegiados, novas teorias se desenvolveram. Estas teorias se deslocaram para uma visão interacional da argumentação, passando a ser seu foco o uso informal dos argumentos na fala do dia a dia e dentro de um contexto específico. Um notável exemplo desse novo tipo é a teoria da argumentação de Stephen Toulmin, que é apresentada em seu livro *The Uses of Arguments* (1958). Ela é o exemplo de uma teoria de lógica informal que se adapta melhor à era moderna da interação informal, da propaganda e da publicidade. A ênfase de Toulmin na persuasão e no convencimento sobre a validade formal, e seu tratamento mais funcional da linguagem, tornaram sua teoria um referencial muito influente para a pesquisa na área da argumentação (ANTAKI, 1994).

Toulmin propõe uma analogia entre um argumento e um organismo, e caracteriza a ambos como tendo uma estrutura anatômica e fisiológica. A estrutura anatômica de um argumento, do mesmo modo que um organismo, pode ser representada de uma forma esquemática. A representação esquemática da estrutura do argumento é a base para sua avaliação crítica e solidez (isto é, sua função psicológica). Neste sentido, o mérito de um argumento é julgado com fundamento na função de suas partes inter-relacionadas, e não com fundamento em sua forma.

O argumento mais simples toma a forma de uma proposição ou de uma conclusão precedida por fatos (dados) que a apoiam. Mas muitas vezes um qualificador dos dados é exigido: em outras palavras, uma premissa que nós usamos para defender que os dados são legitimamente empregados para apoiar a proposição. Esta premissa é chamada de garantia. Garantias são cruciais na determinação da validade do argumento, porque elas justificam explicitamente o passo que se deu dos dados para a proposição, e descrevem o processo em termos de por que esse passo pode ser dado. Uma representação gráfica da estrutura do argumento é apresentada na Figura 9.1 (adaptada de TOULMIN, 1958).

Figura 9.1 – *Estrutura do argumento (adaptada de TOULMIN, 1958)*.

9. Análise argumentativa

Toulmin admite que em alguns argumentos é difícil distinguir entre dados e apoios, embora a distinção seja crucial na análise do argumento. Uma maneira de distingui-los é considerar que em geral os dados são explícitos, enquanto que as garantias são implícitas. Enquanto que os dados são usados para legitimar a conclusão com referência explícita aos fatos, as garantias são usadas para legitimar o processo que vai dos dados à proposição, e para encaminhá-la de volta para outros passos implicados nessa legitimação – passos cuja legitimidade é pressuposta.

Diferentes tipos de garantias dão força diferente à proposição. Às vezes há necessidade de fazer uma referência específica à força do processo que vai dos dados à proposição, através de uma garantia. Essa referência é chamada de um qualificador, e toma a forma de palavras tais como necessariamente, presumivelmente, provavelmente, etc.

O processo que vai da garantia até a proposição pode muitas vezes ser condicional (por exemplo, a proposição é provavelmente verdadeira a menos que...). Isto se refere a condições sob as quais a garantia não tem controle. Em tais casos, refutações são usadas como afirmações condicionais semelhantes aos qualificadores.

Em um argumento mais complexo, há necessidade de explicar por que a garantia usada tem poder. Nesse caso, a garantia necessita um apoio (cf. Figura 9.1). Normalmente, apoios são afirmações categóricas ou fatos (tais como leis), não diferentes dos dados que conduzem inicialmente à proposição. A aparição de apoios para garantia depende de a garantia ser aceita, ou não, como não tendo problemas. Apoios de garantia não são usados muitas vezes em uma discussão porque isso tornaria uma discussão prática tão complexa que a tornaria impossível.

A natureza categórica dos apoios cria certas semelhanças com a parte dos dados do argumento. A diferença entre dados e apoio é, em geral, que dados são particulares, e apoio é uma premissa universal. Por exemplo, onde dados têm a ver com um referencial diretamente relacionado com a proposição, um apoio consistiria de uma afirmação geral que se aplicaria a muitos outros casos.

Na visão de Toulmin, a argumentação é um ato social incluindo toda atividade que diz respeito a formular proposições, apoiá-las, fundamentá-las com razões, etc. (TOULMIN et al., 1979). Por esta razão, ele introduz a noção de campos do argumento. Ele sugere que alguns aspectos do argumento são basicamente os mesmos, apesar do contexto em que eles são desenvolvidos; esses são invariantes com referência ao campo. Por ouro lado, alguns outros aspectos diferem de contexto para contexto, e como tais são dependentes do campo. Exemplos de campos são a política, a justiça e a arte. Cada campo possui seus próprios critérios para desenvolver e compreender os argumentos, com a consequência que discordâncias entre campos são difíceis de resolver, pois eles acontecem em diferentes esferas.

A noção de campos de argumento, ou contextualização da argumentação, está diretamente ligada com a de validade formal e o tipo do argumento. Existem diferentes tipos de argumentos, de acordo com Toulmin, e sua classificação está baseada nas diferentes qualidades de seus componentes. A distinção mais importante é entre argumentos substanciais e analíticos. A diferença é que o argumento analítico contém apoio para a garantia, cuja informação autoriza, explícita ou implicitamente, a própria conclusão. Em outras palavras, uma compreensão do argumento pressupõe uma compreensão de sua legitimidade. Neste caso, a garantia é usada na forma tradicional de reforço do processo da lógica que vai dos dados à proposição, mas sendo independente deles. O típico argumento científico é o do tipo encontrado na lógica, ou matemática, onde a conclusão é necessariamente resultado das premissas. A avaliação desses argumentos segue as regras da validade formal.

Toulmin, entretanto, afirmou que a validade formal não é nem condição necessária, nem suficiente da solidez de um argumento. Por exemplo, em um argumento substancial a conclusão não está necessariamente contida, ou implicada, nas premissas, porque as premissas e a conclusão podem ser de diferentes tipos lógicos. Compreender a evidência e a conclusão pode não ajudar a compreender o processo, e desse modo garantias e apoios de outro tipo lógico são usados para fechar a lacuna de compreensão. Consequentemente, o uso de qualificadores tais como "possivelmente", ou "com probabilidade", torna-se inevitável. Um exemplo deste argumento poderia incluir a conclusão sobre o passado, com premissas contendo dados sobre o presente. Neste caso, a discrepância lógica entre premissas e conclusão só pode ser preenchida pela referência ao campo específico em que o argumento está se desenvolvendo.

A teoria da argumentação de Toulmin tem sido influente no campo da pesquisa sobre argumentação, na medida em que significa

9. ANÁLISE ARGUMENTATIVA

uma ruptura com o rígido sujeito da lógica formal e oferece uma forma básica e flexível, quase geométrica, de análise de argumentação. Suas ideias foram exploradas em uma quantidade de estudos. Por exemplo, na área da argumentação formal textual, Weinstein (1990) empregou o esquema de Toulmin para analisar a estrutura da argumentação típica da ciência. Ball (1994) usou uma adaptação computadorizada do modelo de Toulmin para analisar argumentos de política pública. Na psicologia do desenvolvimento, de Bernardi & Antolini (1996), compararam o tipo de argumentação e estrutura em trabalhos de escolas de diferentes graus. Putnam & Geist (1985) estudaram o processo de negociação entre professores de escola e administradores, em uma escola distrital local, a fim de examinar a maneira como a argumentação configura os resultados. De maneira semelhante, Chambliss (1995) e Garner (1996) empregaram a estrutura de Toulmin para pesquisar o efeito sobre os leitores de um texto persuasivo/argumentativo sobre a Guerra do Golfo.

O modelo de Toulmin é uma generalização derivada de uma teoria desenvolvida no contexto do direito, como ele explica:

> Nos estudos que seguem, então, a natureza do processo racional será discutida com a "analogia jurisprudencial" em mente: nosso tema será o prudencial, não simplesmente do jus, porém mais usualmente da ratio... Nossas proposições extralegais devem ser justificadas, não diante dos Juízes de Sua Majestade, mas diante da Corte da Razão (1958: 8).

As proposições de Toulmin, contudo, concernentes à generalidade de seu modelo, foram questionadas por outros estudiosos da argumentação. O modelo foi criticado como sendo demasiadamente simples para a análise de estruturas complexas que ocorrem no mundo concreto (BALL, 1994); e como sendo mal definido em termos de suas partes estruturais e seus tipos (VAN EEMEREN et al, 1987). Hample (1992) chegou até a afirmar que o modelo não se mostra verdadeiro nem para os exemplos que Toulmin apresenta em seu livro *The Uses of Arguments*.

A flexibilidade da estrutura do argumento de Toulmin, que permite várias interpretações dos componentes da argumentação, é outro problema. Por exemplo, argumentou-se que os termos "apoio" e "garantia" de Toulmin não são claramente distinguíveis, e também que ele não oferece um modo consistente de se conseguir "dados" a partir da "garantia" (HAMPLE, 1992; VAN EEMEREN et al., 1987).

— 223 —

Toulmin reconhece essas limitações no modelo. Ao empregar exemplos de argumentos a partir de uma área de estudo específica (direito), ele evita o problema das inconsistências em sua definição das partes do argumento. Apesar disso, como foi dito acima, ele introduz uma importante noção de especificidade de contexto em seu modelo. As inconsistências aparentes podem ser resolvidas se alguém leva em consideração a noção de Toulmin do contexto em que o argumento é empregado. Em outras palavras, o contexto irá fornecer a estrutura em que a identificação dos componentes do argumento se torna clara (BURLESON, 1992).

Estudo de caso e definição das partes do argumento

Nesta seção, irei ilustrar a análise de argumentação em um estudo de caso. O caso se refere à soja geneticamente modificada (GM), que entrou no mercado europeu em outubro de 1996, e conduziu ao primeiro debate público na Inglaterra sobre aplicações da biotecnologia moderna.

Como foi discutido acima, as definições das partes do argumento (dados, reivindicações, garantias, apoios e refutações) não são sempre claras. Os pesquisadores, usando o método de Toulmin, acharam apropriado criar suas definições próprias das partes do argumento, baseadas na conceptualização de Toulmin (cf. BERNARDI & ANTOLINI, 1996; MAROUDA, 1995; SIMOSI, 1997). Suas definições dependem do contexto em que a pesquisa tem lugar (por exemplo, uma situação organizacional ou educacional), e dos meios para descobrir a estrutura da argumentação (por exemplo, ensaios ou entrevistas).

No estudo do debate sobre a soja, a estrutura da argumentação está localizada nos artigos de jornais. A formalidade do assunto e as forças da argumentação permitem uma aproximação menos controversa com respeito ao tópico da definição e à identificação das partes do argumento, pois os próprios atores têm toda razão de serem formais e estritos no seu esquema de argumentação. Isto porque em um debate público que envolve sérios problemas, tais como saúde pública, grandes ganhos financeiros e até mesmo relações internacionais (como foi o caso no debate sobre soja), cada participante é muito cuidadoso em articular e empregar apoios claros e adequados para suas reivindicações. Por isso nossas definições das partes do argumento dar-se-ão no contexto de um debate social formalizado, que se fun-

9. Análise Argumentativa

damenta em fatos explícitos e com vistas a apoiar tomadas de decisão legais, não diferentes do contexto em que Toulmin desenvolveu seu modelo original.

Nossa unidade de análise é composta de textos escritos (artigos de jornal) que se referem explicitamente a pontos de vista, crenças e convicções de atores no debate sobre soja. Um ator é definido como qualquer parte interessada no debate que expresse uma opinião estruturada. Sendo que os pontos de vista dos atores estão algumas vezes dispersos no artigo, dependendo do espaço disponível e do estilo jornalístico, achamos necessário sintetizar os pontos de vista em um parágrafo que foi subsequentemente usado como a fonte para a desconstrução da argumentação.

Além do mais, e à luz do que foi dito acima, nós definimos as partes do argumento como um ponto de referência para o codificador que necessita desconstruir determinado argumento. Achamos as tentativas de definir as partes do argumento de de Bernardi & Antolini (1996), e de Simosi (1997) particularmente úteis, e as adaptamos para nossos próprios fins:

• *Proposição*: uma afirmação que contém estrutura e é apresentada como o resultado de um argumento apoiado por fatos. Poderão existir numerosas proposições em uma unidade de análise, mas nosso interesse reside na proposição central que é parte da estrutura da argumentação.

Exemplos de proposições são:

A biotecnologia é a solução para a fome do mundo.

Alimentos gerados geneticamente possuem efeitos imprevisíveis sobre a saúde a longo termo.

A avaliação do risco da soja geneticamente criada não é apropriada.

• *Dados*: fatos ou evidência que estão à disposição do criador do argumento. Os dados podem se referir a acontecimentos passados, ou à situação, ação ou opinião atuais, mas de qualquer modo eles se referem à informação que está relacionada com a proposição central do argumento.

Exemplos de dados são:

O crescimento da população é rápido e há falta de alimento.

Os reguladores na Comissão Europeia já aprovaram plantações geneticamente criadas.

— 225 —

93% do público respondeu sim à pergunta: "Você acredita que alimentos que contêm alimento geneticamente produzido devem ser rotulados?"

Algumas vezes os dados podem ser proposições que foram validadas em argumentos precedentes. Por exemplo, em argumentos que são gerados a partir de uma fonte científica, os dados podem ser o resultado (proposição) de um antigo experimento científico. Por exemplo:

Genes estranhos podem passar às células intestinais (dados), por isso alimentos geneticamente criados podem alterar o DNA daqueles que os comem (proposição).

É também no campo do argumento científico que afirmações podem desempenhar os papéis tanto de dados como de garantia, ao mesmo tempo. Isto se deve ao estilo autoritativo dos argumentos científicos (WEINSTEIN, 1990). Por exemplo:

Os cientistas descobriram que genes estranhos em plantações geneticamente criadas podem se incorporar às ervas daninhas, desse modo a soja geneticamente criada pode transmitir o gene resistente à peste, também para outras plantas (proposição).

Neste argumento, fica claro que a primeira afirmação é tanto a evidência em que a proposição está fundamentada como também o apoio para a validade do processo de passagem dos dados para a proposição.

• *Garantia*: uma premissa consistindo de razões, autorizações e regras usadas para afirmar que os dados são legitimamente utilizados a fim de apoiar a proposição. Ela é o passo lógico que conduz à conclusão, não por meio de uma regra formal, mas pela regra da lógica do argumento específico.

Por exemplo:

A avaliação do risco de alimentos geneticamente criados não inclui a avaliação do impacto total no meio ambiente.

Nossa sociedade tem a habilidade de discernir entre os custos e os benefícios da nova tecnologia e decidir sobre isso.

Tais afirmações incluem uma regra e um raciocínio pessoal respectivamente, que são reivindicações elas próprias, se vistas a partir do contexto do argumento, mas são usadas para legitimação das conclusões do argumento (o porquê ou por conseguinte que precedem a conclusão).

9. ANÁLISE ARGUMENTATIVA

• *Apoio*: uma premissa que é usada como um meio de ajudar a garantia no argumento. Ele é a fonte que garante a aceitabilidade e a autenticidade da razão, ou regra a que a garantia se refere. Semelhante no estilo aos dados, ela normalmente oferece informação explícita.

Por exemplo:

Os químicos desenvolveram o cloro e os físicos desenvolveram a bomba atômica.

É usado para legitimar a garantia:

Os cientistas são responsáveis pelas consequências de seu trabalho e a ciência não é eticamente neutra.

É também comum que os apoios não sejam explicitamente colocados, mas que apenas a eles se aluda, ou que sejam deixados para serem presumidos pelo leitor do argumento (GOVIER, 1987). Por exemplo, a garantia:

A avaliação de risco de alimentos geneticamente criados não inclui uma avaliação do impacto total no meio ambiente.

Alude às regulamentações da avaliação do impacto total no meio ambiente que incluem artigos X, Y, etc.

A incorporação na argumentação de premissas ocultas como estas é deixada à decisão do pesquisador e depende da necessidade que ele tem de incluí-las em sua análise. No nosso caso, decidimos incluir estas premissas ocultas em nossa representação esquemática dos argumentos, sempre que se fazia alusão a elas, pois fazem parte da estrutura implícita do argumento, e por isso auxiliam nosso esforço de compreender o processo da argumentação.

• *Refutação*: uma premissa que autoriza a refutação da generalidade da garantia. Ela mostra a exceção da regra que é afirmada no argumento, ou as condições sob as quais o argumento não possui legitimação e por isso a reivindicação não se sustenta como verdadeira.

Por exemplo:

A reação do consumidor pode minar a tendência da biotecnologia é usada como uma refutação da proposição de que:

A tendência da biotecnologia é inevitável, pois ela propicia enormes ganhos financeiros.

As refutações não são usadas muitas vezes na argumentação formal, como o foram no nosso caso, porque elas podem minar a própria essência do argumento, que é persuadir o público da legitimidade da conclusão. Esta é uma diferença dos exemplos de Toulmin sobre o direito, onde as refutações contêm até mesmo premissas de apoio separadas, pois cada lei tem também regras para exceções.

Do texto para Toulmin: um exemplo

Apresentarei agora um exemplo de identificação e decomposição dos argumentos que foram encontrados no material da mídia impressa sobre o tópico da soja geneticamente criada. O exemplo provém de uma carta ao editor que apareceu no *Financial Times* de 27 de junho de 1996, um pouco antes da introdução da soja geneticamente criada no mercado:

> Prezado senhor, a coluna de Henri Miller's Viewpoint "A esquerda se colocando a favor da revolução agrícola" contém várias afirmações que merecem ser questionadas.
> 1. A geração de plantas e animais geneticamente modificados ("transgênicos"), implica a integração aleatória do material genético buscado no DNA do organismo hospedeiro, e por isso dificilmente pode-se afirmar que ela seja precisa. Este procedimento resulta no rompimento da planta genética do organismo com consequências totalmente imprevisíveis a longo termo.
> 2. O enfoque transgênico de gerar novas variedades de alimentos a partir das plantas e animais não pode ser visto como uma extensão natural dos métodos clássicos de procriação, pois ele permite que as barreiras normais da espécie sejam burladas. Deste modo, até mesmo as proteínas animais podem agora ser criadas em plantas.
> 3. Gêneros alimentícios de fontes criadas geneticamente já causaram problemas de saúde (e, ao menos em um caso, fatal) devido à produção imprevisível de substâncias tóxicas (metabólitos como o tryptophan de bactérias criadas) e reações alérgicas (a proteína da noz brasileira na soja).
> 4. A maioria das plantas transgênicas (57%) que estão em desenvolvimento estão sendo criadas para serem resistentes a herbicidas que permitem o uso mais liberal de agroquímicos, e não sua diminuição, como é afirmado.
> 5. Já se descobriu que plantações transgênicas criadas para serem resistentes a herbicidas (por exemplo, batatas, sementes de colza) transpolinizam-se com espécies relacionadas de tipo selvagem, gerando potenciais superplantas. Estes problemas ambientais ameaçam minar louváveis iniciativas tais como as do esquema Leaf de gerenciamento integrado de plantações, no qual a maioria das cadeias de supermercados britânicos agora se inscreveu.

9. Análise argumentativa

> Infelizmente, a União Europeia parece estar seguindo o exemplo dos Estados Unidos e está inclinada a introduzir dezenas de diferentes variedades de plantas geneticamente modificadas em um futuro próximo, sem os exames adequados de segurança e sem a preocupação com o impacto destas plantas no meio ambiente a longo prazo. Além do mais, não há exigência de selo obrigatório de alimentos geneticamente criados. Seguramente, devido aos problemas que já apareceram, até mesmo precaução maior é necessária, com uma legislação mais estrita com respeito à avaliação e à segurança do que sejam realmente alimentos "experimentais".
>
> A etiquetação clara destes novos alimentos irá também garantir que o consumidor não apenas tenha a escolha, mas também, caso problemas imprevistos surgirem, a fonte possa ser mais facilmente descoberta. Deveria ser óbvio a necessidade de uma política aberta e honesta para construir uma confiança do consumidor com respeito a estes produtos e assegurar um futuro econômico saudável.
>
> Professor PhD. de Biologia Molecular.

Primeiro, nós identificamos a fonte da argumentação porque é dada uma indicação dos atores no debate. É comum na tradição jornalística de grandes jornais, dar uma explicação completa das perspectivas sobre um tópico específico, antes que o jornalista apresente as suas. Como tal, um único artigo pode conter diferentes fontes, para os diferentes argumentos. Neste caso, o autor do texto é identificado como um doutor (PhD) e professor de Biologia Molecular. Por isso a fonte da argumentação neste texto é identificada como ciência.

Como um auxílio prático de decomposição do argumento, nós sumarizamos a seguir os pontos principais. Isso ajuda tanto a coletar as partes dispersas da argumentação em um texto contínuo como identificar possíveis conexões que podem não ser tão óbvias em uma primeira leitura do artigo.

A produção de alimento geneticamente criado emprega técnicas aleatórias que rompem a planta genética de um organismo e por isso há consequências imprevisíveis a longo prazo.

A engenharia genética não é um processo natural, porque ela permite burlar as barreiras da espécie transportando proteínas animais para plantas.

A aprovação da União Europeia de plantações geneticamente modificadas não está baseada em exames apropriados de segurança, no que se refere aos efeitos a longo termo sobre a saúde e sobre o meio ambiente, pois os gêneros alimentícios que provêm de fontes geneticamente criadas causaram problemas de saúde, como no caso de reações alérgicas a soja com a proteína da noz do Brasil, e foi descoberto que plantações geneticamente criadas se transpolinizam com espécies selvagens semelhantes.

Nos termos da representação esquemática do argumento de Toulmin, podemos representar os argumentos acima como na Tabela 9.1.

Tabela 9.1 – *Carta sobre soja GM: representação dos argumentos*

Argumento I

Dados	*Proposição (deste modo)*
A produção de alimento geneticamente criado usa técnicas aleatórias	Alimentos geneticamente criados têm imprevisíveis consequências a longo termo
Garantia (pois)	
As técnicas rompem a planta genética do organismo	

Argumento II

	Proposição (deste modo)
	A engenharia genética não é um processo natural
Garantia (pois)	
A engenharia genética permite burlar a barreira da espécie	
Apoio (porque)	
A engenharia genética pode ser usada para levar proteínas animais para as plantas	

Argumento III

Dados	*Proposição (desse modo)*
A União Europeia aprovou plantações geneticamente modificadas	A União Europeia não fez os exames adequados de segurança para efeitos a longo prazo sobre a saúde e o meio ambiente
Garantia (pois)	
Alimentos geneticamente criados causaram problemas de saúde e plantações geneticamente criadas se transpolinizaram com espécies selvagens	
Apoio (porque)	
Soja geneticamente modificada com a proteína de uma noz do Brasil causou reações alérgicas	

9. Análise Argumentativa

Uma nota sobre a fidedignidade da argumentação do esquema de codificação

Discuti acima os problemas da definição e, consequentemente, da identificação das partes da análise da argumentação. Vimos que o modelo de Toulmin foi criticado por lhe faltar definições claras, e como o conceito de "contextualização" pode ser de grande ajuda na superação de dificuldades de identificação. As definições que nós demos às partes do argumento foram uma tentativa de resolver os problemas de identificação e para criar um referencial de codificação objetivo que pode ser usado por muitos codificadores.

Uma medida de objetividade é a "fidedignidade intercodificadores", pela qual os codificadores empregam o mesmo referencial de codificação para codificar independentemente as mesmas unidades. A quantia de concordância entre eles é uma estimativa da fidedignidade intercodificador (cf. tb. KRIPPENDORFF, 1980). Em uma tentativa de esclarecer o processo metodológico que nós seguimos neste estudo, desenvolvemos um teste de fidedignidade intercodificador. A fidedignidade geral na codificação de dois codificadores independentes, neste estudo, foi 0.77 (a fidedignidade para conceitos individuais flutua entre 0.69 e 0.89). Este é um resultado satisfatório, pois ele mostra uma clareza significativa na definição das partes do material do texto que estamos usando para nossa investigação.

Alguns resultados do estudo de caso

Tendo explicado o processo de identificação e desconstrução dos argumentos a partir de material textual com base na representação esquemática de Toulmin, podemos agora nos voltar para o exemplo de um estudo de caso de análise da argumentação. Nosso estudo de caso, como no exemplo acima, refere-se ao debate público que surgiu a partir da introdução do primeiro alimento GM – a soja – no mercado europeu.

A análise do debate da soja nos artigos de jornal foi parte de uma tese de doutorado do autor deste capítulo (LIAKOPOULOS, 2000). O primeiro nível de análise foi a identificação da estrutura de argumentação de cada parte interessada na controvérsia. Com este fim, identificamos artigos da mídia que se referiam ao problema da soja, durante o período de sua introdução no mercado (outubro de 1996 a janeiro de 1997), e seguindo o procedimento discutido acima, descontruímos a argumentação para cada ator principal do debate.

— 231 —

Identificamos um total de 37 artigos que continham material de argumentação. A desconstrução da argumentação resultou em 59 argumentos principais. Os argumentos foram então sintetizados para cada ator no debate (fonte de argumentação). Aqui estão alguns resultados preliminares de três atores no debate: indústria, grupos ambientais e ciência.

Argumentação da indústria

A síntese da argumentação da indústria, a partir da representação esquemática de Toulmin, é mostrada na Tabela 9.2.

Tabela 9.2 – *Argumentação da indústria sobre a soja GM*

Dados	Proposições (desse modo provavelmente)
A soja GM foi aprovada pela EU	A segregação do soja não é necessária
A população mundial está crescendo	A soja GM não é nova
O mundo tem falta de alimento	A soja GM é segura
	Não é necessário etiquetar a soja GM
	Biotecnologia é a solução para a fome do mundo
	Biotecnologia é a chave para o desenvolvimento sustentável
	Os consumidores devem aprender mais sobre biotecnologia
	A tendência de investimento na biotecnologia é inevitável
Garantia (sendo que)	**Refutação (a não ser que)**
As mesmas técnicas foram usadas por centenas de anos	A reação dos consumidores irá minar a tendência da biotecnologia
A soja GM foi aprovada como segura por fiscalizadores em todo o mundo	
A etiquetação implicaria que a soja GM é diferente	
A biotecnologia assegura plantações mais baratas e compatíveis com o meio ambiente	
A biotecnologia promete grandes lucros	
Apoio (porque)	**Apoio (porque)**
A soja GM é idêntica ao soja normal	A reação do consumidor se baseia na ignorância e em mal-entendidos
As plantações GM produzem 20% mais e necessitam menos pesticidas	

9. Análise argumentativa

Vimos que a argumentação da indústria para a soja GM segue uma variedade de linhas paralelas. A soja GM é primeiramente vista como um produto seguro e econômico, e um progresso, como a eliminação da fome no mundo. O apoio para essas proposições provém do resultado do processo legal e dos dados de experimentos. O problema da imagem é também reconhecido e é atribuído à ignorância e aos mal-entendidos. Ainda mais, os dados são também usados como garantias de proposições: por exemplo, o fato de que a soja foi aprovada pelas autoridades legais é usado como uma garantia devido a seus credenciais de segurança. No geral, a estrutura do argumento é clara, com apoios e uma simplicidade que pode agradar ao raciocínio do senso comum.

A instância oficial reguladora para a soja GM, como representada no raciocínio nas partes que dizem que o *Food and Drug Administration* dos Estados Unidos aprovou a soja, é refletida nessa argumentação. Ela é usada como uma garantia das proposições de sua segurança.

A única refutação na argumentação da indústria é a questão da aceitação pelo consumidor. A indústria vê claramente a aceitação por parte do consumidor como um impedimento à promessa da biotecnologia, reconhecendo, por isso, a necessidade de uma informação e uma campanha de imagem (na verdade, a indústria de biotecnologia europeia lançou uma grande campanha de informação e de imagem).

No que se refere à clareza da argumentação, sua compreensão e aceitação dependem da aceitação de seus pressupostos implícitos. Estes pressupostos podem ser lacunas no raciocínio dedutivo do argumento (isto é, premissas que estão faltando), ou simplesmente verdades universais sobre a realidade do contexto particular em que o argumento tem lugar (GOVIER, 1987). De qualquer modo, estes pressupostos fornecem pistas importantes para a validade do argumento. A argumentação da indústria deixa certos fatos e garantias sem explicação, pelo fato de pressupor que o leitor está de acordo com sua verdade *ipso facto*. Estes pressupostos podem ser sintetizados como segue:

1. O processo legal para a aprovação de novos alimentos é rigoroso e impecável (pois a aprovação legal é igualada, no argumento, à segurança do produto).

2. A fome do mundo é resultado da falta de alimento (pois plantações maiores e mais baratas, propiciadas pela biotecnologia, são vistas como a solução para a fome do mundo).

3. A biotecnologia é um processo natural e benigno (pois a biotecnologia é vista como idêntica aos métodos de produção tradicional).

PESQUISA QUALITATIVA COM TEXTO, IMAGEM E SOM

4. Os riscos podem ser quantificados (pois a soja GM é apresentada como idêntica à soja ordinária, porque elas são semelhantes em mais de 99% de sua estrutura genética).

A argumentação da ciência

O argumento da ciência pode ser representado na Tabela 9.3.

Tabela 9.3 – Argumento da ciência com respeito à soja GM

Dados	Proposição (deste modo provavelmente)
A produção de alimento GM emprega técnicas aleatórias	Os alimentos GM produzem efeitos imprevisíveis a longo termo
Os legisladores aprovaram a soja GM	GM não é um processo natural
Genes estranhos podem passar às células intestinais	O processo de regulamentação não está fazendo exames apropriados de segurança
As pessoas se preocupam com GM	A soja GM pode alterar o DNA dos que a comem
	A soja GM pode transmitir o genes resistente à peste às outras plantas
	Os cientistas devem reagir às preocupações das pessoas

Garantia (pois)

As técnicas de GM não são precisas
GM permite a passagem de proteínas animais para plantas
As plantações GM já causaram problemas de saúde
Seres vivos são muito complicados e imprevisíveis
A avaliação do risco de alimentos GM deve incluir todo o impacto no meio ambiente
Os cientistas são responsáveis pelas consequências de seu trabalho

Apoio (porque)
Na natureza não há transposição da barreira entre espécies
Um experimento com soja GM do Brasil com uma proteína de noz causou problemas de saúde para pessoas com alergia à noz brasileira
Os cientistas foram responsáveis por descobertas destrutivas, tais como o gás, cloro e a bomba atômica

9. ANÁLISE ARGUMENTATIVA

A argumentação da ciência é bastante técnica, como se poderia esperar. Ela se refere a aspectos técnicos específicos da soja GM, à segurança legal dos procedimentos de exame e à pesquisa da engenharia genética anterior. Ela questiona a naturalidade da tecnologia da modificação genética, a integridade dos procedimentos reguladores para a aceitação dos produtos da biotecnologia, e até mesmo os credenciais éticos da pesquisa científica.

Bem de acordo com a argumentação científica oficial, os dados são também empregados como garantias das reivindicações, pois eles às vezes constituem uma descoberta em si mesmos (cf. tb. WEINSTEIN, 1990). Por exemplo, a descoberta de que genes estranhos são transmitidos às células intestinais é usada tanto como dado e como garantia da reivindicação da segurança da engenharia genética.

A fala completa de refutações é um indicativo da natureza autoritária do argumento científico. Baseada em fatos concretos, a única coisa que pode desqualificar, ou trazer alguma dúvida sobre a reivindicação científica, é outra pesquisa sobre o assunto. Poder-se-ia, então, incluir uma refutação geral colocando a menos que outras pesquisas provem que isso seja falso.

No geral, o argumento da ciência está bem construído, com sólido apoio que deixa muito pouco espaço para pressupostos. O único pressuposto geral desta argumentação pode ser o de que o paradigma da pesquisa científica é objetivo e confiável. Ainda mais, os argumentos atacam diretamente a linha oficial das autoridades reguladoras, especialmente as proposições de que a soja GM é idêntica à soja comum e provavelmente não produzirá nenhum efeito colateral negativo para o consumo humano.

O argumento ambientalista

A representação sintética do argumento ambientalista é apresentado na Tabela 9.4.

PESQUISA QUALITATIVA COM TEXTO, IMAGEM E SOM

Tabela 9.4 – *O argumento ambientalista com respeito à soja GM*

Dados	Proposição (deste modo provavelmente)
Os consumidores querem etiquetação (resultados de levantamento)	Alimentos GM colocam riscos desconhecidos
A soja GM passou pelos testes de regulamentação	É improvável que a soja GM seja etiquetada
	Deveria haver etiquetação dos alimentos GM
	GM não é um procedimento natural
	O processo de regulamentação não é confiável
Garantia (pois)	*Refutação (a não ser que)*
GM causou problemas de saúde no passado	É negado ao público o direito de escolher
Monsanto não separou a soja GM	
Muitas pessoas querem etiquetar alimentos GM	
GM permite que proteínas animais passem às plantas	
Os processos reguladores testam efeitos de curto termo e não de longo termo	
Apoio (porque)	
Um experimento da soja GM com uma proteína de noz do Brasil causou problemas de saúde para pessoas com alergia à noz brasileira	
Monsanto é uma companhia irresponsável	
A natureza não permite a transposição da barreira da espécie	

Vemos que a argumentação ambientalista se desenvolve em três níveis. Um é o nível da ciência, onde vemos a repetição de alguns argumentos que foram originalmente desenvolvidos pela parte científica. Por exemplo, a proposição de que os alimentos GM colocam riscos desconhecidos, baseada no fato de que experimentos com alimento GM (soja) provaram que se gene estranho produziu alergias em algumas pessoas, é uma clara repetição do argumento científico. O segundo nível de argumentação se refere às credenciais da tecnologia como um todo. Novamente a tecnologia é retratada como não natural, e o apoio para esta reivindicação vem de seus procedimen-

— 236 —

tos técnicos (o fato de que o gene de um animal pode ser transferido para uma planta). O terceiro nível tem a ver com a ética de tomadas de decisão políticas sobre a soja GM, e especialmente com a questão da etiquetação. A proeminência desse argumento é tão clara que se poderia dizer que o argumento ambientalista está centrado ao redor da etiquetação de alimentos GM aprovados em geral, e da soja GM em particular. Há muitas razões possíveis para isso. Primeiro, a questão da etiquetação está associada a uma clara e forte atitude pública, pois muitos levantamentos mostraram uma impressionante maioria de pessoas querendo etiquetar os alimentos GM. Em segundo lugar, a etiquetação é um argumento ético que vai além dos impasses da argumentação técnica. Em terceiro lugar, é um tema que traz à superfície muitos outros problemas políticos próximos à agenda ambiental (tais como a relação entre a indústria e os legisladores, e o conhecimento público e as atitudes com respeito aos procedimentos de regulamentação).

De maneira geral, o argumento ambientalista está construído inteligentemente, com suporte apropriado para cada nível, e com um raciocínio simples. A refutação é usada não como uma negação da garantia, mas ao contrário, como um alerta da dimensão ética da questão. Há dois pressupostos implicados no argumento que podem ser sintetizados como segue:

> 1. A condição atual das plantações é natural (pois o acréscimo de um único gene os transforma em não naturais).

> 2. A utilidade de um desenvolvimento tecnológico tem menos valor que seus aspectos éticos e de risco (pois o uso de soja GM nem sequer merece uma menção no argumento).

A análise de argumentação como uma forma de análise de conteúdo

A análise de conteúdo é um exercício de redução de dados onde o texto é codificado em determinadas categorias. A transformação do texto original em categorias quantificadas é feita através de um referencial de codificação que abrange todo aspecto importante do material de pesquisa. O desafio é reduzir uma grande quantidade de material em unidades significativas de análise, sem perder a essência (conteúdo, intenção) do material escrito original (Bauer, cap. 8 neste volume). Medidas de fidedignidade, tais como a fidedignidade inter e intracodificador, foram desenvolvidas para avaliar a objetividade durante o processo de transformação.

A análise de argumentação pode também ser teorizada como uma forma de análise de conteúdo. Ambas as análises tentam reduzir grandes quantidades de material, captando certos aspectos importantes do texto e transformando-os em unidades de análise. Necessita-se apenas considerar as partes do argumento (dados, proposição, garantia, apoio, refutação) como categorias, e a análise de conteúdo se torna um processo alternativo viável. Por exemplo, um exercício típico de análise de conteúdo resultaria em uma tabela com variáveis de categoria v e de casos c:

	v1	v2	v3	v4
c1	x	X	x	x
c2	x	X	x	x
c3	x	X	x	x
c4	x	X	x	x

Na análise de argumentação a mesma tabela iria consistir das partes do argumento (dados D, proposições P, garantias G, apoios A, e refutações F) e casos c:

	D	P	G	A	F
c1	x	X	x	x	x
c2	x	X	x	x	x
c3	x	X	x	x	x
c4	x	X	x	x	x

É claro que nem todas as células, em tais tabelas, seriam preenchidas com dados, pois cada parte do argumento poder-se-ia relacionar a mais de uma das outras partes do argumento. Por exemplo, a tabela acima poderia parecer como a que segue:

	D	P	G	A	F
c1	x	X	x	x	
c2		X	x		x
c3	x	X	x	x	
c4	x	X	x		

9. Análise argumentativa

Neste exemplo, os mesmos dados levam a diferentes, mas talvez semelhantes, proposições. Por sua vez, diferentes garantias apoiam uma única proposição e assim por diante. Este é um retrato realístico de uma estrutura de argumentação provinda de uma grande quantidade de texto. Tal retrato nos permite uma descrição das relações entre as categorias: por exemplo, que tipos de dados produzem determinadas proposições e garantias, que tipo de apoios se adequam a certas garantias, e assim por diante.

O desafio é identificar um processo que iria dar conta de todas as relações entre as categorias como retratadas acima. Uma folha de dados comum, do tipo SPSS, não conseguiria, na nossa opinião, funcionar adequadamente, pois não seria possível dar conta de todas as combinações possíveis entre as categorias. Um pacote software de análise de conteúdo, como o Atlas/ti, seria mais adequado, pois ele permite uma apresentação esquemática das relações das categorias.

Virgil é um programa de bancos de dados para informação qualitativa, não diferente do Atlas/ti, que é um primeiro passo para a completa implementação da análise da argumentação como análise de conteúdo. Ball (1994) usou o Virgil dentro do HyperCard 2.0 para analisar argumentos de políticas dentro do modelo de Toulmin. O software pode analisar o enfoque esquemático de Toulmin com argumentos relativamente simples, permitindo a apresentação de muitos elementos (como, por exemplo, as partes do argumento) ao mesmo tempo, e em diferentes versões. Na versão simples, o argumento é representado em uma forma concisa de acordo com elementos, com a possibilidade de acrescentar notas extensas para cada elemento. Na forma complexa, cada elemento é referido a partes anteriores do texto original, contextualizando-o, deste modo, de acordo com a teoria de Toulmin.

De resultados preliminares para uma análise completa

Os resultados preliminares da análise da argumentação do estudo de caso mostrado acima constituem um primeiro passo para uma melhor compreensão da estrutura do argumento em debate. A descrição do conteúdo do argumento e a análise das premissas implícitas no argumento são apenas uma maneira de nos aproximarmos da questão. Outras perspectivas de onde se poderia abordar a análise dos argumentos são as que se seguem.

A completude das partes do argumento

O exemplo de Toulmin de um argumento contém todas as partes (dados, proposição, garantia, apoio, refutação) dentro de um todo significativo. Em um texto usual, não é comum encontrar um argumento "completo", pois muitas partes são deixadas à interpretação do leitor. Poder-se-ia argumentar que um argumento bem-sucedido é o que não deixa espaço para interpretação subjetiva, mas ao contrário inclui todas as partes relevantes. Uma medida da "completude" da argumentação seria, então, uma indicação da força do argumento. Tal medida poderia tomar a forma de uma comparação entre a argumentação grupal no debate, como uma função de seu "índice de completude" (por exemplo, o percentual de argumentos que contém todas as premissas necessárias, menos os argumentos que não são necessários).

Tipos de garantia

A importância da garantia na argumentação é indiscutível. Ela é a mais importante justificação lógica da proposição. Diferenças na estrutura da argumentação são também refletidas nos tipos de garantias. Brockriede e Ehninger (1960) oferecem três categorias de argumentos, de acordo com a maneira como as garantias são usadas:

- Em um argumento substantivo, a garantia nos está dizendo algo sobre as relações das coisas no mundo, a nosso respeito.

- Em um argumento motivacional, as garantias nos dizem algo sobre as emoções, valores ou motivos que tornam a proposição aceitável pela pessoa a quem o argumento é dirigido.

- No argumento autoritativo, as garantias dizem algo sobre a fidedignidade da fonte de onde os dados foram tomados.

A comparação entre tipos de garantia na argumentação grupal irá fornecer uma visão melhor do emprego pretendido do argumento na esfera pública.

Logos, ethos, pathos

As palavras acima se relacionam com a ideia aristotélica de que existem três qualidades principais em uma fala: *logos* (razão, lógica), *ethos* (moralidade, código moral, ética), e *pathos* (emoção, afeição). Cada estrutura de argumento dá especial peso a um destes três princípios, conforme o público alvo que ela quer influenciar. Por exemplo, Aristóteles acreditava que a fala pública estava compelida a conter mais *pathos*, pois o componente emocional possui uma influência forte nas pessoas leigas.

9. ANÁLISE ARGUMENTATIVA

Transportando essa ideia para a análise de nossos dias, poderíamos buscar uma comparação da estrutura do argumento baseada nestas três características. A cada argumento pode ser conferido um valor numérico em três escalas (*logos*, *ethos*, *pathos*) que, contanto que elas se mostrem fidedignas, podem ser usadas para comparações descritivas.

Leitura semiótica e análise de argumentação

É verdade, como mostrou Aristóteles, que o argumento pode também ter um componente emotivo que funciona em um nível diferente da pura razão. Em debates que introduzem novos conceitos no campo público, metáforas e imagens são constituintes importantes da estrutura da argumentação que funcionam no nível emotivo. A semiótica é a ciência da compreensão e da análise de tais conceitos simbólicos no discurso cotidiano. Uma combinação útil entre semiótica e análise da argumentação poderia fornecer uma compreensão mais profunda da dinâmica que afeta o desenvolvimento do discurso público (MANZOLI, 1997). Por exemplo, representações pictóricas (fotografias documentárias, desenhos, gráficos, etc.) comumente usadas em textos de mídia podem ser analisadas como partes de uma estrutura do argumento (por exemplo, como garantias para a reivindicação principal).

Passos na análise argumentativa

1. Colete uma amostra representativa que incorpore os pontos de vista de todas as partes interessadas no debate.

2. Sintetize os pontos principais em um parágrafo, parafraseando o mínimo.

3. Identifique as partes usando as definições apresentadas e teste-as quanto a sua fidedignidade.

4. Compare todas as partes do argumento em uma apresentação esquemática a fim de que elas possam ser lidas em relação umas com as outras.

5. Apresente uma interpretação em termos do contexto geral e do mérito da completude do argumento.

Referências bibliográficas

ANTAKI, C. (1994). *Explaining and Arguing*: The Social Organization of Accounts. Londres: Sage.

BALL, W. J. (1994). "Using Virgil to Analyze Public Policy Arguments: a System Based on Toulmin's Informal Logic". *Social Science Computer Review*, 12(1) p. 26-37.

BENOIT, W.L. (1992). Traditional Conceptions of Argument, In: BENOIT W.L., HAMPLE D. & BENOIT P.J. (orgs.). *Readings in Argumentation*. Berlim: Foris.

BERNARDI, B. de & ANTOLINI, E. (1996). "Structural Differences in the Production of Written Arguments". *Argumentation*, 10, p. 175-196.

BROCKRIEDE, W. & EHNINGER, D. (1960). "Toulmin on Argument: an Interpretation and Application". *Quarterly Journal of Speech*, 46, p. 44-53.

BURLESON, B.R. (1992). On the Analysis and Criticism of Arguments: Some Theoretical and Methodological Considerations. In: BENOIT, W.L.; HAMPLE, D. & BENOIT, P.J. (orgs.). *Readings in Argumentation*. Berlim: Foris.

CHAMBLISS, M.J. (1995). "Text Cues and Strategies Successful Readers Use to Construct the Gist of Lengthy Written Arguments". *Reading Research Quarterly*, 30(4), p. 778-807.

GARNER, R. (1996). "Do Adults Change their Minds After Reading Persuasive Text?" *Written Communication*, 13(3), p. 291-313.

GOVIER, T. (1987). *Problems in Argument Analysis and Evaluation*. Dordrecht: Foris.

HAMPLE, D. (1992). The Toulmin Model and the Syllogism. In: BENOIT, W.L.; HAMPLE, D. & BENOIT, P.J. (orgs.). *Readings in Argumentation*. Berlim: Foris.

KRIPPENDORFF, K. (1980). *Content Analysis*: an Introduction to its Methodology. Londres: Sage.

LIAKOPOULOS, M. (2000). The debate on biotechnology in Britain: a social-psychological analysis of arguments, images and public perceptions. PhD thesis, Social Psychology Department, London School of Economics.

MANZOLI, F. (1997). Popularisation or Pretention: Representations of Cloning in the Daily Press. Dissertation, Department of Literature and Philosophy, University of Siena, Italy.

MAROUDA, A. (1995). The Process of Representation and Development of Knowledge in Career Decision Making and Counselling. PhD thesis, Social Psychology Department, London School of Economics.

PUTNAM, L.L. & GEIST, P. (1985). "Argument in Bargaining: an Analysis of the Reasoning Process". *Southern Speech Communication Journal*, 50, p. 225-45.

SIMOSI, M. (1997). The Processing of Conflict in Organizational Groups. PhD thesis, Social Psychology Department, London School of Economics.

TOULMIN, S.; RIEKE, R. & JANIK, A. (1979). *An Introduction to Reasoning*. Nova York: Macmillan.

TOULMIN, S.E. (1958). *The Uses of Arguments*. Cambridge: Cambridge University Press.

VAN EEMEREN, F.H., GROOTENDORST, R. & KRUIGER, T. (1987). *Handbook of Argumentation Theory*. Dordrecht: Foris.

VAN EEMEREN, F.H., et al. (1997). Argumentation. In: T.A. VAN DIJK (org.). *Discourse as Structure and Process*. Londres: Sage.

WEINSTEIN, M. (1990). "Towards an Account of Argumentation in Science". *Argumentation*, 4, p. 269-298.

10
ANÁLISE DE DISCURSO

Rosalind Gill

Palavras-chave: orientação da ação; organização retórica; construção; leitura cética; discurso; fala/texto como circunstancial; reflexividade.

Análise de discurso é o nome dado a uma variedade de diferentes enfoques no estudo de textos, desenvolvida a partir de diferentes tradições teóricas e diversos tratamentos em diferentes disciplinas. Estritamente falando, não existe uma única "análise de discurso", mas muitos estilos diferentes de análise, e todos reivindicam o nome. O que estas perspectivas partilham é uma rejeição da noção realista de que a linguagem é simplesmente um meio neutro de refletir, ou descrever o mundo, e uma convicção da importância central do discurso na construção da vida social. Este capítulo discutirá um enfoque da análise de discurso que foi influente em campos tão diversos como a sociologia da ciência, os estudos da mídia, estudos de tecnologia, psicologia social e análise de políticas.

O capítulo é dividido em quatro grandes seções. Na primeira, discuto o contexto intelectual do desenvolvimento da análise de discurso, e apresento seus princípios centrais. Na segunda, discuto a prática da análise de discurso. A terceira seção é um estudo de caso do uso desse enfoque para analisar um pequeno texto de um artigo de jornal. Ele dá uma indicação do tipo de material gerado pela análise de discurso e apresenta elementos de compreensão aos leitores, para se fazer uma análise de discurso. Finalmente, este capítulo apresenta uma avaliação da análise de discurso, enfatizando algumas de suas vantagens e desvantagens.

10. ANÁLISE DE DISCURSO

Apresentando a análise de discurso

Contexto intelectual

O crescimento extraordinariamente rápido do interesse pela análise de discurso, nos últimos anos, é tanto uma consequência, como uma manifestação da "virada linguística" que ocorreu nas artes, humanidades e nas ciências sociais. A "virada linguística" foi precipitada por críticas ao positivismo, pelo prodigioso impacto das ideias estruturalistas e pós-estruturalistas, e pelos ataques pós-modernistas à epistemologia (BURMAN, 1990; GILL, 1995; PARKER, 1992; POTTER, 1996a). As origens da análise de discurso a partir de críticas à ciência social tradicional significam que ela possui uma base epistemológica bastante diversa de algumas outras metodologias. Isso é, às vezes, chamado de construcionismo social, construtivismo, ou simplesmente construcionismo. Não há uma definição única que concorde com desses termos, mas as características-chave destas perspectivas são:

> 1. A postura crítica com respeito ao conhecimento dado, aceito sem discussão e um ceticismo com respeito à visão de que nossas observações do mundo nos revelam, sem problemas, sua natureza autêntica.
>
> 2. O reconhecimento de que as maneiras como nós normalmente compreendemos o mundo são histórica e culturalmente específicas e relativas.
>
> 3. A convicção de que o conhecimento é socialmente construído, isto é, que nossas maneiras atuais de compreender o mundo são determinadas não pela natureza do mundo em si mesmo, mas pelos processos sociais.
>
> 4. O compromisso de explorar as maneiras com os conhecimentos – a construção social de pessoas, fenômenos ou problemas – estão ligados a ações/práticas (BURR, 1995).

Uma conclusão dessa posição epistemológica é que a análise de discurso não pode ser usada para tratar os mesmos tipos de questões como os enfoques tradicionais. Ela sugere, ao invés, novas questões, ou maneiras, de reformular as antigas (cf. abaixo).

57 variedades de análise de discurso

Os termos "discurso" e "análise de discurso" são muito discutidos. Para afirmar que determinado enfoque é um discurso analítico,

— 245 —

alguém deve necessariamente dizer algo mais; não é apenas uma questão de definição, mas implica assumir uma posição dentro de um conjunto de argumentos muito questionado –, mas importante. Embora existam provavelmente ao menos 57 variedades de análise de discurso, um modo de conseguir dar conta das diferenças entre elas é pensar em tradições teóricas amplas. Discutirei três delas.

Primeiro, há uma variedade de posições conhecidas como linguística crítica, semiótica social ou crítica, estudos de linguagem (FOWLER et al., 1979; KRESS & HODGE, 1979; HODGE & KRESS, 1988; FAIRCLOUGH, 1989). Comparada a muitos tipos de análise de discurso, esta tradição possui uma estreita associação com a disciplina da linguística, mas seu compromisso mais claro é com a semiótica e com a análise estruturalista (cf. Penn, cap.13 neste volume). A ideia semiológica central de que o sentido de um termo provém não de alguma estrutura inerente da relação entre significante e significado, mas do sistema de oposições em que ele está inserido, coloca um desafio fundamental às discussões sobre "palavra-objeto" da linguagem, que era vista como um processo de dar nome a algo. Esta questão foi desenvolvida em recente trabalho linguístico crítico, que tem uma preocupação explícita com a relação entre linguagem e política. A tradição está bem representada nos estudos de mídia, particularmente na pesquisa sobre imprensa, e enfatizou – entre outras coisas – as maneiras como formas linguísticas específicas (tais como a anulação do sujeito, passivização ou nominalização) podem ter efeitos dramáticos sobre a maneira como um acontecimento ou fenômeno é compreendido.

Uma segunda e ampla tradição é a que foi influenciada pela teoria do ato da fala, etnometodologia e análise da conversação (cf. Myers, cap. 11 neste volume; GARFINKEL, 1967; SACKS et al., 1974; COULTHARD & MONTGOMERY, 1981; HERITAGE, 1984; ATKINSON & HERITAGE, 1984). Estas perspectivas acentuam a orientação funcional, ou a orientação da ação, que o discurso possui. Em vez de olhar como as narrações se relacionam com o mundo, elas se interessaram naquilo que estas narrações têm como objetivo conseguir, e perscrutam em detalhe a organização da interação social.

O terceiro conjunto de trabalho, que às vezes se identifica como análise de discurso, é o associado com o pós-estruturalismo. Pós-estruturalismo rompeu com as visões realistas da linguagem e rejeitou a noção do sujeito unificado coerente, que foi por longo tempo o coração da filosofia ocidental. Entre os pós-estruturalistas, Michel

10. ANÁLISE DE DISCURSO

Foucault (1977; 1981) é muito conhecido por caracterizar suas genealogias da disciplina e sexualidade como análises de discurso. Em contraste com a maioria da análise de discurso, este trabalho está interessado não nos detalhes de textos falados e escritos, mas em olhar historicamente os discursos.

Temas da análise de discurso

O enfoque que será elaborado aqui se inspira em ideias de cada uma dessas três tradições delineadas acima, bem como do campo crescente da análise retórica (cf. Leach, cap. 12 neste volume; BILLIG, 1987; 1988; 1991; cf. POTTER & WETHERELL, 1987, para uma discussão mais completa das diferentes influências sobre a análise de discurso). Desenvolvido inicialmente em trabalhos da sociologia do conhecimento científico e da psicologia social, ele está agora produzindo análises dentro de um conjunto diverso de campos, e constitui um enfoque teoricamente coerente com a análise de fala e textos.

É proveitoso pensar a análise de discurso como tendo quatro temas principais: uma preocupação com o discurso em si mesmo; uma visão da linguagem como construtiva (criadora) e construída; uma ênfase no discurso como uma forma de ação; e uma convicção na organização retórica do discurso. Em primeiro lugar, então, ela toma o próprio discurso como seu tópico. O termo "discurso" é empregado para se referir a todas as formas de fala e textos, seja quando ocorre naturalmente nas conversações, como quando é apresentado como material de entrevistas, ou textos escritos de todo tipo. Os analisas de discurso estão interessados nos textos em si mesmos, em vez de considerá-los como um meio de "chegar a" alguma realidade que é pensada como existindo por detrás do discurso – seja ela social, psicológica ou material. Este enfoque separa claramente analistas de discurso de alguns outros cientistas sociais, cujo interesse na linguagem é geralmente limitado a descobrir "o que realmente aconteceu", ou qual é realmente a atitude de um indivíduo com respeito a X, Y ou Z. Ao invés de ver o discurso como um caminho para outra realidade, os analisas de discurso estão interessados no conteúdo e na organização dos textos.

O segundo tema da análise de discurso é que a linguagem é construtiva. Potter e Wetherell (1987) mostram que a metáfora "construção" realça três facetas do enfoque. Primeiro, ela chama a atenção para o fato de que o discurso é construído, ou manufaturado, a partir de recursos linguísticos preexistentes:

— 247 —

> Linguagem e práticas linguísticas oferecem um depósito de sistemas de termos, formas de narrativas, metáforas e citações, do qual é possível organizar um relato específico (POTTER et al., 1990).

Em segundo lugar, a metáfora ilustra o fato de que a "montagem" de um conjunto implica em escolha, ou seleção, de um número diferente de possibilidades. É possível descrever até mesmo o mais simples dos fenômenos em uma multiplicidade de maneiras. Qualquer descrição específica dependerá da orientação do locutor ou escritor (POTTER & WETHERELL, 1987; POTTER et al., 1990).

Finalmente, a noção de construção enfatiza o fato de que nós lidamos com o mundo em termos de construções, e não de uma maneira mais ou menos "direta", ou imediata; em um sentido verdadeiramente real, diferentes tipos de textos constroem nosso mundo. O uso construtivo da linguagem é um aspecto da vida social aceito sem discussão.

A noção de construção marca, pois, claramente uma ruptura com os modelos de linguagem tradicionais "realistas", onde a linguagem é tomada como sendo um meio transparente – um caminho relativamente direto para as crenças ou acontecimentos "reais", ou uma reflexão sobre a maneira como as coisas realmente são.

A terceira característica da análise de discurso que desejo realçar aqui é sua preocupação com a "orientação da ação", ou "orientação da função" do discurso. Isto é, os analistas de discurso veem todo discurso como *prática social*. A linguagem, então, não é vista como um mero epifenômeno, mas como uma prática em si mesma. As pessoas empregam o discurso para *fazer* coisas – para acusar, para pedir desculpas, para se apresentar de uma maneira aceitável, etc. Realçar isto é sublinhar o fato de que o discurso não ocorre em um vácuo social. Como atores sociais, nós estamos continuamente nos orientando pelo *contexto interpretativo* em que nos encontramos e construímos nosso discurso para nos ajustarmos a esse contexto. Isso fica muito claro em contextos relativamente formais, tais como hospitais e tribunais, mas é igualmente verdadeiro também para todos os outros contextos. Para tomar um exemplo concreto, alguém pode dar uma explicação diferente do que fez na noite anterior, dependendo do fato de que quem pergunta é sua mãe, seu chefe ou seu melhor amigo. Não se trata de que alguém está sendo deliberadamente fingido em algum desses casos (ao menos não necessariamente), mas simplesmente de que estaríamos dizendo o que parece "certo", ou o que "vem naturalmen-

10. Análise de Discurso

te" para aquele contexto interpretativo particular. Ações ou funções não devem ser pensadas em termos cognitivos, por exemplo, como relacionadas às intenções de alguém; muitas vezes elas podem ser globais ou ideológicas, e são melhor pensadas como práticas culturais, do que como confinadas na cabeça de alguém. Os analistas de discurso argumentam que todo discurso é circunstancial.

É importante notar que a noção de "contexto interpretativo" não é fechada ou mecanicista. Ele é empregado não simplesmente para se referir aos amplos parâmetros de uma interação, tais como onde e quando ela tem lugar, e a quem a pessoa está falando ou escrevendo, mas também para atingir características mais sutis da interação, incluindo os tipos de ações que estão sendo realizadas, e as orientações dos participantes. Como um analista de discurso, a pessoa está envolvida *simultaneamente* em analisar o discurso e em analisar o contexto interpretativo.

Até mesmo a descrição sonora aparentemente mais direta e neutra pode estar implicada em um conjunto completo de diferentes atividades, dependendo do contexto interpretativo. Tomemos a seguinte frase: "Meu carro quebrou". Isto soa como uma frase diretamente descritiva sobre um objeto mecânico. Seu sentido, contudo, pode mudar dramaticamente em diferentes contextos interpretativos:

1. Quando dito para um amigo na saída de uma reunião, isso pode ser um pedido implícito para uma carona.

2. Quando dito a uma pessoa que lhe vendeu o carro há apenas alguns dias pode fazer parte de uma acusação ou repreensão.

3. Quando dito para um professor cuja aula você está meia hora atrasado, pode se constituir em uma desculpa ou explicação.

E assim por diante. Uma maneira de testar nossa análise de discurso é olhar para a maneira como os participantes envolvidos respondem, e isso pode oferecer pistas analíticas valiosas. Por exemplo, se o vendedor de carro responde dizendo: "Bem, ele estava sem problemas quando eu lhe vendi", isso indica que a frase foi ouvida como uma acusação – mesmo que nenhuma acusação explícita tenha sido feita. Mas o contexto interpretativo não varia simplesmente com respeito a com quem alguém fala: pode-se falar com a mesma pessoa – e até mesmo usar as mesmas palavras – e gerar muitas interpretações diferentes. Pensemos na maneira como a pergunta "Você irá sair hoje à noite? " pode ter múltiplos significados quando feita por alguém a seu namorado/a. O ponto central aqui é que não existe nada "simples", ou sem importância, com respeito à linguagem: fala e textos são práticas sociais, e até mesmo afirmações que parecem extremamente triviais, estão implicadas em vários tipos de atividades. Um dos objetivos da análise de discurso é identificar as funções, ou atividades, da fala e dos textos, e explorar como eles são realizados.

Isto me leva ao quarto ponto: a análise de discurso trata a fala e os textos como *organizados retoricamente* (BILLIG, 1987; 1991). Diferentemente da análise da conversação, a análise de discurso vê a vida social como sendo caracterizada por conflitos de vários tipos. Como tal, grande parte do discurso está implicada em estabelecer uma versão do mundo diante de versões competitivas. Isto fica claro em alguns casos – políticos, por exemplo, estão claramente tentando levar as pessoas a aderir a suas visões de mundo, e publicitários estão tentando nos vender seus produtos, estilos de vida e sonhos –, mas é também verdade para outros discursos. A ênfase na natureza retórica dos textos dirige nossa atenção para as maneiras como todo discurso é organizado a fim de se tornar persuasivo.

A prática da análise de discurso

É muito mais fácil discutir os temas centrais da análise de discurso do que explicar como concretamente fazer para analisar textos. Seria muito agradável se fosse possível oferecer uma receita, ao estilo de manuais de cozinha, que os leitores pudessem acompanhar, metodicamente; mas isso é impossível. Em algum lugar entre a "transcrição" e a "elaboração do material", a essência do que seja fazer uma análise de discurso parece escapar: sempre indefinível, ela nunca pode ser captada por descrições de esquemas de codificação, hipóteses e esquemas analíticos. Contudo, exatamente porque as habilidades dos analistas de discurso não se prestam a descrições de procedimentos, não há necessidade de elas serem deliberadamente mistificadas e colocadas acima do alcance de todos, com exceção dos entendidos. A análise de discurso é semelhante a muitas outras tarefas: os jornalistas, por exemplo, não são muito treinados para identificar o que faz com que um acontecimento seja notícia, mas depois de um pequeno tempo de experiência seu senso de "valor de notícia" se torna bem claro. Não há, na verdade, substituto para aprender fazendo.

10. ANÁLISE DE DISCURSO

Fazendo perguntas diferentes

A análise de discurso não é um enfoque que pode ser pego simplesmente da prateleira, como o substituto de uma forma mais tradicional de análise – por exemplo, análise de conteúdo ou análise estatística de dados de questionários. A decisão de usar análise de discurso impõe uma mudança epistemológica radical. Como já indiquei, os analistas de discurso não veem os textos como veículos para descobrir alguma realidade pensada como jazendo além, ou debaixo da linguagem. Ao invés disso, eles estão interessados no texto em si mesmo, e por isso fazem perguntas diferentes. Diante da transcrição de uma discussão entre vegetarianos, por exemplo, o analista de discurso não procuraria descobrir ali por que as pessoas implicadas deixaram de comer carne e peixe, mas ao invés disso, estaria interessado em analisar como a decisão de se tornar vegetariano é legitimada pelos porta-vozes, ou como eles respondem a críticas potenciais, ou como eles formam uma autoidentidade positiva (GILL, 1996b). A possível lista de perguntas é interminável; mas, como se pode ver, elas são bem diferentes das convencionais perguntas sociocientíficas.

Transcrição

A não ser que se esteja analisando um texto de domínio público – por exemplo, um artigo de jornal, um relatório de uma companhia ou o registro de um debate parlamentar – a primeira exigência é uma transcrição. Uma boa transcrição deve ser um registro tão detalhado quanto possível do discurso a ser analisado. A transcrição não pode sintetizar a fala, nem deve ser "limpada", ou corrigida; ela deve registrar a fala literalmente, com todas as características possíveis da fala. A produção de uma transcrição consome uma enormidade de tempo. Mesmo que apenas as características de maior realce da fala sejam anotadas – tais como a ênfase e hesitação – o desenvolvimento da transcrição pode demorar até 10 horas para cada hora de material gravado. Os analistas da conversação, e alguns analistas de discurso, afirmam que essas transcrições muito detalhadas são essenciais, se não se quiser perder as características centrais da fala. Um sistema de transcrição que anote a entonação, a fala sobreposta, respirações, etc. – como o delineado por Gail Jefferson – pode chegar a uma proporção de tempo de 20:1 (cf. cap. 11 deste volume). Contudo, como Jonathan Potter mostra, a produção de uma transcrição não deve ser pensada como um tempo "perdido", antes que a análise como tal comece:

Muitas vezes, algumas das intuições analíticas mais iluminadoras aparecem durante a transcrição, porque é necessário um engajamento profundo com o material para produzir uma boa transcrição (1996b: 136).

Por essa razão, é sempre útil produzir notas analíticas enquanto se está fazendo a transcrição.

Uma das coisas que impressionam mais fortemente a muitos novos analistas de discurso quando eles olham para – ou melhor, têm de produzir – uma transcrição, é a total *confusão* da fala. Aspectos da fala que são tão familiares a ponto de nós muitas vezes literalmente não os "ouvirmos", tornam-se visíveis nas transcrições. Isso implica múltiplos "remendos" na fala, mudanças no andamento ou tópico, pausas, sobreposições, interrupções e emprego livre de frases tais como "sabe". Na verdade, fazer análise de discurso faz com que a pessoa imagine o quanto nós habitualmente "editamos" a fala que nós escutamos. A segunda coisa que chama a atenção é (aparentemente de maneira contraditória) como a fala está em ordem. Reparos e mudanças no andamento acontecem quando os locutores se orientam para o contexto interpretativo; sobreposições e interrupções são devidas ao modo conversacional; e assim por diante (cf. Myers, cap. 11 neste volume).

O espírito da leitura cética

Uma vez feita a transcrição (ou obtidos os outros dados), a análise pode começar. O ponto inicial mais útil é a suspensão da crença naquilo que é tido como algo dado. Isto é semelhante à regra de procedimento dos antropólogos de "tornar o familiar estranho". Tal prática implica em mudar a maneira como a linguagem é vista, a fim de enfocar a construção, organização e funções do discurso, em vez de olhar para algo atrás, ou subjacente a ele. Como Potter e Wetherell mostraram, o treinamento acadêmico ensina as pessoas a ler textos buscando sua essência, mas isso é precisamente a maneira *errada* de nos aproximarmos da análise:

> Se alguém lê um artigo, ou livro, o objetivo usual é produzir uma síntese simples, unitária, e ignorar a nuança, as contradições e as áreas de imprecisão. O analista de discurso, contudo, está interessado no detalhe das passagens do discurso, embora fragmentadas e contraditórias, e com o que é realmente dito ou escrito, não com alguma ideia geral que parece ser pretendida (1987: 168).

— 252 —

Fazer análise de discurso implica questionar nossos próprios pressupostos e as maneiras como nós habitualmente damos sentido às coisas. Implica um espírito de ceticismo, e o desenvolvimento de uma "mentalidade analítica" (SCHENKEIN, 1978) que não desaparece facilmente quando não se está sentado na frente de uma transcrição. Devemos perguntar a qualquer passagem dada: "Por que eu estou lendo isso dessa maneira?", "Que características do texto produzem essa leitura?", "Como ele está organizado para se tornar persuasivo?" e assim por diante. Na minha opinião, a análise de discurso deveria trazer consigo um alerta sobre a saúde, semelhante aos que são colocados em comerciais de cigarros, porque fazer uma análise de discurso muda fundamentalmente as maneiras como nós experienciamos a linguagem e as relações sociais.

Codificação

À semelhança dos etnógrafos, os analistas de discurso têm de mergulhar no material estudado. Uma boa maneira de começar é simplesmente ler e reler as transcrições até que nos familiarizemos com elas. Este processo é uma preliminar necessária para a codificação. As categorias usadas para a codificação serão, obviamente, determinadas pelas questões de interesse. Às vezes elas irão parecer relativamente simples: por exemplo, uma parte de minha análise das entrevistas com locutores de rádio implicava o exame das explicações que eles davam para a ausência de mulheres trabalhando no rádio (GILL, 1993). A codificação inicial para isto implicou examinar as transcrições e realçar, ou selecionar, todas as ocasiões em que os locutores se referiam às locutoras. Em outras ocasiões, a codificação pode ser muito mais difícil, e o fenômeno de interesse pode ficar claro somente após alguma análise inicial. Potter e Wetherell (1987) descrevem como em seu estudo sobre as explicações que os habitantes brancos da Nova Zelândia davam sobre desigualdade racial, seu entendimento do que deveria ser codificado mudou repetidas vezes, à medida que sua análise se tornava mais sofisticada. E, de fato, em meu próprio estudo sobre as explicações sobre a ausência de mulheres DJs, ficou claro que muitos outros aspectos do material de entrevista, além das referências diretas sobre mulheres locutoras, foram relevantes à análise: por exemplo, referências a "qualidades" que "todo bom DJ deve possuir" acabou mostrando conter uma quantidade de pressupostos ocultos sobre gênero.

Isto vem realçar um ponto importante sobre codificação: que, em suas fases iniciais, ela deve ser feita da maneira mais abrangente possível, de tal modo que todas as instâncias limítrofes possam ser incluídas, em vez de serem deixadas fora. As pessoas usam várias estratégias para codificar, e cada pesquisador deve desenvolver a sua, mas essencialmente a codificação é uma maneira de organizar as categorias de interesse. Por exemplo, se nós estamos interessados em examinar como as pessoas explicam sua decisão de se tornarem vegetarianas, então uma maneira de começar a codificar pode ser separar as transcrições em diferentes tipos de explicações: algumas pessoas podem afirmar que elas pararam de comer carne devido a razões de saúde, outros podem discutir questões ligadas ao bem-estar dos animais, e ainda outras podem possuir preocupações éticas sobre o uso dos recursos globais de alimento e assim por diante. É importante notar que os indivíduos podem ser levados por diferentes explicações, ou combiná-las, e que o interesse do analista de discurso não é nas atitudes individuais, mas na construção cultural do vegetarianismo.

Analisando o discurso

Tendo completado a codificação inicial – e com as pilhas de fotocópias ou de folhas de registro em seu lugar – é tempo de começar a análise como tal. Pode ser útil pensar a análise como sendo construída em duas fases relacionadas. Primeiramente, há uma procura por um padrão nos dados. Isto vai se mostrar na forma tanto da variabilidade (diferenças entre as narrações) quanto da consistência. Em segundo lugar, há a preocupação com a função, com a criação de hipóteses tentativas sobre as funções de características específicas do discurso, e de testá-las frente aos dados (POTTER & WETHERELL, 1987). É claro que, colocadas as coisas dessa maneira, isso parece fácil, e são esquecidas de horas de frustração e aparentes impasses. Na prática, a identificação de padrões e funções do discurso é muitas vezes difícil e leva muito tempo.

Uma estratégia analítica útil, sugerida por Widdicombe (1993), é a de considerar as maneiras como as coisas são ditas como sendo potenciais soluções de problemas. A tarefa do analista é identificar cada problema, e como o que é dito se constitui em uma solução. Em meu estudo sobre a maneira como os locutores de rádio explicavam o pequeno número de mulheres no rádio, um dos problemas discur-

10. ANÁLISE DE DISCURSO

sivos para o qual os locutores tinham de prestar atenção era o de serem considerados como sexistas enquanto querendo ao mesmo tempo apresentar razões "legítimas" pela ausência de mulheres. As transcrições estão cheias de desaprovações (HEWITT & STOKES, 1975), tais como "Eu não sou sexista, mas...", que precederam a apresentação de considerações que poderiam ser facilmente consideradas sexistas. Ficando com nosso exemplo sobre vegetarianismo, podemos esperar encontrar nossos locutores vegetarianos indicando uma variedade de críticas potenciais – por exemplo, sentimentalismo, "correção política" e inconsistência.

Embora sugestões como as de Widdicombe sejam úteis para pensar a análise, no final das contas não há como escapar do fato de que a análise de discurso é uma arte habilidosa, que pode ser difícil, e exige sempre muito trabalho. Como notaram Wetherell e Potter (1988), não é incomum trabalhar com um esquema analítico por vários dias, apenas para mudá-lo, ou descartá-lo, porque a evidência linguística não se ajusta adequadamente. Diferentemente de outros estilos de análise que suprimem a variabilidade, ou simplesmente encobrem situações que não se adaptam à história que está sendo contada, a análise de discurso exige rigor, a fim de produzir um sentido analítico dos textos a partir de sua confusão fragmentada e contraditória.

Os analistas de discurso, ao mesmo tempo em que examinam a maneira como a linguagem é empregada, devem também estar sensíveis àquilo que não é dito – aos silêncios. Isso, por sua vez, exige uma consciência aprimorada das tendências e contextos sociais, políticos e culturais aos quais os textos se referem. Sem essa compreensão contextual mais ampla:

> nós não seremos capazes de ver a versão alternativa dos acontecimentos, ou fenômenos que o discurso que estamos analisando pretendeu contrariar; não conseguiremos perceber a ausência (às vezes sistemática) de tipos particulares de explicações nos textos que estamos estudando; e não conseguiremos reconhecer o significado do silêncio (GILL, 1996b: 147).

Contudo, dizer que a familiaridade com o contexto é vital, não é sugerir que esse contexto possa ser descrito com neutralidade e sem problemas. Quando um analista de discurso discute o contexto, ele está também produzindo uma versão, construindo o contexto como um objeto. Em outras palavras, a fala dos analistas de discurso não é menos construída, circunstanciada e orientada à ação que qualquer

— 255 —

outra. O que os analistas de discurso fazem é produzir leituras de textos e contextos que estão garantidas por uma atenção cuidadosa aos detalhes, e que emprestam coerência ao discurso em estudo.

Estudo de caso: "Morte do pai"

A fim de demonstrar os tipos de intuições produzidas pela análise de discurso, irei apresentar uma análise preliminar de uma curta passagem, extraída de um artigo de um jornal em voga ("Morte do pai" de Melanie Phillips, *The Observer*, 2 de novembro de 1997). O artigo, que encontrei enquanto escrevia esse capítulo, é, de muitos modos, típico do tipo de "reflexões", que se encontram em jornais britânicos dominicais. Relacionado com os debates sobre a atitude do governo Blair com respeito às mães solteiras, o artigo denuncia violentamente os arquitetos de uma crise que aparentemente ameaça a sobrevivência da paternidade, dos homens em geral, e do próprio futuro da "família tradicional".

A curta passagem que extraí pode ser analisada de muitas maneiras diferentes. Meu objetivo é examinar como a natureza da ameaça é discursivamente construída e tornada persuasiva. Ao analisá-la, como veremos, quero tocar sobre outras questões, começando com a maneira como Phillips constrói sua própria identidade, e indo à frente para explorar sua caracterização do alvo de seu ataque. O texto é o que segue:

1. Muitas mulheres querem trabalhar, e o fazem. Este não é um argumento

2. para forçar as mulheres a ficarem em casa. Nem é este um argumento

3. para "a dominação masculina". Este é um argumento para

4. reconhecer a necessidade de um equilíbrio de responsabilidades.

5. Este desejo de erradicar as diferenças sexuais e de gênero

6. a fim de recriar os homens, surge de um tipo de feminismo

7. que chegou até à Inglaterra procedente da América, para se tornar a

8. ortodoxia entre os pesquisadores da ciência social,

9. profissionais do setor público e a maioria dos grupos que gostam de palavrórios.

10. Este feminismo vê as mulheres apenas como vítimas da dominação machista.

11. Ele defende o emprego do poder do estado para

10. ANÁLISE DE DISCURSO

12. promover a independência das mulheres das parcerias

13. com os homens, ao menos até que os homens tenham redefinido seu papel

14. e identidade, de tal modo que eles se tornem mais parecidos com as mulheres.

15. Este supremacismo feminino, em vez de ser feminismo,

16. fundamentalmente despreza, desconfia e não gosta dos homens.

17. O supremacismo feminino colocou a própria ideia de

18. paternidade em estado de sítio. Os homens em geral, e

19. os pais em particular, são cada vez mais vistos como

20. supérfluos na vida familiar. Não existem mais papéis

21. centrais que somente os pais podem desempenhar. Na verdade, ele sustenta que

22. a masculinidade é desnecessária, ou indesejável. Ele nos diz

23. que os homens são importantes como novos pais. Mas ele corta

24. isso pela base ao reivindicar que a paternidade solitária é perfeitamente

25. aceitável – e em alguns casos preferível.

26. A paternidade deve se tornar uma maternidade substituta, e

27. os pais e mães devem se transformar em pais unissex.

28. Mas a maioria dos homens e das mulheres não quer ser pais unissex.

29. E a razão disso é porque há diferenças sexualmente

30. fundamentadas entre mães e pais. A maternidade é um

31. vínculo biológico, abastecido por hormônios e impulsos genéticos.

32. A paternidade, por outro lado, é até certo ponto, uma

33. construção social, mas fundada – crucialmente – em um fato biológico.

Construindo a identidade da escritora

Nas primeiras poucas linhas do trecho, Phillips lança o fundamento para seu argumento, dizendo a seus leitores o que *não* é: ele não é um argumento para forçar as mulheres a ficar em casa. Nem é um argumento para a "dominação do homem". Este é um movimento retórico comum, que tem por objetivo proteger, ou "inocular" um argumento contra críticas, e oferecer uma "'leitura preferida", indi-

— 257 —

cando a maneira como o argumento deve ser interpretado. Implícita nessas asserções está a ideia de que ela não é contra os direitos das mulheres, nem é ela contra o feminismo *per se*. Ela rejeita o extremismo daqueles que gostariam de forçar as mulheres a permanecer em casa, e ao invés disso se apresenta como moderada e racional – alguém que meramente apresenta um argumento a favor do "reconhecimento da necessidade de um equilíbrio de responsabilidades".

A noção de "equilíbrio" desempenha aqui uma função retórica considerável. Colocado no centro de uma organização discursiva que possui poucos (ou nenhum) sentidos negativos, e usado para vender tudo, desde água engarrafada e cereais para café da manhã, até religião e política, "equilíbrio" possui conotações de saúde, harmonia e, sobretudo, naturalidade. Do mesmo modo que "comunidade", ele possui sentidos positivos irresistíveis, que podem ser manejados e retrabalhados em instâncias de emprego específicas. Aqui a noção é ligada a "responsabilidades", uma palavra com ressonâncias particulares em discussões sobre paternidade solitária, um assunto muito empregado por políticos e jornalistas, quando falam da irresponsabilidade das pessoas. A ideia de um equilíbrio de responsabilidades carrega, pois, um sentido de retidão moral, e, porque ela é virtualmente normal, é muito difícil de refutar: quem poderia criticar "um equilíbrio de responsabilidades"? O caso de Phillips é reforçado ainda mais pela sugestão de que aquilo que ela está demandando é unicamente um reconhecimento da necessidade de um equilíbrio, implicando, como é o caso, a existência de uma necessidade preexistente verdadeira, ou natural (que nós devemos simplesmente não mais negar).

Os alvos do ataque: feminismo e ...o supremacismo feminino

Como vimos, Phillips é cuidadosa ao construir seu argumento, como sendo um argumento que não é diretamente antifeminista. A passagem de abertura do extrato pode ser lida como uma maneira de repudiar uma identidade hostil à independência das mulheres. Nos termos de Widdicombe (1993), um dos problemas que ela procura evitar é o de ser considerada como atacando as mulheres. Quando ela primeiramente elabora o alvo de sua crítica, torna-se claro por que esse repúdio é necessário, pois seu alvo é precisamente "um tipo de feminismo". Não é, contudo, todo o feminismo que ela condena, mas um tipo específico que "chegou à Inglaterra vindo dos

Estados Unidos". Aqui o argumento "Estados Unidos" é invocado para marcar um receio antigo dos britânicos contra a insidiosa americanização, mas ele se refere também a preocupações mais recentes sobre a disseminação da "correção política", e um tipo particular de "feminismo vítima" (linhas 10-22), que é frequentemente visto como o acompanhando.

Um dos pontos básicos defendidos pela análise de discurso é que a descrição e a avaliação não são atividades separadas. Na maioria dos discursos, são produzidas descrições que contêm avaliações. Um exemplo claro disso está na linha 15. Aqui, feminismo é reformulado como "supremacismo feminino", uma frase que já vem "facilmente avaliada", repleta com ressonâncias de racismo e fascismo e de organizações sombrias, cujo objetivo é colocar um grupo de pessoas acima de outras. Não é identificado nenhum representante do supremacismo feminino no artigo, nem sequer é indicada alguma fonte de referência das ideias supremacistas femininas. Na verdade, parte da força retórica do "supremacismo feminino" é que ele evoca ideias de uma ameaça arrogante, totalizante, enquanto protege Phillips da crítica ao negar qualquer possibilidade de crítica.

Ortodoxia e poder de estado

Uma prática comum de atacar as ideias dos opositores é chamá-las de dogmas, ideologias ou ortodoxias. Nesse contexto, contudo, a noção de ortodoxia possui conotações significativas específicas, sugerindo um conjunto de ideias que não podem ser questionadas, mas devem ser aceitas e às quais se deve aderir sem pensar. Mais uma vez, os temores sobre a disseminação da "correção política", com seu conhecido policiamento do pensamento e do comportamento, são conjurados, com a noção de que estas ideias, longe de serem um ponto de vista de uma minoria, "tornaram-se a ortodoxia entre os pesquisadores da ciência social, dos profissionais do setor público e da maioria dos grupos que gostam de palavrório" (linhas 7-9).

Dois dos três grupos identificados por Phillips são importantes por serem considerados como locais centrais de campanhas para uma "correção política" nos Estados Unidos, sendo ao mesmo tempo alvos familiares da imprensa de direita – identificados como socialistas, ou liberais progressistas que vivem posicionados fora do mundo "real" dos negócios e do mundo empresarial. O clímax da lista tríplice, "os grupos que gostam de palavrório", é, retoricamente falando, particularmente eficaz. Cunhado na década de 1980, parte da força dessa categorização é sua própria falta de explicitação. Sem referências claras, é uma categoria discursiva inteiramente flexível, que evoca imagens de uma elite afluente, na maior parte das vezes empregada na educação, na mídia e nas "profissões de bem-estar", cuja tagarelice dos jantares é, simultaneamente, ineficaz, mas se constitui na fala do *establishment* liberal.

A evocação das ideias supremacistas femininas, que já se tornaram a ortodoxia entre um segmento importante – embora não original – da população, contém um sentido poderoso de ameaça. Ela constrói o supremacismo feminino como um projeto político, distante apenas alguns momentos da tomada do "poder do estado", com terríveis consequências para os pais e os homens em geral.

A natureza da ameaça: homens e paternidade sob estado de sítio

Até aqui, analisei como Phillips montou uma imagem retórica poderosa das pessoas que ela julga responsáveis por ameaçar a "morte do pai". Voltar-me-ei agora para a maneira como ela caracteriza a natureza da própria ameaça. A primeira alusão à ameaça está nas linhas 5-7: um "desejo de erradicar diferenças sexuais e de gênero a fim de recriar os homens". Essa é uma construção fascinante, pois ela *inverte* a ordem lógica da maioria das argumentações feministas. O argumento de que os homens podem ter de mudar, a fim de se conseguir uma igualdade de gênero, é um argumento que seria familiar à maioria dos leitores reconhecidamente feministas. Phillips atribui, contudo, às supremacistas femininas outro projeto completamente novo – um projeto cujo "objetivo primeiro" é "recriar os homens". Em vez do desafio para que certo comportamento masculino se torne um meio de se conseguir um objetivo socialmente desejável (igualdade de gênero), a recriação dos homens é colocada como o fim em si mesma. A implicação é que esse projeto nasceu de nada mais nobre que o ódio pelos homens. Isso fica claro nas linhas 15-16: "Este supremacismo feminino, em vez de ser feminismo, fundamentalmente despreza, desconfia e não gosta dos homens". O uso de outra lista tríplice (mostrada por estudos de falas políticas como sendo um formato retórico altamente persuasivo, que se constitui em um atrativo específico para o público), combinado com o uso da aliteração (em inglês: *despises, distrusts and dislikes*), enfatiza o impacto da afirmativa.

10. Análise de discurso

A natureza da ameaça aos homens é posteriormente elaborada nas linhas 17-25. Uma das características mais marcantes dessa passagem é sua imprecisão. Chamei a atenção acima que a identidade de "supremacistas femininas" nunca ficou explícita; a mesma falta de explicitação está presente na discussão de Phillips sobre a natureza da ameaça colocada por esse grupo clandestino. Ela fala de "paternidade sob estado de sítio", de 'homens e pais cada vez mais vistos como supérfluos na vida familiar", e de masculinidade retratada como sendo "desnecessária e indesejável", mas ela não apresenta nenhum exemplo, nem evidência alguma dessas afirmações. A força de seu argumento permanece apenas na retórica. O significado poderoso da ameaça aos homens está contido no emprego de metáforas de guerra ("estado de sítio"), referências a movimentos supremacistas, e uma linguagem que cheira a um discurso fascista, com suas visões de alguns grupos como "desnecessários", "indesejáveis" e "supérfluos".

Não é o caso de que Phillips esteja deliberada ou conscientemente brandindo um discurso fascista – e como uma analista de discurso eu estou menos interessada em sua motivação interna do que no efeito de suas construções –, mas trata-se do fato que talvez este seja o recurso cultural mais poderoso acessível às democracias ocidentais para produzir ameaça. O emprego de tal linguagem, para caracterizar crenças feministas, não é novo: a noção de *feminazis* circulou nos Estados Unidos por ao menos uma década, popularizada por comentadores de direita e humoristas vulgares como Howard Stern. Tal linguagem é tão poderosa em suas fantasias, que ela parece não necessitar explicação ou justificação alguma. Na verdade, parte de sua força é sua própria imprecisão. Como mostraram outros analistas de discurso (DREW & HOLT, 1989; EDWARDS & POTTER, 1992), quando ela é sistematicamente apresentada, a imprecisão pode se constituir em uma defesa retórica importante, exatamente porque ela fornece uma barreira a questionamentos imediatos e ao início de refutações. Ainda mais, se isso falha, e questionamentos são feitos, os locutores podem negar o sentido específico atribuído a eles.

A eficácia da passagem é também realçada pelo uso de formatos retóricos específicos, tais como estruturas de contraste. Em um discurso político como esse, uma forma típica é o contraste retórica-realidade – quando a ação do oponente é comparada desfavoravelmente com sua retórica, como no exemplo seguinte: "Eles dizem que o serviço de saúde está seguro em suas mãos, mas eles cortaram seus gastos em 40 milhões de reais este ano." No nosso extrato, o contraste é um pouco diferente: nas linhas 22-25, é feito um contraste entre o que diz o "supremacismo feminino" em algumas ocasiões, e como isso é "cortado pela base" pelo que diz em outras; "Ele nos diz que os homens são importantes como novos pais. Mas ele corta isso pela base ao afirmar que a paternidade solitária é perfeitamente aceitável – e, em alguns casos, preferível". Essa é uma forma altamente eficaz de ataque, porque ela sugere simultaneamente que as supremacistas femininas são inconsistentes e contraditórias, e que até mesmo asserções aparentemente aceitáveis devem ser colocadas sob suspeita. Uma agenda oculta de ódio contra os homens subjaz a essas afirmativas inócuas de boas-vindas aos "novos pais".

Indo contra a natureza

Na parte final desse estudo de caso vou retornar o olhar para as linhas 5-7 e para a afirmativa de Phillips de que esse "tipo de feminismo" tem como objetivo "recriar os homens". A noção de "recriação" desempenha aqui uma função discursiva importante. A palavra sugere não simplesmente um desejo de mudar o homem, mas a visão que os homens devem ser tratados como objetos ou máquinas, que podem ser recriados ou reprogramados. Ela sugere um desejo de intervenção que é agressivo e invasivo, e que fundamentalmente desumaniza os homens. Uma leitura psicanalítica pode até mesmo sugerir que está simbolicamente implícita uma castração. Ao afirmar que as feministas procuram recriar os homens, Phillips as apresenta como ásperas, duras e desumanas. A noção reforça também a implicação de tendências fascistas. No contexto da discussão do supremacismo, ela evoca imagens poderosas de eugenia nazista ou programas de recriação humana.

Um novo discurso de experimentação genética e de tecnologias reprodutivas está também presente: a frase provoca implicitamente temores populares sobre a variedade de tecnologias biomédicas, desde a clonagem, até "bebês de proveta". Embora isso não esteja colocado explicitamente no artigo, os debates sobre engenharia genética – e especialmente sobre a introdução da eugenia "pela porta dos fundos" – constitui um recurso discursivo chave, do qual Phillips faz uso. Posteriormente no extrato (linhas 26-27), a ideia de substituição é invocada, com a sugestão de que a reengenharia tem como objetivo último transformar homens em mulheres (reforçando uma vez mais a descrição do supremacismo feminino).

10. ANÁLISE DE DISCURSO

Subjacente a esse discurso está o pressuposto de que os homens estão ameaçados não simplesmente por uma organização política normal, mas por um movimento que procura nada mais que subverter a natureza. Os homens devem ser recriados, os pais têm de se tornar mães: a própria natureza, como nós a conhecemos, está sob ameaça por parte dessas pessoas. A ideia de que elas estão indo contra a natureza se torna explícita apenas pelo fim do extrato (linhas 28-33). Tendo construído a natureza da ameaça que confronta os homens, Phillips argumenta: "Mas a maioria dos homens e mulheres não quer ser pais unissex". Este é um movimento retórico razoavelmente comum, em que o locutor, ou escritor, afirma conhecer e articular os desejos de outra pessoa ou grupo. Ele é particularmente eficaz, na verdade, em construções de crises ou ameaças, pois ele supõe também que o grupo (nesse caso, os homens) estão em perigo de não serem capazes de falar por si mesmos. Aqui, contudo, Phillips vai adiante explicando por que os homens e mulheres não querem se tornar pais "unissex": "Isso é porque existem diferenças sexualmente fundamentadas entre mães e pais" de natureza biológica, genética e hormonal. O que as "supremacistas femininas" querem é ir contra essa realidade natural. Desse modo, pois, o suposto ataque das feministas à paternidade se constrói como um ataque contra a própria natureza.

Espero que esse breve estudo de caso tenha fornecido alguma indicação do potencial da análise de discurso para analisar a linguagem e as relações sociais. Em síntese, o estudo tentou mostrar que até mesmo uma curta passagem, extraída de um artigo de jornal, é uma obra retórica complexa. Nesse caso, foi mostrado como um artigo aparentemente liberal, que afirmava explicitamente que não era antifeminista, mostra-se fortemente ideológico, construindo uma sociedade em que pais, homens em geral, e na verdade a própria natureza, estão encurralados pelo feminismo. O significado poderoso de ameaça, gerado por essa passagem, mostrou que ele é o resultado de uma ampla variedade de diferentes estratégias e formatos retóricos.

A avaliação da análise de discurso: questões e comentários

Nesta seção final, passarei à avaliação da análise de discurso, que será estruturada em termos de perguntas frequentemente feitas, e suas respostas.

Ela produz generalização empírica ampla?

A resposta curta é não: por exemplo, ela não procura discutir questões tais como por que algumas pessoas escolhem se tornar pais solteiros. A análise de discurso não procura identificar processos universais e, na verdade, os analistas de discurso criticam a noção de que tais generalizações são possíveis, argumentando que o discurso é sempre circunstancial – construído a partir de recursos interpretativos particulares, e tendo em mira contextos específicos.

É ela representativa?

Há ocasiões em que os analistas de discurso podem querer apresentar reivindicações de representatividade para suas análises. Por exemplo, se eu tivesse feito a necessária pesquisa empírica, poderia querer afirmar que o argumento de Phillips é representativo dos tipos de discursos que se encontram na literatura dos movimentos atuais dos homens ingleses (que, julgando pelo material acessível nos seus websites, parecem defender que as mulheres conseguiram domínio na sociedade, e estão vitimizando os homens de diferentes modos).

Falando de maneira geral, contudo, os analistas de discurso estão menos interessados no tema da representatividade do que no conteúdo, organização e funções dos textos. Embora os analistas de discurso não rejeitem de modo algum a quantificação (e na verdade questionem a ideia de uma distinção nítida qualidade-quantidade), um pré-requisito para contar as instâncias de uma categoria particular é uma explicação detalhada de como decidir se alguma coisa é, ou não, uma instância do relevante fenômeno. Isto normalmente mostra-se ser mais interessante e complexo do que tentativas aparentemente diretas de quantificação.

Produz ela dados que são fidedignos e válidos?

Os analistas de discurso têm sido extremamente críticos a respeito dos muitos métodos existentes para assegurar fidedignidade e validade. Na psicologia, por exemplo, muita pesquisa experimental e qualitativa depende da supressão da variabilidade, ou da marginalização das instâncias que não se ajustam à história que está sendo contada pelo pesquisador (cf. POTTER & WETHERELL, 1987). Os próprios analistas de discurso estão empenhados em pro-

10. ANÁLISE DE DISCURSO

duzir novos e adequados testes para assegurar validade e fidedignidade. Jonathan Potter (1996b) afirma que os analistas de discurso podem fazer uso de quatro ponderações para avaliar a fidedignidade e validade das análises:

1. *Análise de casos desviantes*: isto é, o exame de casos que parecem ir contra o padrão identificado. Isto pode servir para desconfirmar o padrão identificado, ou pode ajudar a acrescentar maior sofisticação à análise.

2. *Os entendimentos dos participantes*: como já assinalei anteriormente, uma das maneiras de conferir se nossa análise se sustenta é examinar como os participantes responderam. Isto é mais importante, é claro, em registros de interação, mas mesmo no caso de artigos de jornal, cartas e respostas, isso pode oferecer testes úteis.

3. *Coerência*: trabalho analítico do discurso, como a análise da conversação, está cada vez mais se aproveitando de intuições de trabalhos anteriores. Por exemplo, o conhecimento sobre a efetividade de listas tríplices, estruturas de contraste, formulações de casos extremos e assim por diante, desenvolveu-se a partir de intuições de estudos anteriores. Como afirma Potter (1996b), há uma convicção de que cada novo estudo apresenta uma avaliação sobre a adequação de estudos anteriores. Estes novos estudos emprestam coerência, captando algo sobre o discurso que pode ser desenvolvido, enquanto outros provavelmente são ignorados.

4. *As avaliações dos leitores*: a maneira mais importante, talvez, para controlar a validade do analista, é a apresentação dos materiais que estão sendo analisados, a fim de permitir aos leitores fazer sua própria avaliação e, se eles quiserem, apresentar interpretações alternativas. Onde os editores acadêmicos permitem, os analistas de discurso apresentam transcrições completas aos leitores. Quando isso não é possível, passagens extensas serão sempre apresentadas. Nesse sentido, a análise de discurso é mais aberta que quase todas as outras práticas de pesquisa, que invariavelmente apresentam os dados "pré-teorizados" ou, como na pesquisa etnográfica, pedem-nos para fazer observações e interpretações baseados na confiança.

Os analistas de discurso, como quaisquer outros pesquisadores, afirmam que "a validade não é uma mercadoria que pode ser comprada com técnicas... Ao contrário, validade é como a integridade, o caráter e a qualidade, que deve ser avaliada em relação a objetivos e circunstâncias" (BRINBERG & MCGRATH,1985: 13). Os pesquisadores estão iniciando a difícil tarefa de construir um enfoque para a validade, que não se apoie na retórica ou na norma da objetividade para sua justificação (cf. HENWOOD, 1999, para uma discussão).

Qual é então o status *de uma análise?*

Uma análise de discurso é uma leitura cuidadosa, próxima, que caminha entre o texto e o contexto, para examinar o conteúdo, organização e funções do discurso. Os analistas de discurso tendem a ser pessoas muito humildes que não gostam de afirmações bombásticas, e nunca irão argumentar que sua maneira é a única maneira de ler um texto. Em uma análise final, a análise de discurso é uma *interpretação,* fundamentada em uma argumentação detalhada e uma atenção cuidadosa ao material que está sendo estudado.

E que dizer da reflexividade?

Os críticos da análise de discurso gostam de um esporte que é uma variante da tradicional competitividade acadêmica: o esporte implica em atacar o analista com um triunfante "Há! Te peguei!", e dizendo que se toda linguagem é construtiva, então a linguagem dos analistas de discurso também o é, e que, consequentemente, suas análises são meras construções. Os analistas de discurso estão bem conscientes disso: na verdade, fomos nós que o dissemos a nossos críticos! Mas isso não acaba de modo algum com a questão da análise do discurso. De fato, ela serve unicamente para realçar o fato inegável de que a linguagem é construída e construtiva. Não há nada *simples* sobre linguagem! Alguns analistas de discurso se tornaram particularmente interessados nesse ponto reflexivo, e começaram a fazer experiências com diferentes maneiras de escrever, que fogem da autoridade tradicional, desencarnada, monológica dos textos acadêmicos tradicionais, e são mais divertidos e exploratórios (cf. ASHMORE, 1989; WOOLGAR, 1988; GILL, 1995; 1998; POTTER, 1996b; MYERS et al., 1995).

10. ANÁLISE DE DISCURSO

> **Passos na análise de discurso**
>
> 1. Formule suas questões iniciais de pesquisa.
>
> 2. Escolha os textos a serem analisados.
>
> 3. Transcreva os textos em detalhe. Alguns textos, tais como material de arquivo, artigos de jornal, ou registros parlamentares, não necessitam de transcrição.
>
> 4. Faça uma leitura cética e interrogue o texto.
>
> 5. Codifique, tão inclusivamente quanto possível. Talvez você queira revisar suas questões de pesquisa, à medida que surgirem critérios no texto.
>
> 6. Analise, a) examinando regularidade e variabilidade nos dados, e b) criando hipóteses tentativas.
>
> 7. Teste a fidedignidade e a validade através de: a) análise de casos desviantes; b) compreensão dos participantes (quando apropriada): e c) análise da coerência.
>
> 8. Descreva minuciosamente.

Nota*: Sou extremamente grata a Bruna por seus comentários valiosos sobre este capítulo.*

Referências bibliográficas

ASHMORE, M. (1989). *The Reflexive Thesis*: Wrighting Sociology of Scientific Knowledge. Chicago, Il: University of Chicago Press.

ATKINSON, J.M. & HERITAGE, J. (1984). *Structures of Social Action*: Studies in Conversation Analysis. Cambridge: Cambridge University Press.

BILLIG, M. (1991). *Ideology and Opinions*: Studies in Rhetorical Psychology. Cambridge: Cambridge University Press.

_____ (1988). Methodology and Scholarship in Understanding Ideological Explanation. In: ANTAKI, C. (org.). *Analysing Everyday Explanation*: a Casebook of Methods. Londres: Sage.

_____ (1987). *Arguing and Thinking*: a Rhetorical Approach to Social Psychology. Cambridge: Cambridge University Press.

BRINBERG, D. & MCGRATH, J. (1985). *Validity and the Research Process*. Newbury Park, CA: Sage.

BURMAN, E. (1990). Differing with Deconstruction: a Feminist Critique. In: PARKER, I. & SHOTTER, J. (orgs.). *Deconstructing Social Psychology*. Londres: Routledge.

BURR, V. (1995). *An Introduction to Social Constructionism*. Londres: Routledge.

COULTHARD, M. & MONTGOMERY, M. (orgs.) (1981). *Studies in Discourse Analysis*. Londres: Longman.

DREW, P. & HOLT, E. (1989). "Complainable Matters: the Use of Idiomatic Expressions in Making Complaints". *Social Problems*, 35, p. 501-520.

EDWARDS, D. & POTTER, J. (1992). *Discursive Psychology*. Londres: Sage.

FAIRCLOUGH, N. (1989). *Language and Power*. Harlow: Longman.

FOUCAULT, M. (1981). *The History of Sexuality*. Londres: Pelican.

_____ (1977). *Discipline and Punish: the Birth of the Prison*. Harmondsworth: Penguin.

FOWLER, R.; KRESS, G. et al. (1979). *Language and Control*. Londres: Routledge.

GARFINKEL, H. (1967). *Studies in Ethnomethodology*. Englewood Cliffs, NJ: Prentice-Hall.

GILL, R. (1998). Dialogues and Differences. In: GRIFFIN, C.; HENWOOD, K. & PHOENIX, A. (orgs.). *Standpoints and Differences*: Essays in the Practice of Feminist Psychology. Londres: Sage.

_____ (1997). Discourse Analysis: Practical Implementation. In: RICHARDSON, J. (org.). *Handbook of Qualitative Research Methods for Psychology and the Social Sciences*. Leicester: British Psychological Society.

_____ (1995). Relativism, Reflexivity and Politics: Interrogating Discourse Analysis from a Feminist Perspective. In: WILKINSON, S. & KITZINGER, C. (orgs.). *Feminism and Discourse*. Londres: Sage.

_____ (1993). Justifying Injustice: Broadcasters' Accounts of Inequality in Radio. In: BURMAN, E. & PARKER, I. (orgs.). *Discourse Analytic Research*: Readings and Repertoires of Texts in Action. Londres: Routledge.

HENWOOD, K. (1999). Reinventing Validity: Reflections on Principles and Practices from Beyond the Quality-Quantity Divide. In: TODD, Z.;

B. NERLICH et al. (orgs.). *Mixing Methods in Psychology*. Londres: Routledge.

HERITAGE, J. (1984). *Garfinkel and Ethnomethodology*. Cambridge: Polity Press.

HEWITT, J.P. & STOKES, R. (1975). "Disclaimers". *American Sociological Review*, 40, p. 1-11.

HODGE, R. & KRESS, G. (1988). *Social Semiotics*. Cambridge: Polity Press.

KRESS, G. & HODGE, R. (1979). *Language as Ideology*. Londres: Routledge.

MYERS, G.; ASHMORE, M. & POTTER, J. (1995). Discourse, Rhetoric, Reflexivity: Seven Days in the Library. In: JASANOFF, S.; MARKLE G. et al. (orgs.). *Handbook of Science and Technology Studies*. Londres: Sage.

PARKER, I. (1992). *Discourse Dynamics*: Critical Analysis for Social and Individual Psychology. Londres: Routledge.

POTTER, J. (1996a). *Representing Reality*: Discourse, Rhetoric and Social Construction. Londres: Sage.

_____ (1996b). Discourse Analysis and Constructionist Approaches: Theoretical Background: In: RICHARDSON, J. (org.). *Handbook of Qualitative Research Methods for Psychology and the Social Sciences*. Leicester: British Psychological Society.

POTTER, J. et al. (1990). "Discourse: Noun, Verb or Social Practice". *Philosophical Psychology*, 3 (2), p. 205.

POTTER, J. & WETHERELL, M. (1987). *Discourse and Social Psychology*: Beyond Attitudes and Behaviour. Londres: Sage.

SACKS, H.; SCHEGLOFF, E.A. & JEFFERSON, G.A. (1974). "A Simplest Systematics for the Organisation of Turn-taking in Conversation". *Language*, 50, p. 697-735.

SCHENKEIN, J. (1978). Sketch of the Analytic Mentality for the Study of Conversational Interaction. In: SCHENKEIN, J. (org.). *Studies in the Organisation of Conversational Interaction*. Nova York, NY: Academic Press.

WETHERELL, M. & POTTER, J. (1988). Discourse Analysis and the Identification of Interpretative Repertoires. In: ANTAKI, C. (org.). *Analysing Everyday Explanation*: a Casebook of Methods. Londres: Sage.

WIDDICOMBE, S. (1993). Autobiography and Change: Rhetoric and Authenticity of "Gothic" Style. In: BURMAN, E. & PARKER, I. (orgs.).

Discourse Analytical Research: Readings and Repertoires of Texts in Action. Londres: Routledge.

WOOLGAR, S. (1988) *Knowledge and Reflexivity*: New Frontiers in the Sociology of Knowledge. Londres: Sage.

11
ANÁLISE DA CONVERSAÇÃO E DA FALA

Greg Myers

> *Palavras-chave*: par adjacente; turno preferencial; avaliação; tópico; formulação; turno; expressão indéxica.

Em quase todos os projetos de pesquisa em ciência social, o pesquisador se defronta, a certa altura, com uma montanha de dados, empilhados em mesas, prateleiras e cadeiras, e espalhados em arquivos de armários. Muitas vezes estes dados são em forma de fala, ou escrita: fitas de áudio, transcrições, formulários de levantamentos, anotações de estudos de caso e anotações de campo. Para a maioria das metodologias, o problema é reduzir estes dados brutos a categorias e formas que o pesquisador possa usar em uma argumentação; os momentos reais da fala, ou as marcas na página, são deixados de lado. Quando os manuais de pesquisa em ciências sociais falam sobre a formulação de perguntas, ou sobre a condução de entrevistas, ou sobre o registro de interações (cf., por exemplo, ROBSON, 1993), eles estão normalmente interessados com a localização e eliminação de possíveis fontes de vieses, ou influências, ou como tornar a situação de pesquisa o mais possível semelhante ao mundo real. Irei argumentar que é, às vezes, apropriado voltar à montanha de falas nos materiais da pesquisa, e tratá-los como falas, olhando para interações específicas em suas situações particulares. Discutirei, primeiro, alguns problemas práticos; apresentarei, em seguida, um curto exemplo para mostrar os tipos de características que podem ser estudadas em tal análise; finalmente, levantarei algumas das questões metodológicas que surgem com tal enfoque de pesquisa.

As interações de pesquisa são planejadas, em sua maioria, para serem padronizadas e reduzidas, seguindo o mesmo roteiro da en-

PESQUISA QUALITATIVA COM TEXTO, IMAGEM E SOM

trevista, do questionário ou do protocolo experimental, em cada caso, de tal modo que o pesquisador e as circunstâncias da interação podem ser deixados de lado. Mas grande número de pesquisadores nos lembra que até mesmo esses encontros cuidadosamente planejados, são formas complexas de interação social. Entrevistas, levantamentos e discussões em grupo, podem ser todas analisadas tendo em mente que referenciais os participantes, sujeitos da investigação, imaginam que estão sendo aplicados, como as perguntas são feitas e respondidas, e como os encontros são começados e terminados (sobre entrevistas cf. GILBERT & MULKAY, 1984; BRIGGS, 1986; POTTER & WETHERELL, 1987; WOOFFITT, 1992; SCHIFFRIN, 1996; sobre levantamentos cf. ANTAKI & RAPLEY, 1996; MAINARD, 1998; e sobre discussões em grupo cf. KITZINGER, 1994; AGAR & MACDONALD, 1995; BURGESS et al., 1988). Na análise da conversação, os dados de pesquisa não são considerados como tendo um *status* especial que os separe de outra fala. O analista faz os mesmos tipos de perguntas que alguém possa fazer em uma conversação entre amigos à mesa de jantar (TANNEN, 1984; SCHIFFRIN, 1984), em entrevistas entre médicos e pacientes (HEAT, 1986), em sessões de um conselheiro de orientação matrimonial (EDWARDS, 1997), em locuções de rádio (SCANELL, 1991), ou em conversas casuais entre estudantes de graduação (MALONE, 1997). Há uma ampla literatura sobre análise conversacional: produções recentes incluem Hutchby e Wooffitt (1998), Malone (1997) e Psathas (1995). Mas os pesquisadores podem ter uma ideia melhor sobre a amplitude de aplicações da análise de conversação olhando para algumas das coleções de estudos específicos: Atkinson e Heritage (1984), Button e Lee (1987), Boden e Zimmerman (1991) e Drew e Heritage (1992). As conferências originais de Sacks na década de 1960 e 1970 sobre conversação (publicadas em 1992), não são um texto sistemático, mas continuam sendo as explorações mais profundas e agradáveis dos problemas metodológicos implicados. Para uma análise linguística da conversação que leve a uma compreensão mais aprofundada, não, contudo, dentro do modelo da análise da conversação, cf. Schiffrin (1994) e Eggins e Slade (1997). Muitos pesquisadores em outras áreas da ciência social ignoram a literatura sobre análise da conversação por que ela está interessada em como os participantes organizam a interação de momento a momento; ela não parece estar interessada com estruturas sociais, mudanças, atitudes, identidades ou grupos, que são estudados em outros enfoques da ciência social.

— 272 —

A análise da conversação é muitas vezes defendida (e questionada) polemicamente, como uma alternativa a esses outros enfoques da ciência, não como complementar a eles. Irei argumentar aqui, porém, que a análise dos dados da pesquisa como fala, pode começar de uma análise muito detalhada, para conduzir a temas sociais que interessam especificamente aos pesquisadores da ciência social (e seus patrocinadores). Ela pode ser empregada para explorar os tipos de categorias pressupostas pelos participantes (e não aquelas do pesquisador). Ela pode mostrar como os participantes juntam e contrastam atividades e atores (ligações que podem ser perdidas na análise de conteúdo), e como eles apresentam mutuamente seus pontos de vista. Pode levar a mudanças práticas no estilo e na estrutura da entrevista, ou na moderação de um grupo. E ela pode ser um passo na direção de uma pesquisa mais reflexiva, capacitando os pesquisadores a considerar o tipo de situação que eles criaram, a orientação dos participantes para com ela, e seus próprios papéis nela como pesquisadores.

Questões de natureza prática

Vou tomar meu exemplo da transcrição de uma discussão feita como parte de um estudo de imagens da mídia sobre cidadania global. O estudo, "Cidadania global e o meio ambiente", foi realizado na Lancaster University, com meus colegas John Urry (Sociologia), Bronislaw Szerszynski e Mark Toogood (Centre for the Study of Environmental Change). O projeto envolvia um levantamento de uma difusão radiofônica por um período de 24 horas e uma série de entrevistas com profissionais da mídia, além do grupo focal discutido aqui (para uma visão geral dos temas cf. SZERSZYNSKI & TOOGOOD, 2000). Tal estudo ofereceu oportunidades para um grande número de diferentes aproximações, tais como análise detalhada de alguns poucos textos selecionados da mídia, uma análise mais extensa e focada de um *corpus* representativo de textos de mídia, entrevistas em profundidade com produtores ou intérpretes desses textos, questionários que investigavam atitudes através de escalas ou exercícios com o objetivo de estimular alguns aspectos de recepção e de resposta à mídia. Decidimos juntar as respostas dadas a algumas das imagens que nós tínhamos coletado empregando grupos focais, isto é, grupos de discussão, liderados por um moderador, seguindo um tópico guia, com participantes escolhidos de acordo com critérios específicos.

Havia determinado número de orientações introdutórias para a condução dos grupos focais, tais como as de Morgan (1988), Krueger (1994) e Stewart e Shamdasani (1990). Mas há ainda relativamente poucos estudos que lidam com os detalhes da interação, entre eles Kitzinger (1995), Agar e MacDonald (1996), Myers (1998), Wilkinson (1998), Puchta e Popper (1999) e a coleção editada por Barbour e Kitzinger (1999). Os grupos focais produzem uma grande quantidade de dados; as transcrições de nossos oito grupos focais, tendo cada um deles se encontrado duas vezes, chegam juntos à soma de 320.000 palavras, ou mais extensas que três monografias acadêmicas. Um modo de lidar com tal quantidade de dados é usar as transcrições como dados brutos, codificando as transcrições de acordo com as categorias deduzidas a partir de nosso referencial teórico, por exemplo, identificando diferentes tipos de atores, ações e identificação (para exemplos deste tipo de análise de conteúdo com dados semelhantes cf. MYERS & MACHAGHTEN,1998; MACNAGHTEN & URRY, 1998; HINCHCLIFFE, 1996). Tais análises podem ser auxiliadas por um software qualitativo (CATTERALL & MACLARAN, 1977); no nosso projeto, estamos usando Atlas. Mas aqui irei delinear um enfoque que tenta começar mostrando, a partir da evidência possível, como o gerenciamento ordenado da interação foi feito pelos próprios participantes. A fundamentação para esse enfoque é que o analista procura a interpretação de um turno (a fala de uma pessoa do começo ao fim), examinando como outro participante responde no turno seguinte; a chave da organização espacial está nas relações entre os turnos adjacentes, e não nos pressupostos sobre estruturas subjacentes mais amplas (como na análise de discurso). Este enfoque exige uma atenção cuidadosa de como cada fala foi exatamente feita, especialmente em questões de tempo, tais como pausas, sobreposições e interrupções.

Devido ao fato de que a análise da conversação só pode ser feita com transcrições muito detalhadas (e o ideal seria o acesso às fitas originais), precisamos levar em conta alguns tópicos práticos desde o começo.

Planejamento: o tópico guia, ou a folha de entrevista, deve garantir uma gravação clara. Por exemplo, no caso que vou apresentar, a separação de um grupo em dois, durante uma parte da sessão, significou que as discussões dentro dos dois grupos se perderam em uma confusão; nas sessões posteriores, nós tivemos o grupo inteiro trabalhando junto, e desse modo haverá uma linha central de conversação. Para as entrevistas, a folha necessita propiciar algumas idas e retornos não controlados, e não ser apenas uma série de questões e respostas como um tipo de levantamento, a fim de que possa ser de algum modo útil à análise da conversação.

Registro: a gravação deve ser suficientemente clara para permitir uma boa transcrição, se possível com microfones estéreos (verificamos também que microfones de mesa, em dois gravadores separados, podem contribuir para se poder fazer um bom controle). Locais ruidosos, como bares, ou mesmo com janelas abertas para a rua, podem deixar algumas passagens cruciais obscuras. Isso não tem importância quando o analista está apenas tentando entender o ponto principal da sessão, ou para algumas ilustrações; mas pode ser muito frustrante quando alguma fala específica é potencialmente importante, e quando falas colaterais, ou sobrepostas, podem ser particularmente interessantes. A gravação em vídeo pode ser útil (cf. HEATH, 1986), mas é também muito mais invasiva.

Transcrição: é muito discutida entre linguistas e outros pesquisadores em ciência social; na opinião de Elinor Ochs (1979), é importante tratar a "transcrição como teoria". Uma boa visão geral, com referências, é a de Cook (1995). Uma defesa em favor de transcrições detalhadas empregadas na análise de conversação está em Sharrock e Anderson (1987); cf. Atkinson e Heritage (1984) para uma mais ou menos extensa lista de símbolos-padrão para análise de conversação. A transcrição completa de uma análise de conversação pode incluir clímax, sonoridade, ritmo, respirações audíveis e cronometragem, bem como o que apresento aqui. Muitas pessoas que já transcreveram falas, trabalhando como secretários(as), poderão ser solicitadas a fornecer uma versão mais limpa do que é dito, revisando automaticamente repetições, sobreposições e cortes na fluência, e editando o que foi dito em frases coerentemente pontuadas. Se alguém quiser algo mais, deve dizer a eles e treiná-los para isso. Cada um dos símbolos que está em meu apêndice, é necessário para meu exemplo específico, com o fim de garantir características que podem ser essenciais à interpretação desta passagem. Um projeto de análise de conversação necessita ser planejado desde o início, reservando uma grande quantidade de tempo para a transcrição: Potter & Wetherell (1987) calculam em cerca de 20 horas de transcrição para cada hora de gravação, em contraposição a cerca de quatro horas para uma hora de gravação de uma transcrição mais simples. No nosso caso, instruímos aos que transcreviam que queríamos toda palavra transcrita, mesmo que ela não fosse parte de uma frase inteira. Até mesmo a simples conferência dessa transcrição já preparada, para torná-la suficientemente apropriada para nossos objetivos, demorou cerca de 5 horas, para cada hora de gravação. O analista pode, então, voltar às fitas e enriquecer essa transcrição como for necessário. Esse enriquecimento, contudo, não é uma questão de detalhe linguístico; sempre tive minha interpretação mudada de algum modo, quando eu transcrevia mais acuradamente.

Atribuições: os que transcrevem podem não atribuir turnos a participantes específicos nos grupos de discussão; a atribuição pode ser muito difícil e acrescentar um tempo extra à transcrição. Mas para os propósitos descritos aqui, é crucial sermos capazes de dizer quem disse o quê. Por outro lado, como meu colega Bronislaw Szerszynski mostra, um analista pode tomar três exemplos de afirmações semelhantes, para mostrar um amplo consenso, quando de fato pode ter acontecido que tenha sido a mesma pessoa que falou três vezes. Ainda mais, pode-se não conseguir reconhecer uma continuidade, quando do um participante faz uma afirmação clara, e vai em frente, colocando aquilo que parecem sentimentos totalmente diferentes na página seguinte.

Análise: do mesmo modo que com a transcrição, a análise provavelmente tomará muito mais tempo e, consequentemente, será menos extensa. Algumas características relevantes podem ser encontradas através de uma busca automática no computador, mas como vou mostrar na seção seguinte, não há substituto para uma leitura atenta, preferivelmente junto com a escuta da fita, como primeiro passo para a análise.

Relatório: a forma ideal de relatório seria mostrar seções da fita para demonstrar nossa argumentação. Mas sendo que a maioria dos relatórios vai ser impressa, como este, a interação deve ser normalmente representada por símbolos impressos, como farei no meu exemplo. Transcrições detalhadas podem ser desconcertantes para leitores acostumados a ver a fala representada na forma clara de jornais e peças de teatro (e podem ser especialmente decepcionantes se os próprios participantes das discussões as lerem). Elas ocupam também muito espaço (como minha transcrição ocupa aqui) e existe sempre a tentação de querer incluir mais e mais. Os argumentos, na análise de conversação são, em geral, feitos através da comparação de muitos extratos curtos, muito detalhados; estes também ocupam espaço e exigem muita atenção.

11. Análise da conversação...

Pode parecer que estas dificuldades sejam todas uma consequência da tecnologia da escrita, que serão algum dia superadas pela gravação em vídeo, pelo reconhecimento da voz, estocagem multimídia e bancos de dados sofisticados de hipertextos. Certamente sempre haverá algo mais que poderia ser incluído na transcrição; muitos pesquisadores fizeram experiências com a codificação não verbal de elementos da comunicação (cf., por exemplo, HEATH, 1986; AVERY & ANTAKI, 1997). Mas a tecnologia não irá superar a necessidade de o pesquisador fazer escolhas do que é relevante, e como mostram outros capítulos desta coleção, decisões práticas na metodologia da pesquisa estão estreitamente ligadas a pressupostos teóricos sobre que tipos de entidades e fenômenos a ciência social pode investigar.

Um exemplo

Meu exemplo é a segunda de uma série de sessões de duas horas, com pessoas de uma pequena cidade em Lancashire; todas as pessoas têm mais de 60 anos e tinham viajado ao exterior no ano anterior. No início dessa sessão, elas discutiram exemplos trazidos da leitura de jornais e da assistência à televisão, de ações realizadas por se sentirem responsáveis pelos seres humanos, ou pelo planeta terra em geral. Fizeram então um exercício em que selecionaram, do chão, várias fotografias de pessoas e atividades apresentadas na mídia, que nós tínhamos coletado das revistas. Um grupo criou uma categoria que incluía fotografias de Nelson Mandela, Madre Teresa, Príncipe Charles, um soldado da ONU e um manifestante segurando um cartaz contra a exportação de animais vivos. O outro grupo criou uma categoria que consistia em uma fotografia de uma manifestação de rua e uma fotografia de Swampy, um manifestante de rua, que os jornais tomaram como emblemático do movimento. O moderador ia acompanhando e questionando suas categorias, perguntando às pessoas do primeiro grupo onde elas teriam colocado as várias fotografias do outro grupo; ele já tinha decidido que eles iriam incluir uma fotografia do barco Greenpeace em uma categoria que eles denominaram "pessoas que se interessam", e está agora perguntando o que eles fariam com os manifestantes de rua.

MOD posso retornar ao que Dennis estava dizendo sobre = =eu estava interessado em seu= = eu não tinha . um investigado muito o que você pensou sobre essas demonstrações mas você disse que você não teria problema colocando essas pessoas que protestam exportações de animais vivos <u>dentro</u> com Madre Teresa e um ONU como como tentando fazer algo para corrigir=

F1   =do seu modo / seu modo

MOD /um e é esse o modo como vocês pensam sobre esse . protesto parece um protesto sobre estradas/

F1   /[eu realmente não sei]

F2   Não eu não

MOD e Swampy e Greenpeace.

F1   oh Swampy

MOD você está dizendo que . porque eles não ficam indiferentes (2.0) você um . você pensa que eles estão fazendo alguma coisa boa

M1   Sim

M2   Eu os vejo como completamente diferentes é isso o que você está dizendo

MOD você vê aqueles

M2   eu os vejo como sendo uma praga no mundo

MOD OK então/

M2   /essas pessoas . elas deveriam ser presas

MOD um ponto de vista é/que ao menos eles não são indiferentes

F3   /você não acha que eles são

M2   Eu penso que eles deveriam ser presos/

F3   /quem são eles

M2   eles causam mais dano eles causam mais prejuízo/

F3   /quem são eles

M3   no fim do aeroporto . a pista do aeroporto

F3   oh são eles

M2   eles causam mais dinheiro e eles nunca mudam nada de qualquer modo isso é feito e isso custa milhões e milhões de libras

11. ANÁLISE DA CONVERSAÇÃO...

para que isso aconteça então, essas pessoas são transgressores e criminosos /

M3 /você sabe . no jornal . você está certo [fala o nome de M2] estava no jornal onde eles prejudicaram mais árvores . que os tratores / fizeram . construindo para eles casas e coisas

M1 /sim mas esse senhor ele agora mesmo esse senhor agora mesmo disse . você não tem . irá aconte<u>cer</u> de qual<u>quer</u> modo =

M2 =isso ia acontecer de qualquer modo

F1 sim

M1 isso é apatia

M3 claro que irá

M2 possivelmente é . mas você conhece algum / lugar

F1 / bem eles eles colocam vidas em risco, não?, onde eles construíram túneis e essas coisas

M2 onde eles impediram que isso acontecesse

MOD a respeito do que. Você colocou exportações de animais vivos em uma categoria diferente dessa

Um apêndice discute alguns dos símbolos da transcrição usados aqui.

Algumas características para análise

Não há uma listagem simples de que características podem ser relevantes na análise de conversação, como poderia existir em alguns enfoques da análise de discurso; estudos prévios trabalharam com tudo, desde "oh" até risos, para avaliações de conclusões de falas telefônicas. Mas alguns poucos comentários a partir do exemplo acima podem sugerir possíveis pontos para se começar: sequência, tópico, formulação e indexação.

Sequência e preferência

A análise de conversação começa com a sequência turno a turno da fala, examinando como os participantes decidem quem vai falar

— 279 —

em seguida e como cada turno se relaciona com o anterior. Estudos identificaram vários tipos diferentes de *pares adjacentes* – padrões regulares de sequência na fala comum, tais como pergunta e resposta ou convite para que se responda. Uma dessas sequências regulares é a maneira como uma colocação que implica valor, ou uma *avaliação*, é seguida por outra; o que é previsível é que a segunda avaliação será colocada em uma forma que soa como uma concordância, ou mesmo um reforço da avaliação; ou se o turno é uma discordância, isso vai mostrar sinais de modificação, prefácio ou demora. Em termos analíticos de conversação, existe uma *preferência* para acordo em segundas avaliações (POMERANTZ, 1984).

Uma análise que contemple essas avaliações, comparando-as com o que alguém espera de uma fala comum, pode ser útil em mostrar se os participantes se apresentam como discordando (e não apenas se o analista pensa que eles discordam). Diferentemente dos participantes em uma fala normal, os participantes de um grupo focal podem dirigir afirmações, das quais outros podem discordar, ao moderador, de tal modo que elas não vão provocar uma resposta da parte de outros participantes. Por exemplo, o primeiro comentário de M2, no nosso caso é dirigido ao moderador:

M2 Eu os vejo como completamente diferentes é isso você está dizendo

M1 discorda então dele para se dirigir novamente ao moderador:

M1 Sim, mas esse senhor agora mesmo

Apenas então ele se dirige ao outro participante, M2, com uma pergunta com sufixo repetitivo (tag question): "não tem você":

M1 esse senhor agora mesmo disse . não tem você . isso irá acontecer

M2 começa sua resposta com uma concessão:

M2 possivelmente é . mas você conhece algum lugar onde eles impediram que isso acontecesse

F1 parece estar concordando, mas ela começa seu turno

F1 bem eles colocaram vidas em risco

com "bem", que tipicamente assinala um turno preterido, no nosso caso uma possível falta de concordância, ou diferença (e de fato ela continua, mais tarde na transcrição, a defender os manifestantes).

As opiniões aqui não surgem no formato de um debate entre dois lados, uma maneira como discussões irradiadas sobre questões públicas são colocadas; os participantes fazem várias contribuições que levam a muitas direções diferentes. O reconhecimento de riscos pode levar a uma apreciação do espírito dos manifestantes, ou a uma crítica por sua irresponsabilidade; o ataque contra a indiferença pode ser usado para apoiar mecanismos participativos de apoio, ou para encorajar a ação direta desses manifestantes. Olhando para a maneira como a discordância emerge, e como se lida com ela, o analista pode explorar algumas das complexidades dessas crenças (MYERS, 1998).

Tópico

Na codificação de uma passagem de uma transcrição como essa, um analista decide qual é o tópico. Mas os participantes estão também tentando decidir qual é o tópico, e o tópico concreto não é dado, mas negociado e discutido pelos participantes. Aqui o moderador nomeia um tópico, relacionando-o a comentários anteriores, enfocando depois um aspecto dele:

MOD É essa a maneira como vocês pensam sobre sobre esse . protesto parece um protesto sobre estradas e Swampy e Greenpeace

A partir desse ponto, cada participante se refere a "eles" como o sujeito concreto. Mas, como nós vimos, os participantes também questionam quem "eles" são. Quando M1 faz seu comentário, que pode ser tomado como sendo um tópico novo ("indiferença"), ele o liga ao que tinha sido dito dois turnos antes:

M1 Esse senhor disse agora mesmo

Este poderia ser visto pelo analista como um comentário sobre a própria discussão e da indiferença dos participantes. Mas a maneira como ele é retomado por outros é como sendo um outro comentário sobre os manifestantes, e sobre a ineficácia de seu protesto.

É evidentemente difícil dizer, a partir das falas, o que será assumido como o tópico concreto; a última fala de F1 ("bem eles estão colocando vidas em risco, não estão") poderia levar a uma crítica dos manifestantes ou a uma defesa deles. Mas alguém pode iniciar mudanças como "esse senhor disse agora mesmo" onde os participantes tentam ligar um tópico aparentemente novo, a algum turno anterior (normalmente não o imediatamente anterior). E pode-se perceber que mudanças ocorrem porque, como acontece aqui ao final, o moderador interfere, depois que opiniões opostas foram expressas e repetidas (MYERS, 1998). Estes limites, marcados por intervenções do moderador, formam uma unidade lógica para apresentar exemplos aos leitores, porque eles mostram como essa lógica está segmentada para os participantes.

Formulação

Muito da fala nos grupos focais é sobre a própria fala. O moderador pode formular o que os participantes acabaram de falar, isto é, repeti-lo com palavras diferentes, para obter comentários posteriores:

MOD Vocês estavam dizendo que . por que eles não ficam indiferentes...

Ou o moderador pode formular uma fala para fechar uma parte da discussão:

MOD OK então um ponto de vista é que...

Formulações são um artifício chave, através do qual o moderador controla o tópico e demonstra empatia. Há uma grande preocupação, em guias para pesquisa com grupos focais, sobre a maneira como o moderador pode dirigir a discussão; formulações e as respostas a elas são um lugar onde nós vemos esse direcionamento em ação.

Os participantes podem repetir o que outras pessoas dizem ou escrevem, criticar isso ou usá-lo como evidência (HOLT, 1996; MYERS, 1999):

M3 estava no jornal onde eles causaram dano a mais árvores

Eles podem também formular contribuições a partir de outros participantes, como nós vimos M1 fazer com M2. M1 não repete exatamente as mesmas palavras do outro participante; M2 disse:

M2 eles nunca mudam nada de qualquer modo isso acontece

M1 formula isso como:

M1 Esse senhor disse agora mesmo . você não . que isso irá acontecer de qualquer modo

A esta altura, M2 poderia rejeitar isso como não sendo absolutamente o que ele tinha dito ou intencionado dizer. Em vez disso, ele o repete de imediato, acentuando sua responsabilidade pela avaliação.

M1 isso irá acontecer de qualquer modo =

M2   = irá acontecer de qualquer modo

11. ANÁLISE DA CONVERSAÇÃO...

Citações, formulações e respostas como essas constituem parte importante da transcrição. Elas são importantes tanto para restringir a análise como para ampliá-la. Quando nós vemos como é comum que ecos e formulações estejam no ir e vir da discussão, percebemos que pode ser perigoso extrair comentários de participantes sem olhar para trás, para a cadeia de conversação que levou a isso; essa é a restrição. A saída é ver esses ecos e formulações em termos do sentido que os participantes têm daquilo que é precisamente importante no momento (BUTNY, 1997).

Indexação

Linguistas e filósofos identificam certas expressões, tais como "aqui" (here) ou "agora" (now) ou "vamos" (come), como expressões indéxicas, variando de significado de acordo com a situação. "Aqui" significa algo diferente, dependendo de onde o locutor se coloca (se em Porto Alegre ou Roma); e dependendo da abrangência da área que o termo é destinado a indicar (a sala de estar ou a nação). Os analistas de conversação sustentam que *todas* as expressões são, em princípio, indéxicas; isto é, elas adquirem seu sentido por indicarem uma situação imediata, e não em referência a códigos simbólicos fixos (SCHEGLOFF, 1984). Uma palavra significa o que ela quer dizer aqui e agora, para os referidos propósitos. Este desafio é importante para nossa análise, porque as técnicas dos grupos focais e a maioria das outras técnicas de pesquisa em ciência social supõem que os significados são relativamente estáveis entre situações, de tal modo que alguém pode fazer as mesmas perguntas a qualquer grupo, mais ou menos perguntas, no tópico guia, mostrar ao grupo as mesmas fotografias e comparar as respostas entre os grupos. Mas mesmo que os pesquisadores não aceitem a posição filosófica subjacente à análise de conversação, eles vão descobrir que a indexação é uma questão prática na análise de seus dados. Por exemplo, um leitor da transcrição percebeu que a colocação do moderador, que abre meu exemplo acima, parece particularmente incoerente. Isto não é apenas devido à maneira como a transcrição sublinha hesitações e repetições (embora isto seja uma parte). É também porque a colocação de abertura do moderador não seria primariamente sobre grupos políticos, ela seria sobre a maneira como as fotografias estão colocadas no chão:

MOD Eu não tinha . um investigado muito o que você pensou sobre *essas demonstrações* mas você disse que você não teria problema colocando *as pessoas* que protestam contra exportações de animais vivos *dentro* com Madre Teresa e

PESQUISA QUALITATIVA COM TEXTO, IMAGEM E SOM

ONU como como tentando fazer algo para corrigir / um e é esse o modo que vocês sentem sobre sobre *esse . protesto* [ênfases adicionadas].

Há aí uma referência indéxica não apenas em "essas demonstrações" e "esse protesto", mas também em "as pessoas que protestam contra exportações de animais vivos", "a ONU", e (depois) "Greenpeace", como se referindo a fotografias específicas. A pergunta do moderador consegue sua resposta, por que os participantes organizaram essas fotografias dessa maneira e eles estão supondo que podem ser chamados a prestar conta daquilo que fizeram. Expressões semelhantes são encontradas neste, e em outros grupos focais, com referência ao que está claro a todos os membros do grupo, mas não, talvez, ao que escuta a gravação da fita ou ao leitor da transcrição.

Há outra questão de indexação na discussão do pressuposto tácito sobre "quem são eles", dentro desse exemplo; não é apenas uma questão de informação, mas daquilo que a fotografia representa para os propósitos em questão. Todas as fotografias são, nesse sentido, polissêmicas, mas os participantes decidem um sentido para os objetivos imediatos. Uma atenção cuidadosa à generalidade das referências nos ajuda a ver a flexibilidade das categorias centrais das imagens da mídia e das ações ambientais. Referências indéxicas não são apenas um problema prático para o analista, elas são também indicações de como o grupo entende sua situação, como se refere ao que seus membros partilham e como se torna um grupo.

Há um outro tipo de indexação nessa passagem, que todo pesquisador deve levar em conta: as características não questionadas do ambiente, às quais ninguém se refere, mas das quais os participantes podem estar conscientes. Durante essa sessão, um segundo pesquisador se sentou a um canto, ajudando na gravação da fita, dos vídeos e tomando notas, fazendo ocasionalmente algum comentário, mas permanecendo em geral em silêncio. Ele comentou depois, lembrando como alguns participantes criticaram duramente os manifestantes na pista do aeroporto com tratamentos ofensivos, e que esperava que eles não se tivessem dado conta de que ele próprio era um deles. Poder-se-ia apenas especular sobre que tipo de influência isso poderia ter, do mesmo modo como se poderia apenas especular sobre a relevância do sotaque americano do moderador, do prejuízo que pode causar a dificuldade de movimentação de um participante, ou do tipo de carpete na arrumação do chão, porque nenhum destes aspectos foi trazido para a discussão. A importância analítica desses

— 284 —

aspectos não discutidos pelos participantes, ou do local, é uma das contínuas controvérsias na análise de discurso.

Todas estas características – sequências de acordos, tópico, formulação de expressões indéxicas – relacionam-se com os tópicos mais amplos da investigação. As pessoas não apenas chegam com atitudes favoráveis ou desfavoráveis, com respeito a determinados atores ou ações. Elas tomam posição com respeito às insinuações do moderador, sobre as contribuições dos outros participantes, sobre os objetos que as rodeiam e sobre as ações e a fala que se desenvolvem. Elas propõem e exploram possíveis colocações com relação ao turno anterior, e desse modo não é surpresa que seus pontos de vista sejam muitas vezes complexos, instáveis e aparentemente contraditórios. Para os pesquisadores, a interação é um modo de investigar opiniões; para os participantes, as formulações de suas opiniões são um modo de interação, em uma sala cheia de pessoas estranhas.

Problemas metodológicos

A análise detalhada da fala levanta questões diferentes, dependendo de ser a fonte de dados uma entrevista, um grupo de discussão, uma fala irradiada ou uma interação informal. Algumas das questões se referem à capacidade de persuasão de toda a interpretação (inferência); à relação da amostra com o conjunto da sociedade mais ampla (generalização); à sua relação com vários grupos sociais (identidade); e à relação entre o que eles fazem e dizem nos grupos focais e o que eles iriam fazer ou dizer em outros contextos (tipo de atividade).

Inferência: apresentei apenas alguns exemplos para ilustrar os tipos de aspectos com os quais uma análise pode começar. Uma análise mais persuasiva iria mostrar como há padrões semelhantes ou diferentes, encontrados em outras transcrições de fala, por exemplo, comparando uma instância de desacordo com outras. Mas isso, por si só, não iria resolver o problema, porque a análise de conversação procura mostrar que tipos de padrões os participantes assumem como aceitos sem discussão. Deste modo, um analista iria procurar exemplos em que os participantes discordam mais direta e agudamente, e mostrar como outros participantes respondem a essas instâncias como uma oportunidade de realização de suas expectativas (um exemplo é GREATBACH, 1988).

Generalização: alguém poderia ser tentado a generalizar a partir desse exemplo para grupos sociais se, por exemplo, muitas das transcrições incluíssem alguma defesa dos manifestantes de rua. Mas os membros dos grupos focais não foram escolhidos para representar a sociedade como um todo; eles foram escolhidos para constituir grupos que pudessem ter algo a dizer em relação a nossas questões teóricas. Não se poderia dizer que as pessoas, em geral, defendem manifestantes de rua, mas alguém pode dizer que esse homem, nessa situação, defendeu os manifestantes nesses termos. Muitas vezes esses achados são surpreendentes e vão contra expectativas baseadas em visões sociais amplas; por exemplo, M1 combina um conservadorismo social e uma ênfase na disciplina (em outras passagens) com a afirmação, no caso presente, de que até mesmo infringir a lei é preferível à indiferença.

Identidade: os pesquisadores devem também ser cuidadosos em atribuir afirmações a grupos sociais específicos. É tentador, na passagem que apresentei, notar que os homens, em geral, colocam-se contra os manifestantes de rua, e que as mulheres são a favor, e tentar generalizar com respeito a gênero. Mas esses participantes possuem muitas identidades sociais possíveis e o enfoque analítico de texto resiste em tomar alguma dessas identidades como necessariamente mais importante. Nos grupos focais, os participantes tendem a se referir a uma identidade que eles percebem como partilhada pelo grupo, e assim eles muitas vezes se referem a sua idade, enquanto que em outros contextos eles podem ter-se referido a gênero, *status* parental, saúde e doença, "raça", classe e origem regional (nesse caso, nativos *versus* pessoas que vieram de fora). Embora esse assunto seja altamente polêmico entre os pesquisadores que assumem ser o gênero, ou as diferenças culturais, ou relações de poder sempre relevantes, os pesquisadores da análise conversacional dão atenção apenas àqueles elementos de identidade mostrados pelos participantes na fala.

Tipo de atividade: que pensam os participantes estarem fazendo ao falar? Em um mundo com tantas instituições coletando opiniões pode parecer absolutamente natural um grupo de estranhos se encontrar e dizer o que eles pensam sobre vários assuntos. Mas nós podemos ver nas transcrições vários referenciais que vão se alternando no que diz respeito ao que eles estão fazendo ali. Afirmei, em outra ocasião, que muitas das características dos grupos focais criam sentido se considerarmos os participantes como formulando opiniões para um gravador que está ouvindo tudo atentamente (MYERS, 1998). Mas há também lugares onde eles agem como se participassem de interações mais parecidas com bate-papo, terapia, teatro, júri ou sala de aula; às vezes eles respondem diretamente ao moderador, tanto que existe, de fato, uma série de entrevistas pessoa a pessoa, e às vezes eles parecem ignorar totalmente o moderador. Tais mudanças podem ser identificadas por uma análise atenta da fala; elas tendem a se perder em sínteses ou visões gerais seletivas.

Conclusão

Argumentei aqui que uma análise atenta dos dados falados transcritos, seguindo modelos baseados na análise de conversação, pode levar a compreensões mais claras sobre os dados coletados para projetos de pesquisa em ciência social. As desvantagens de tal análise são que ela requer uma gravação e uma transcrição cuidadosas, e uma análise demorada. Para alguns pesquisadores, é semelhante a acrescentar um montículo de terra à montanha de seus dados. Mas tal análise pode fornecer um caminho para examinar as categorias dos participantes, descobrindo o que eles tomam como sendo relevante a essas categorias, fornecendo uma explicação explícita para aquilo que poderia, de outro modo, ser deixado às vagas intuições do analista; pode ser também um modo para melhorar técnicas de pesquisa, e para refletir sobre a situação da investigação e sobre o lugar do pesquisador dentro dela. Em um projeto como o nosso, onde estamos investigando a possibilidade de novos tipos de identidades e novos tipos de ações, ela pode complementar outros enfoques com respeito aos dados, construindo uma ponte com nossas preocupações teóricas e ao mesmo tempo mantendo-nos abertos ao que nos possa surpreender.

Passos na análise da fala

1. Planeje o local de pesquisa de tal modo que permita uma gravação de áudio nítida (e se possível de vídeo).

2. Inclua na transcrição todos os falsos começos, repetições, pausas preenchidas ("erm") e aspectos temporais, tais como silêncios e sobreposições de fala.

3. Comece com transições turno a turno, investigando como cada turno é apresentado como relevante em comparação ao turno anterior ou aos turnos anteriores.

> 4. Considere principalmente turnos *preteridos* – aqueles marcados por prefácios, demora ou modificações.
>
> 5. Para todo padrão que você encontrar, investigue o que acontece naqueles casos em que o padrão não é seguido.
>
> 6. Teste todos os padrões que você encontrar em confronto com aqueles da fala normal.

Apêndice – convenções de transcrição

Sublinhado ênfase

MAIÚSCULAS sonoridade

/

/ o começo de falas sobrepostas

. pausa curta

(2.0) pausa medida

= = continuações sem pausas audíveis

[ ] transcrição incerta

Para um sistema mais detalhado de transcrição e comentário sobre transcrição, cf. Hutchby & Wooffitt (1998).

Referências bibliográficas

AGAR, M. & MacDONALD, J. (1995). "Focus Groups and Ethnography". *Human Organization*, 54, p. 78-86.

ANTAKI, C. & RAPLEY, M. (1996). "'Quality of Life' Talk: the Liberal Paradox of Psychology Testing". *Discourse & Society*, 7, p. 293-316.

ATKINSON, X. & HERITAGE, J. (1984). *Structures of Social Action*: Studies in Conversation Analysis. Cambridge: Cambridge University Press.

AVERY, C. & ANTAKI, C. (1997). "Conversational Devices in Stories Turning on Appearance Versus Reality". *Text*, 17(1), p. 1-24.

BARBOUR, X. & KITZINGER, J. (1999). *Developing Focus Group Research*. Londres: Sage.

BODEN, D. & ZIMMERMAN, D. (orgs.) (1991). *Talk and Social Structure*. Cambridge: Polity.

BRIGGS, C.L. (1986). *Learning How to Ask*: A Sociolinguistic Appraisal of the Role of the Interview in Social Science Research. Cambridge: Cambridge University Press.

BURGESS, J.; LIMB, M. & HARRISON, C. (1988). "Exploring Environmental Values Through the Medium of Small Groups: 1: Theory and Practice". *Environment and Planning A*, 20, p. 309-26.

BUTTNY, R. (1997). "Reported Speech in Talking Race on Campus". *Human Communication Research*, 23(4), p. 477-506.

BUTTON, G. & LEE, J.R.E. (orgs.) (1987). *Talk and Social Organisation*. Clevedon: Multilingual Matters.

CATTERALL, C. & MACLARAN, P. (1997). Focus Group Data and Qualitative Analysis Programs: Coding the Moving Picture as well as the Snapshots, *Sociological Research Online*, 2(1): <http://www.scoresonline.org.uk/socresonline/2/1/6.html>.

COOK, G. (1995). Theoretical Issues: Transcribing the Untranscribable. In: *Spoken English on Computer*: Transcription, Mark-Up, and Application. Harlow: Longman, p. 35-53.

DREW, P. & HERITAGE, J. (orgs.) (1993). *Talk at Work*. Cambridge: Cambridge University Press.

EDWARDS, D. (1997). *Discourse and Cognition*. Londres: Sage.

EGGINS, S. & SLADE, D. (1997). *Analysing Casual Conversation*. Londres: Cassell.

GILBERT, N. & MULKAY, M. (1984). *Opening Pandora's Box*: an Analysis of Scientists' Discourse. Cambridge: Cambridge University Press.

GREATBATCH (1988). "A Turn-taking System for British News Interviews". *Language in Society*, 17, p. 401-430.

HEATH, C. (1986). *Body Movement and Speech in Medical Interaction*. Cambridge: Cambridge University Press.

HINCHCLIFFE, S. (1996). "Helping the Earth Begins at Home: the Social Construction of Socio-environmental Responsibilities". *Global Environmental Change*, 6(1), p. 53-62.

HOLT (1996). "Reporting on Talk: the Use of Direct Reported Speech in Conversation". *Research on Language and Social Interaction*, 29(3), p. 219-245.

HUTCHBY, I. & WOOFFITT, R. (1998). *Conversation Analysis*: the Study of Talk in Interaction. Cambridge: Polity.

KITZINGER, J. (1995). "Introducing Focus Groups". *British Medical Journal*, 311, p. 299-302.

_____ (1994). "The Methodology of Focus Groups: the Importance of Interaction Between Research Participants". *Sociology of Health and Illness*, 16, p. 103-121.

KRUEGER, R.A. (1994). *Focus Groups*: a Practical Guide for Applied Research. Newbury Park, NJ: Sage.

MACNAGHTEN, P. & URRY, J. (1998). *Contested Natures*. Londres: Sage.

MALONE, M.J. (1997). *Worlds of Talk*. Cambridge: Polity.

MAYNARD, D. (1998). *Refusal Conversation in the Survey Interview as a Local, Situated, and Embodied Achievement*. Seattle, WA: American Association for Applied Linguistics.

MORGAN, D.L. (1988). *Focus Groups as Qualitative Research*. Newbury Park, NJ: Sage.

MYERS, G. (1999). "Functions of Reported Speech in Group Discussions"., *Applied Linguistics*, 20, p. 376-401.

_____ (1998). "Displaying Opinions: Topics and Disagreement in Focus Groups". *Language in Society*, 27, p. 85-111.

MYERS, G. & MACNAGHTEN, P. (1998). "Rhetorics of Environmental Sustainability: Commonplaces and Places". *Environment and Planning* A, 30, p. 333-353.

OCHS, E. (1979). *Transcription as Theory*: Developmental Pragmatics. Nova York, NY: Academic Press, p. 43-72.

POMERANTZ, A. (1984). Agreeing and Disagreeing with Assessments: some Features of Preferred/dispreferred Turn Shapes. In: ATKINSON, J.M. & HERITAGE, J. (orgs.). *Structures of Social Action*: Studies in Conversation Analysis. Cambridge: Cambridge University Press, p. 57-101.

POTTER, J. & WETHERELL, M. (1987). *Discourse and Social Psychology*. Beverly Hills, CA: Sage.

PSATHAS, G. (1995). *Conversation Analysis*: the Study of Talk-in-Interaction. Thousand Oaks, CA: Sage.

PUCHTA, X. & POTTER, J. (1999). "Asking Elaborate Questions: Focus Groups and the Management of Spontaneity". *Journal of Sociolinguistics*, 3, p. 314-335.

ROBSON, C. (1993). *Real World Research*: a Resource for Social Scientists and Practitioner-Researchers. Oxford: Blackwell.

SACKS, H. (1992). *Lectures on Conversation*. Oxford: Blackwell.

SCANNELL, P. (org.) (1991). *Broadcast Talk*. Londres: Sage.

SCHEGLOFF, E.A. (1984). On some Questions and Ambiguities in Conversation. In: ATKINSON, J.M. & HERITAGE , J. (orgs.). *Structures of Social Action*: Studies in Conversation Analysis. Cambridge: Cambridge University Press, p. 28-52.

SCHIFFRIN, D. (1996). "Narrative as Self-portrait, Sociolinguistic Constructions of Identity". *Language in Society,* 25, p. 167-203.

_____ (1994). *Approaches to Discourse*. Oxford: Blackwell.

_____ (1984). "Jewish Argument as Sociability". *Language in Society,* 13, p. 311-335.

SHARROCK, W. & ANDERSON, B. (1987). Epilogue: the Definition of Alternatives: some Sources of Confusion in Interdisciplinary Discussion. In: BUTTON, G. & LEE, J.R.E. (orgs.). *Talk and Social Organisation*. Clevedon: Multilingual Matters, p. 290-321.

STEWART, D.W. & SHAMDASANI, P.N. (1990). *Focus Groups*: Theory and Practice. Londres: Sage.

SZERSZYNSKI, B. & TOOGOOD, M. (1999?). Risk, Global Citizenship, and the Media. In: ALLAN, S. (org.). *Media, Risk, and the Environment*. Londres: UCL Press.

TANNEN, D. (1984). *Conversational Style*: Analyzing Talk among Friends. Norwood, NJ: Ablex.

WILKINSON, S. (1998). "Focus Groups in Feminist Research: Power, Interaction, and the Co-construction of Meaning". *Women's Studies International Forum*, 21(1), p. 111-125.

WOOFFITT, R. (1992). *Telling Tales of the Unexpected*: the Organization of Factual Discourse. Hemel Hempstead: Harvester Wheatsheaf.

Leituras adicionais

BILMES, J. (1988). "The concept of Preference in Conversation Analysis". *Language in Society,* 17, p. 161-181.

HOUTKOOP-STEENSTRA, H. & ANTAKI, C. (1997). "Creating Happy People by Asking yes/no Questions". *Research on Language and Social Interaction*, 30(4), p. 285-313.

MacGREGOR, B. & MORRISON, D.E. (1995). "From Focus Groups to Editing Groups: a new Method of Reception Analysis". *Media, Culture & Society,* 17, p. 141-50.

PSATHAS, G. (1979). *Everyday Language*: Studies in Ethnomethodology. Nova York, NY: Irvington.

SILVERMAN, D. (1993). *Interpreting Qualitative Data*: Methods for Analysing Talk, Text, and Interaction. Londres: Sage.

12
ANÁLISE RETÓRICA

Joan Leach

Palavras-chave: acomodação; metáfora; analogia; metonímia; argumento; *pathos*; discurso; retórica; *ethos*; cânones retóricos (partes da retórica); gênero; sinédoque; *logos*.

> Se pelo menos as políticas do Primeiro-Ministro fossem tão boas como a política retórica que nós ouvimos, estaríamos todos em melhores condições de vida.

O emprego comum da palavra "retórica" desfigura a longa e celebrada história de uma disciplina acadêmica e um modo de análise crítica. Na fala cotidiana, nós contrastamos "retórica" com "ação", e sugerimos que algo "retórico" é equivalente a uma coleção de mentiras ou meias verdades. Este é um tipo de publicidade frustrante para estudiosos contemporâneos que investigam textos e discursos orais, desenvolvem teorias de como e por que eles são atrativos e persuasivos, por que eles se desenvolveram em momentos específicos, que estruturas de argumentação, metáforas e princípios estruturantes estão em ação e, em alguns casos, o que pode ser feito para conseguir que diferentes formas de comunicação funcionem melhor dentro do contexto.

Um modo de começar a esclarecer o termo "retórica" é fornecer algumas definições de trabalho, que comecem a lançar alguma luz sobre a multiplicidade de empregos da própria palavra:

Retórica I: O ato de persuadir.

Retórica II: A análise dos atos de persuasão.

Retórica III: Uma cosmovisão sobre o poder persuasivo do discurso.

A citação inicial do capítulo parece ser um comentário que se insere dentro da primeira definição dada aqui. Os políticos praticam "atos de retórica". Isto é, eles organizam o discurso para ser persuasivo. Os estudiosos da retórica, contudo, procuram desvelar tais discursos e perguntar por que eles são persuasivos, adotando assim a segunda definição de retórica. Isto parece simples, mas uma analogia, a partir de um contexto diferente, torna-se útil aqui para articular mais claramente algumas fronteiras obscuras. Nós nos referimos àquelas pessoas que cometem crimes como criminosos. Aqueles que estudam os criminosos e seu comportamento são chamados de criminalistas. O discurso dos criminalistas, nas revistas de sociologia e direito, nunca é apresentado como um discurso de criminalidade. Na retórica, em contrapartida, é diferente. A grande questão é que os discursos retóricos podem ser analisados pelos retóricos e os retóricos são também responsáveis pela produção do discurso retórico. Isto parece se constituir em um problema de semântica, mas é também um tema metodológico bastante interessante. A que altura a "análise" da persuasão não se torna, ela mesma, persuasiva? Um exemplo imediato é o texto que você está lendo agora. Até que ponto não estarei eu apresentando algumas regras básicas para análise retórica, e até que ponto não estarei tentando persuadir você de que a análise retórica é um instrumento valioso de análise social? Esta questão da reflexividade surge em muitos métodos de pesquisa em ciência social, mas pode-se argumentar que ela é mais transparente aqui, no reino da retórica. Finalmente, há um sentido em que retórica é também uma cosmovisão, uma crença no poder da linguagem e do discurso, para estruturar fundamentalmente nosso pensar, nossos sistemas de representação, e mesmo nossa percepção do mundo natural. Esta última questão traz a análise retórica bem próxima da análise ideológica, da análise ética e de outros enfoques da teoria social.

Ao colocarmos em cena a análise da persuasão, ou retórica II, é útil alguma fundamentação para esta área. Foram os clássicos gregos aqueles que, por primeiro, interessaram-se em analisar discursos para saber por que eles eram persuasivos, e fizeram isso tanto para a fala como para a escrita (COLE, 1991; POULAKIS, 1995). Tanto Aristóteles como Platão não só se interessaram por esta arte, mas também em distinguir a "boa" da "má" retórica, e em criar categorias de discurso persuasivo e regras para se fazer uma "boa" retórica. Na verdade, o clássico argumento sobre boa *versus* má retórica está

12. Análise Retórica

subjacente aos diálogos de Platão. É também Platão quem começa a falar sobre retórica como se ela fosse um assunto "contaminado". Algumas das preocupações centrais de Platão infeccionam a análise da retórica até os dias de hoje. Primeiro, Platão sugere que a retórica é, até certo ponto, diferente da "verdade". Isto é, o que as pessoas falam no seu mundo da vida pode não ser como as coisas realmente são no mundo das ideias. Esta noção continua conosco e nos torna céticos diante de indivíduos que tentam nos persuadir a aceitar um ou outro ponto de vista. Em segundo lugar, Platão afirma que a retórica não poderia ser ensinada. Esta afirmação foi uma resposta a um grupo de professores, chamados *sophistai* (sofistas), que afirmavam serem capazes de ensinar aos jovens estudantes a habilidade de falar persuasivamente, bem como de analisar as falas de outros com respeito a técnicas bem ou malsucedidas. Platão sustentava a posição de que a retórica não poderia ser ensinada, porque a "boa retórica" estava relacionada com a virtude pessoal. Se a pessoa não fosse virtuosa, ela nunca poderia, então, ensinar a retórica como uma arte, nem poderia sua análise chegar jamais a alguma coisa.

Os romanos continuaram com um interesse no discurso persuasivo e no ensino da retórica, criando esquemas e nomes elaborados para estratégias retóricas. Seu legado nos deixou "manuais de retórica", que descrevem e interpretam figuras de linguagem, padrões gramaticais e dimensões estéticas que tornam as falas e os textos atrativos. Desde os tempos clássicos, passando pelo período medieval, a retórica foi uma disciplina central, ensinada juntamente com a gramática, a dialética e depois a aritmética e a geometria. Mas isso tinha de mudar: durante o Iluminismo, a retórica passou a ser atacada tanto como uma prática, bem como uma disciplina. A criação da Sociedade Real da Inglaterra foi marcada pelo *motto* de Francis Bacon, *nullius in verba* (nada nas palavras), e as novas "ciências" deveriam evitar qualquer traço de floreios retóricos, incluindo metáforas, analogias e elementos de fala elegantes (MONTGOMERY, 1996). A preocupação central de Bacon, em sua desaprovação da retórica, era afastar-se do escolasticismo da geração anterior, que se fundamentava em textos de personagens antigos e da Renascença, tais como Ptolomeu e Paracelsus. Conforme Bacon, o escolasticismo estava fundamentado na retórica dos antigos sem nenhuma nova observação e indução a partir da observação. Dessa maneira, a ciência deveria ser "não retórica". A análise retórica, contudo, continuou a ser popular nas disciplinas humanísticas e na teologia até o século XX.

A consciência dessa tradição é importante no caso da retórica, pois, como uma disciplina, ela teve perto de 2500 anos para desenvolver refinamento metodológico e diversidade.

Objeto de análise

Somos, de súbito, como que atirados a um pântano, quando nos defrontamos com a tentativa de encontrar o "objeto" da análise retórica. Tradicionalmente, a análise retórica criticou discursos orais, tais como os dos tribunais, dos parlamentos e da arena política, ou mesmo discursos orais, como discursos de boas-vindas ou de crítica violenta. Sendo que estes discursos orais são, nos dias de hoje, normalmente apresentados por escrito, ou são até mesmo sustentados por documentos escritos, a análise retórica escolheu fontes documentárias, bem como fontes orais, nas quais poderia fazer uso de seus métodos. As contribuições recentes da semiótica abriram também uma porta para a análise de imagens, comunicação não verbal, gestos e até mesmo para a localização de objetos dentro de edifícios, e a semiótica apregoa uma afinidade com a análise retórica (ECO, 1979). O objeto tradicional da análise retórica é também a persuasão. Falando historicamente, o objeto de análise foi sempre abertamente persuasivo, mas desde o esclarecimento teórico trazido pela ideologia e por outras formas mais sutis de coesão social, a análise retórica pôde, com facilidade, lidar com discursos que reivindicam ser objetivos (isto é, reivindicar ser objetivo é, em si mesmo, um ato retórico). O contexto do discurso deve ser o primeiro ponto a ser levado em consideração ao se embarcar em uma análise retórica, seja ao escolher um discurso oral, uma imagem ou um documento escrito, um discurso abertamente persuasivo tais como discursos políticos ou publicitários, ou ao lidarmos com textos que contenham uma persuasão mais oculta, como um artigo científico ou um artigo de jornal.

Afirma-se frequentemente que a análise retórica pressupõe que a retórica é produzida por um orador (retor) competente, consciente, que organiza seu discurso de acordo com conjuntos de regras formalizadas. Esta retórica é dirigida para um público específico, que é persuadido pelos argumentos apresentados e oferece algum sinal nessa direção (classicamente, uma mudança de comportamento, ou opinião). Retórica, nessa visão até certo ponto empobrecida, recupera, então, as intenções do locutor, ou autor, desvela os sistemas de regras que organizam o discurso, e avalia a eficácia da persuasão

12. ANÁLISE RETÓRICA

pretendida, através do efeito sobre o público. Embora uma análise possa ser apresentada dessa maneira, há aqui vários perigos. O mais importante é que tal prática trata a análise de discurso como meramente o oposto da construção do discurso, e supõe que os processos de construção são recuperáveis, e que os contextos de recepção são transparentes. Ainda mais, essa atitude para com a análise cai na falácia intencionalista. Isto é, nós tomamos a análise retórica como a reconstrução da intenção dos autores e locutores, e consideramos a intenção como estando "atrás" das mudanças de comportamento, ou da atitude, dos públicos; nós procedemos como se "intenções" de autores possam ser preditas através de seus textos ou desempenhos orais. Este é um perigo de muitos tipos de análise, e especialmente um que prejudicou de modo especial a análise retórica.

A maneira mais fácil de evitar esse perigo é analisar discursos "cotidianos", ou "naturais", e não os produzidos pelas metodologias da ciência social. Vejamos, por exemplo, os perigos de analisar um conjunto de textos produzidos a partir de uma entrevista realizada por algum pesquisador. Embora tal texto possa ser persuasivo e beneficiar-se da análise retórica, pode ser considerado como "fazendo uma segunda conjetura" sobre o impacto persuasivo da afirmação de qualquer pessoa. Torna-se muito difícil discernir as intenções do entrevistador, as intenções do entrevistado e a contribuição persuasiva de qualquer outra observação. Além disso, os argumentos não devem ser julgados pelo seu valor persuasivo potencial com referência ao analista. Eles devem sempre ser julgados em relação ao contexto e à totalidade do discurso.

Sendo que a retórica analisou tanto textos escritos como desempenhos orais, existe grande confusão sobre onde a análise retórica termina e onde começa algum outro tipo de análise. Isso se tornou um problema interessante à luz da interdisciplinaridade e da assim chamada "virada linguística", na filosofia e nas ciências sociais (RORTY,1979). Ao considerar o objeto de estudo de muitas ciências sociais, e mesmo da filosofia, tal objeto se tornou cada vez mais um objeto linguístico. Torna-se muito difícil, portanto, dizer, por exemplo, se a retórica é um termo suficientemente amplo para incluir algo como uma "análise ideológica", ou se ela é algo totalmente diferente – e muitos teóricos e pesquisadores possuem pontos de vista divergentes sobre esse ponto (GROSS & KEITH, 1997). Um breve exemplo mostra essa dificuldade. Ao ler um texto político, um estudioso que faz análise retórica irá procurar os meios possíveis de persuasão localizados dentro do texto. Um desses meios de persuasão é apresentar argumentos com os quais o público pode já estar de acordo a fim de criar um sentido de identidade entre o suposto autor e a suposta audiência. Tais compromissos políticos partilhados podem operar no nível da ideologia. Deveria, então, a análise retórica evitar comentários sobre esses argumentos? Alguns estudiosos pensam que não. Este é um exemplo simples e bastante direto. A maioria dos textos não apresenta maneiras tão simples de pensar a relação entre ideologia e persuasão. Mas, cada vez mais, os estudiosos estão se sentindo mais à vontade com respeito a tais fronteiras obscuras, mesmo em termos de metodologia (NELSON et al., 1987). À medida que a tendência à interdisciplinaridade parece prosseguir a passo acelerado, nas ciências sociais e humanísticas, os estudiosos se sentem à vontade afirmando que eles usam métodos retóricos com respeito à "análise do argumento", ou consideram a retórica como um texto particular para discutir ideologia, ou mesmo que eles usam métodos semióticos como parte de um enfoque retórico para analisar filmes e outros materiais da mídia (MARTIN & VEEL, 1998).

Antes, porém, que este enfoque universal com respeito à metodologia e à disciplinaridade nos leve a acreditar que, nas palavras de Paul Feyerabend, "vale tudo", há uma tradição, no que diz respeito à retórica, que tem dificuldade em sentar-se com as ciências sociais. Sendo que a retórica é uma arte clássica, ou *techne*, sua atitude histórica com respeito à produção de conhecimento fica muito mais à vontade com a crítica literária, do que com a sociologia. Alguns estudiosos iriam mesmo argumentar que a retórica produz conhecimento não diferente do produzido por um poema ou uma pintura, e que a análise dessas formas de produção de conhecimento é feita de maneira melhor pela história da arte, ou pela crítica literária, do que pelas ciências sociais. Embora essas sejam questões gerais sobre a atitude diante de um objeto de pesquisa, é importante levá-las em consideração quando se pensa sobre métodos. O objetivo da retórica nunca é ser científica, ou ser capaz de categorizar a persuasão para todos os tempos e para todos os lugares. O poder da análise retórica é sua proximidade, sua habilidade de falar sobre o particular e o possível, não sobre o universal e o provável. E isso nos leva de volta às preocupações específicas de Platão e de Bacon sobre retórica. Se alguém pode analisar um texto a partir de seus méritos persuasivos, que reivindicações pode alguém fazer sobre o conhecimento produzido? Bacon diria que não nos leva a lugar algum, pois não podemos

12. ANÁLISE RETÓRICA

produzir mais conhecimento a partir de apenas um texto. Platão poderia se preocupar com o fato de que apenas a análise dos meios acessíveis de persuasão não nos aproxima de nenhuma verdade universal. Desse modo, embora o enfoque retórico possa ser usado em conjunto com muitos tipos de metodologias das humanidades e da ciência social, a atitude fundamental que a retórica sugere provém de sua tradição de ser uma arte e não uma ciência.

A situação retórica

Com estas questões gerais em mente, retornemos à questão-chave de como evitar perigos ao se fazer um análise retórica e mostrar que o problema passa a ser como dizer algo com sentido na análise, sem pressupor os processos que primeiramente construíram o discurso. É aqui onde os contextos do discurso se tornam importantes. O que se segue são algumas questões orientadoras e categorias que devem ser levadas em consideração quando olhamos para uma imagem, ouvimos um discurso ou lemos um texto e pensamos sobre ele a partir de uma dimensão retórica. Estas categorias começarão a dar corpo aos aspectos quem/ o que/ onde/ quando/ por que da análise retórica de uma maneira concreta (BITZER, 1968). O que é notável nessas categorias é que elas existem há mais de 2000 anos, primeiro como métodos com os quais se devia exercitar o discurso, e depois, via Aristóteles, como um modo de examinar a estrutura de discursos particulares.

Exigência

Nas palavras de Bitzer (1968), "toda a exigência é uma imperfeição marcada pela urgência; ela é um defeito, um obstáculo, algo esperando para ser feito, uma coisa que é outra do que deveria ser". A retórica responde a essa exigência. Ao fazer uma análise retórica, pois, é crucial identificar a exigência da retórica necessária no momento. Isto situa a análise e garante que esta seja contextualizada. Para seguir contextualizando a retórica, a boa análise retórica responde ao que os gregos clássicos chamaram de *kairos* e *phronesis*. Traduzido de maneira vaga, *kairos* é a dimensão de tempo de um texto persuasivo; *phronesis* é a conveniência de um texto persuasivo específico. Um exemplo recente, em um contexto claramente público, indica a necessidade de atenção para esses aspectos. Um analista poderá querer analisar o discurso da rainha à nação, após a morte repentina da princesa Diana, uma exigência marcada por luto públi-

— 299 —

co. Seguramente essa análise sofreria severas restrições caso não levasse em consideração o clamor público para que a rainha fizesse uma declaração, o que ela ignorou e que, em última análise, explicou a resposta que ela recebeu do público. Isto é, o discurso da rainha não teve um senso do *kairos*. Ele foi tão extemporâneo como a morte não esperada: uma ocorreu muito cedo, o outro muito tarde. Do mesmo modo a rainha foi imediatamente condenada, depois dessa fala, como sendo "sem sentimento e fria". Isto é, o público se deu conta de que houve algo inapropriado na fala da rainha sobre a princesa, depois de sua morte: faltou um senso de *phronesis*. Além de ter em mente o contexto e prestar atenção ao público, a consideração desses dois conceitos ajuda a construir um elo entre o texto, o contexto e o público.

O público

Os desempenhos orais têm uma característica própria: seu público é próximo e, de algum modo, mais identificável. Os textos e formas de comunicação de massa, contudo, não estão em uma relação semelhante a um público próximo e identificado. Por exemplo, ao ler um texto, o público desses meios não permanece, necessariamente, preso ao próprio texto. Podemos ver, contudo, nos textos, maneiras de posicionar os leitores, ou "criar" um público. Tomemos, por exemplo, um artigo científico que possa aparecer na revista *Nature*. O texto e seu conteúdo tratam os leitores de modo muito particular como um público. A linguagem especializada, as convenções na citação, a estrutura do texto com seções ordenadas e a relação entre diagramas e o texto, tudo isso seleciona um determinado público de leitores, bem como o posiciona de determinado modo. Por exemplo, o público pode ser tratado como cético, como cientistas possivelmente interessados em reproduzir os resultados de um experimento, ou mesmo, como em artigos de revista, como iniciantes em uma determinada área. Desse modo, embora o público nem sempre permaneça necessariamente preso ao texto, este, retoricamente, trata seu público de maneira tal que pode ser discernida através da análise.

Tipos de discurso persuasivo: teoria da estase

Olhando para o discurso persuasivo, os teóricos da retórica identificaram três gêneros persuasivos, ou estases: o forense, o delibera-

12. ANÁLISE RETÓRICA

tivo e o epidêitico (GROSS, 1990; FAHNESTOCK, 1986). Estes são categorizados a partir do objetivo, do público, da situação e do tempo. A retórica forense é a retórica dos tribunais, onde a discussão se centra na natureza e na causa de acontecimentos passados. Os interlocutores devem persuadir um terceiro grupo de que sua explicação dos acontecimentos passados é uma explicação "verdadeira". A retórica deliberativa é encontrada na arena da política, onde o debate se centra no melhor rumo possível de uma ação futura. Esta persuasão é orientada para o futuro e muitas vezes especulativa. A retórica epidêitica está centrada em temas contemporâneos e na avaliação de se determinado indivíduo ou acontecimento merecem louvor, são culpados ou devem ser censurados. As formas clássicas de retórica epidêitica são orações fúnebres e cerimônias de premiação. A utilidade da teoria da estase é a de classificar um discurso por seu gênero persuasivo e ajudar a organizar a análise de acordo com determinados critérios. Além disso, muitos discursos persuasivos participam em mais de uma estase, ou gênero, de tal modo que a identificação de cada argumento por tipo é um exercício útil.

Partes da retórica

Tradicionalmente, quando um analista começa a discutir a retórica, ele deve levar em consideração os cinco cânones da retórica. O campo da persuasão, ou retórica, foi adequadamente dividido por Cícero, por razões pedagógicas, especificamente para o ensino da arte da persuasão, ou Retórica I. Mas essas categorias podem ainda ser úteis. Primeiro, categorizar o discurso persuasivo por estases, e então analisar os cinco cânones. Cada cânone pode ser subdividido em ainda outras categorias.

Invenção

Os estudiosos da retórica medieval fizeram uma clara distinção entre o conteúdo e a forma (*res* e *verba*). Os primeiros teóricos da retórica pensaram que se deveria primeiro delinear claramente o conteúdo de um discurso, e depois olhar cuidadosamente para seu estilo, organização e elementos estéticos. Mas os estudiosos contemporâneos acham que as categorias clássicas, embora ainda úteis, supunham que a forma como a comunicação se dá, era muito menos importante do como nós pensamos hoje. Na verdade, alguns afirmaram que a forma da comunicação determina os argumentos que devem ser feitos. Esses tipos de discussão são encontrados quando se examina aquele campo da retórica chamado "invenção". As questões centrais que são invocadas pela análise retórica nesse cânone são aquelas que têm a ver com a questão da origem dos argumentos ou, de maneira mais clássica, como os oradores inventam argumentos em relação a determinados objetivos.

Ethos: uma forma de argumentação persuasiva se fundamenta no estabelecimento da credibilidade do autor, ou locutor. Embora quem seja o autor não torne um argumento mais ou menos válido, formas sutis de persuasão jogam com relações de poder, presentes nos textos. Tomemos, como um breve exemplo, a autoria e a referência científicas. O final do século XX constatou uma crescente proeminência dada aos "primeiros" autores de artigos científicos; aqueles que são citados por primeiro e cujos nomes, por conseguinte, aparecem em primeiro lugar nos índices de referências. Embora a revisão formal por pares possa ignorar o nome do primeiro autor, os leitores das comunidades científicas não procedem assim. Portanto, certos autores possuem um *ethos* para apresentar afirmações mais fortes que outros.

Pathos: uma outra forma de argumentação persuasiva é o apelo à emoção. A publicidade está cheia de exemplos desse tipo de argumentação. Formas que são menos percebidas, contudo, incluem o apelo para aplicação em pesquisa médica. O apelo chamativo para "mais pesquisa é necessária", é extremamente persuasivo quando são mencionados aplicações para curas, ou remédios para doenças dolorosas, ou aplicações na saúde para crianças.

Logos: a palavra grega *logos* fornece a radical básica para nossa palavra "lógica". Parte do campo da retórica consiste no exame de como os argumentos lógicos funcionam para nos convencer de sua validade. Esta questão está estreitamente relacionada com a discussão que segue abaixo, sobre disposição. Embora as pessoas considerem hoje certas formas de lógica persuasivas, textos históricos indicam que públicos mais antigos não teriam considerado tais formas de lógica persuasivas. Isto está também relacionado com a discussão da Retórica III, ou a cosmovisão retórica sob a qual o discurso opera. Pensar o *logos* dessa maneira traz também à mente o poder do discurso em conformar, ou construir, determinadas cosmovisões. Embora Aristóteles pensasse estar no centro do universo, e argumentasse de maneira coerente com essa visão, esse princípio estruturante da

12. ANÁLISE RETÓRICA

lógica aristotélica se perdeu para nós no Ocidente, enquanto que outros tomaram seu lugar.

Estes três elementos – *ethos*, *pathos* e *logos* – são ingredientes essenciais para explorar o contexto como um primeiro passo para a análise retórica. Eles fornecem formas de argumentação que estão presentes em diferentes tipos de discurso persuasivo. São formas introdutórias a partir das quais os argumentos persuasivos podem ser criados ou desenvolvidos. Mas há muitos métodos para se avançar e analisar ainda mais o discurso dentro da estrutura dos cinco cânones clássicos ou partes da retórica.

Disposição

Este cânone retórico explora como o discurso está organizado. Com que lógica ele fundamenta suas reivindicações básicas? Como a organização da obra está relacionada com o argumento que ela defende? Os artigos jornalísticos são normalmente escritos em uma forma que é, às vezes, chamada de "pirâmide invertida", começando com uma frase que nos diz "quem, o que, onde, quando e por que", e terminando com detalhes. Que efeito pode esse tipo de organização ter sobre o público? Poderá tal característica organizacional realmente nos persuadir de que algumas coisas são mais importantes que outras?

Estilo

Falamos, na linguagem comum, como se o estilo fosse algo extrínseco ao discurso, algo que pode ser substituído a bel-prazer. É importante considerar o estilo como uma parte intrínseca ao discurso, como uma dimensão complexa da relação entre forma e conteúdo. Os discursos são frequentemente persuasivos devido a seu estilo que, não há dúvida, está relacionado com o contexto. A poesia, por exemplo, é escrita em um estilo que pode persuadir, em determinado contexto, um amante, do amor de outro amante. A apresentação, simplesmente, de um artigo em um estilo criteriosamente científico, diante de um comitê consultivo, possui um efeito persuasivo, pois o estilo do discurso sugere objetividade. Podemos considerar, também, o documento científico, um dos discursos mais altamente estilizados da cultura contemporânea. Observe a ausência da primeira pessoa. Este é um estilo convencional adotado. Ele funciona para nos persuadir que ninguém pode, na verdade, executar ação alguma que o texto descreve; o "eu" não necessita estar presente. Documentos legais são persuasivos apenas quando estão assinados. Eles adotam um estilo de apresentação onde o leitor pode encontrar um espaço vazio, no qual deve assinar seu nome, depois de ler. O autor de obituários, contudo, é persuasivo somente quando adota um estilo de intimidade pessoal. Imagine um colunista de obituários adotando um estilo científico e omitindo o pronome da primeira pessoa; a persuasão fica fortemente prejudicada!

Ao lado desta noção de estilo, contudo, as convenções formam um ritual elaborado dentro do discurso. Além disso tudo, há convenções de interpretação, recepção, leitura e escuta, bem como convenções de como escrever, falar e representar. Tomemos o exemplo dos telejornais. As notícias são uma forma altamente ritualizada de discurso. As famílias e comunidades têm seus programas favoritos de notícias, aos quais elas assistem sem falta, um ritual de tempo que marca o começo ou o fim do dia. Elas possuem convenções sobre a maneira como assistir às notícias: podem assisti-las de maneira ritual, com um ar de distração, enquanto passam ferro em uma camisa, tomam o café da manhã ou examinam o correio. O próprio programa de notícias é altamente ritualizado, com apresentadores relativamente constantes, segmentos ordenados e tipos de argumentação. Neste sentido, olhar notícias se torna mais parecido com uma peça teatral complexa, do que com uma transmissão de informação. Tal fato possui um impacto importante na análise retórica. Estes rituais e convenções definem fronteiras e limites, tanto para a criação como para a recepção do discurso. Houve um episódio famoso, na televisão dos Estados Unidos, quando um apresentador afastou-se do alcance das câmeras, a fim de tornar conhecida sua posição sobre determinado assunto. Tal ato não foi, evidentemente, bem-sucedido, pois a confusão permaneceu, tanto no estúdio como para o público. Uma prática assim não pertencia ao ritual do que deveriam ser notícias televisivas. A persuasão do ato não foi bem recebida, pois ela não pôde ser entendida dentro dos limites do discurso.

"O que, então, podem os recursos retóricos causar?", perguntou Longinus. Sua resposta é bastante surpreendente: "Bem, eles são capazes, de diferentes maneiras, de infundir veemência e paixão nas palavras faladas e, de modo particular, quando combinados com as passagens argumentativas, não apenas persuadem o ouvinte, mas na realidade o tornam seu escravo" (*On the Sublime*, XV, 9). Esta qualidade que os recursos retóricos possuem de criar escravos é uma dimensão importante da análise dos textos. O que se quer significar por "recursos retóricos" é o emprego de linguagem figurativa. Alguns manuais de retórica do período medieval listam centenas de usos e categorias de linguagem figurativa. Aqui, nós examinaremos duas: a metáfora e, por associação, a analogia; a metonímia e, por associação, a sinédoque. Estes são dois dos tropos mais comuns que aparecem no discurso, e possuem funções bastante persuasivas.

Metáfora e Analogia: analisar metáforas foi uma segunda natureza para analistas retóricos, desde Platão. A noção de que as metáforas podem "transferir" (*meta pherein*) sentido de um conceito a outro, como um auxílio para nossa compreensão e descrição, bem como ser um instrumento persuasivo, provém dos antigos gregos. Neste sentido, a metáfora tem a função de criar uma analogia entre dois conceitos. Quando Burns diz "meu amor é como uma rosa vermelha brotada recentemente em junho", ele transfere o sentido associado com a rosa à noção de amor, indicando paixão, um sentido de algo novo e de veracidade. Este uso da metáfora é comum na poesia e literatura criativa, mas está também presente em muitos discursos persuasivos e na ciência. O exemplo que segue provém de uma análise retórica feita por Evelyn Fox Keller (1995), que escreveu extensamente sobre metáfora nas ciências biológicas e como elas nos convencem, bem como fornecem modelos heurísticos para nosso pensar.

Keller conta a história do termo "informação", e como ele foi empregado metaforicamente. Claude Shannon, um matemático, apropriou-se do termo e o definiu como uma medida precisa da complexidade dos códigos lineares. Logo depois, muitos outros matemáticos, cientistas da computação e analistas de sistema se interessaram naquilo que eles chamaram de "teoria da informação", que foi caracterizada como o ponto culminante em ciência e tecnologia. Os sistemas passaram a ser classificados pelo quanto de informação eles "continham" – um afastamento da descrição da informação como uma qualidade, levando à descrição da informação como uma coisa. Os biólogos entram, então, em cena. Em um texto famoso, Watson & Crick escreveram, em 1953, que eles tinham descoberto a "base da vida" "em uma longa molécula. ...parece provável que a sequência precisa de bases [DNA] é o código que carrega a informação genética" (WATSON, 1968). Nesta sentença aparentemente técnica, Watson & Crick transferiram a informação como uma medida da moda para um contexto biológico e atribuíram o sentido ao DNA. Muitos geneticistas objetaram que esse uso da "informação" como um termo técnico era incorreto e inapropriado para uma compreensão matemática da complexidade do DNA; mas o termo se firmou, e nós agora falamos muitas vezes da informação codificada na molécula do DNA. Nesse caso, "informação" é uma metáfora que foi usada persuasivamente por Watson & Crick, para emprestar um sentido de complexidade, novidade e rigor matemático ao seu trabalho.

Tais empregos da metáfora são muito comuns, muito sutis e muito complexos. Assim, pois, além de olhar para metáforas mais óbvias tais como "no exame final, os estudantes pegaram fogo", nós devemos esquadrinhar metáforas mais complexas. Embora o exemplo técnico apresentado acima seja bastante difícil de ser reconhecido por não especialistas, as metáforas existem em muitos níveis e em todos os discursos. Muitos filósofos e semióticos sugerem até mesmo que nossa relação fundamental com a linguagem é metafórica (para maior discussão sobre essa afirmação radical, cf. GROSS, 1990).

Metonímia e Sinédoque: são figuras de linguagem onde a parte está para o todo. Há muitos exemplos disso na linguagem cotidiana. Quando dizemos às pessoas, em reuniões formais, para "dirigir os comentários para a cadeira", nós claramente não queremos dizer que eles devam falar para o móvel em que o líder da discussão está sentado, mas à pessoa que está sentada na cadeira. Este emprego da linguagem funciona em níveis muito complexos. Ele nos permite transferir atributos e características de uma coisa a outra. Nesse sentido, possui uma relação estreita com a metáfora. Ele funciona também juntamente com apelos ao *pathos*. Por exemplo, um artigo recente de jornal se referiu ao grande caos que aconteceria na Inglaterra "se a coroa fosse perdida". A preocupação parece não se referir à perda das joias e ouro da monarquia, mas à própria monarquia. Esse apelo à "coroa" relaciona-se com um campo mais vasto da imaginação cultural e a componentes tradicionais que o artigo invoca para excitar a emoção do público.

Examinamos aqui alguns tropos, ou figuras de linguagem. Não há dúvida que eles funcionam para aprimorar nossa comunicação e que é até provável que sejam imprescindíveis; mas alguns estudiosos estão convencidos de que eles nos dizem algo profundo sobre a maneira como pensamos e a maneira como a própria linguagem funciona (cf. FAHNESTOCK, 1999, para mais detalhes sobre o poder das figuras de linguagem).

Memória

Este cânone analisa o acesso que o locutor possui ao conteúdo de sua fala. Nos tempos clássicos, os oradores eram julgados pela extensão de suas falas, e se eles podiam fazê-las duas vezes exatamente iguais. Nos círculos teóricos atuais, existe um interesse renovado no aspecto cultural da memória e como discursos particulares recorrem a memórias culturais partilhadas pelos autores e pelos públicos (LIPSITZ, 1990).

Apresentação

Embora mais adequado aos discursos orais, este cânone explora a relação entre a propagação de um trabalho e seu conteúdo. Podemos imaginar o locutor que tem *ethos* falando sobre determinado assunto. Enquanto parte desse *ethos* se refira à maneira de criar uma argumentação, outra parte pode estar ligada à própria apresentação de sua fala. Isto pode também ser explorado textualmente ao se olhar diferentes padrões de propagação. O estilo de uma fala ou uma comunicação por e-mail, por exemplo, difere radicalmente, em determinados casos, de uma comunicação por escrito. A análise retórica pode usar essa categoria para investigar quais sejam estas diferenças.

Forças e fraquezas da análise retórica

Por sua própria natureza, a análise retórica é um ato discursivo: ela está produzindo argumentações sobre argumentações. A análise retórica, pois, está planejada para produzir seu efeito máximo em discursos completos, convencionais e com objetivos sociais. As falas de políticos, os editoriais de jornais e os discursos de advogados são fontes clássicas para análise retórica. Mas de igual modo, documentos oficiais cuidadosamente elaborados e discursos orais podem ser analisados retoricamente, com efeitos muito positivos. Entre eles se incluem a retórica da ciência, a retórica das ciências sociais e a retórica da economia. Estes discursos acadêmicos são, eles próprios, altamente profissionais e fazem uso de estruturas de argumentação clássica, apelos à emoção e apelos à credibilidade. Essas últimas sugestões de se analisar textos nos leva, no contexto das ciências sociais, uma vez mais, à questão da reflexividade: por que não analisar nossos próprios textos a partir desses critérios, e avaliá-los para que alcancem os objetivos a que foram destinados?

A principal fraqueza da análise retórica é a amplitude de seus formalismos. Como se pode ver pelo que foi dito acima, a noção de que existem "cinco" cânones, com até mais categorias para uma análise relacionada a eles, nos dá a impressão de uma elaborada construção que deva ser aplicada em cada caso. Tal aplicação da análise retórica, contudo, seria inexequível e provavelmente desinteressante. Por isso, as ferramentas retóricas que alguém emprega para analisar um texto podem diferir daquelas usadas na análise de outro texto. Em síntese, a análise retórica é uma arte interpretativa. A fraqueza, aqui, é que ela não adota a maioria dos critérios sociais científicos que enfatizam uniformidade na análise e consistência na aplicação. Essa característica é, ao mesmo tempo, a maior força e a maior limitação da análise retórica: de um lado, ela é flexível e interpretativa; de outra parte, é inconsistente e sujeita aos carismas e às limitações do analista.

Para uma qualidade na pesquisa qualitativa

O que define qualidade na análise retórica? Embora responder a tal pergunta seja difícil para qualquer metodologia da ciência social, dada a história das discussões sobre esse tópico pelos sofistas, Platão, Aristóteles, Cícero, Vico e os pensadores do Iluminismo escocês, os comentaristas contemporâneos empalidecem só ao pensar em acrescentar suas próprias opiniões a esses grandes vultos do passado. Alguns aspectos, contudo, apresentam-se com respeito àquilo que o campo da retórica reconhece como boa análise. De maneira absolutamente crucial, é a atenção séria dada ao público o que marca a análise retórica na literatura. Devido ao fato de a noção de verdade, em muitas outras disciplinas, ser considerada como sendo universal para todos os tempos e lugares, tais disciplinas não necessitam dar atenção a públicos específicos, a tempos específicos e a lugares específicos. A retórica não pode dispor desse recurso. Ao contrário, o que é considerado persuasivo, ou mesmo "verdadeiro", em um sentido pragmático, deve-se à recepção do texto, ou do ato discursivo, pela audiência em questão. A retórica não reivindica verdades universais, e por isso mede seus sucessos e fracassos pela constatação de se ela foi dirigida, ou mesmo persuadiu, ao público visado, em seu tempo e espaço reais. Por conseguinte, o conhecimento do público é central para qualquer discurso retórico.

O segundo aspecto da qualidade, na análise retórica, relaciona-se com o primeiro. Na cultura ocidental contemporânea, onde a ciên-

12. ANÁLISE RETÓRICA

cia e a filosofia "cientificizada" influenciam fortemente a agenda para uma produção de conhecimento, e para a aceitação desse conhecimento na cultura, tal noção de verdades específicas exigidas pela retórica soa estranha, exótica, e, poder-se-ia até dizer, irrelevante. Mas se aceitamos a possibilidade de a verdade estar condicionada ao espaço e ao tempo, devemos, então, dar atenção especial ao particular e não ao geral. Tal análise retórica irá examinar o movimento e a influência de um único texto, talvez. E, a partir da análise retórica, não é possível generalizar para outros textos. O fato de determinada análise singular revelar um padrão em uma argumentação, não significa que se deva esperar encontrar esse padrão novamente. Mas embora não seja possível generalizar para outros textos, por força da análise, é possível fazer afirmações normativas baseadas na análise em questão. Uma boa análise retórica frequentemente não hesita em fazer afirmações normativas. Elas podem ser em forma de sugestões sobre como o discurso analisado não conseguiu persuadir um público ou se conseguiu seu intento. Elas podem tomar a forma de prescrições sobre como outras formas de persuasão poderiam evitar perigos específicos. Poderiam tomar a forma de críticas sobre os recursos persuasivos empregados; determinado público pode ser persuadido por argumentos que não têm sustentação. Elas podem assumir a forma de crítica da evidência, ou do *status* das afirmações comprobatórias feitas em um texto. Esta é uma postura diferente da maioria dos outros métodos, com exceção da análise ideológica. A descrição e a análise são normalmente consideradas "boas", quando elas evitam sugestões normativas. A ausência de sugestões normativas normalmente sugere um trabalho objetivo e sem viés. Mas os teóricos retóricos arriscam afirmar que a descrição é realmente uma prescrição, sob um disfarce retórico. Reivindicar ser apenas "descritivo" e, consequentemente, objetivo, é uma estratégia persuasiva feita pelos cientistas sociais para garantir os direitos de chamarem o que eles fazem de ciência, diriam os teóricos mais radicais (cf. NELSON et al., 1987, e a "Introdução ao projeto para a retórica da investigação", no citado volume, para exemplos dessa argumentação). Estes dois aspectos da boa análise retórica – a atenção ao particular e local, e a simpatia por conclusões normativas – a separa das muitas outras formas de análise e a torna até mesmo não científica, de acordo com muitos referenciais da ciência social.

Isto nos leva a fechar o círculo na definição de retórica. Nós discutimos estratégias sob o título da Retórica II: a análise do discurso.

Poderá ser igualmente útil, contudo, discutir nossa própria produção de discurso, quando fazemos uma análise. Bazerman (1988), em estudo já agora clássico, faz as seguintes sugestões concretas, quando se trata de uma aproximação retórica, a fim de manter uma vigilância sobre nosso próprio discurso analítico, no campo das ciências humanas e sociais.

Preste atenção em seus pressupostos fundamentais, objetivos e projetos

> A epistemologia, a história e a teoria subjacentes a um campo de estudo não podem ser separadas de sua retórica (BAZERMAN, 1988: 323).

Seja qual for o campo específico de estudo em que você estiver pesquisando, é importante lembrar que esse campo estabeleceu limites sobre o que pode ser dito sobre certos tópicos e o que faz sentido dizer. Seus projetos de pesquisa devem se conformar a esses limites, ou questioná-los, a fim de que eles sejam "significativos", isto é, compreendidos pelos que trabalham e pelos que pesquisam dentro desse campo. Seus pressupostos sobre o que é uma pesquisa e o que constitui uma pesquisa bem-sucedida se equiparam àqueles existentes dentro do campo? Estes pressupostos podem, eles próprios, serem analisados retoricamente (como nós vimos com livros-texto introdutórios), mas você deve ter clareza sobre como sua própria retórica e estratégias de argumentação se equiparam àquelas do campo onde você está trabalhando.

Leve em consideração a estrutura da literatura, a estrutura da comunidade e seu lugar em ambas

Quando você procurar escrever ou apresentar seus resultados, ou suas situações de pesquisa, a literatura de seu campo de estudo já está colocada ao redor de você. Existe uma literatura anterior que deve ser consultada; há um estilo retórico com o qual ela deve ser tratada (para questões mais específicas sobre esse tema cf. SWALES, 1983). Quando você começa a contribuir para a literatura, seu trabalho deve levar em conta a exigência retórica estabelecida. A fim de poder contribuir, então, você deve conhecer a literatura através de leituras. Como mostra Bazerman, tomar conhecimento da literatura, através do desenvolvimento de um esquema de quais os problemas que a disciplina já discutiu, o que ela aproveitou, para onde se orienta, quais os principais atores e como essas coisas se relacionam

12. ANÁLISE RETÓRICA

com seu próprio projeto, podem ajudá-lo a integrar seu trabalho com o trabalho de campo. Uma estratégia para ajudá-lo a fazer isso na introdução de seu trabalho, é criar uma rede intertextual, onde você liga os temas que são centrais a seu projeto com os temas centrais a outros projetos no campo.

Leve em consideração seus instrumentos investigativos e simbólicos

Mesmo que sua pesquisa tenha desenvolvido alguns resultados significativos através do emprego de boa metodologia e instrumentos investigativos, seus instrumentos simbólicos devem estar igualmente presentes na tarefa. Isto sugere que as reivindicações que você faz sobre suas investigações devem ser apoiadas por bons argumentos. O argumento tende a se fundamentar na qualidade e no caráter da evidência. O modelo mínimo de Toulmin (1958) é um bom começo para testar sua própria habilidade para construir argumentos com os quais os interlocutores podem se engajar sem descartá-los de imediato. Você tem, contudo, muitos outros instrumentos simbólicos e retóricos à sua disposição. Além de discernir os argumentos comuns feitos dentro de seu próprio campo, a reflexão sobre o uso dos argumentos em outros campos é também útil.

Leve em consideração o processo de construção de conhecimento

Quando nós começamos a fazer pesquisa, somos levados a pensar sobre as suas finalidades – que vantagens e objetivos teremos. Mas certa preocupação com os processos que iremos empregar para consegui-los, é igualmente importante. Prestar atenção sobre a maneira como vamos descrever, relatar ou discutir nossos resultados, à medida que realizamos a pesquisa, pode ser extremamente útil, e permitir-nos imaginar a amplitude das possíveis características que ela poderá assumir. Do mesmo modo, a antecipação de como nossa investigação poderá ser recebida por outros pode ajudar-nos a construir as limitações dentro das quais nosso trabalho será recebido.

Um exemplo de análise

Um exemplo clássico de análise retórica foi dado por Jeanne Fahnestock (1986). Fahnestock começa afirmando que todo discurso possui um elemento persuasivo, até mesmo o discurso científico. Esta afirmação não é aceita por todos, mas ela constitui a base ou o pressuposto fundamental do trabalho de Fahnestock. Na verdade, a partir de sua posição de professora que ensina como se escreve tecnicamente, ela conhece em primeira mão os problemas que os cientistas e os engenheiros enfrentam quando tentam persuadir seus públicos. Partindo dessa situação concreta, ela também mostra que a persuasão, no discurso científico, não termina dentro da comunidade científica. De fato, em termos de produção de conhecimento sobre ciência, o discurso científico procura também persuadir públicos leigos. Desse modo, a partir dessas posições básicas reflexivas e refletivas Fahnestock coloca o fundamento para uma análise retórica do discurso científico, na medida em que ela passa da comunidade científica, para a imprensa popular.

Os instrumentos simbólicos da análise retórica são desenvolvidos em relação a dois tipos muito particulares de texto, que são organizados em pares, para facilitar a análise. O primeiro texto em cada par é da revista científica, em que a pesquisa original é relatada. O segundo texto em cada par é o que Fahnestock chama de escrita científica "adaptada": esses textos provêm de uma revista popular de divulgação científica. Por exemplo:

1a) Nenhuma outra fonte de proteína é usada por *T. hypogea,* e as estruturas de transporte do pólen foram perdidas, tornando essa espécie obrigatoriamente necrófaga (ROUBIK, *Science,* 1982, p. 1.059).

1b) Embora outras abelhas tenham dentes, essa é a única espécie que não pode carregar pólen ("Vulture bees". *Science* 82, p. 6)

O primeiro texto provém da revista científica americana *Science* e o segundo de sua contrapartida popular. Para contextualizar sua análise, Fahnestock considerou primeiramente a situação retórica desses dois textos, notando o crescimento massivo da leitura de ciência popular, a proliferação de escritores de ciência popular e até mesmo o crescimento do número de revistas científicas dirigidas aos próprios cientistas. Além disso, uma análise feita por sociólogos e estudiosos literários fornece alguma informação contextual para sua análise retórica. A partir dessa "situação retórica", Fahnestock propõe que sua análise retórica irá mostrar três temas relacionados:

> [primeiro, sobre a] transferência no gênero que ocorre entre a apresentação original do trabalho de um cientista e sua popularização, segundo, sobre a mudança em "tipos de afirmações" que ocorrem quando se dirige a um público maior, e terceiro, sobre a utilidade da teoria clássica da estase na explicação do que acontece na "vida retórica" de uma observação científica (1986: 228).

12. Análise Retórica

Seguindo os métodos discutidos anteriormente, Fahnestock avança, partindo da situação retórica para analisar, usando a teoria da estase, os tipos de discurso persuasivo de que a ciência faz uso. Conforme Fahnestock, os textos científicos originais são de natureza predominantemente forense:

> os artigos científicos estão em grande parte preocupados em estabelecer a validade das observações que eles relatam; por essa razão, a proeminência excessiva das secções dos "Materiais e Métodos", e "Resultados", no formato padrão do artigo científico, e a importância dada às tabelas, figuras, e fotografias que são colocadas ali como a melhor representação possível da evidência física que a pesquisa gerou (1986).

As adaptações científicas, contudo, são "esmagadoramente epidêiticas; seu objetivo principal é comemorar, em vez de validar". (1986: 279).

As adaptações comemoram através do apelo ao sentimento de admiração e de curiosidade. No exemplo acima, essa estratégia funciona das seguintes maneiras. Primeiramente, notem-se as características forenses do relatório original. Temos ali um autor colocando fatos que são necessários para seu argumento científico. A versão adaptada, em contraste, muda isso de maneiras específicas dando à afirmação:

> um grau maior de certeza do que no primeiro caso. O cientista que escreveu o relatório original e que tinha recentemente descoberto uma espécie de abelha tropical antes desconhecida não estava interessado em afirmar que não existiam outras espécies semelhantes, e que ele tinha descoberto a "única" (1996: 280).

Ao contrário, a versão adaptada elevou a afirmação a um grau de certeza, afirmando sua singularidade, seu *status* de única no gênero. Além disso:

> A versão adaptada afirma também que as abelhas "comem qualquer animal," uma extensão inferida dos dados observados e registrados no artigo de Science. Essa mudança talvez não seja mais que uma inocente hipérbole. Mas de novo é uma exageração em uma direção interessante, porque ela ajuda a romancear o perigo das abelhas... A afirmação de singularidade serve ao apelo epidêitico de "admiração" (1986: 281).

Esta parte da análise de Fahnestock coloca a base retórica para sua análise e realça os tipos de persuasão que ela descobre em seus objetos textuais. Mas, além disso, as partes da retórica, ou os cinco cânones, também entram em ação em sua análise. Embora as categorias de memória e apresentação estejam ausentes, a invenção, a disposição e o estilo são todos analisados na continuação da discussão de seus temas sobre mudança de gênero e sobre a construção da certeza em textos científicos adaptados. A invenção, como vista acima, está sempre relacionada com um objetivo. Fahnestock explora essa relação no par de textos que se segue:

2a) O leopardo da Índia é raro, mas não é a única espécie de mamíferos com níveis baixos de variação nos perfis sanguíneos. A foca elefante do norte, o alce, o urso polar e o cervo do Yellowstone foram descritos como tendo níveis diminuídos de variação (O'BRIEN et al., *Science*, 1983, p. 6).

2b) Níveis nitidamente altos de uniformidade genética são normalmente encontrados apenas em ratos criados especificamente em laboratório ("Copycat cheetahs", *Science*, 83).

Diz Fahnestock:

> Os autores científicos de [2a)] queriam diminuir a singularidade do fenômeno que eles tinham observado; sendo que seu objetivo era convencer os leitores da validade de sua observação, então quanto mais raro o fenômeno, mais difícil se tornaria seu trabalho. Suas observações são mais plausíveis se outras semelhantes tiverem sido feitas, desse modo eles coerentemente citam relatórios análogos. Mas o adaptador científico quer fazer com que os leitores se admirem de algo, por isso ele não faz menção alguma das espécies que se mostraram semelhantes na invariância genética, e faz seu assunto parecer mais admirável reivindicando o resultado: "aqui nós temos animais na natureza que exibem a mesma conformidade genética daqueles criados em laboratório, com respeito a essa mesma qualidade". O adaptador científico não está dizendo algo que não seja verdade; ele simplesmente seleciona apenas a informação que serve a seu objetivo epidêitico (1986: 281).

O estilo também desempenha um papel importante na análise retórica. O par de textos seguinte mostra o objetivo persuasivo a serviço de qual o estilo pode ser posto:

3a) A estimativa é derivada de dois grupos de genes convencionalmente estudados: 47 *loci* de *allozyme* (*isozyme alélica*) e 155 proteínas solúveis determinadas por eletroforeses de gel bidimensionais... A amostra total de leopardos se mostrou invariante para cada um dos 47 loci (O'BRIEN et al. *Science*, 1983, p. 460).

12. ANÁLISE RETÓRICA

3b) Mas todos os leopardos possuem exatamente a mesma forma de cada uma das 47 enzimas... em outro teste de mais de 150 proteínas, 97% delas se igualaram aos leopardos ("Copycat cheetahs" *Science* 83, p. 6).

Fahnestock analisa o estilo dessas duas passagens. Enquanto que a original não acrescenta comentários editoriais, a versão adaptada usa "frases intensificadoras", tais como "mais de 150", quando o total é precisamente 155, e "exatamente a mesma forma para cada uma", em vez da palavra neutra "invariante". O estilo, mesmo no nível da escolha da palavra, neste caso particular, serve para enfatizar os objetivos epidêiticos no texto.

Finalmente, a disposição ou a organização dos argumentos dentro dos textos é importante para essa análise retórica. Fahnestock escolhe um relatório de *Science* que chegou até *Newsweek, Time, The New York Times, Reader's Digest* e uma quantidade de outros fóruns populares para ciência adaptada. O relatório se intitulava "Diferenças de sexo na habilidade matemática: fato ou artefato?" *Time* colocou um título muito diferente, indicando certo grau de certeza sobre a resposta a essa questão: "O fator gênero na matemática". No relatório original, os cientistas afirmam que seus dados:

4a) são consistentes com várias hipóteses alternativas. Contudo, a hipótese de uma diferença na escolha do curso não foi verificada. Parece também provável que é prematuro apostar nos processos de socialização menino-*versus*-menina, como a única explicação possível da diferença de sexo no campo da matemática.

Time adapta o relatório da seguinte maneira:

4b) De acordo com seus autores, a doutoranda Camilla Persson Benbow e a psicóloga C. Stanley, da Johns Hopkins University, os homens, por constituição inata, possuem mais habilidades matemáticas do que as mulheres ("O fator gênero na matemática". *Time*, 15 de dezembro de 1980, p. 57).

A estrutura dos argumentos, sua disposição, revela também um objetivo persuasivo. Diz Fahnestock:

> As popularizações dão certa cobertura a pontos de vista preexistentes que diferem do que pensam Benbow e Stanley, mas essa atenção vai diferir no efeito que ela pode ter, dependendo de o artigo terminar, ou não, com uma discordância, ou com uma reiteração da posição de Benbow e Stanley. Se Benbow e Stanley tiverem a "última palavra" so-

— 315 —

bre algo, então a impressão que fica é a de que elas fizeram uma refutação bem-sucedida de seus oponentes. Em outras palavras, embora os exemplos de Newsweek possam estar seguindo algum princípio jornalístico de organização, de pirâmide invertida ou a estrutura "eu", eles possuem inevitavelmente uma estrutura argumentativa, e devido a sua influência organizativa chegam até mesmo a criar a opinião do leitor (1986: 286).

O último exemplo mostra a importância ideológica desse tipo de análise. Características estilísticas e formalísticas possuem impacto retórico e ideológico. Em síntese, a estrutura e o estilo do discurso podem ter um aspecto persuasivo ou ideológico.

A cosmovisão retórica

Analisamos a retórica tanto como a produção de comunicação persuasiva e como a análise da comunicação persuasiva, mas talvez seja igualmente importante compreender que existe uma cosmovisão em ação, entre teóricos retóricos e analistas, sobre a natureza da comunicação. A retórica é, em sua raiz, um processo dialético entre representação e público. Frequentemente, os autores ou iniciadores da comunicação não fazem parte da análise retórica. Uma vez que o discurso tenha entrado na arena comunicativa, ele não está mais sob controle pleno daqueles que o produziram. É fundamental lembrar esse ponto na análise. Mas talvez ele seja igualmente importante para aqueles que produzem discurso retórico. Ainda mais se nós aceitamos que a retórica tem a habilidade de contornar temas e até mesmo de construir temas de importância, devemos reconhecer que a retórica é, ela própria, parte da construção do conhecimento. O que nós sabemos, nós incorporamos retoricamente; o que nós incorporamos retoricamente, nós dizemos que sabemos. Essa pode ser uma posição perigosa, ou emancipadora, mas ela nos deve levar a reconhecer que a retórica é mais que "mera retórica".

Passos na análise retórica

Embora a análise retórica tenda a resistir à codificação, e cada análise seja diferente, exatamente como cada texto é diferente, as seguintes orientações podem ser um ponto de partida útil:

1. Estabelecer a situação retórica do discurso a ser analisado.

2. Identificar os tipos de discurso persuasivo empregando a teoria da estase.

3. Aplicar os cinco cânones retóricos.

4. Revisar e aprimorar a análise, empregando as orientações reflexivas.

Referências bibliográficas

BAZERMAN, C. (1988). *Shaping Written Knowledge*. Madison, WI: University of Wisconsin Press.

BITZER, L. (1968). "The Rhetorical Situation". *Philosophy and Rhetoric*, 1(1), p. 1-14.

COLE, T. (1991). *The Origins of Rhetoric in Ancient Greece*. Baltimore, MD: Johns Hopkins University Press.

ECO, U. (1979). *The Role of the Reader*: Exploration in the Semiotics of Texts. Bloomington/Londres: Indiana University Press.

FAHNESTOCK, J. (1999). *Figures of Argument*. Londres: Oxford University Press.

_____ (1986). "Accommodating Science: the Rhetorical Life of Scientific Facts". *Written Communication*, 3(3), p. 275-296.

GROSS, A. (1990). *The Rhetoric of Science*. Londres: Harvard University Press.

GROSS, A. & KEITH, B. (orgs.) (1997). *Rhetorical Hermeneutics*: Invention and Interpretation in the Age of Science. Albany, NY: Suny Press.

KELLER, E.F. (1995). *Refiguring Life*: Metaphors of Twentieth-Century Biology. Nova York, NY: Columbia University Press.

LIPSITZ, G. (1990). *Time Passages*: Collective Memory and American Popular Culture. Minneapolis, MN: University of Minnesota Press.

MARTIN, J.R. & VEEL, R. (1998). *Reading Science*: Functional Perspectives on Discourses of Science. Londres: Routledge.

MONTGOMERY, S. (1996). *The Scientific Voice*. Londres: Guilford.

NELSON, J.; MEGILL, A. & McCLOSKEY, D. (1987). *The Rhetoric of the Human Sciences*. Madison, WI: University of Wisconsin Press.

POULAKOS, J. (1995). *Sophistical Rhetoric in Classical Greece*. Columbia, SC: University of South Carolina Press.

RORTY, R. (1979). *Philosophy and the Mirror of nature*. Princeton, NJ: Princeton University Press.

SWALES, J. (1983). *Aspects of Article Introductions*. Birmingham: Aston University ESP Research Report.

TOULMIN, S. (1958). *The Uses of Argument*. Cambridge: Cambridge University Press.

WATSON, J.D. (1968). *The Double Helix*. Nova York: Athenaeum.

Leituras adicionais

BAZERMAN, C. & PARADIS, J. (orgs.) (1991). *Textual Dynamics of the Professions*. Madison, WI: University of Wisconsin Press.

CORBETT, E. (1965). *Classical Rhetoric for the Modern Student*. Oxford: Oxford University Press.

MEYER, M. (1994). *Rhetoric, Language, and Reason*. University Park, PA: Pennsylvania State University Press.

13
ANÁLISE SEMIÓTICA DE IMAGENS PARADAS

Gemma Penn

Palavras-chave: ancoragem; recuperação; conotação; sistema referente; denotação; revezamento; ícone; signo; índice; significado; léxico; significante; mito; símbolo; paradigma ou conjunto associativo; sintagma.

A semiologia tem sido aplicada em uma variedade de sistemas de signos, incluindo cardápios, moda, arquitetura, histórias de fadas, produtos para consumo e publicidade de todos os tipos. Este capítulo discute sua aplicação em imagens e, especificamente, em imagens publicitárias.

Ferramentas conceptuais

A semiologia provê o analista com um conjunto de instrumentais conceptuais para uma abordagem sistemática dos sistemas de signos, a fim de descobrir como eles produzem sentido. Muito de sua precisão provém de uma série de distinções teóricas que são captadas através de um vocabulário específico. Esta seção introduz essas ferramentas conceptuais.

O sistema linguístico de signos: significante e significado

A semiologia nasceu da disciplina da linguística estrutural, que se originou da obra do linguista suíço Ferdinand de Saussure (1857-1913). O enfoque estrutural vê a língua como um sistema e tenta descobrir "todas as regras que o mantêm unido" (HAWKES, 1977: 19). O sistema linguístico compreende unidades que Saussure chamou de signos, e as regras que governam suas relações. Saussure propôs

— 319 —

um modelo simples e elegante do signo linguístico como sendo a conjunção arbitrária de um significante, ou imagem acústica, e um significado, ou conceito ou ideia. Estas duas partes podem ser analisadas como se fossem entidades separadas, mas elas existem apenas como componentes do signo, isto é, em virtude de sua relação recíproca. Saussure inicia sua explicação sobre a natureza do signo afirmando que a língua não é uma nomenclatura (1915: 66). O significado não existe anterior, ou independentemente, da língua: não é simplesmente uma questão de colocar nela um rótulo.

Ademais, a relação entre os dois elementos é arbitrária, ou não motivada. Não há um elo natural, ou inevitável, entre os dois. Meu animal de estimação peludo, meu "gato", poderia ser igualmente um "encrespado", se isso fosse aceito como tal pelos membros de minha comunidade linguística. A língua é, pois, convencional, uma instituição social que o falante individual tem relativamente pouco poder para mudar. Do mesmo modo, embora de maneira mais controvertida, o conceito ao qual se refere um significante específico pode mudar.

A percepção central de Saussure foi a relatividade do sentido. Ele sintetiza o argumento da seguinte maneira:

> Em vez de ideias preexistentes então, nós encontramos... valores que emanam de um sistema. Quando se diz que eles correspondem a conceitos, entende-se que os conceitos são puramente diferenciais e definidos não por seu conteúdo positivo, mas negativamente por suas relações com os outros termos do sistema. Seu caráter mais preciso é ser o que os outros não são (1915: 117).

Consequentemente, uma língua que compreenda um termo único não é possível: ela abrangeria tudo e não excluiria nada; isto é, ela não iria diferenciar nada de nada, e sem diferença, não há sentido. Para dar um exemplo: imaginemos uma pessoa que não "conhece" chapéus. Agora imaginemos fazê-la entender o que seja uma boina. Não seria suficiente mostrar a ela uma boina ou toda uma coleção de boinas. Ela só seria capaz de entender o sentido de "boina" quando fosse ensinada a distinguir uma boina de outros tipos de chapéus: chapéu de feltro, gorro de lã, chapéu de aba larga e assim por diante.

Saussure distingue dois tipos de relação dentro do sistema linguístico. O valor de um termo, dentro de um contexto, depende dos contrastes com termos alternativos que não foram escolhidos (relações paradigmáticas ou associativas), e das relações com os outros termos que o precedem e o seguem (relações sintagmáticas). Um paradigma, ou conjunto associativo, é um grupo de termos que são tanto relacionados, ou semelhantes, sob algum aspecto, como diferentes. O sentido de um termo é delimitado pelo conjunto de termos não escolhidos e pela maneira como os termos escolhidos são combinados entre eles, a fim de criar um conjunto significativo. Isto pode ser esclarecido com um exemplo. A frase "o chapéu de Alice é verde" constitui um conjunto significativo em virtude da conjunção de uma série de termos linguísticos (informalmente, palavras). O valor de cada termo é determinado por seu lugar no sintagma, isto é, pelos outros termos, na frase, que o precedem e o seguem, e pelo conjunto de termos alternativos que podem substituí-lo. Isto pode ser ilustrado como se segue:

	←Sintagma→			
	Roupa	Pessoas	"ser"	Cor
↑	O chapéu	de Alice	é	verde
Paradigma	O paletó	de Pedro	não é	amarelo
↓	O pijama	do vigário	era	azul

Saussure propôs que o estudo do sistema do signo linguístico seria parte de uma ciência mais ampla, que ele designou de semiologia: "a ciência que estuda a vida dos signos no seio da vida social" (1915: 16). O sistema do signo linguístico seria o modelo para a análise de outros sistemas de signos.

Linguagem e sistemas de signos não linguísticos

Barthes, no meu entender, fornece a explicação mais clara e mais útil dessa nova disciplina, com relação à análise de imagens. Enquanto Saussure criou um lugar especial para a linguística dentro da semiologia, Barthes começa seu *Elements of Semiology* invertendo a relação. A semiologia contribui mais quando entendida como uma parte da linguística, "aquela parte que engloba as *grandes unidades de significação do discurso*" (1964a: 11). Embora as imagens, objetos e comportamentos podem significar e, de fato, significam, eles nunca fazem isso autonomamente: "todo sistema semiológico possui sua mistura linguística". Por exemplo, o sentido de uma imagem visual é ancorado pelo texto que a acompanha, e pelo *status* dos objetos, tais como alimento ou vestido, visto que sistemas de signos necessitam "a mediação da língua, que extrai seus significantes (na forma de nomenclatura) e nomeia seus significados (na forma de usos, ou razões)".

Em vez de tratar isso como um argumento filosófico, com respeito à relação entre pensamento e língua, é melhor tomá-lo como uma prescrição pragmática. Seja qual for o meio de estudo, a análise irá normalmente exigir a linguagem para uma expressão precisa. Por exemplo, os estágios na progressão da arte moderna podem ser vistos como uma explicação crescente, puramente visual, da natureza e função da arte e sobre seus predecessores. A postura de que "o pensamento é igual à língua" iria dizer que o sentido somente entra no sistema quando ele é articulado verbalmente, através da interpretação, ou da crítica. A postura pragmática não iria negar o potencial de significação do meio visual, mas iria argumentar que ele é unicamente ancorado, ou esclarecido, através do meio linguístico. Outra maneira de considerar essa questão é através da distinção significante/significado. O significante, em qualquer meio, aponta para um significado. Mas os significados de diferentes meios são da mesma natureza, claramente não redutíveis a seus meios de expressão.

Esta questão realça uma diferença importante entre linguagem e imagens: a imagem é sempre polissêmica ou ambígua. É por isso que a maioria das imagens está acompanhada de algum tipo de texto: o texto tira a ambiguidade da imagem – uma relação que Barthes denomina de *ancoragem*, em contraste com a relação mais recíproca de *revezamento*, onde ambos, imagens e texto, contribuem para o sentido completo. As imagens diferem da linguagem de outra maneira importante para o semiólogo: tanto na linguagem escrita como na falada, os signos aparecem sequencialmente. Nas imagens, contudo, os signos estão presentes simultaneamente. Suas relações sintagmáticas são espaciais e não temporais.

Uma segunda distinção importante entre linguagem e imagem relaciona-se com a distinção entre arbitrário e motivado. S. Peirce (1934), que desenvolveu um modelo alternativo, tripartite, do signo (compreendendo objeto, signo ou "representâmen" e interpretante, e em geral referia-se a isso como semiótica), faz uma distinção importante (novamente triádica) entre ícone, índice e símbolo.

Uma maneira a mais de analisar a questão da motivação é fornecida pela distinção de Barthes entre diferentes níveis de significação: o denotativo, ou primeiro nível, é literal, ou motivado, enquanto níveis mais altos são mais arbitrários, dependentes de convenções culturais. A relação entre o significante e o significado no ícone é uma relação de semelhança. A fotografia, por exemplo, reapresenta seu sujeito de maneira mais ou menos fiel, e é por isso o tipo de signo menos arbitrário, ou convencional. No signo indéxico, a relação entre significante e significado é uma relação mais de contiguidade ou causalidade. Assim, a fumaça é um índice de fogo, e um estetoscópio é tomado como um índice do médico, ou da profissão médica. O papel da convenção é mais importante, nesse caso. Finalmente, no símbolo, a relação entre significante e significado é puramente arbitrária. Uma rosa vermelha significa amor, e um triângulo vermelho em um sinal de tráfego no Reino Unido, significa cuidado, devido unicamente à convenção.

Níveis de significação: denotação, conotação e mito

No seu esboço de semiologia (1964a) e mitologias (1957), Barthes descreve o que ele chama de "sistemas semiológicos de segunda ordem". Eles são construídos a partir da análise estrutural do signo de Saussure, como a associação de significante e significado. O signo desse sistema de primeira ordem se torna o significante da segunda. No primeiro sistema, por exemplo, o signo "raposa" compreende a associação de determinada imagem acústica, certo conceito (canino avermelhado com uma cauda fechada, etc.). Na segunda ordem, essa associação se torna o significante para o significado: astuto ou ardiloso. O signo de primeira ordem não necessita ser linguístico. Por exemplo, um desenho de uma raposa serviria do mesmo modo. Barthes ilustra a relação entre os dois sistemas usando a metáfora espacial mostrada na Figura 13.1.

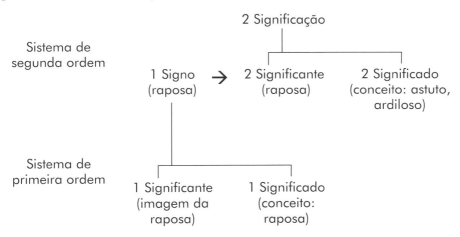

Figura 13.1 – *Metáfora espacial da relação entre sistemas de signo de primeira e segunda ordem* (adaptado de BARTHES, 1957: 124).

Embora o signo de primeira ordem seja "pleno", quando ele toma parte no sistema de segunda ordem ele é vazio. Ele se torna um veículo para significação. Ele expressa um conceito a mais, derivado não do próprio signo, mas de um conhecimento convencional, cultural. Este é o ponto no qual aqueles que fazem uso psicológico do sistema têm sua porta de entrada. Na *The Rhetoric of the Image* (1964b), Barthes distingue os tipos de conhecimento exigidos para "agarrar" a significação em cada nível.

No primeiro nível, que Barthes chama de denotação, o leitor necessita somente conhecimentos linguísticos e antropológicos. No segundo nível, que ele chama de conotação, o leitor necessita outros conhecimentos culturais. Barthes chama esses conhecimentos de léxicos. Ele define um léxico como uma "uma porção do plano simbólico (da linguagem) que corresponde a um conjunto de práticas e técnicas" (1964b: 46). Ele pode ser prático, nacional, cultural ou estético, e pode ser classificado. Outros pesquisadores usam uma terminologia diferente para se referir a praticamente a mesma coisa, um recurso interpretativo socialmente partilhado: por exemplo, Williamson (1978) emprega o termo sistema referente. A liberdade interpretativa do(a) leitor(a) depende do número e da identidade de seus léxicos. O ato de ler um texto ou uma imagem é, pois, um processo interpretativo. O sentido é gerado na interação do leitor com o material. O sentido que o leitor vai dar irá variar de acordo com os conhecimentos a ele(a) acessíveis, através da experiência e da proeminência cultural. Algumas leituras podem ser bastante universais dentro de uma cultura; outras serão mais idiossincráticas.

Uma forma de significação de segunda ordem, à qual Barthes devotou muita atenção, foi a do mito. Para Barthes, o mito representa uma confusão imperdoável entre história e natureza. Mito é o meio pelo qual uma cultura naturaliza, ou torna invisível suas próprias normas e ideologia.

> A significância mitológica ou ideológica de uma mensagem pertence aos sistemas de representação que muitas vezes parecem ser neutros e objetivados, mas que legitimam e sustentam a estrutura de poder, ou um conjunto particular de valores culturais (CURRAN, 1976: 9).

Por exemplo, em relação à fotografia da imagem publicitária, a mensagem denotativa ou literal serve para naturalizar a mensagem conotada. Isto é, o trabalho de interpretação, ou a compreensão da conotação da imagem, é mantido oculto e coeso pelo fato bruto do

13. Análise semiótica de imagens paradas

sintagma da denotação: a conjunção dos objetos na cena é natural, ou dado, porque ele não requer tradução, não precisa de decodificação (BARTHES, 1964a: 51). A tarefa do semiólogo é desmistificar, ou "desmascarar" esse processo de naturalização, chamando a atenção para a natureza construída da imagem, por exemplo, identificando os conhecimentos culturais que estão implicitamente referidos pela imagem ou contrastando os signos escolhidos com outros elementos de seus conjuntos paradigmáticos.

Empreendendo uma análise semiológica

Em uma visão geral, o processo de análise pode ser descrito como uma dissecação seguida pela articulação, ou a reconstrução da imagem semanticizada, ou "intelecto somado ao objeto" (GEORGE & GEORGE, 1972: 150). O objetivo é tornar explícitos os conhecimentos culturais necessários para que o leitor compreenda a imagem.

Escolhendo o material

O primeiro estágio é escolher as imagens para serem analisadas. A escolha dependerá do objetivo do estudo e da disponibilidade do material. Por exemplo, é muitas vezes necessário um bom tempo para ir ao encalço de comerciais específicos, ou material de campanha, não mais disponíveis. A análise semiótica pode ser bastante prolixa – algo que pode ir desde um parágrafo mais ou menos longo até várias páginas – o que irá condicionar a quantidade de material escolhido. Um outro fator restritivo é a natureza do material. Dito de maneira simples, alguns materiais são mais passíveis de análise semiótica que outros. Se o propósito da análise é apresentar uma explicação de uma amostra representativa de material, deve-se, então, empregar uma amostragem apropriada (randômica), e deve-se ter em mente que existem algumas dificuldades na aplicação das técnicas semiológicas.

O material aqui escolhido, com o objetivo de uma discussão crítica, é um anúncio contemporâneo de perfume (Figura 13.2), tirado de uma revista distribuída em um jornal nacional. Barthes (1964b: 33) justifica o uso da propaganda com objetivos didáticos, baseado no pressuposto de que os signos da publicidade são intencionais e serão, por isso, claramente definidos, ou "compreendidos". Sabemos também que a intenção será promover a fama e as vendas do produto. Isto dá liberdade ao analista para se concentrar no *como*, mais do que no *o quê*.

Um inventário denotativo

O segundo estágio é identificar os elementos no material. Isto pode ser feito listando os elementos sistematicamente, ou fazendo anotações no traçado do material (cf. Figura 13.3). A maioria do material comercial contém tanto texto como imagem, e nenhum deles deve ser ignorado. É importante que o inventário seja completo, pois a abordagem sistemática ajuda a assegurar que a análise não seja seletivamente autoafirmativa. Este é o estágio denotativo da análise: a catalogação do sentido literal do material. Tudo o que é necessário é um conhecimento da linguagem apropriada e o que Barthes chama de conhecimento básico "antropológico". Para o material em questão, nosso inventário básico seria mais ou menos parecido com isso:

Texto: "Givenchy", "Organza"
Imagem: garrafa (de perfume), mulher, fundo

Figura 13.2 – *O anúncio Givenchy*.

13. ANÁLISE SEMIÓTICA DE IMAGENS PARADAS

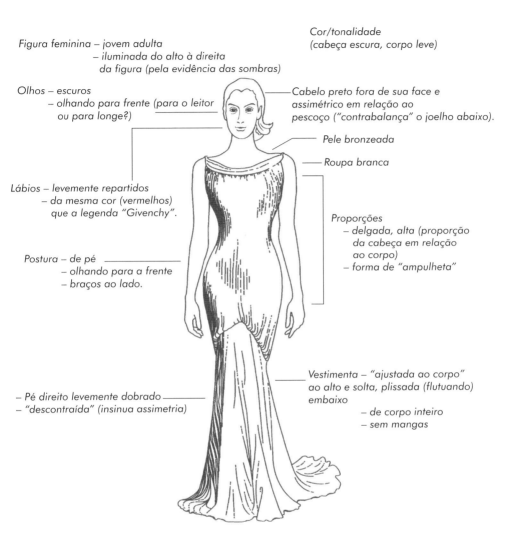

Figura 13.3. – *Um traçado anotado da figura feminina.*

Cada elemento deve ser dissecado em unidades menores. Por exemplo, os elementos textuais compreendem dois tipos de componentes ao nível da denotação. O primeiro é linguístico: as palavras "Givenchy" e "Organza", aparecendo ambos duas vezes. Os dois são nomes: um, o nome de uma companhia, e o outro, de uma marca. Além disso, o nome da marca, "Organza", denota um tipo de tecido – uma seda fina, firme, ou um tecido sintético para vestido. O segundo componente dos elementos textuais é visual: tipográfico e espacial. Por exemplo, "Givenchy" aparece em cima no centro e é em caixa alta, com letras vermelho-escuras, amplamente espaçadas, tipos sanserif e roman.

O mesmo deve ser feito para as imagens. Por exemplo, a mulher está de pé, olhando para a frente, com um joelho levemente levantado, sobrepondo-se um pouco à garrafa. Ela é delgada, assemelhando-se à forma de uma "ampulheta", com pele levemente castanha (bronzeada?), cabelo preto e assim por diante.

Níveis mais altos de significação

O terceiro estágio é a análise de níveis de significação mais altos. Ele é construído a partir do inventário denotativo e irá fazer a cada elemento uma série de perguntas relacionadas. O que tal elemento conota (que associações são trazidas à mente)? Como os elementos se relacionam uns com os outros (correspondências internas, contrastes, etc.)? Que conhecimentos culturais são exigidos a fim de ler o material?

No âmbito da denotação, tudo o que o leitor necessita para ler o comercial é um conhecimento da linguagem escrita e falada, e um conhecimento do que é uma mulher e do que é uma garrafa de perfume. No âmbito da conotação, necessitamos de vários outros conhecimentos culturais. Em relação ao código linguístico, o leitor necessita "saber" que o nome da companhia "Givenchy" significa "Francidade"– ao menos aos ouvidos ingleses. Isso, por sua vez, pode conotar alta moda e "chic". "Moda" pode também estar conotada pelo nome do tecido "Organza", e o som da palavra pode trazer à mente uma série de conotações potenciais: "organic", talvez (em inglês, referente a produtos naturais), ou "extravaganza" (composição literária de caráter fantástico), ou mesmo "orgasm" (orgasmo).

Comparada à grafia de "Givenchy", a de "Organza" aparece personalizada (escrita a pincel = escrita à mão) e, por isso, individualizada. "Givenchy" é nome genérico (nome da companhia), enquanto "Organza" é específico (nome da marca). Essa relação é também significada pelo desenho do anúncio. "Givenchy" é o título dominante superior, enquanto "Organza" aparece em uma posição subordinada. A grafia escrita à mão sugere também um segundo pensamento:

— 328 —

13. Análise semiótica de imagens paradas

uma legenda acrescentada a uma imagem já completa. O Z é desenhado com um floreio, e as letras são maiúsculas itálicas, claramente modeladas, sugerindo talvez instinto, otimismo e extroversão.

Note-se que aqui a ideia de escolhas paradigmáticas é usada implicitamente. O valor de cada elemento é criado através da comparação das opções que estão presentes umas com as outras, das opções potenciais que estão ausentes (as não escolhidas), bem como através da combinação das escolhas. Isto pode ser expresso explicitamente:

		Caixa	Orientação	Proporção da letra	Estilo do tipo
↑	GIVENCHY	Caixa alta	Roman	Expandida	sanserif
Paradigma	ORGANZA	Caixa alta/baixa	Itálico	Condensada	manuscrita a pincel
↓	ESCOLHAS NÃO FEITAS	Caixa baixa	Blackslant	Regular	serif etc.

←Sintagma→

Ao nos movermos para a ordem de significação conotativa, ou segunda ordem de significação, algo da especificidade do denotado, isto é, a mensagem literal é perdida. A mulher singular perde sua individualidade e se torna um exemplo de um modelo fascinante. Ela é reconhecida não por algo idiossincrático ou pessoal, mas por seu corpo alto e esbelto, sua postura, etc. Podemos notar de imediato a equivalência intencional entre a mulher e a garrafa: são ambas da mesma altura; ambas têm uma "cabeça" e um "corpo" com proporções semelhantes, com as "cabeças" mais escuras que os "corpos". A "anatomia" da mulher é reproduzida na forma da garrafa, juntamente com a estrutura estriada de sua roupa. Ambas são levemente assimétricas. Essas correspondências sugerem sua equivalência: as conotações da moda e da fascinação são transferidas da modelo para a marca (o perfume é a mulher).

Além de implicar que a mulher e a garrafa são equivalentes, é também possível valer-se de conhecimento cultural específico para ir além na interpretação da imagem. Por exemplo, ocorre-me que há uma intenção de fazer a mulher parecer uma cariátide (cf. Figura 13.4) e, consequentemente, isso lhe acrescenta conotações clássicas da Antiga Grécia. A correspondência entre a modelo e a cariátide pode ser detalhada: ambas são figuras femininas, postando-se eretas e olhando para a frente, com um joelho levemente levantado. O estilo do vestido é semelhante: ambos são de corpo inteiro, sem mangas. O tecido parece dobrado no meio e pende em pregas pelo chão. O efeito das pregas no vestido e na garrafa pode também lembrar as estrias que aparecem em muitas colunas gregas, que são funcionalmente equivalentes às cariátides.

Figura 13.4 – *A figura cariátide e feminina*.

13. ANÁLISE SEMIÓTICA DE IMAGENS PARADAS

Se essa hipótese é correta, é possível, então, tratar as diferenças entre as duas como intencionais, como escolhas paradigmáticas significativas. Talvez a diferença mais notável entre as duas esteja em suas respectivas proporções ou compleição. O conjunto paradigmático aqui é a possível forma do corpo: esbelto, atlético, arqueado, etc. A modelo é consideravelmente mais delgada que a cariátide. Isso é acentuado pelo ajustamento mais apertado do vestido da modelo. Duas hipóteses se apresentam para explicar a diferença. A primeira é simplesmente que, além de ser a representação de uma mulher, a cariátide é também uma peça arquitetural carregando peso. A segunda hipótese, e provavelmente a mais óbvia, é que as proporções da modelo significam o ideal moderno da elegância e beleza: a às vezes controvertida imagem da modelo enfraquecida das passarelas (exibindo tecidos "da moda" – talvez organza). A imagem moderniza o ideal grego. Contudo, a forte correspondência entre as duas figuras conota uma imagem de beleza perene, ou "clássica" (e, portanto, natural).

A razão de se levantar a primeira hipótese é que alguns elementos de uma imagem podem ser simplesmente uma função de exigências técnicas, ou financeiras. Por exemplo, quando a composição fotográfica substituiu a composição tipográfica, os artistas gráficos foram rápidos em explorar o potencial dessa nova tecnologia, e houve uma onda para um espaçamento das letras diferente e especialmente "comprimido". Um exemplo mais recente de inovação, impulsionada pela tecnologia, é a imagem trabalhada ("morphed") gerada por computador.

O sistema de referência da cariátide coloca o anúncio dentro do mundo da Grécia Clássica. Um segundo conjunto de significantes transfere o local para o leste. O fundo, com suas cores douradas e a textura suavemente amaciada, sugere a areia do deserto. O outro significante chave do deserto, o sol, é sugerido pelo seu efeito: os tons bronzeados da pele da modelo. Mais extravagantemente, a tampa decorativa da garrafa pode lembrar o hieróglifo egípcio do deus-sol Ra: uma cobra entrelaçada ao redor do sol. Um outro mito oriental ajuda essa realocação mais exótica. A equivalência entre a garrafa e a modelo sugere que a modelo pode ser lida como o espírito da garrafa – o gênio da lâmpada – prometendo, assim, a realização de todos os desejos do/da comprador/a (a modelo é o perfume).

Quando parar?

Teoricamente, o processo de análise nunca se exaure e, por conseguinte, nunca está completo. Isto é, é sempre possível descobrir uma nova maneira de ler uma imagem, ou um novo léxico, ou sistema referente, para aplicar à imagem. Para fins práticos, contudo, o analista irá normalmente querer declarar a análise terminada a certa altura. Se a análise foi empreendida para demonstrar um ponto específico – por exemplo, investigar as atuações de uma estrutura mítica específica – então a/o analista estará justificado ao se limitar a aspectos relevantes do material. Em uma análise mais inclusiva, um modo de garantir que a análise esteja relativamente completa é construir uma matriz de todos os elementos identificados, e conferir se as relações recíprocas entre cada par de elementos foi ao menos considerada ("O que significa o elemento A no contexto do elemento B e vice-versa?"). Um modo mais flexível de examinar as relações entre os elementos, ilustrada na Figura 13.5, é construir um "mapa mental" ao redor do inventário denotativo. Isso nos permite a identificação das relações entre mais de dois elementos ao mesmo tempo.

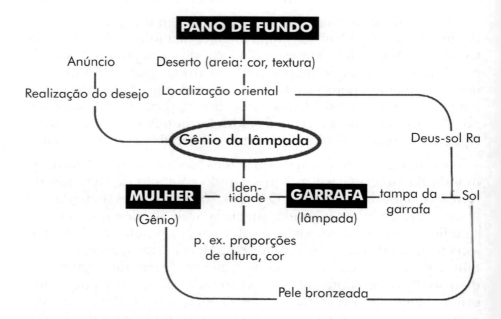

Figura 13.5 – *Exemplo de um mapa mental*.

Não há dúvida de que o analista atento desse anúncio irá identificar outros signos além daqueles discutidos aqui. Mencionarei apenas mais um. Esse significante final abrange o anúncio como um todo e seu significado é simplesmente: "isso é um anúncio". A justa-

13. ANÁLISE SEMIÓTICA DE IMAGENS PARADAS

posição do produto e do nome da marca é igual a cem mil comunicações comerciais desse tipo (isso é também significado pela sua localização dentro deste tipo de revista e por características tais como a omissão do número da página). Mais que isso, através de sua simplicidade espartana e texto mínimo, esse anúncio significa: "Esse é um anúncio moderno." Como observam Leiss et al., (1997: 199), anúncios de uma era anterior teriam incluído um texto explanatório, para dirigir o(a) leitor(a) para a imagem, e para ensinar-lhe as maneiras de ler uma imagem. Esse anúncio pressupõe que a imagem não necessita de tal mediação textual, ou ancoragem. Curiosamente, esse signo final subverte o empreendimento da própria semiologia, sugerindo que propagandas modernas pressupõem uma leitura semiologicamente perspicaz.

Relatório

Não há uma maneira única de apresentar os resultados de análises semiológicas. Alguns pesquisadores gostam de tabelas (cf. Tabela 13.1); outros preferem um enfoque mais discursivo. Idealmente, as análises apresentadas deveriam fazer referência a cada nível de significação identificado tanto na imagem como no texto (denotação e conotação/mito), e identificar o conhecimento cultural exigido a fim de produzir a leitura. Elas deveriam também comentar as maneiras como os elementos do material se relacionam uns com os outros. Por exemplo, as análises podem ser estruturadas pelos signos de níveis mais altos, identificados no material, colocando os elementos significantes e suas relações sintagmáticas para cada um deles.

Tabela 13.1 – *Exemplo de apresentação tabular dos achados*

Denotação	Sintagma	Conotação/mito	Conhecimento cultural
Figura feminina: postura, vestes, etc. Garrafa de perfume: proporções, "estriamento", etc.	Equivalência sugerida pelas: Proporções assimétricas da "ampulheta"; tom, p.ex. "cabeça" escura e "corpo" "leve" tamanho, localização; adjacente, etc.	Elegância clássica Beleza perene (e natural)	Arquitetura grega: da cariátide colunas estriadas

— 333 —

Críticas da semiologia

Subjetividade: leituras idiossincráticas e culturalmente partilhadas

Os críticos argumentam que a semiologia é capaz apenas de oferecer intuições impressionísticas sobre a construção de sentido, e que não há garantia que diferentes analistas irão produzir explicações semelhantes. Essa objeção traz à tona um dos eternos debates dos estudos da mídia: até que ponto o sentido está na mente daquele que olha? O consenso pulou várias vezes, nas últimas décadas, entre os polos extremos do enfoque "anestésico" da mídia que coloca os leitores em um papel mais ou menos passivo, dependentes da imagem, para uma visão de um leitor interminavelmente criativo, pouco condicionado pela imagem. A verdade, sem dúvida, está em algum lugar entre esses dois extremos. Algumas leituras, tanto denotativas como conotativas, serão mais ou menos universais, enquanto outras serão mais idiossincráticas. Por um lado, seria esperado que os leitores concordassem que a Figura 13.2 inclui uma garrafa de perfume e uma mulher. Se alguém fosse dizer que as imagens são de um vidro de manteiga de amendoim e de um peixe, nós iríamos, com razão, duvidar de sua sanidade, de sua visão ou de sua sinceridade. Isto é, a imagem limita o potencial de leituras. Por outro lado, um leitor pode afirmar que a mulher parece uma amiga e que essa semelhança "colore" as associações que vêm à mente. Nesse caso, a leitura é meramente idiossincrática. O conceito de Barthes de léxico torna-se útil aqui. O que será mais importante para o analista não é o idiossincrático, mas as associações e os mitos culturalmente partilhados que os leitores empregam.

Leiss et al. (1977: 214) levantam uma outra questão sobre subjetividade. Eles notam que a qualidade da análise é fortemente dependente da habilidade do analista. Dizem que nas mãos de um analista hábil, como Roland Barthes, ou Judith Williamson:

> Ela é uma ferramenta criativa que permite a alguém alcançar níveis mais profundos da construção de sentido em propagandas. Um analista menos prático, contudo, pouco pode fazer além de apresentar o óbvio, de uma maneira complexa e muitas vezes pretenciosa (1997: 214).

Seu argumento é que a importância da habilidade do analista milita contra a possibilidade de estabelecimento de consistência e fidedignidade, na forma de concordância entre analistas. Outros críticos vão mais além. Cook (1992: 71), por exemplo, critica o tom geral das explicações semiológicas que reivindicam uma percepção superior, ou verdade. Sob certos aspectos, esse é um ponto estilístico, e talvez o cientista social deva ser mais cauteloso ao manifestar demasiado faro literário e deva apresentar as análises com mais humildade. Contudo, Cook sente-se também pouco à vontade com relação ao emprego das metáforas "profundo" e "de superfície", e sobre a tendência à abstração, que resulta na priorização dos níveis "profundos" de significado.

Abstração e mistificação

As explicações semiológicas reconhecem a relação entre "conteúdo superficial" e "conteúdo interpretativo" nas distinções entre denotação e conotação, e entre significante e significado. Contudo, muita pesquisa semiológica coloca maior ênfase na conotação e no significado. Cook (1992: 70-71) argumenta que a busca por mitos ocultos cega o pesquisador para os detalhes e a estrutura de superfície. Por exemplo, propagandas não são lembradas como entidades abstratas. Suas minúcias são essenciais: detalhes e estilo são tão importantes como o mito subjacente. Como coloca Barthes (1964a: 45), fica sempre faltando alguma coisa quando alguém desveste uma propaganda de suas mensagens: "a mensagem sem um código". Uma lagartixa rasteja sobre um telefone tocando, em um comercial de televisão para a barra de chocolate Flake: aqui, a lagartixa pode ser uma metáfora, mas ela é também um animal muito concreto. Separe o mito e você fica ainda com a lagartixa, que representa a si mesma, e essa lagartixa é parte daquilo que é recordado pelo leitor, e é o que se perdeu no processo de abstração.

A essência dessa crítica é que a análise tem como objetivo uma colocação unificada do sentido subjacente, e que isso ignora a variação e a contradição da superfície. Ela reduz uma complexidade enorme a umas poucas dimensões abstratas. Leach faz o seguinte comentário sobre as análises mitológicas de Lévi-Strauss: "a essa altura, alguns leitores ingleses podem começar a suspeitar que toda a argumentação não passou de uma elaborada piada acadêmica" (1970: 31). Sim, Lévi-Strauss mostrou que é possível desconstruir complexos discursos sociais em matrizes discretas de dimensões fundamentais, mas isso é apenas possível abstraindo do que é caracterizado como "não essencial". Do mesmo modo, Leiss et al. (1977) aplaudem Barthes e Williamson por suas precisas análises de detalhes, mas eles criticam as abstrações que Williamson apresenta na segunda metade de seu livro: elas são banais e lhes falta aspectos mais específicos. Em um sentido prático, elas não são muito práticas.

Dessa maneira, as críticas de Cook e Leiss et al. retiram da explicação semiológica sua tendência de focar o significado às custas do significante, e de focar ordens mais altas de significação às custas da denotação. O detalhe não deve ser visto como puramente secundário, dependente da estrutura do mito: ele é importante em si mesmo, e especialmente útil como um índice social potencial. Por exemplo, o bronzeamento da modelo no anúncio Givenchy é um índice dos ideais correntes de beleza. O bronzeamento conota lazer, no mundo ocidental contemporâneo; ao passo que durante o período da Regência, digamos, conotava trabalho externo, e as altas classes da nobreza, dadas ao lazer, empregavam estratégias elaboradas para evitar o bronzeamento. Para concluir, uma análise deve ser recíproca. A abstração deve alimentar a concretização e vice-versa. A ironia disso tudo, porém, é que se por um lado esse é um ponto importante, por outro explicações detalhadas de denotação tendem a apresentar o óbvio e, é claro, tornar-se totalmente repetitivo.

Validade ecológica e o problema da recuperação

Normalmente, nós não examinamos detalhadamente as imagens procurando seus sentidos culturais implícitos. Se no dia a dia o leitor não se entretém nas imagens de maneira meticulosa e sistemática, como faz o semiólogo, então, qual a importância da explicação do semiólogo? Uma resposta poderia ser a precisão: a explicação semiológica afina e torna explícito aquilo que está implícito na imagem. Por exemplo, o leitor casual pode perceber as conotações clássicas da Figura 13.2, sem a necessidade de saber o que seja uma cariátide. Muitas vezes nós temos apenas uma sensação vaga de familiaridade. De fato, essa vaga familiaridade é frequentemente intencional. Referências que são muito precisas podem distrair o leitor da ação mítica que uma imagem está destinada a cumprir: no caso da publicidade, a transferência de sentido da imagem para o produto. Consequentemente, o semiólogo desempenha um valioso trabalho de chamar a atenção para a natureza construída da imagem.

Barthes defendeu a desmistificação como um meio de ação política, empregando o sarcasmo e a ironia como as ferramentas principais. Contudo, os construtores de mito, como os publicitários, sem-

13. ANÁLISE SEMIÓTICA DE IMAGENS PARADAS

pre possuem um álibi já pronto: a simples negação do sentido de segunda ordem, ou de sua intenção. De maneira ainda mais interessante, a crítica traz consigo uma contribuição ao mito, certa cumplicidade com o objeto de análise. Ao criticar, digamos, o Homem de Marlboro, o mitólogo apenas acrescenta outro contributo a sua fama e a sua resistência: ele se torna um ícone acadêmico. Isto é, mais do que nunca, a crítica é recuperada pelo próprio mito e é colocada a serviço do mito.

Esta habilidade de recuperação provém da muitas vezes discutida qualidade "multiforme" dos mitos. Esta qualidade é o resultado do esvaziamento do conteúdo e da história do signo de primeira ordem, de tal modo que ele se torna um veículo disponível para a significação de segunda ordem. Dessa maneira, tudo pode ser usado como um significante do mito, e o mito é capaz de assimilar, ou desviar a crítica. Um exemplo de recuperação em ação pode ser encontrado em algumas propagandas de marcas de cigarros com filtro, nas décadas de 1960 e 1970, que foram produzidas como resposta aos achados científicos sobre os riscos do fumo para a saúde. Essas propagandas empregaram imagens científicas, tipicamente na forma de um cigarro dissecado ao estilo de um diagrama científico: um desenho de linhas simples, com anotações ao estilo de livros-texto. Desse modo, a crítica científica ao cigarro voltou-se sobre si mesma: o problema é científico e, do mesmo modo, evidentemente, é a solução.

Tal fato sugere que um enfoque ingênuo, ao estilo "Rumpelstiltskin", é inadequado: não é suficiente apenas nomear o mito. O simples ato de nomear um mito, contudo, não deixa de ter seu valor crítico. O fato de nomear desnaturaliza o mito, tornando-o mais tangível: ele se torna uma "coisa" que pode ser manipulada e criticada (a que interesses ele serve?). Isto é, nomear é um primeiro passo essencial no processo de crítica, mas não é suficiente em si mesmo. Sontag discute um problema semelhante em sua análise das metáforas da doença. Ela afirma que "as metáforas não podem ser afastadas apenas pelo fato de evitá-las. Elas devem ser expostas, criticadas, sacudidas, esgotadas" (1991: 179). Além disso, Sontag propõe que o processo de identificação e crítica das metáforas deve ser guiado pelos efeitos das metáforas: "Nem todas as metáforas aplicadas à doença e a seus tratamentos são igualmente insossas e levam à distorção" (1991: 179). Contudo, isso simplesmente adia a questão crucial: que metáforas ou que mitos? E quem irá decidir?

Talvez mais importante ainda que apresentar explicações semiológicas das imagens seja o cultivo de um enfoque crítico: a apresentação dos meios para uma crítica e a compreensão dos meios pelos quais os propagandistas de todas as cores contestam o espaço mitológico. Embora se possa argumentar que essa prática, ela própria, seja uma propaganda em favor de uma disciplina acadêmica crítica, com interesses pessoais, pode-se também, do mesmo modo, afirmar que, se tal enfoque fosse concretizado, a disciplina acadêmica se tornaria desnecessária. Isso não é para negar o valor de críticas fundamentadas: o tempo das pessoas para tal reflexão crítica é limitado, se comparado às infinitas possibilidades da análise semiológica.

Para uma semiologia híbrida

Essa seção final apresenta uma breve discussão de dois caminhos possíveis na discussão de alguns dos problemas identificados acima. A integração da semiologia com técnicas interativas de coleta de dados oferece um meio de discutir o problema da subjetividade, através da reintegração do leitor leigo. O potencial para uma *aproximação* com as técnicas de análise de conteúdo contempla um aspecto diferente do problema da subjetividade, ao enfatizar uma abordagem sistemática à amostragem e à análise.

Validação comunicativa: entrevistas e grupos focais

A fim de avaliar a extensão e o uso de conhecimentos culturais socialmente partilhados dentro de um determinado grupo de pessoas, a semiologia pode ser combinada com alguma forma de coleta interativa de dados. Grupos focais ou entrevistas são a escolha óbvia, e o trabalho do entrevistador será focar a atenção dos participantes no material, sem conduzir suas respostas. A melhor maneira de se fazer isso é colocar perguntas gerais, tais como "Do que vocês pensam que essa fotografia trata?", e pedir aos participantes que sejam precisos sobre os aspectos do material que lhes causam determinada impressão. A natureza subjetiva da leitura deve ser enfatizada para ajudar os participantes a se sentirem à vontade: o exercício não é um teste, ou jogo de adivinhar. O pesquisador pode também perguntar sobre aspectos específicos do material: "Por que vocês pensam que foi usada tal cor aqui? Que impressão isso causa?"

Comumente, as entrevistas devem ser gravadas e o pesquisador deve assegurar que as referências a partes do material sejam explíci-

13. ANÁLISE SEMIÓTICA DE IMAGENS PARADAS

tas, para referência posterior. Isto fica mais fácil se for feita uma gravação em vídeo do material, e se os participantes forem encorajados a apontar as partes relevantes do material, à medida em que falam. A transcrição deve, então, ser codificada tematicamente, relacionada, talvez, a um algum referencial já existente.

Análise de conteúdo

A semiologia e a análise de conteúdo são consideradas, muitas vezes, como sendo instrumentos de análise radicalmente diversos, mas, como afirmam tanto Leiss et al. (1977), como Curan (1976), há muitas razões para uma *aproximação*. Os semiólogos podem incorporar os procedimentos sistemáticos de amostragem da análise de conteúdo. Isto levará, de alguma maneira, a discutir as críticas de que o enfoque produz resultados autoconfirmadores, e de que não é legítimo generalizar as conclusões de uma análise semiológica para outro material. A sistematização mais aprimorada da análise, que a análise de conteúdo defende, pode levar também a ajudar o semiólogo a combater acusações de seletividade (por exemplo, na construção de inventários de denotação e matrizes de possíveis sintagmas). A análise resultante deverá ser mais fidedigna (replicável) e menos dependente de idiossincrasias e habilidades de determinados analistas.

Além disso, a inclusão de mais códigos interpretativos (baseados mais na conotação do que na denotação) nas análises de conteúdo é prova da recíproca influência da semiologia. Tais análises, contudo, perdem seus aspectos estruturais de um enfoque puramente semiológico: como o sentido é criado nas relações espaciais entre elementos dentro da imagem específica. Entretanto, essa maneira de exposição, mesmo nas mãos do mais perito e lacônico dos pesquisadores, requer uma grande quantidade de espaço, se a análise quiser dar conta de pelo menos uma parcela do tamanho padrão de uma amostra rotineiramente planejada pelo analista de conteúdo. O maior obstáculo para uma integração completa dos dois enfoques é, pois, logístico. A solução poderá ser empregar os dois enfoques lado a lado. Uma explicação semiológica de uma pequena amostra de imagens pode exemplificar diferentes códigos analíticos de conteúdo. Por exemplo, um código analítico de conteúdo relacionado, digamos, a "mitos de beleza", aplicado quantitativamente a uma ampla amostra de propagandas, pode ser ilustrado qualitativamente por uma explicação semiológica da propaganda em questão. Essa explicação seria parcial, pois ela iria enfocar aspectos relevantes da imagem, em vez de analisar a propaganda como um todo. Ela iria realçar a transparência do procedimento da análise de conteúdo, tornando o método e os critérios de codificação explícitos e abertos ao escrutínio do leitor.

Passos para uma análise semiológica

1. Escolha as imagens a serem analisadas. Identifique as fontes adequadas de material. Que tipo de material é mais adequado para tratar o problema de pesquisa? Como ele pode ser conseguido? Contemporâneo ou do passado? Por exemplo, arquivos de mídia, material comercial acessível, material baixado da internet? Selecione a amostra: quanto material? Leve em conta as exigências de tempo e do espaço disponível para relatório. Quais são os critérios apropriados de seleção? Os achados vão ser generalizados além da amostra; se afirmativo, até que ponto? Torne os critérios para amostragem não randômica explícitos e comente a respeito de como a amostra resultante é não representativa, por exemplo, efeitos sazonais.

2. Compile um inventário denotativo – um levantamento sistemático dos conteúdos literários do material. Inclua todo o texto (linguística e tipografia) e imagens. Crie uma lista, ou faça anotações no material. Isso ajuda ao analista a se familiarizar com o material e previne o problema de seletividade. Isso também dá ênfase ao processo de construção da imagem. Acrescente os detalhes: embora não seja possível fornecer uma explicação exaustiva, é importante ser o mais preciso e explicativo possível. O processo de translação para a linguagem pode ajudar a identificar aspectos menos óbvios da composição e conteúdo que contribuem para a significação geral. Anote o tamanho, cor, localização, etc. de todos os elementos. Reconstrução paradigmática: quais são as alternativas não escolhidas para cada elemento identificado? As alternativas ausentes contribuem para a significação, através de delimitação do sentido dos elementos escolhidos.

3. Examine os níveis mais altos de significação: conotação, mito e sistemas referentes. O que os elementos conotam? Que elementos constituintes trazem contribuições para cada signo de ordem superior identificado? Identifique os conhecimentos culturais aos quais as imagens se referem e através dos quais elas são interpre-

tadas. Elementos diferentes podem ser polissêmicos e podem contribuir para mais de um signo de ordem superior. O conhecimento cultural e os valores que se pressupõe que o leitor possua podem ser usados para "reconstruir" o leitor "ideal", ou identificar índices sociais. Sintagma: como os elementos se relacionam um com o outro? Correspondências, contrastes? Há pistas para ênfases e relações, por exemplo, cor, tamanho, posicionamento? Como o texto se relaciona com a imagem? Ancoragem, revezamento? Redundância?

4. Decida quando concluir. A análise enfocou o problema de pesquisa? Confira se todos os elementos do índice denotativo estão incluídos e se suas inter-relações foram levadas em consideração, por exemplo, matriz, mapa mental.

5. Selecione formas de relatório. Escolha o formato de apresentação, por exemplo, tabela, texto e estrutura. Inclua referências para cada nível de significação: denotação, conotação, mito e os sistemas referentes exigidos para compreender níveis superiores de significação. Preste atenção na maneira como os elementos estão relacionados. Quando diversas análises são apresentadas, especialmente com objetivos comparativos, pode ser útil indicar sua relação, por exemplo, empregando a mesma estrutura em cada análise.

Referências bibliográficas

BARTHES, R. (1964a). *Elements of Semiology*. Nova York, NY: Hill and Wang [trans. A. Lavers & C. Smith, 1967].

_____ (1964b). *The Rhetoric of the Image*: Image, Music, Text. Londres: Fontana [trans. S. Heath, 1977].

_____ (1957). *Mythologies*. Londres: Paladin [trans. A. Lavers, 1973].

COOK, G. (1992). *The Discourse of Advertising*. Londres/Nova York: Routledge.

CURRAN, J. (1976). "Content and Structuralist Analysis of Mass Communication". *Social Psychology Project*. Open University.

GEORGE, R.T. de & GEORGE, F.M. de (1972). *The Structuralists*: From Marx to Levi-Strauss. Nova York, NY: Anchor.

HAWKES, T. (1977). *Structuralism and Semiotics*. Londres: Routledge.

LEACH, E. (1970). *Lévi-Strauss*. Londres: Fontana.

LEISS, W.; KLINE, S. & JHALLY, S. (1997). *Social Communication in Advertising*: Persons, Products and Images of Well-Being 2. ed. Nova York: Routledge.

SAUSSURE, F. de (1915). *Course in General Linguistics*. Nova York: The Philosophical Library, 1959; Nova York: McGraw-Hill, 1966 [trans. W. Baskin].

SONTAG, S. (1991). *Illness as Metaphor and Aids and its Metaphors*. Londres: Penguin.

WILLIAMSON, J. (1978). *Decoding Advertisements*: Ideology and Meaning in Advertising. Londres: Marion Boyars.

14
ANÁLISE DE IMAGENS EM MOVIMENTO

Diana Rose

Palavras-chave: codificação; representação; narrativa; translação.

Neste capítulo, irei discutir um método para analisar a televisão e outros materiais audiovisuais. O método foi desenvolvido especificamente para investigar representações da loucura na televisão e, inevitavelmente, alguma coisa do que tenho para dizer será específico para esse tópico. Muito disso, contudo, tem uma aplicação mais geral, pois abrange um conjunto de conceitos e técnicas que podem servir de orientação na análise de muitas representações sociais no mundo audiovisual.

Parte da aplicabilidade geral do método provém de seus fundamentos teóricos. Na verdade, a argumentação teórica é crítica em cada ponto do desenvolvimento da técnica. Começarei, então, dizendo algo sobre os fundamentos teóricos do método, limitando-me, nesse ponto, a um nível mais geral.

O que precisamente são meios audiovisuais, como a televisão? É a televisão igual a um rádio com figuras? Diria que não. Além do fato de que o próprio rádio não é simples, os meios audiovisuais são um amálgama complexo de sentidos, imagens, técnicas, composição de cenas, sequência de cenas e muito mais. É, portanto, indispensável levar essa complexidade em consideração, quando se empreende uma análise de seu conteúdo e estrutura.

Todo passo, no processo de análise de materiais audiovisuais, envolve transladar. E cada translado implica em decisões e escolhas. Existirão sempre alternativas viáveis às escolhas concretas feitas, e o que é deixado fora é tão importante quanto o que está presente. A escolha, dentro de um campo múltiplo, é especialmente importante quando se analisa um meio complexo onde a translação irá, normalmente, tomar a forma de simplificação.

Nunca haverá uma análise que capte uma verdade única do texto. Por exemplo, ao transcrever material televisivo, devemos tomar decisões sobre como descrever os visuais, se vamos incluir pausas e hesitações na fala, e como descrever os efeitos especiais, tais como música ou mudanças na iluminação. Diferentes orientações teóricas levarão a diferentes escolhas sobre como selecionar para transcrição, como mostrarei a seguir.

Como já foi dito, não há um modo de coletar, transcrever e codificar um conjunto de dados que seja " verdadeiro" com referência ao texto original. A questão, então, é ser o mais explícito possível, a respeito dos recursos que foram empregados pelos vários modos de translação e simplificação. Bernstein (1995) sugeriu que nós chamássemos o texto de "L1" (o L está por linguagem), e o referencial de codificação "L2". O resultado da análise é, então, uma interação entre L1 e L2. É uma translação de uma língua para outra e, para Bernstein, ela possui regras ou procedimentos. O problema com esse modelo é que ele pressupõe apenas dois passos. Ou, talvez, ele supõe que os processos de seleção, transcrição e codificação dos dados possam ser vistos como uma única linguagem. A distinção, contudo, não deixa claro que não pode haver um simples espelhamento do conjunto de dados na análise final. Processos de translado não dão origem a simples cópias, mas levam, interativamente, à produção de um novo resultado.

Tomemos um exemplo, novamente do campo da transcrição. Potter e Wetherell (1987) propuseram um método para transcrição da fala. Eles acentuam a importância de descrever pausas e hesitações, e a duração desses silêncios, em sua descrição. Seria isso " mais verdadeiro" que uma simples transcrição, palavra por palavra? Eu diria que não. O que dizer da inflexão e da cadência? (cf., por exemplo, CRYSTAL & QUIRK, 1964). E ainda mais importante para o nosso caso, que dizer dos aspectos visuais da comunicação? A cinética é um enfoque descrito por Birdwhistell (1970), mas raramente empregado. Este autor descreve as dimensões não verbais da comunicação. Uma ênfase na fala, ou discurso, nunca pode incluir essas características. Saussure reconheceu isso há muito tempo atrás, quando ele disse que a semiótica é a ciência dos signos, e signos não se limitam aos campos da fala e da escrita.

— 344 —

14. ANÁLISE DE IMAGENS EM MOVIMENTO

Voltando à análise da mídia, Wearing (1993), seguindo Potter e Wetherell, analisou as reportagens da imprensa sobre um assassino considerado um doente mental. A análise ficou totalmente no nível do texto, ignorando o leiaute, títulos, fotografias e localização em relação a outras histórias. Wearing insistiu que um novo retrato tinha sido produzido pelo entrelaçamento de dois discursos – o jornalístico e o psiquiátrico. Devemos dizer que as representações da mídia são mais que discursos. Elas são um amálgama complexo de texto, escrito ou falado, imagens visuais, e as várias técnicas para modular e sequenciar a fala, as fotografias e a localização de ambas.

A questão não é que exista um caminho para captar todas essas nuanças a fim de produzir uma representação mais fiel. É, antes, que alguma informação será sempre perdida, outras informações poderão ser acrescentadas, e desse modo o processo de analisar fala e fotografias é igual à tradução de uma língua para a outra. Ao mesmo tempo, isso normalmente implicará uma simplificação, quando o texto à mão é tão complexo quanto a televisão. O produto final, do mesmo modo, será normalmente uma simplificação – um conjunto de extratos ilustrativos, uma tabela de frequências.

Há casos onde a análise extrapola o texto, tanto em tamanho como em complexidade. Muitas obras sobre crítica literária são desse tipo, sendo o livro de Barthes (1975) *S/Z* um exemplo disso. No trabalho de Birdwhistell (1970), mencionado acima, foram necessários dois anos e todo um livro par analisar uma sequência de dois minutos, de uma pessoa acendendo e fumando um cigarro. Talvez isso mostre o absurdo de tentar captar algo intrínseco ao texto concreto, em um trabalho analítico.

Além disso, e como já se falou, os materiais de televisão não são definidos apenas a partir do texto. A dimensão visual implica técnicas de manejo de câmera e direção, que são apenas secundariamente texto. Elas produzem sentidos, certamente, mas esses sentidos são gerados por técnicas de especialistas.

Em vez de procurar uma perfeição impossível, necessitamos ser muito explícitos sobre as técnicas que nós empregamos para selecionar, transcrever e analisar os dados. Se essas técnicas forem tornadas explícitas, então o leitor possui uma oportunidade melhor de julgar a análise empreendida. Devido à natureza da translação, existirá sempre espaço para oposição e conflito. Um método explícito fornece um espaço aberto, intelectual e prático, onde as análises são debatidas.

No restante do capítulo, irei descrever um método para analisar televisão, e esforçar-me-ei para tornar essa descrição tão explícita quanto possível. Este método foi delineado especificamente para analisar representações da doença mental na televisão britânica. Embora o método não se limite a esse assunto, a doença mental é o tópico que irei empregar para meus exemplos. No decurso da caminhada, alguns poucos pontos teóricos, que penso serem gerais, serão discutidos.

Seleção dos programas

A primeira tarefa é fazer uma amostra e selecionar o material para gravar diretamente. Que programas serão selecionados, dependerá do tópico da área a ser pesquisada e da orientação teórica. Por exemplo, um pesquisador pode estar particularmente interessado em um tópico que é tratado, principalmente, por programas documentários. Ele/ela pode até mesmo ter um conhecimento aprofundado de programas que têm a ver com o tópico. Mesmo com esse nível de conhecimento, o processo de seleção não é simples. O que deixar fora é tão importante quanto o que vai se incluir, e irá afetar o restante da análise. As questões da omissão e da ausência eram centrais para os primeiros semiólogos (BARTHES, 1972). Escolhas teóricas e empíricas influenciam a seleção dos programas ou histórias, que não são exemplos autoevidentes do tópico em consideração.

Um procedimento comum na seleção de programas é fazer uma ampla varredura do que é apresentado no tempo nobre, e tomar então um tópico de interesse apresentado. Isso, é claro, significa ver o conjunto inteiro de informações, o que poderá se constituir em um processo muito lento. Na cobertura do tempo nobre, são centenas as horas a serem vistas. Gerbner e sua equipe (SIGNORELLI, 1989) empregaram esse método para estudar representações da violência no tempo nobre, por um período de 20 anos, nos Estados Unidos. Esse é também o caminho que escolhi para analisar as representações da loucura na televisão.

No processo de registro, há pelo menos dois passos. O primeiro é quando e quanto tempo nobre registrar. Selecionei um período de oito semanas, no início do verão de 1992, e registrei o tempo nobre na BBC1(British Broadcasting Corporation) e ITV (Independent Tv), pois esses são os canais populares. Foram registradas rotineiramente as notícias, duas novelas, duas séries de drama e dois programas cômicos em cada canal. Os documentários também foram incluídos.

14. Análise de Imagens em Movimento

A escolha das datas foi por conveniência. Resultados diferentes poderiam ter aparecido, caso as gravações tivessem sido no outono, ou no inverno. Os meios televisivos são afetados pelo ciclo anual. Isso teria sido mais importante se o objeto de análise fossem histórias políticas. Deve-se notar que a amostragem randômica não supera esse problema, pois a "população" não é homogênea.

O problema seguinte foi a seleção dos extratos que apresentavam loucura. Quando uma representação é uma representação da loucura? Por exemplo, o Glasgow Media Group (PHILO, 1996) incluiu obituários e shows cômicos em sua análise do tratamento da loucura pela mídia. Empreguei uma definição mais restrita, de acordo com Wahl:

> Eu estaria a favor, por exemplo, da presença, dentro da apresentação da mídia, de um termo psiquiátrico específico (incluindo designações vulgares, tais como "doido", "louco varrido", etc., bem como diagnoses formais, tais como esquizofrenia ou depressão), ou a indicação dada na receita de tratamento psiquiátrico, como critérios apropriados (1992: 350).

É importante ser explícito sobre as razões da escolha de uma definição como a de Wahl. A escolha de tomar uma doença mental definida como o foco de trabalho tem uma dimensão ética. A abrangência da rede de psiquiatria hoje é tal, que quase todo problema humano pode se tornar objeto de sua área. Mas são aqueles com problemas mais severos que são expulsos e excluídos, e isso pode ser afetado pela maneira como eles são representados pela mídia. Há, pois, uma preocupação ética de enfocar distúrbios mentais suficientemente sérios a fim de que chamem a atenção de um psiquiatra. Tais preocupações éticas, particularmente quando têm a ver também com exclusão social, podem muito bem ser aplicadas a outros grupos de excluídos.

O problema final, na seleção do conjunto de dados, tem a ver com as metáforas. A terminologia da doença mental é rotineiramente empregada para caçoar e insultar: "Você é muito louco"; "Quem é esse esquizo doido?"; "ela está louca de amor!" Os empregos da terminologia da doença mental são importantes para a representação geral da loucura na televisão. Eles foram levados em consideração na análise feita aqui.

O uso metafórico da terminologia da doença mental pode ser relacionado, de maneira mais restrita ou mais ampla, às outras representações da loucura. Permanece, pois, a questão de que usos metafóricos incluir. Se a linguagem é, porém, um sistema, então os signos pertencentes a um contexto, quando presentes em um outro contexto completamente diferente, irão ainda carregar consigo algum peso do sentido original. À primeira vista, a famosa frase "ela está louca de amor" parece ter pouco a ver com desordem psiquiátrica. Mas o termo "louco", relativo a conceito há séculos, está ainda tingido com noções de extremismo e excesso, e até mesmo de dano emocional, quando colocado no seu novo contexto.

A questão da definição tem de ser decidida para qualquer análise de tempo nobre na televisão, e há, certamente, outros tópicos (tais como deficiência física), onde a metáfora se constituirá em um problema. A definição do que entra como uma representação do tópico de interesse irá implicar escolhas teóricas, mas também escolhas éticas, como foi discutido.

Transcrição

A finalidade da transcrição é gerar um conjunto de dados que se preste a uma análise cuidadosa e a uma codificação. Ela translada e simplifica a imagem complexa da tela. Os primeiros pesquisadores não tinham vídeo (NUNNALLY, 1961), e codificavam diretamente do ar. Seria possível fazer isso com um referencial de codificação de apenas duas ou três dimensões, mas algo mais detalhado exige o registro do meio com palavras escritas. Esta, como já foi dito repetidamente, é uma forma de translação.

É importante decidir sobre a unidade de análise. Este é um ponto bastante acentuado pelos analistas da conversação (SILVERMAN, 1993) e aqueles que produziram técnicas computadorizadas para analisar dados qualitativos, tais como Ethnograph e Nud*Ist. No estudo que estou usando como ilustração, foi decidido que a unidade de análise seria uma tomada feita pela câmera de filmagem. Quando uma câmera mudava o conteúdo, uma nova unidade de análise começava. A definição da unidade de análise foi, por isso, basicamente visual.

Os analistas da conversação, ou os teóricos do discurso, tomam, basicamente, como sendo uma unidade de análise uma linha, uma sentença ou um parágrafo. A unidade está, consequentemente, baseada na fala. Ciente da importância dos aspectos não verbais dos textos audiovisuais, escolhi a unidade de análise com base no visual, mas também, por motivos práticos, porque, na grande maioria dos

14. Análise de imagens em movimento

casos, essas tomadas eram relativamente simples de serem trabalhadas. Há um espaço para o pragmatismo em análises complexas.

A televisão é um meio audiovisual e deverá existir algum modo de descrever o visual, bem como a dimensão verbal. Enfatizei a dimensão visual e chegou a hora de olhar para isso com um pouco mais de detalhe. É impossível descrever tudo o que está na tela e eu diria que as decisões sobre transcrição devem ser orientadas pela teoria. No estudo sobre loucura, foi proposto teoricamente que a doença mental era estigmatizada, vista como diferente e excluída. Foi proposto ainda que a representação disso iria, muitas vezes, tomar a forma de tomadas singulares, isoladas, e *close-ups* escrutinadores. Foi por isso decidido codificar o ângulo da câmera para cada unidade de análise (cada tomada da câmera), e também codificar quantas pessoas apareciam em cada tomada. Isto foi para testar a ideia de que as pessoas mentalmente perturbadas são fotografadas de maneira diferente daquelas que não são diagnosticadas do mesmo modo. Neste caso, o procedimento pode, na verdade, ser visto como uma forma de teste de hipótese (KIDDER & JUDGE, 1986).

Diferentes orientações teóricas levariam a diferentes escolhas sobre como selecionar e transcrever. Por exemplo, a tradição estruturalista/psicanalista, representada pela revista *Screen*, contaria uma história diferente (COWIE, 1979; MacCABE, 1976). Os teóricos de *Screen* enfocam o nível dos símbolos, especialmente aqueles que têm a ver com gênero e sexualidade, e relações inconscientes. Eles realizaram, pois, um trabalho detalhado com sequências de tomadas opostas, que servem para estabelecer relações entre personagens. A câmera "monta a cena" para a relação, filmando primeiramente um personagem; depois o segundo, do ângulo do primeiro; e finalmente o primeiro, do ângulo do segundo. O estudo da loucura não considerou sequências individuais de tomadas, porque não havia nada na teoria que sugerisse que isso seria importante. Está, contudo, aberto para ser questionado sobre escolhas feitas, a partir de uma orientação teórica diferente. Poderia haver casos em que sequências de tomadas opostas pudessem significar dificuldade e intimidade, mas minha decisão foi focar a parte visual da análise, a partir do ângulo da câmera.

As disposições de ânimo e a expressão de desconformidade podem também ser representadas através da iluminação e da música, e através de outros efeitos. Fotografias sombreadas implicam algo perigoso que deve ser ocultado e música misteriosa contrasta com o tom alegre da maioria da música na televisão. Se as pessoas com problemas mentais são filmadas com fotografias sombreadas, ou com um fundo musical misterioso, isso mais uma vez enfatiza a diferença.

O ângulo da câmera, tomadas individuais ou grupais, iluminação e música, são todas convenções de filmes e televisão. Na verdade, música misteriosa pode se referir diretamente a convenções de filmes de horror. Há um espaço diagético com suas próprias convenções. Uma análise estruturalista iria focar esse espaço em sua especificidade. O método que proponho, contudo, é o de *contrastes*. Queremos investigar se determinado grupo na sociedade e determinada situação – pessoas mentalmente enfermas e a doença a elas associada – é representada diferentemente da maneira como são representadas pessoas "comuns", que aparecem na televisão na mesma hora.

Gilman (1982) desenvolveu um trabalho muito detalhado sobre representações visuais do doente mental, desde a Idade Média. Ele se concentrou na arte e na escultura, em vez de nas imagens em movimento. Postura, comportamento, gesto, tamanho e muitas outras coisas foram importantes para esse empreendimento. A análise tem algumas semelhanças com os teóricos de *Screen* mencionados acima.

Há ainda outros aspectos da dimensão visual da televisão que poderiam ter sido codificados: por exemplo, as cores das roupas, quando roupas escuras implicam depressão, e mesmo a relativa posição dos personagens em tomadas com duas pessoas e tomadas de grupo. Por exemplo, ficou evidente, no caso de uma pessoa deprimida, estar ela sempre em uma posição "inferior" à de outros personagens centrais da narrativa. Se os outros estivessem de pé, ela estaria sentada; se os outros estivessem sentados, ela estaria curvada. Esses aspectos não foram sistematicamente anotados na transcrição, mas eles poderiam ter sido.

Outros temas, outras posturas teóricas, irão exigir a seleção de diferentes aspectos do texto visual para transcrição. O que é importante é que os critérios para seleção sejam explícitos, e tenham uma fundamentação conceptual. Deve ficar teórica e empiricamente explícita a razão de certas escolhas terem sido feitas e não outras.

À luz dessas escolhas, o material foi selecionado, registrado e transcrito. A transcrição é feita em duas colunas e as tomadas da câmera estão assinaladas por novos parágrafos. A coluna da esquerda descreve o aspecto visual da história, nos termos propostos acima, e a da direita é uma transcrição literal do material verbal.

O que eu quero dizer com "literal"? Não é que todas as pausas, hesitações, falsos começos e silêncios tenham sido anotados. Haverá

14. ANÁLISE DE IMAGENS EM MOVIMENTO

ocasiões em que tais aspectos são importantes. Mesmo nas representações da loucura, poder-se-ia levantar a hipótese de que as pessoas mentalmente enfermas sejam diferenciadas por variados padrões, inflexões e o tom de seus discursos. Estas características supralinguísticas são significativas para determinados pontos de vista teóricos e são importantes em determinadas ocasiões para quase todos os pontos de vista teóricos. Em situações diferentes das de doença mental, poderia ser de importância central incluir esses fatores. Decidiu-se, contudo, que o fundamental seria o *conteúdo semântico* do discurso televisivo sobre loucura, e por isso a transcrição foi literal, mas omitiu os tipos de fenômenos realçados pelos analistas da conversação.

O conteúdo, contudo, nunca vem sozinho. Veremos na seção seguinte, que cada história foi discutida a partir de sua estrutura narrativa. Embora esta seja estritamente uma questão de codificação, e não de transcrição, é importante ressaltar que a estrutura não foi ignorada.

São apresentados aqui dois exemplos de transcrições de dados sobre representações da loucura na televisão. O primeiro é mais direto: foi fácil de transcrever. O segundo é um extrato da parte mais difícil de todo o conjunto de dados. É teoricamente importante que a história tenha sido difícil de transcrever, pois ela incorporava ideias de caos, transgressão e diferença. Isso está coerente com a teoria que guiou o referencial de codificação, como veremos na próxima seção. Os códigos da câmera são discutidos posteriormente e apresentados na Tabela 14.1.

"A Conta", ITV, 28 de maio de 1992

Dimensão visual	Dimensão verbal
Em frente ao hotel, retórica, PO, DI sai, outro DI entra no quadro, ambos MW	DI1: Ian. DI2: Hello, Jack, como vai? Conte-me. DI1: Morgan está no hospital agora. Ele parece se adequar ao autor dos três assassinatos. Ele é um alcoólico com uma história de desordem psiquiátrica, sem antecedentes por ofensas violentas. DI2: Como você chegou até ele? DI1: O Sr. Sargento R encontrou objetos pessoais que pertencem à vítima. PH. Eu suponho que ele poderia ter encontrado o corpo perto da linha férrea e então o roubou. Mais provável que ele a tenha matado antes de jogá-la lá. DI2: E nossa moça AA é certamente sua última vítima. DI1: Sim. Deve ter havido uma briga violenta. Senão.

— 351 —

"*Casualty*", BBC1, 4 de julho de 1992

Dimensão visual	Dimensão verbal
Uma mulher com o braço em uma tipoia sentada MCU, um homem andando, salta sobre ela, o homem CU, depois ECU, a ataca, ela luta	O homem: ... diabo, querida essas são coisas horríveis, demônios pretos escuros. Você sabe o que gostaria de fazer com eles? Gostaria de morder as cabeças dos desgraçados e colocá-los
A mulher se levanta, o homem a agarra, a morde, ECU, ataca	Entre meu
Os funcionários chegam correndo WA Enfermeira em um pequeno compartimento com mulher2, entra uma segunda enfermeira, saem as duas enfermeiras	Mulher1: Afaste-se de mim. Homem: Resmunga. Grita. Enfermeira: Ah, depressa, há um sujeito aqui saindo fora de si. Venham.
Os funcionários lutando com o homem, WA, mulher1 é levada, perturbada, todos gritando Cena de tracking – câmera acompanhando a ação	Mulher1: Oh, meu braço, meu braço, oh, oh, meu Deus, oh.
A mulher1 e duas enfermeiras passam para o compartimento ocupado pela mulher2, MCU, ela sai, caminha pelo corredor e pega uma garrafa sentando em um vagonete. Cruza pelo local da cena anterior com um homem que agora tem um lençol na sua cabeça	Enfermeira de plantão (Charlie): Calma, calma. Enfermeira: Sossega. Charlie: Não fique ali de pé. Homem: Está me faltando ar. Charlie: Tudo bem, tudo bem. Devagar. Tudo bem, tudo bem.
Outras pessoas chegam para controlar o homem, WA	Porteiro: Não, eu, eu não. Homem: Vou desmaiar.
Charlie começa a tirar o lençol da cabeça do homem	Charlie: Tudo bem, tudo bem. Vou tirá-lo agora. Agora você se comporte.
O lençol é removido, o homem está deitado no chão, WA	Homem: Tudo bem ... (inaudível)... que bom.
O homem dá um soco no rosto de Charlie, WA Tomadas aéreas do caos A mulher2 saindo do hospital, oficiais da polícia cruzam por ela e entram MW	Charlie: Oh! Homem: Oh! (Sem fala)

O delineamento de um referencial de codificação

A codificação completa está na Figura 14.1. Ela tem uma estrutura hierárquica de acordo com a afirmativa de que as representações de loucura na televisão possuem significações em mais de um nível. Essa seção irá se concentrar, contudo, na teoria subjacente ao referencial de codificação e em seu *status* epistemológico. Tentarei detalhar com palavras o que está em forma diagramática.

A
Ambiente da cena

1
Neutro

2
Desorganização

a) perigo b) lei c) obsessão d) estranho e) maníaco f) doente g) negligência h) perturbação l) luta j) sucesso k) ajuda l) comédia m) vítima n) miscelânea

B
Descrição narrativa

1
Presente
a até n como acima

2
Reconstrução
a até n como acima

3
Situação neutra/fofoca

C
Explicação

1
Estresse/trauma

2
Médica

3
Loucura

4
Negligência

5
Miscelânea

a) Problemas com a lei e a ordem b) Doença a) Lei e ordem
b) Saúde c) Apoio
c) negligência d) Fracasso e Miscelânea d) sucesso e) Miscelânea

D
Resolução

1
Ausente

2
Presente

Figura 14.1 – *Referencial de codificação com quatro elementos narrativos: ambiente da cena, descrição narrativa, explicação e resolução.*

A L2 de Bernstein é o referencial de codificação apropriado ou a linguagem da descrição. O referencial de codificação empregado no estudo das representações da loucura na televisão era muito complexo e eu gostaria de acrescentar mais dois pontos. Primeiro, este instrumento tem sua fundamentação teórica. Segundo, ele foi planejado de tal modo que derivações da teoria possam ser refutadas. Consideremos estes dois pontos na sequência.

A teoria usada, e modificada, foi o trabalho de Moscovici (1984; 1994) sobre representações sociais. Um dos pontos centrais da teoria é que as representações sociais funcionam para tornar o não familiar mais familiar. Este ponto foi também aplicado às representações televisivas por Roger Silverstone (1981). Minha argumentação é que, desse ponto de vista, a loucura é um caso especial. Por razões sociais e psicológicas, as representações sociais da doença mental, estejam elas na mídia ou na conversação cotidiana, *mantêm a loucura em uma posição não familiar*. A familiarização, social ou psicológica, não estrutura o campo representacional da loucura. Há duas razões para isso. A primeira é que o conteúdo de muitas representações enfatiza risco, ameaça e perigo. O homicida louco ou o assassino psicótico é um tema saliente na mídia britânica. Mas além disso, a estrutura das representações a respeito da loucura é instável. Há uma miríade de sentidos de loucura que resistem à fixidez e trazem ameaças, no sentido semiótico. O sentido é rompido pelo caos e pela transgressão.

Moscovici criou o conceito de ancoragem. Um objeto social novo, e não familiar, se tornará mais familiar à medida que assimilado a um outro que já o seja. Meu parecer é que a loucura ou não é assimilada de modo algum, e permanece excluída, ou é assimilada a outros objetos que nunca se tornam totalmente familiares, tais como pessoas com deficiências na aprendizagem, pessoas com deficiências físicas, pessoas ou coisas que se relacionam com algo monstruoso.

Que significa isso para um referencial de codificação? O referencial de codificação foi construído a partir de duas fontes: a teoria referida acima e também leituras preliminares dos dados. Em 157 horas de horário nobre, houve seis horas de material relevante à saúde mental. Estas são as seis horas que foram transcritas e influenciaram o delineamento do referencial de codificação.

Até agora, teorizamos a codificação do conteúdo. Mas muitas formas de texto e exercícios com textos possuem uma estrutura visível. Tal estrutura é muitas vezes referida como forma narrativa (TODOROV,

14. ANÁLISE DE IMAGENS EM MOVIMENTO

1977; CHATMAN, 1978). A estrutura narrativa se refere ao formato de uma história, no sentido de que ela possui um começo identificável onde a situação da peça muda, um meio onde as diferentes forças desempenham seus papéis, e um fim onde temas importantes são articulados. Esse fim da história é muitas vezes referido como o "fechamento da narrativa". Há ainda uma questão que se refere à "voz" na narrativa e à identidade do narrador. Esta questão não foi incluída, pois parece menos importante no texto televisivo, do que, por exemplo, no romance.

As histórias de televisão partilham da estrutura da narrativa. De acordo com a teoria da instabilidade semiótica, delineada acima, eu estava interessada em conhecer se as histórias sobre loucura eram, narrativamente falando, distintas daquelas sobre outros tópicos. Por exemplo, mostravam elas um fechamento narrativo?

O referencial de codificação, por isso, tinha uma estrutura hierárquica, com o topo de cada hierarquia constituído por um elemento narrativo (cf. Figura 14.1). O corpo da história foi codificado de acordo com as 14 categorias de conteúdo, sendo necessário um número tão grande para se poder captar os sentidos múltiplos e mutáveis da loucura. A presença, ou ausência, de resolução, e o tipo de resolução, foram também codificados.

Tinha avançado a ideia de que a loucura e outros objetos de diferença e exclusão rompem a certeza semiótica, por serem construídos por sentidos múltiplos, conflitantes e mutáveis. Ao mesmo tempo, eles trazem ameaças, pois alguns desses sentidos são perigosos. Que poderia acontecer se tal teoria estivesse errada? A pesquisa qualitativa é muitas vezes criticada por ver apenas aquilo que ela quer ver. Mas a teoria pode ser desconfirmada. Por exemplo, poderíamos criticar a afirmação de que seguramente o sentido dominante da doença mental, na nossa cultura, e também na mídia, seja precisamente "doença". Nesse caso, a presente análise iria revelar uma alta proporção de unidades na categoria "doença", e bem poucas seriam alocadas em outros códigos. A medicina seria o discurso dominante com respeito à doença mental na televisão, e este sentido seria generalizado e iria ancorar a metade "mental" da "doença mental" . Mas não foi isso que foi encontrado. A estrutura do referencial de codificação, contudo, torna possível identificar um discurso dominante e, consequentemente, desconfirmar a teoria de que a diferença é também composta de ambiguidades semióticas e, algumas vezes, de um caos de sentidos (cf. o extrato *Casualty*).

O método dos contrastes, empregado junto com o material visual, dá sustentação também à possibilidade de desconfirmar a teorização. Seria possível, por exemplo, descobrir que não haveria diferença alguma nos ângulos da câmera empregados para filmar pessoas apresentadas como doentes mentais, quando comparadas com as pessoas sem essa qualificação. Desse modo, a proposta de que as técnicas de filmagem discriminam a pessoa louca como diferente, isolada e excluída, deveria ser rejeitada.

A mecânica da codificação

Começarei com a dimensão verbal do texto. O referencial de codificação descrito acima, possui basicamente três níveis, e é muito provável que outros referenciais de codificação, planejados para serem usados com material audiovisual, terão mais de um nível. Denominei o primeiro nível com uma letra maiúscula, o segundo com uma minúscula e o terceiro com uma letra em caixa baixa. Os códigos se apresentam da seguinte forma:

A2a – ambiente da cena, ruptura, risco

B2f – descrição da narrativa, reconstrução, doença

C1 – explicação, estresse (os códigos de "explicação" possuem apenas dois níveis)

D1c – resolução, ausência, negligência

Cada unidade de análise (tomada da câmera) é alocada em um código. Haverá ocasiões em que um único código não irá captar totalmente a densidade do sentido da unidade, e nesses casos, dois, ou mesmo três códigos, necessitam ser alocados.

Há, aqui, uma questão de fidedignidade. Como dissemos, o processo de codificação é um processo de translação. O pesquisador está interpretando o sentido de cada unidade de análise. Embora as interpretações estejam restringidas tanto pela teoria quanto pelo referencial de codificação, faz sentido perguntar se outros codificadores teriam chegado à mesma conclusão.

Foi feito, então, um exercício para ver que grau de presença de atributos comuns poderia haver, quando oito pessoas separadas codificassem três histórias selecionadas. O nível de concordância ficou entre 0.6 e 0.78. O nível de concordância se mostrou diretamente relacionado com o quanto de familiaridade o codificador tinha com

14. ANÁLISE DE IMAGENS EM MOVIMENTO

a teoria e com o referencial de codificação. Embora essa questão toque em um dos problemas mais espinhosos da avaliação de fidedignidade, ela mostra que o procedimento de codificação é pelo menos replicável. Do ponto de vista epistemológico, que estou seguindo, os codificadores estavam empregando um conjunto comum de procedimentos de translação, para transformar a transcrição em uma série de códigos. O ponto crucial é que esse conjunto de procedimentos de translação se torne explícito e acessível à inspeção, no diagrama do referencial de codificação (cf. Figura 14.1).

Voltemos agora à dimensão visual. Aqui as coisas são mais simples, pois uma vez feitas as escolhas de seleção, a transcrição e a codificação eram mais diretas. Primeiro, é codificado o ângulo da câmera para cada tomada do conjunto de dados. Em segundo lugar, é anotado se a tomada é única ou dupla (duas pessoas no quadro), ou uma tomada de grupo. Finalmente, é feita uma contagem do número de tomadas que tinham uma iluminação sombreada e o número de vezes em que a música era usada, e de que gênero.

Os códigos para análise visual podem ser vistos nos extratos. Eles são, na verdade, transcritos e codificados em um movimento único. Embora existam infinitas possibilidades de filmagem dos personagens, a televisão faz uso de algumas convenções retiradas da fotografia. Isso nos traz vantagens, pois é sabido que, por exemplo, o *close-up* é uma tomada que expressa emoção e escrutínio. Por outro lado, as tomadas de *close-up* médio e a abertura média, muitas vezes significam autoridade (como no caso de locutores de notícias e peritos). O conjunto completo de códigos visuais pode ser visto na Tabela 14.1.

Tabela 14.1 – *Análise visual: códigos dos ângulos da câmera*

ECU	*Close-up* máximo
CU	*Close-up*
MCU	*Close-up* médio
MW	Abertura média
WA	Ângulo bastante aberto
Tracking	Câmera seguindo a ação
Ambiente	Uma tomada que não seja uma pessoa

O método dos contrastes implica uma comparação entre os ângulos da câmera especificamente usados para filmar aquelas pessoas consideradas loucas, e para filmar aquelas que não eram assim consideradas. Sendo que as convenções das tomadas são parcialmente conhecidas, isso nos permite inferir se as pessoas mentalmente perturbadas são mostradas diferentemente das outras no código visual.

Normalmente, os dois modos, o visual e o verbal, irão contar a mesma história, pois essa é uma convenção na televisão. Há, contudo, a possibilidade de conflito, ou contradição (ou ironia e sarcasmo) entre os dois: por exemplo, uma fotografia de uma típica vovozinha, com uma criança no colo, enquanto é ouvida a voz do repórter descrevendo o assassinato por ela cometido, das duas crianças de sua vizinha. Normalmente, não restará dúvida sobre qual dos modos carrega o peso do sentido, mas quando há um conflito equilibrado, isso deve ser apontado.

Tabulação dos resultados: a questão dos números

A apresentação dos processos descritos acima será feita através de tabelas de frequências. Quanto a isso, o procedimento é uma forma de análise de conteúdo, que data de um artigo seminal de Berelson (1952) e apresentado em várias coleções, nas décadas de 1950 e 1960 (para um exemplo relativamente recente cf. KRIPPENDORFF, 1980).

A análise de conteúdo foi criticada pelos teóricos dos meios de comunicação, tais como Allen (1985), e apenas parcialmente aceita por pesquisadores como Leiss et al. (1986). Tal crítica provém de enfoques semiológicos no tratamento de textos. Afirma-se que números não podem ser significativamente aplicados a significações, e que as simples contagens das vezes que uma palavra, ou um tema, aparecem no texto, ignoram a estrutura e o contexto. O livro *S/Z* de Barthes ilustra muito bem a que minúcia se pode chegar em uma leitura semiótica de um texto. Este é um exemplo onde a translação não constitui uma simplificação, mas é uma exegese de uma curta história que chega a ter o tamanho de um livro.

Tomemos estas críticas uma por vez. A primeira é a afirmação de que sentidos não podem ser contados. Isto é, os sentidos são sempre específicos ao contexto, e conferir um número a unidades semânticas sugere uma equivalência espúria de diferentes instâncias. Os sentidos não são discretos, e mesmo os valores são demasiado inefáveis para serem mensurados.

Osgood (1957) foi um dos primeiros a contar sentidos. É importante notar que Osgood desenvolveu uma teoria do sentido que tinha uma orientação neocomportamentalista, de tal modo que, embora enfocando o texto, ele podia afirmar que sua análise estava teoricamente fundamentada. O instrumento mais importante criado por esse enfoque foi o diferencial semântico (OSGOOD et al., 1857). Isto é evitado por formas de análise com base mais literária.

14. Análise de imagens em movimento

Embora a teoria pareça hoje absurda, este é um primeiro exemplo de uma tentativa de semântica quantitativa, dentro de um referencial teórico específico.

Osgood tinha uma teoria neocomportamentalista de sentido. O método descrito acima tem suas raízes teóricas em noções de representação social (MOSCOVICI, 1984; JODELET, 1991). Os números em tabelas, por isso, não estão flutuando livremente, mas estão ancorados em uma perspectiva conceptual. O que um número significa, depende da natureza do material empírico e também da natureza da linguagem da descrição. Não há nada de incomum nisso. A matemática emprega teorias, inclusive as que lidam com contingência, aleatoriedade e probabilidade.

Então, o que significa exatamente contar representações, sentidos ou outras técnicas de visualização? A Tabela 14.2 mostra o resultado da análise das representações da loucura para os dois primeiros elementos da narrativa (ambiente da cena e descrição da narrativa), com relação às notícias. A tabela deve ser lida como um mapa. Ela mostra os pontos de ênfase e insistência, e os pontos de carência e ausência nas informações das notícias. Não seria sensato dizer que houve "duas vezes mais risco do que doença", embora uma leitura métrica das figuras poderia chegar a tal conclusão. Faz mais sentido dizer que o risco dominou os temas da doença, e que a falta de temas de sucesso e luta, dizem algo significativo sobre como os problemas de saúde mental são representados nas notícias. O que está ausente é tão importante como o que está presente, como nos ensinaram os semiólogos.

Tabela 14.2 – *Exemplos dos resultados de análise de conteúdo em forma tabular: distribuição de frequências dos elementos semânticos no ambiente da cena e na descrição das tomadas nas notícias*

	Risco	Lei	Desvairado	Estranho	Maníaco	Doente	Negligência
N°de unidades	168	60	9	1	1	84	63
% total (N=697)	24.1	8.6	1.3			12.1	9.0

	Perturbação	Luta	Sucesso	Ajuda	Cômico	Vítima	Miscelânea
N° de unidades	28	8	9	25	0	7	67
% total (N=697)	4.0	1.2	1.3	3.6		1	9.6

Disse acima que era possível, com o material visual, empregar um método de contrastes. Sendo que tanto os doentes mentais como os mentalmente sadios aparecem no programa, sua descrição visual pode ser comparada. A Tabela 4.3 mostra tal comparação. Deve-se notar que é empregada a medida do X quadrado, o que significa dizer que o emprego de números para as informações vai além dos mapas. Torna-se mais fácil conferir números reais a dados visuais, devido às convenções discutidas acima. Mesmo aqui, o pressuposto sustenta que números não são indicadores rígidos, mas tipos de signos. Apesar disso, altos níveis de significância são mostrados.

Tabela 14.3 – *Exemplo de resultados tabulares de análise visual: tipo de tomada e personagem, na novela "Coronation Street"*

Tipo de tomada	Mrs Bishop*	Mr Sugden**	Outros	Total
ECU/CU	45	8	9	62
MCU	42	33	41	116
MW	22	36	16	74
Outro	22	9	3	34
Total	131	86	69	286

X quadrado – 45.6; graus de liberdade = 6; $p < 0.001$

* que sofre de surtos mentais

** um amigo que tenta ajudar

Passemos agora à crítica de que a análise de conteúdo ignora a estrutura. Esta crítica se sustenta. Se nós aprendemos alguma coisa de Chomsky, é que a estrutura carrega um sentido. E isso foi levado em conta na análise acima. Sendo que estamos lidando com material audiovisual, a estrutura foi teorizada em termos de forma narrativa. Na verdade, muitos semiólogos empregaram este conceito, derivado do trabalho de Propp (1969) e Lévy-Strauss (1968). A estrutura narrativa, na televisão, é muitas vezes aberta – por exemplo, nas novelas, para manter o suspense. Mas a análise da estrutura narrativa na representação de pessoas consideradas loucas, mostrou que a falta de um fechamento na narrativa era a norma. Isto, está claro, vem reforçar a ideia de que as representações da loucura, na televisão,

14. Análise de Imagens em Movimento

são caóticas e resistem à fixidez das âncoras. Vemos aqui representações muitas vezes sem estrutura. A Tabela 14.4 mostra os resultados da análise de uma estrutura narrativa em programas que apresentam dramas. A maioria das sequências ou não têm final algum ou não trazem uma restauração da harmonia social.

Tabela 14.4 – *Estrutura narrativa: distribuição de frequência de tipos de sequência narrativa no drama televisivo*

Como pode ser visto no referencial de codificação, as histórias foram codificadas de acordo com sua estrutura. Para cada unidade era conferido um código, e depois a estrutura da história foi sintetizada. Essa tabela apresenta os códigos e os resultados para um drama.

A1 – ambiente da cena, neutro
A2 – ambiente da cena, ruptura
B1 – descrição narrativa no presente
B2 – descrição narrativa na forma de reconstrução de acontecimentos
B3 – fatos neutros (notícias), ou fofoca (drama)
C – explicação
D1 – resolução com ausência de harmonia social
D2 – harmonia social restabelecida

Sequência narrativa	Número
A2/B1/D1	29
A2/B1/D2	4
A2/B1	12
B1/D1	19
B1/D2	7
Somente B1 ou somente B3	28
Somente A2	8
Somente D1	3
Somente D2	4
Outro	7
Total	121

Outro método de apresentar as informações é empregar citações ilustrativas. Em uma análise onde o método é teoricamente fundamentado e onde as informações são também apresentadas numericamente, pode-se admitir que citações em forma de exemplos possam ser empregadas para ilustrar e confirmar, ou desconfirmar, as proposições teóricas e metodológicas. Em outras palavras, as regras para a seleção de citações ilustrativas devem ser, elas próprias, teoricamente fundamentadas. Isto quer dizer que não é necessário selecionar citações ilustrativas aleatoriamente. Ao contrário, elas devem ser selecionadas tanto para confirmar ou desconfirmar os princípios teóricos e a dimensão dos dados empíricos apresentada em forma de números.

Conclusão

Este capítulo tentou fazer duas coisas. Em primeiro lugar, propus, de maneira tentativa, alguns métodos para analisar programas televisivos e outro material audiovisual. Algumas das técnicas apresentadas devem ser adaptadas para outros conteúdos, que não a loucura. Mas em segundo lugar, tentei tornar claros os riscos epistemológicos, e as consequências éticas, desse tipo de análise.

Correndo o risco de repetir, diria que cada passo, na análise do material audiovisual, é uma translação e, em geral, uma simplificação. Não há uma leitura perfeita do texto. A questão é, então, ser explícito sobre os fundamentos teóricos, éticos e práticos da técnica e abrir um espaço onde o próprio trabalho possa ser debatido e julgado.

Passos na análise de textos audiovisuais

1. Escolher um referencial teórico e aplicá-lo ao objeto empírico.

2. Selecionar um referencial de amostragem – com base no tempo ou no conteúdo.

3. Selecionar um meio de identificar o objeto empírico no referencial de amostragem.

4. Construir regras para a transcrição do conjunto das informações – visuais e verbais.

5. Desenvolver um referencial de codificação baseado na análise teórica e na leitura preliminar do conjunto de dados: que inclua regras para a análise, tanto do material visual como do verbal; que contenha a possibilidade de desconfirmar a teoria; que inclua a análise da estrutura narrativa e do contexto, bem como das categorias semânticas.

6. Aplicar o referencial de codificação aos dados, transcritos em uma forma condizente com a translação numérica.

7. Construir tabelas de frequências para as unidades de análise, visuais e verbais.

8. Aplicar estatísticas simples, quando apropriadas.

9. Selecionar citações ilustrativas que complementem a análise numérica.

Referências bibliográficas

ALLEN, R. (1985). *Speaking of Soap Operas*. Chapel Hill, NC: North Carolina Press.

BARTHES, R. (1975). *S/Z*. Londres: Cape.

_____ (1972). *Critical Essays*. Evanston, IL: North Western University Press.

BERELSON, B. (1952). *Content Analysis in Communication Research*. Chicago, IL: Glencoe Free Press.

BERNSTEIN, B. (1995). *Pedagogy, Symbolic Control and Identity*. Londres: Taylor and Francis.

BIRDWHISTELL, R.L. (1970). *Kinesics in Context*: Essays on Body-Motion Communication. Harmondsworth: Penguin.

CHATMAN, S. (1978). *Story and Discourse*: Narrative Structure in Fiction and Film. Ithaca/Nova York/Londres: Cornell University Press.

COWIE, E. (1979). "The Popular Film as a Progressive Text". *M/F*, 3: 59-82.

CRYSTAL, D. & QUIRK, R. (1964). *Systems of Prosodic and Paralinguistic Features in English*. Londres: Mouton.

GILMAN, S. (1982). *Seeing the Insane*. Nova York: Wiley.

JODELET, D. (1991). *Madness and Social Representations*. Hemel Hempstead: Harvester Wheatsheaf.

KIDDER, L. & JUDGE, C. (1986). *Research Methods in Social Relations*. 5. ed. Nova York, NY: CBS.

KRIPPENDORF, K. (1980). *Content Analysis*: an Introduction to its Methodology. Londres: Sage.

LEISS, W.; KLINE, S. & JHALLY, S. (1986). *Social Communication in Advertising*. Toronto: Methuen.

LÉVI-STRAUSS, C. (1968). *Structural Anthropology*. Harmondsworth: Allen Lane.

MacCABE, C. (1976). "Theory and Film: Principles of Realism and Pleasure". *Screen*, 17, p. 7-27.

MOSCOVICI, S. (1994). "Social Representations and Pragmatic Communication". *Social Science Information*, 33(2), p. 163-177.

_____ (1984). The Phenomenon of Social Representations. In: FARR, R.M. & MOSCOVICI, S. (orgs.). *Social Representations*. Cambridge: Cambridge University Press, p. 3-69.

NUNNALLY, J. (1961). *Popular Conceptions of Mental Health*. Nova York: Holt, Rhinehart & Winston.

OSGOOD, C. (1959). The Representational Model and Relevant Research Methods. In: POOL, I. de S. (org.). *Trends in Content Analysis*. Urbana, Il: University of Illinois Press, p. 33-88.

OSGOOD, C.; SUCI, G. & TANNENBAUM, P.H. (1957). *The Measurement of Meaning*. Urbana, IL: University of Illinois Press.

PHILO, G. (org.) (1996). *Media and Mental Distress*. Londres: Longman.

POTTER, J. & WETHERELL, M. (1987). *Discourse and Social Psychology*. Londres: Sage.

PROPP, V. (1969). *The Morphology of the Folktale*. Austin, TX: University of Texas Press.

SIGNORELLI, N. (1989). "The Stigma of Mental Illness on Television". *Journal of Broadcasting and Electronic Media*, 33(3), p. 325-331.

SILVERMAN, D. (1993). *Interpreting Qualitative Data*: *Methods for Analysing Talk* – Text and Interaction. Londres: Sage.

SILVERSTONE, R. (1981). *The Message of Television*: Myth and Narrative in Contemporary Culture. Londres: Heinemann.

TODOROV, T. (1977). *The Poetics of Prose*. Oxford: Blackwell.

WAHL, O. (1992). "Mass Media Images of Mental Illness: a Review of the Literature". *Journal of Community Psychology*, 20, p. 343-352.

WEARING, M. (1993). "Professional Discourse and Sensational Journalism: Media Constructions of Violent Insanity". *Australian Journal of Communication*, 20(1), p. 84-98.

15
ANÁLISE DE RUÍDO E MÚSICA COMO DADOS SOCIAIS

Martin W. Bauer

> *Palavras-chave*: cantométrica; gostos musicais; indicadores culturais; ruído; complexidade melódica: frequência, magnitude, progressão; notação e transcrição; som; música; cenário sonoro; sentido musical; evento musical total.

A paixão pela música é uma confissão. Nós sabemos mais sobre uma pessoa desconhecida, mas amante da música, do que sobre uma pessoa não amante da música com a qual nós vivemos toda nossa vida (E.M. Cioran).

Se você quiser saber algo sobre a década de 1960, escute a música dos Beatles (Aaron Copland).

A música de uma época pacífica é calma e alegre, e assim é também seu governo. A música de um estado decadente é sentimental e triste, e seu governo corre perigo (Hermann Hesse, Glasperlenspiel).

Poucas vezes houve um movimento na arte que mostrou tão claramente como o jazz as características das forças sociais por detrás dele ... a forma da própria música – a duração e as batidas concretas de suas notas – foi, em grande parte, determinada pelas mudanças na estrutura da sociedade (J.L. Collier).

Estas citações acenam para o potencial da música em espelhar o mundo social, atual ou passado, que a produz e a consome. Para Aaron Copland, os Beatles expressam a cultura da década de 1960 (cf. MacDONALD, 1995); para Hermann Hesse, o caráter da música está correlacionado com a situação de uma época e com seu governo; e para J.L. Collier, o estilo dissonante do *jazz* reflete as forças sociais que mudaram a sociedade americana durante a década de 1940.

— 365 —

Neste capítulo, apresento alguns dos enfoques metodológicos para a construção de indicadores culturais a partir da música e do ruído que as pessoas produzem e aos quais elas estão expostas. Indicadores culturais mensuram elementos da vida cultural que refletem nossos valores e nosso mundo vivencial; eles mudam lentamente através de longos períodos e estão sujeitos apenas até certo ponto à manipulação social (BAUER, 2000).

As tentativas de considerar a música e o ruído como dados sociais devem pressupor uma relação sistemática entre os sons e o contexto social que os produz e os recebe. São necessários três passos na análise para construir indicadores culturais para materiais musicais ou sonoros:

1. Necessitamos registrar e transcrever o evento sonoro para fins de análise.

2. Esta transcrição deve apresentar o som e a música de forma semelhante à fala, com uma ordem de elementos (paradigma, linguagem) dos quais se podem construir sequências, de acordo com as regras de produção (sintagma, fala/gramática). Os elementos do som estão ligados em sequências, mais ou menos complexas. Na música, nós descrevemos aqueles com as dimensões, por exemplo, de ritmo, melodia e harmonia; para os ruídos, nós reconhecemos ciclos, sonoridade e tipo.

3. Uma estrutura particular de sons está associada a um grupo social que a produz, ao qual está exposta, e que a escuta.

Esta última correlação é um problema teórico muito debatido (MARTIN, 1995). Uma versão mais moderada defende que uma correlação empírica entre variáveis sonoras e variáveis sociais pode ser identificada, devido ao caráter funcional da música e do ruído, em muitos contextos sociais (indicadores). Uma versão mais forte dessa dependência defende que as similaridades estruturais estão necessariamente presentes: a ordem do mundo social está espelhada na ordem dos elementos musicais (homologias). A versão mais forte, e ao mesmo tempo a versão mais fraca, defende que as atividades musicais, sendo independentes do campo social existente, possuem o poder utópico de antecipar a ordem social iminente: prestando-se atenção a determinados tipos de expressão musical, poderemos prever o futuro (função profética).

Não quero me concentrar na evidência etnomusicológica, sociológica, sociopsicológica ou filosófica da relação entre música e socieda-

15. ANÁLISE DE RUÍDO E MÚSICA...

de. Meu interesse é com o que se pode derivar de tais argumentos: como demonstrar, ou refutar, que os sons espelham, ou antecipam, os contextos sociais que são sensíveis a eles. Os sons são condicionados por seus contextos sociais e por isso são marcados por eles. Neste sentido, podemos considerar os sons como um meio de representação.

Tagg (1982) distingue quatro instâncias de som musical (cf. Tabela 15.1): o som como concebido por um compositor (MI); o som objeto, quando executado e possivelmente registrado (M2); o som como transcrito em uma notação (M3); e finalmente o som como ele é apreciado (M4). Os sons são produzidos por alguém, recebidos por outros, tanto propositada como involuntariamente. A produção de eventos sonoros é muitas vezes chamada de *poiesis*, enquanto que sua recepção e apreciação são chamadas de *aesthesis*. Esta produção pode ser intencional, como no caso da música, ou não intencional, como no caso de ruídos resultantes de atividades diárias, como dirigir um carro. Os sons são apreciados intencionalmente, como por exemplo um concerto de *rock*, ou não intencionalmente, com os ruídos provenientes do trânsito, ou do "gosto musical" dos vizinhos. A apreciação dos sons, nestes dois contextos, será provavelmente diferente.

Tabela 15.1 – *Um sistema para análise do som*

Atividades	Traços, fixações	Contextos
Poiesis, produção (M1)	Registro do som (M2)	Contexto histórico
	Transcrição (M3)	Sistema social
Aestesis, recepção (M4)	Codificação secundária (M3)	

Os sons são registrados a fim de se obter um traço material. A fim de facilitar a análise, este registro necessita ser transcrito em um sistema de símbolos que realce certas características dos eventos, enquanto outras são excluídas. Em última análise, esses eventos sonoros têm lugar no contexto de um sistema social, cujas operações nós queremos compreender, através do exame da sua produção e recepção sonoras. O problema do "indicador cultural" é definido pela busca de correlação sistemática entre a produção/recepção e as trilhas sonoras, e entre as trilhas e o contexto do sistema social. Por "correlação" eu não entendo necessariamente uma correlação estatística estrita de valores e uma escala ordinal ou de intervalo, mas simples coocorrências de características, ou de semelhanças de estruturas.

Registro e transcrições

A música é primariamente um evento sonoro temporal, por isso devemos conservar um registro dele, se o quisermos analisar. Este registro pode ser feito de muitas maneiras: com um fonógrafo, registrando sinais acústicos, com um filme tonal registrando os eventos, ou transcrevendo a música em sua escrita musical convencional.

O registro acústico se desenvolveu consideravelmente no século vinte, mas todos os registros consistem, basicamente, de dois elementos: o microfone e o gravador. Ao registrar, temos de levar em consideração a quantia de fontes que estão implicadas na produção da música ou do som. Um enfoque analítico irá considerar as diferentes fontes, tanto independentemente como em sua conjugação para produção de um som coerente. É necessário um aparelho registrador de muitos canais, com vários microfones, para gravar o som complexo de eventos como o de uma orquestra, enquanto que um pequeno gravador, com um único microfone, pode ser suficiente para gravar a melodia de uma música cantada por um único cantor. Ao gravar uma pequena combinação de *jazz*, uma banda de *rock*, ou uma grande orquestra, precisamos ver onde colocar os microfones, a fim de que as várias fontes de som sejam registradas com suficiente clareza (cf., por exemplo, NISBETT, 1983). A fim de distinguir diferentes ruídos da rua, ou de analisar o baixo, ou as contribuições do piano e da guitarra em um concerto de *jazz* ou *rock*, tais sons devem ser registrados com um grau regular de qualidade. A qualidade das gravações, para fins de pesquisa, coloca-se em algum lugar entre a memória não confiável do ouvinte presente ao evento e os registros perfeitos, de alta fidelidade, da indústria da música: ela deve ser adequada em nível de resolução que é pretendido na análise.

A separação da música de sua execução visual, produzindo um registro acústico dela, já é uma seleção. A definição de Lomax (1959) de um "evento musical total" inclui o músico, a audiência e o contexto – um complexo de atividade que não é unicamente acústico, mas também visual, e que implica muitos tipos de mudanças. Para registrar determinados eventos musicais, por isso, o filme ou vídeo seriam os meios mais apropriados, dependendo do tipo e da finalidade da pesquisa. Assim, por exemplo, a pura música de um canto *pop*, ou de um *jazz* típico, é apenas um registro muito limitado do seu desempenho concreto no contexto de um clube (TAGG, 1982).

Muitas culturas musicais desenvolveram notações-padrão para memorizar a música, para coordenar sua execução, e para instruir

15. ANÁLISE DE RUÍDO E MÚSICA...

os iniciantes. Tal notação se torna um recurso cultural adicional para o desenvolvimento da música (SLOBODA, 1985: 242s.). Na ciência social, usa-se a notação musical para fins de análise. A notação procura captar determinadas características do som que são indicativas do contexto que o produz. A pesquisa social pode, desse modo, usar registros ao vivo e suas transcrições, ou registros existentes ou notações, e desenvolver uma notação secundária para fins específicos.

A notação primária representa o evento sonoro original de um modo específico, e pode, em princípio, ser conseguido de várias maneiras. Por exemplo, o som que emana do fato de se apertar a chave A no quarto oitavo do teclado do piano pode ser representado com um ponto no segundo espaço do sistema ocidental de notação, que representa a altura do som e sua duração. Ou ele pode ser representado como:

P57 u200 190

onde P57 representa a altura, u200 a duração em centésimos de segundo, e 190 sua tonalidade. O mesmo som tonal pode ser representado, com propósitos computacionais, como uma função com argumentos (cf. LEMAN, 1993: 125):

Evento – altura do som [altura (a4), duração (q), sonoridade (mf)]

Estas descrições dão conta de algumas características do som, enquanto deixam outras fora, como a vibração, o "ataque" e o enfraquecimento prolongado do tom (*fade*). O sistema de notação ocidental convencional (READ, 1969) consiste de cinco linhas: um símbolo denominado clave serve como referência da altura do som (𝄞 para a clave de sol e 𝄢 para a clave de fá), convencionalmente mostradas no meio do teclado do piano; vários tipos de pontos com bandeirinhas representam a duração de um elemento tonal, e suas posições nas, ou entre as linhas, representam a altura. Muitos outros símbolos adicionais complementam essa notação ocidental para indicar pausas, ligações, sonoridade, alterações e tonalidades. Ritmo, harmonia e melodia são facilmente representados nesse sistema, mas ele não consegue representar as mudanças tonais inferiores a um intervalo de meio-tom. Muitas culturas musicais do mundo, por exemplo as músicas *blues*, levam em consideração flutuações que são inferiores a um intervalo de meio-tom. Para transcrever tais mudanças com mais precisão, os etnomusicólogos desenvolveram o melógrafo (cf. MERRIAM,

1964). Para fins de pesquisa social, é muitas vezes necessário desenvolver sistemas de transcrições com fins específicos como, por exemplo, em cantométrica, para comparar cantos existentes nas diversas culturas, ou para analisar vídeos de música (cf. abaixo). A notação secundária toma a notação primária como sua base.

As tradições de análise musical acadêmica tomam a contagem musical, a maioria das vezes escrita no sistema de notação ocidental convencional, como a matéria-prima para deslindar as leis da construção musical que ordenam os elementos (BENT & DRABKIN, 1987). A análise musicológica enfoca a estrutura interna da música; em contraste, a análise social científica toma esses aspectos internos da música e os correlaciona a padrões externos de recepção e produção. O problema é decidir que aspectos são significativos, isto é, se eles possuem uma relação não aleatória com as características externas de produção e recepção. Podem ser discutidos, neste caso, os índices das características melódicas de Dowd (1992) e Cerullo (1992), ou a medida da diversidade na produção da música popular de Alexander (1996).

Sentido musical: referências internas e externas

Supondo que a música, ou o som, possuam qualidades linguísticas, tal analogia é facilmente perceptível no que se refere às funções da sintaxe e da pragmática, mas é controvertida no que se refere à função semântica (REITAN, 1991). Em outras palavras, os elementos musicais podem ter diferentes graus de sentido, mas tal sentido não está ligado a um referente único. A música é rica em conotações, mas suas unidades são menos definidas com relação a sua denotação. Por exemplo, a Nona Sinfonia de Beethoven é rica em ordem musical e em função social, por exemplo, para celebrar a queda do Muro de Berlim em 1989, e a iminente reunificação da Alemanha, ou o lançamento do Euro, em janeiro de 1999. Seu sentido semântico, contudo, abstraído do emprego social de sua execução, é vago.

Podemos distinguir entre referências internas e externas da música (MAYER, 1956: 256s.). Internamente, uma peça de música pode se referir a outra música anterior, "citando" uma melodia, ou um padrão harmônico. Esta é uma prática rotineira no gênero "tema e variações" da música clássica e do *jazz*. Uma ideia musical é tomada de outra, e uma nova música é desenvolvida ao redor dela. Referências externas são tanto miméticas como conotativas; o conotativo é diferenciado em idiossincrático ou simbólico. Miméticas são aquelas referências onde o tipo de música imita situações do mundo externo, através da similaridade do ruído ou do movimento, ou imita as emoções através de uma sucessão de construção de tensão e de sua liberação. Por exemplo, o passo vagaroso de um elefante pode ser representado por uma lenta série de notas baixas de uma tuba, enquanto que subir correndo a escada pode ser representado por uma escala de tons ascendentes de uma clarineta. Na teoria da forma musical, tentativas miméticas são chamadas de música programática: exemplos muitos conhecidos são *Quadros de uma Exposição* de Mussorgsky (1874), a *Sinfonia Fantástica* de Berlioz (1830) e *Sketches of Spain* de Miles Davies (1960). Em segundo lugar, o sentido conotativo da música brota da evocação de imagens e associações que são idiossincráticas. O sentido surge espontaneamente ou pode estar relacionado a imagens e sentimentos associados à memória de um primeiro encontro. Não há uma relação específica com o material musical: as associações são totalmente dependentes de um ouvinte específico. Finalmente, as conotações da música podem ser partilhadas por um grupo social: um canto, uma peça de música para orquestra, ou um grupo *pop* passa a significar a história do grupo e suas lutas. As associações evocadas são apreciadas coletivamente, reforçadas muitas vezes por um discurso sobre essa música e seu suposto significado. Percebemos a música expressando um caráter nacional específico. Outras formas de convenções simbólicas são os códigos de composição musical do século dezoito da França: determinadas tonalidades expressam sempre determinados sentimentos e modos – por exemplo, dó maior representa uma alegria comum, enquanto que o fá menor representa lamentação e tristeza (NATTIEZ, 1990: 125).

A análise funcional da música considera outro tipo de significado: quais são os efeitos das atividades musicais em um determinado ambiente. É a música usada para acelerar o trabalho (LONZA, 1995), para despertar prazer (FRITH, 1998), para apoiar eventos religiosos (LEONARD, 1987), para incentivar um protesto social (PRATT, 1994), ou para excluir, através da ostentação de bom gosto e distinção social? (ADORNO, 1976). Essas questões têm a ver com a pragmática da música.

Ruído e cenários sonoros

O som é um evento material que atinge o sistema auditivo humano e é percebido como tendo sonoridade, altura, volume, densidade e complexidade. O mundo da música discrimina dentro de um espectro de sons, e distingue, desse modo, entre a música, o som pretendido, e o ruído, o som não desejado. Também distinguimos entre sons naturais, tais como a brisa ou o canto dos pássaros, e sons artificiais, como a música intencionalmente produzida, ou o ruído, que é muitas vezes uma consequência irritante das atividades humanas. O efeito de uma exposição prolongada a um ruído irritante é tão forte, que ele pode chegar a uma forma de tortura. O ruído é um tema de intenso estudo, devido a seus possíveis efeitos prejudiciais ao bem-estar das pessoas no trabalho ou em casa (JANSEN, 1991).

A história da música pode ser vista como transformando as fronteiras existentes entre a música e o ruído: ruídos de tempos passados podem se tornar a música do presente. Para Nattiez (1990), o ruído é um problema semiológico, sujeito a definições que podem mudar. Ele é subjetivamente definido como algo "desagradável", e "perturbador", dependendo de critérios convencionais, tais como volume muito alto, ausência de altura definida, ou confusão. A mudança social deve-se ao fato de que os limites entre música e som não são idênticos nas esferas da produção, da descrição material e do julgamento estético (cf. Tabela 15.2). O que os compositores decidiram chamar de música, pode ser fisicamente harmônica e agradável ao ouvinte (linha 1 da Tabela 15.2). Por outro lado, a música do músico, pode estar fisicamente além do espectro harmônico, mas ainda dentro do limite de som agradável (linha 2). Mais abaixo na tabela, os sons do músico estão além da harmonia material, e são rejeitados também pelos ouvintes (linha 3). Isso se constitui em um desafio ao ouvinte convencional, que é comum na história da música. Vejam-se os sons altamente complexos da música dodecafônica que, para muitas pessoas, é ainda desagradável, depois de quase um século, ou os sons que emanam da guitarra de Jimi Hendrix, ou as "folhas com sons" saxofônicas do *free jazz* de John Coltrane, dos inícios da década de 1960 – todos eles, depois de terem provocado muita (e persistente) rejeição, tornaram-se formas clássicas de expressão musical. A linha 4 apresenta aqueles ruídos que nem sequer o músico iria escolher.

Tabela 15.2 – *O mapeamento da distinção música/ruído*

Nível da poiesis:	Nível neutro:	Nível estético:
Escolha do compositor	Descrição material	Percepção, julgamento
1 Música	Espectro harmônico	Som agradável
2 Música	Ruído complexo	Som agradável
3 Música	Ruído complexo	Ruído desagradável
4 Ruído	Ruído complexo	Ruído desagradável

15. ANÁLISE DE RUÍDO E MÚSICA...

Esta disjunção entre expectativas musicais e produção musical é socialmente significativa, a ponto de ela se classificar como um indicador social. Attali (1985) fez disso o tema de um livro para explorar o "poder profético" do ruído através dos séculos. Para ele, a música é um modo muito delicado de perceber o mundo. Ele apresenta um esquema para observar a produção da música, a fim de antecipar a evolução da sociedade: "a música é profética... a organização social [a] reflete; ...a mudança está inerente ao ruído antes de começar a transformar a sociedade" (1985: 5); "podemos nós ouvir a crise da sociedade na crise da música? (1985: 6); "ela torna audível o novo mundo que gradualmente se tornará visível" (1985: 11). A música não apenas representa o presente estado de coisas da ordem convencional, mas através da ruptura das convenções, o "ruído" antecipa a crise social e indica a direção da mudança na nova ordem. A música ruidosa de hoje, anuncia a nova ordem política e cultural: "a música está anunciando a nova era" (1985: 141).

Ao estudar o ruído como um indicador social, Attali se concentra nos sons artificiais que são produzidos intencionalmente para expressão musical. O som, compreendendo tanto o ruído natural como o artificial, é a preocupação da análise do "cenário sonoro" do compositor canadense R.M. Schafer (1973; 1977). O cenário sonoro é descrito com um vocabulário análogo ao da paisagem (cf. Tabela 15.3). Schafer mostra que o cenário sonoro do mundo está mudando: novos sons, que diferem em qualidade e intensidade, estão sendo criados, enquanto que velhos sons estão desaparecendo. Nós fomos ensinados a ignorar a maioria dos cenários sonoros que nos rodeiam diariamente, mesmo quando somos afetados por eles. O cenário sonoro do mundo é uma "vasta composição musical", que não deveria ser deixada ao acaso. Com seu Projeto de um Cenário Sonoro Mundial (World Soundscape Project), Schafer fomentou um movimento social (The World Forum for Acoustic Ecology <http://interact.uoregon.edu/MediaLit/WFAEHomePage>) para registrar, analisar, avaliar, documentar e redesenhar a ecologia acústica do mundo. Esse programa busca sua legitimação em uma curiosa mistura de abusos sobre os níveis de "poluição ruidosa"; em uma atenção cuidadosa pelos sons que estão enfrentando a extinção, tais como os sons das carruagens puxadas a cavalo, que devem ser preservados para memória futura; em uma convicção de que o fato de aguçarmos nossa sensibilidade auditiva para sons que, de outro modo ficariam ignorados, possui efeitos terapêuticos que melhoram nossas capacidades auditivas; na coleta de ruídos registrados para serem transformados em música; e em uma missão recriadora de redução de ruídos e melhoria de nosso ambiente sonoro, na "busca da influência harmonizadora de sons no mundo naquilo que nos diz respeito" (SCHAFER, 1973; ADAMS, 1983).

Tabela 15.3 – *Uma terminologia para cenário ambiental e cenário sonoro*

Cenário visual	Cenário audível
Testemunho ocular	Testemunho auricular
Projeto versus natureza	Proporção entre sons naturais e artificiais
Clarividência	Clariaudiência
Figura-fundamento	Sinal-ruído; alta, baixa fidelidade
Telescópio	Gravação
Microscópio	Distribuição
Fotografia	Sonografia
Esquizofrenia	Esquizofonia
Dominância = altura, tamanho	Dominância = sonoridade
Jardins coníferos	Jardins soníferos

A notação musical é inadequada para os ruídos (ela se sente sem recursos diante do Harley-Davidson: SCHAFER, 1973), e mensurações materiais são tecnicamente muito complicadas para se poder dar conta da grande variedade dos ruídos do nosso cotidiano. Devido a essas dificuldades, Schafer sugeriu o desenvolvimento de várias técnicas de pesquisa.

O som pode ser registrado colocando microfones em diferentes locais, durante as 24 horas do dia. A sonoridade dos ruídos é medida o tempo todo, para se obter o "perfil de sonoridade". Esses perfis são comparados, a fim de se medir os ritmos da vida coletiva e o significado de certos ruídos em diferentes comunidades – comparando, por exemplo, um ambiente rural e um ambiente urbano. A análise desses perfis na conversação com as pessoas locais revela, por exemplo, que em uma aldeia rural da Suíça, o som do sino da igreja não é apenas um sinal da hora, mas é também usado para prever o tempo: o som distante do sino varia com as situações de pressão do ar. O tempo possui uma qualidade sonora na zona rural que não tem nos ambientes urbanos.

O "passeio de escuta" inclui andar por um determinado local, por uma paisagem, por uma rua, ou por um edifício, e ao mesmo tempo prestar conscientemente atenção àqueles ruídos que a atividade normal iria relegar como um segundo plano irrelevante. Essa técnica reativa a escuta e aumenta a consciência, é empregada para preparar informantes para investigações de cenários sonoros, e se poder falar sobre ambiente sonoro, tópicos que são normalmente ignorados e difíceis de verbalizar (WINKLER, 1995a; 1995b).

O "diário de sons" uma técnica através da qual os informantes são solicitados a tomar uma amostra de tempo por dia, ou um período mais longo, e registrar e/ou descrever, em intervalos predeterminados, por exemplo a cada 30 minutos, os ruídos que são audíveis naquele momento. Além da vantagem de aumentar a consciência do ambiente audível, há o problema do registro sistemático: qual a linguagem empregada para descrever os sons? Devemos fazer registros apenas em termos de características do som, tais como sonoridade e duração, vozeio, alaridos, batidas etc., ou devemos registrar diretamente em termos das fontes dos ruídos, por exemplo, um carro passando, o tique-taque do relógio, etc., ou finalmente em termos da experiência e do significado emocional do momento? Um diário de sons irá, por isso, distinguir três tipos de informação – características do som, fonte e significado – registrando-os, por exemplo, em diferentes colunas do relatório da amostra, enquanto que em outras colunas se registra o tempo, o lugar e a atividade do observador. A compilação e a comparação entre os diários de som nos fornecem uma descrição de um "cenário sonoro normal" para um grupo de pessoas, e como tal, é um indicador cultural, cujas mudanças podem ser mapeadas, tanto através dos contextos como através do tempo.

Schafer (1973) sugeriu muitos conceitos analíticos para caracterizar diferentes cenários sonoros. É o som de alta ou de baixa fidelidade? Um som de alta fidelidade, que se espera de nosso aparelho de CD, registra sinais claros e nítidos, evitando ruídos do ambiente. Em sons de baixa fidelidade, sinais nítidos são menos audíveis, devido ao forte e confuso ruído do ambiente. A zona rural é mais alta-fidelidade; as cidades são mais baixa-fidelidade. Ainda mais, a proporção entre ruídos tecnológicos e naturais está mudando: as estimativas de Schafer, derivadas de fontes literárias e antropológicas, são de que a proporção entre ruídos técnicos e artificiais, e ruídos naturais e humanos mudou, sendo de 5: 95 em "culturas primitivas", de 14: 86 em sociedades pré-industriais, e de 66: 34 em culturas pós-industriais.

Cantométrica: o canto como um índice cultural

Alan Lomax (1959; 1968; 1970), um pioneiro no estudo da música popular, desenvolveu uma análise da música como um instrumento de diagnóstico das práticas culturais: mostre-me como você canta e eu vou lhe dizer suas origens culturais. O canto folclórico tradicional é transmitido oralmente, sem notação formal, é desempenhado por músicos não profissionais, e está associado a eventos sociais específicos, tais como trabalho, cerimônias religiosas, educação infantil, ou protestos sociais. A inspiração de Lomax para esse projeto veio da observação das diferenças entre os cantos populares dos brancos e negros americanos, e das viagens pela Espanha e Itália, na década de 1950, onde ele notou uma diferença nos estilos de cantar do norte e do sul: no norte, encontrou canto coral baixo e aberto, como nos corais alpinos; e no sul ele encontrou um cantar individual alto e fechado, como nas serenatas italianas, ou no flamengo andaluz. Suas observações foram confirmadas pelo conhecido preconceito musical italiano, segundo o qual "os do sul não podem cantar juntos". A partir dessas observações, desenvolveu hipóteses sobre correlação entre a forma de cantar e os fatores sociais, em particular sobre a posição social das mulheres, a permissividade nas relações sexuais pré-matrimoniais, e sobre a educação das crianças. Repressão e crueldade, que brotam de uma história local de dominação e exploração, se correlacionam com estilos de cantar altos e fechados e individuais.

Um canto é "uma ação humana complexa – música mais fala, que estabelece uma relação entre os cantores e um grupo maior, em uma situação especial, a partir de determinados padrões de comportamento, e dando origem a uma experiência emocional comum" (LOMAX, 1959: 928). Tal música possui uma função social: "o efeito principal da música é dar ao ouvinte o sentimento de segurança, pois ela simboliza o lugar onde nasceu, as alegrias de sua primeira infância, sua experiência religiosa, o prazer das práticas comunitárias, seu relacionamento amoroso e seu trabalho – algumas, ou todas aquelas experiências que constroem nossa personalidade" (1959: 929). Lomax conclui que o canto folclórico é o mais conservador dos traços culturais, com um ciclo mais longo de mudança que as outras formas de arte; e como consequência, ele é um indicador privilegiado da cultura e da mudança cultural. A música popular é um "evento musical total", que é música em contexto, e, como tal, é um diagnóstico do ouvinte/observador; a tradição oral do canto popular está entretecida com o contexto local e toma sua forma, energia e valorização a partir da situação onde nasce, e desse modo reflete essas condições de maneira muito próxima. O canto popular autêntico é um índice, um signo que toma seu sentido de uma correlação com suas condições de produção.

Entre 1962 e 1970, Lomax e seus colegas analisaram um *corpus* de 3525 cantos populares gravados, em uma amostra de 233 diferentes locais, que resultou em um atlas mundial de estilos de músicas populares. Eles propuseram um sistema de análise denominado "cantométrica" – um conjunto de "fonemas" musicais que assumem diferentes significados em diferentes contextos, mas no interior dos quais as diferenças nos estilos populares estão representadas em escala mundial. Trinta e sete características de canto popular – incluindo atividade grupal, ritmo, melodia, fraseologia, tempo, e características textuais e de vocalização – são codificadas em escalas que são definidas em detalhe (LOMAX, 1968: 34-74). Esse sistema é uma "grade intencionalmente geral... [não] para descrever idioletos ou dialetos musicais, ou qualquer afirmação musical, mas para indicar as diferenças no estilo, em níveis regionais ou de área" (1968: 35). Cada registro musical é codificado por um codificador treinado, os dados são computadorizados e testados para fins de fidedignidade, a fim de permitir análises posteriores. As variáveis musicais são estatisticamente relacionadas com variáveis socioculturais dos locais, tais como formas de produção agrícola, complexidade da estratificação social, severidade dos costumes sexuais, dominação masculina e coesão social.

Os resultados desses estudos foram muitos. Primeiramente, os pesquisadores propuseram uma classificação de nove tipos de estilos populares em escala mundial, em ameríndio, pigmeu, africano, melanésio, polinésio, malaio, euro-asiático, europeu antigo e europeu moderno. Em segundo lugar, eles identificaram dois tipos principais de canto, dentro da dimensão individualismo-coesão (modelos A e B). Em terceiro lugar, eles apresentaram um teste de hipóteses relacionando estilos de canto, com o manejo emocional da cultura local:

> as situações que se colocam mais fortemente contra a solidariedade do grupo cantante, são dois tipos de dominação masculina: a agressividade direta e o controle feminino da sexualidade, ambas simbolizadas pela introdução de ruído perturbador e idiossincrático na vocalização (1968: 198).

A complementaridade feminino/masculina no trabalho de subsistência se correlaciona com estilos de canto que aumentam a coesão grupal, que são polifônicos e tranquilizadores. O grau de estresse impingido às crianças (tal como a circuncisão), se relaciona ao espectro de voz empregado ao cantar. A probabilidade de canto coral coordenado diminui quando há presença de agressividade masculina, de organização difusa no trabalho de subsistência, de estratificação rígida, de dominação masculina na produção, ou de controle repressivo da sexualidade feminina.

A cantométrica de Lomax foi criticada por Netfl (1990: 48), por se basear em amostras limitadas de música nativa. A linguagem analítica é ocidental, e emprega, em muitos casos, categorias inadequadas, enquanto que "a compreensão concreta" exigiria o uso de distinções inerentes à cultura. As pequenas amostras locais de ao redor de 10 cantos, dão atenção à maior parte da variedade local de estilos de canto, e desse modo a classificação resultante é precária e apresenta muitas anomalias. E finalmente, o fato de se restringir unicamente aos cantos exclui da caracterização de Lomax a música popular instrumental da cultura musical local. Apesar dessas limitações, seus dados fornecem uma base para monitorar a perda de variedade da cultura musical mundial e nos permite testar predições do que poderá acontecer quando grupos sociais migrarem, modificarem suas relações sociais e desenvolverem formas híbridas de expressão musical.

Análise de aspectos musicais: ornamentos, complexidade e diversidade

A maioria dos eventos musicais, de um ponto de vista ocidental, pode ser caracterizada a partir de diversas dimensões: melodia, que é a sequência de tons que nós podemos facilmente lembrar; a harmonia, que é o sistema que ordena a melodia; o ritmo, que é o tempo da progressão musical; o fraseado, que é a ligação e a separação das notas em unidades mais amplas; a dinâmica, que são as variações de sonoridade e velocidade; a forma, que são os padrões mais amplos de repetições; e a orquestração, que é a designação dos instrumentos para papéis específicos. Cada uma dessas características possui suas próprias convenções que, separadas ou combinadas, podem servir como indicadores culturais.

A ornamentação melódica como divergência da expectativa

Cerullo (1992) desenvolveu uma medida da progressão de uma melodia na música vocal/instrumental, como, por exemplo, nos hinos nacionais. Sua inspiração teórica é a relação entre convenções simbólicas, a violação dessas convenções, e a consequente atenção que isso traz. A hipótese é que os afastamentos das progressões melódicas convencionais chamam a atenção dos ouvintes, e os conduz de uma situação passiva, para uma ação ativa de busca de sentido. A fim de explorar esse poder estimulador da música, Cerullo desenvolveu uma medida de sintaxe melódica. A melodia é uma progressão de notas que forma um todo reconhecível (uma *Gestalt*) – algo que nós facilmente lembramos, sussurramos ou cantamos. A estrutura de uma melodia é a relação entre as notas. Uma única nota é desprovida de sentido: ela ganha significado a partir da relação com outras notas, que podem ser as mesmas, mais altas ou mais baixas. As linhas melódicas, ou progressões, são caracterizadas em um *continuum*, que vai desde a linha que é basicamente convencional, altamente estável, constante e fixa, com um mínimo de movimento na escala tonal, até uma linha que é ornamentada, ou distorcida, que incorpora pontos opostos, é errática em sua progressão e imprevisível, e usa uma ampla variedade de sons através da abertura de novos caminhos. Quatro variáveis são construídas para representar esse contínuo: frequência da movimentação melódica, magnitude da movimentação, métodos de criação da linha, e ornamentação das notas centrais.

O instrumental desenvolvido para essa análise é a matriz altura-tempo (cf. Tabela 15.4). Este método apresenta dois aspectos do evento musical: o tempo musical, ou toque, e o grau de altura, que é o desvio relativo do centro tonal das melodias diatônicas, em meios-tons. Se o centro tonal de um canto é G, isto é, a tonalidade do canto é G maior, ou G menor, um A seguindo o G terá o valor de $+2$, pois o A está dois meio-tons acima de G, e um E seguindo o A, terá o valor de -3, pois o E está três meios-tons abaixo de G. O gráfico altura-tempo das duas primeiras frases melódicas de *God Save the Queen*, está mostrado na Figura 15.1. A padronização do centro tonal (tônica = 0), permite a comparação de diferentes melodias na mesma representação gráfica. Na transcrição melódica, os indicadores são definidos como segue.

Frequência se refere ao número de mudanças direcionais na melodia – quantas vezes um movimento para cima, muda para um movimento para baixo. *Magnitude* indica quão abruptas são as mudanças na progressão melódica, relacionando o tamanho médio dos passos melódicos. *Disjunção* representa os intervalos em uma melodia. A movimentação conjunta é suave: as notas progridem por graus qua-

PESQUISA QUALITATIVA COM TEXTO, IMAGEM E SOM

se sucessivos, para cima e para baixo, na escala. A movimentação disjunta é entrecortada: as notas da melodia são separadas por amplos intervalos. A *ornamentação* está atenta à relação entre a música e o texto. Às vezes uma única sílaba do texto se prolonga por várias notas diferentes, ornamentando assim e realçando o texto. O embelezamento está presente quando nós temos mais notas que sílabas no texto, e ele considera a frequência de tais situações. Cada uma dessas medidas possui uma definição matemática precisa, derivada da matriz de altura-tempo (CERULLO, 1989: 212s.), fornecendo números para cada canto analisado.

Tabela 15.4 – *Matriz altura-tempo das duas primeiras frases melódicas de "God Save the Queen"*

Notas	Tempo-toque	Grau de altura
G	1	0
G	2	0
A	3	2
F #	4	-1
G	5.5	0
A	6	2
B	7	4
B	8	4
C	9	5
B	10	4
A	11.5	2
G	12	0
etc.	etc.	etc.

Empregando esses quatro indicadores de progressão melódica, a análise de 154 hinos nacionais mostrou que, quanto mais frequentes forem as mudanças direcionais, maior será sua amplitude, mais disjuntas as progressões de intervalo e mais ornamentação será usada. Eles provavelmente representam, por isso, um *continuum* implícito de uma "ornamentação musical geral". O critério de consistência interna é assegurado. A validade das medidas é demonstrada pelo fato de se mostrar como os hinos nacionais variam consistentemente através das regiões geográficas, e através dos períodos e das circunstâncias políticas de sua adoção.

15. ANÁLISE DE RUÍDO E MÚSICA...

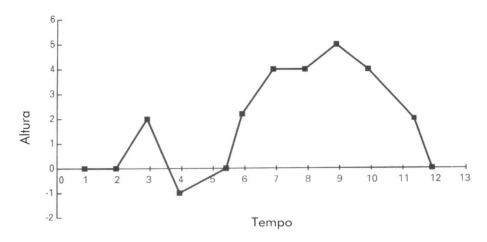

Figura 15.1 – *Gráfico altura-tempo para as duas primeiras frases melódicas de "God Save the Queen".*

Uma limitação clara do método é seu pressuposto de ser uma música de estilo ocidental: a matriz altura-tempo pressupõe materiais musicais, que estão baseados em 12 meios-tons e uma tonalidade central, um pressuposto que não vale para a música de muitas outras culturas.

A mudança da complexidade na música popular

Dowd (1992) analisou os cantos campeões de audiência, dos mapas *pop* anglo-americanos entre 1955 e 1988. A música se assemelha à linguagem, pois ela pode ser usada de maneira "restrita", ou de maneira "elaborada", e o problema central foi medir a mudança da complexidade dos cantos, através do tempo. Três variáveis de cantos *pop* foram construídas, de acordo com Cerullo (1992): ornamentação melódica (ornamentação); forma melódica (frequência, direção, disjunção); e estrutura das cordas (a proporção de cordas menores, maiores, I, V e IV). Foi estabelecido um número para cada variável, em um *continuum* que ia de um menor para um maior e mais elaborado grau de complexidade. Os cantos foram posteriormente codificados conforme o tempo (toques por minuto), duração (minutos) e se eles eram só instrumentados, ou instrumentados e cantados. Esse conjunto de variáveis dependentes e de controle foi relacionado, ano a ano, a um conjunto de variáveis independentes que caracterizavam a indústria musical, para testar a hipótese da concentração: quanto menor o número de selos no *ranking* dos selos mais vendidos, tanto mais restrito é o código musical das paradas de sucesso – uma característica que foi descrita como "entropia musical" (PETERSON & BERGER, 1975). A análise de regressão com séries temporais não confirma a hipótese da concentração em relação à forma melódica, mas mostra uma relação entre características harmônicas: um número maior de companhias de gravação no *ranking* dos selos mais vendidos no ano anterior aumenta a complexidade harmônica das paradas de sucesso do ano corrente, enquanto uma mais rápida rotatividade de músicas por ano, restringe a estrutura cordal. Quanto menos paradas de sucesso tiverem em cada ano, maior a probabilidade de músicas mais elaboradas. Além disso, verificou-se que os músicos e cantores negros, que cantam sua própria produção, usam geralmente um código musical mais elaborado, tanto na melodia como na harmonia. Do mesmo modo, cantos mais longos e música puramente instrumental, empregam códigos mais elaborados. A ausência de um teclado, o uso de guitarras acústicas, cantores executando músicas de outros, e maior rotatividade anula, levam a uma expressão musical mais restrita.

Empregando uma simples codificação numérica de aspectos melódicos e harmônicos da música *pop*, Dowd e outros (por exemplo, ALEXANDER, 1996; PETERSON & BERGER, 1996) criaram indicadores. Eles determinaram a influência das condições externas de produção na estrutura interna da própria música, demonstrando assim, com detalhe, como a autonomia da expressão musical na cultura *pop* é condicionada pelas condições de suprimento do mercado. Quanto mais nós soubermos sobre esses fatores restritivos, tanto mais nós poderemos converter a análise desse gênero musical em um indicador representativo do contexto de produção, o que pode se constituir em um modo barato e rápido de se conseguir informação sobre tendências e desenvolvimento dos negócios.

Para uma análise de multimídia musical

Cook (1998) apresenta uma metodologia para o estudo de videoclipes, na música popular. O desafio, no caso, era identificar a contribuição da música para a construção de sentido, onde imagens em movimento, texto cantado e sons estivessem interligados. O que nós

15. ANÁLISE DE RUÍDO E MÚSICA...

percebemos como uma textura entrelaçada é diferente do que nós perceberíamos se fôssemos olhar para os três modos – imagens, texto e som – isoladamente. Embora cada um dos três modos interprete os outros, parece ser uma característica da música em filmes, que ela se torne um pano de fundo, e que não seja percebida nem mesmo pelo analista; "o melhor trabalho escrito para vídeos de música é minado pela relativa rigidez de suas categorias destinadas a descrever e analisar as estruturas musicais" (1998: 150).

Para preencher essa lacuna analítica, Cook sugeriu uma análise gráfica, que ele exemplificou com o vídeo de Madona *Material Girl* (1985). Primeiramente, o texto e os aspectos musicais foram justapostos. O texto consiste de versos de 4 linhas e refrões; e a estrutura musical dá suporte a essa dualidade com sequências típicas para ambos os elementos. A música fornece também uma introdução repetida e uma coda. Os elementos musicais são apresentados em um alinhamento que mostra a distribuição dos materiais em unidades de quatro ou oito compassos, indo do compasso 1 até ao 137, designadas como introdução, verso, refrão e coda. Isso mostra que o canto consiste de três grandes unidades de repetição parcial e prolongamento.

Num passo seguinte, a música e as imagens são justapostas em um segundo gráfico. Esse é um quadro mais complicado, com 11 linhas: o material musical em unidades de oito compassos (linha 1), com referência às quais todos os outros elementos estão sincronizados, o esquema da trilha básica contínua (linha 2), as introduções 1 (linha 3) e 2 (linha 4), os versos (linha 5), os refrões (linha 6) e a coda (linha 7). Os elementos das imagens são apresentados através da enumeração das tomadas (linha 8), da câmera 1 (linha 9), e câmera 2 (linha 10), que mostram os cortes em relação às unidades de oito barras, e finalmente a duração das tomadas (linha 11). Esse gráfico mostra como os diferentes elementos mudam em conjunção, ou disjunção, com as unidades musicais – como a introdução, verso ou refrão recebem um tratamento visual repetitivo ou expandido.

Esta é uma análise elaborada e detalhada para uma música de vídeo de poucos minutos. Voltando a Cook – que procura mostrar como a música possui apenas sentido potencial, enquanto que o sentido real surge de seu encontro com o texto e as imagens – poder-se-ia pensar em tomar suas notações analíticas como matéria-prima para uma notação secundária, em um modo semelhante ao Cerullo ou Dowd, a fim de construir indicadores culturais. Que dizer de um índice para se identificar a sincronicidade de mudanças entre elementos musicais e tomadas de filme? Há aqui espaço para desenvolvimentos futuros.

Gosto musical: um índice de posição social

Uma última área, onde os materiais musicais podem ser usados como indicadores sociais, é para estudos de grande escala sobre gosto e apreciação musical: diga-me o que você está escutando, e eu vou lhe dizer quem você é. Adorno (1976) sugeriu uma tipologia sétupla de recepção musical: perito, bom ouvinte, consumidor cultural, ouvinte emocional, ouvinte com ressentimento, ouvinte entretido e musicalmente indiferente. Estes tipos caracterizam os ouvintes da música nas sociedades industriais atuais; eles representam descontinuidades no comportamento, que refletem o "grau de adequação" entre a música, o ato de ouvir e a capacidade de verbalizar o que é ouvido. A tipologia provocou críticas (cf. MARTIN, 1995), devido à falta de fundamentação empírica (as fontes das cifras percentuais de Adorno para cada tipo não estão documentadas), e por seu elitismo cultural que restringe "adequação ao escutar" para profissionais e remanescentes de uma aristocracia europeia desocupada, relega o admirador do *jazz* ao "ressentimento", e desconsidera totalmente a música popular.

A análise de Bourdieu (1984) sobre os gostos dos franceses da década de 1960, possui um sabor mais empírico. Os gostos musicais são, entre outras preferências, parte de um *habitus*, ou estilo de vida, que informa um julgamento, aceito sem discussão, de preferências e aversões, que é coletivamente partilhado pelos grupos sociais. Em uma aplicação pioneira de análise de correspondência estatística com dados de questionários, as pessoas diziam se elas gostavam da *Rhapsody in Blue*, de Gershwin, do *Danúbio Azul* de Strauss, ou do *Cravo Bem Temperado*, de Bach, em conjunção com outros gostos artísticos ou cotidianos, e indicadores socioeconômicos. A análise apresenta um espaço social bidimensional, de capital econômico alto e baixo, e capital cultural alto e baixo. Ela mostra a concordância de características tais como dirigir um Citröen 2CV, gostar de música *jazz*, e ser um professor de escola. Tais mapas de predileções são a base da maioria das pesquisas atuais sobre consumo, onde o gosto musical pode, de fato, ser um marco saliente de certo "estilo de vida" ou, mais tradicionalmente, de determinada posição social.

Buchhoffer et al. (1974) compilaram 25 planos de pesquisa diferentes para investigações desse tipo. Além da estratégia empregada para marketing musical, tais estudos demonstram que a apreciação de determinada música é menos funcional no que se refere a disposições universais, e mais funcional com respeito a estereótipos socialmente cultivados.

Conclusões: e então?

O *status* do sentido musical é controvertido: pode a música conter um sentido em si mesma, ou apenas em conjunção com imagens ou linguagem? No que diz respeito à ciência social, podemos deixar essa questão sem solução, pois nós estamos usando a música como um indicador de estruturas sociais, e desse modo, por definição, seu sentido surge dessa correlação. Música é um evento no tempo: ela é unicamente acessível para análise, e como indicador cultural, através do registro e transcrição. Várias tentativas para construir indicadores de questões sociais, com base em material musical, foram apresentadas aqui brevemente: o sistema de classificação universal de estilos e cantos de Lomax; as tentativas de relacionar melodias e forças sociais de Cerullo e Dows; a mensuração de Peterson e Berger da música *pop* como um indicador da concentração da indústria da música; os cenários musicais de Schafer, servindo tanto para aumentar nossa consciência da poluição sonora como para documentar um ambiente de sons que está mudando historicamente, e para o qual não temos um registro; a sugestão de Attali de que o ruído, em qualquer período histórico, está prefigurando a ordem social do futuro; e finalmente, a sugestão de Cook para uma análise complexa de vídeos musicais, que podem ser a base de indicadores sociais até agora não definidos. Muitas dessas sugestões são empreendimentos de indivíduos, ou pequenas redes de pesquisadores. Nenhuma dessas metodologias alcançou suficiente massa crítica que pudesse dar origem a um debate sobre uma prática boa ou má; a questão principal parece ser provar em primeiro lugar sua significância para as ciências sociais.

A predominância dos dados verbais nas ciências sociais deixa o som e a música como recursos geralmente subexplorados para pesquisa social. A expansão atual e o poder emocional dos sons, e da música como um meio de representação simbólica, parecem sugerir que eles podem ser uma fonte útil de dados sociais. Esse potencial, contudo, não está ainda combinado com uma metodologia eficiente, e uma massa crítica de pesquisa. Para mim, não está ainda claro se essa subestimação dos materiais sonoros como fonte de dados, deve-se às características intrínsecas desses materiais, ou fatores históricos. Como acontece seguidamente no mercado, em situações de recursos limitados e de prazos definidos, o de que necessitamos são maneiras eficientes de coletar e analisar eventos sonoros, a fim de competir com a eficiência das pesquisas de opinião e dos grupos focais, ou da análise de conteúdo dos materiais textuais. Essa eficiência não caiu do céu, mas é o resultado de anos de racionalização e industrialização. Por agora, os materiais sonoros são um campo ainda virgem, esperando seu emprego metodológico nas ciências sociais.

Passos para a construção de indicadores musicais

1. Decida sobre o tipo de atividade musical que pode ser indicativa de, e comparada com diferentes grupos sociais, ou com um grupo específico, por diversos períodos de tempo.

2. Registre materiais sonoros relevantes, produzidos e apreciados por grupos específicos de pessoas.

3. Estabeleça uma transcrição para características musicais relevantes (melodia, ritmo, harmonia, etc.).

4. Defina indicadores com base na transcrição.

5. Relacione esses indicadores a outras características do grupo (validação).

6. Compare os indicadores entre diferentes grupos sociais, ou para o mesmo grupo por um determinado período de tempo.

Passos para um cenário musical

1. Decida sobre locais para registrar um cenário musical.

2. Decida sobre um referencial de amostra para um tempo adequado: por exemplo, registre um dia inteiro, ou cinco minutos a cada meia hora.

3. Faça registros e meça a sonoridade, ou o tempo todo, ou certos períodos para um intervalo de tempo específico. Obtenha um diagrama de sonoridade.

4. Verbalize os sons que estão sendo registrados. Colha comentários de pessoas vivendo no local, através de entrevista qualitativa a partir da gravação, ou verbalize os sons você mesmo.

5. De maneira alternativa, consiga medidas-padrão, ou diários de sons, paralelamente com os registros, onde os informantes constituem uma entrada no diário, em intervalos de tempo predefinidos.

6. Tabule os sons distinguindo características onomatopaicas, tais como chiados ou vozerio, as fontes do som, a sonoridade, e a atividade normal das pessoas, em relação a lugar e tempo.

7. Condense essas tabulações para estabelecer padrões característicos de sons por local e tempo.

8. Estabeleça medidas de alta e baixa fidelidade, e proporções de som natural/artificial, e compare essas medidas no tempo e no espaço.

Referências bibliográficas

ADORNO, T.W. (1976). *Introduction to the Sociology of Music*. Nova Iork: Seabury.

ADAMS, S. (1983). *R. Murray Schafer*. Toronto: University of Toronto Press.

ALEXANDER, P.J. (1996). "Entropy and Popular Culture: Product Diversity in the Popular Music Recording Industry". *American Sociological Review*, 61, p. 171-174.

ATTALI, J. (1985). *Noise*: the Political Economy of Music. Manchester: Manchester University Press [first published Paris, 1977].

BAUER, M. (2000). "Science in the Media" as Cultural Indicator: Contextualising Surveys with Media Analysis. In: DIERKES, M. & GROTE, C. von (orgs.). *Between Understanding and Trust*: the Public, Science and Technology. Reading: Harwood, p. 157-178.

BENT, I. & DRABKIN, W. (1987). *The New Grove Handbook in Music Analysis*. Londres: Macmillan.

BOURDIEU, P. (1974). *Distinction*: a Social Critique of the Judgement of Taste. Londres: Routledge.

BUCHHOFER, B.; FRIEDRICHS, J. & LUDTKE, H. (1974). *Musik und Sozialstruktur* – Theoretische Rahmenstudie und Forschungsplaene. Cologne: Arno Volk Verlag.

CERULLO, K.A. (1889). "Variations in Musical Syntax". *Communication Research*, 16, p. 204-235.

CERULLO, K.A. (1992). Putting it Together: Measuring the Syntax of Aural and Visual Symbols. In: WUTHNOW, R. (org.). *Vocabularies of Public Life*: Empirical Essays in Symbolic Structure. Londres: Routledge, p. 111-229.

COOK, N. (1998). *Analysing Musical Multimedia*. Oxford: Clarendon Press.

DOWD, T.J. (1992). The Musical Structure and Social Context of Number One songs, 1955-1988: an Exploratory Analysis. In: WUTHNOW, R. (orgs.). *Vocabularies of Public Life*: Empirical Essays in Symbolic Structure. Londres: Routledge, p. 130-157.

FRITH, S. (1988). *Music for Pleasure*: Essays in the Sociology of Pop. Cambridge: Polity.

JANSEN, G. (1991). Physiological Effects of Noise. In: HARRIS, C.M. (org.). *Handbook of Acoustical Measurements and Noise Control*. Nova York: McGrav-Hill.

LEMAN, M. (1993). Symbolic and Subsymbolic Description of Music. In: HAUS, G. (org.). *Music Processing*. Oxford: Oxford University Press, p. 119-239.

LEONARD, N. (1987). *Jazz-mith and Religion*. Oxford: Oxford University Press.

LOMAX, A. (1970). Song Structure and Social Structure. In: ALBRECHT, M.C.; BARNETT, J.H. & GRIFF, M. (orgs.). *The Sociology of Art and Literature*. Londres: Duckworth, p. 55-71.

_____ (1968). *Folk Song Style and Culture*. Washington, DC: AAAS.

_____ (1959). "Folksong Style". *American Anthropologist*, 61, p. 927-954.

LONZA, J. (1995). *Elevator Music*: a Surreal History of Muzak, Easy Listening and other Moodsongs. Londres: Quartet.

MacDONALD, I. (1995). *Revolution in the Head* – The Beatles' Records and the Sixties. Londres: Pimlico.

MARTIN, P.J. (1995). *Sounds and Society*: Themes in the Sociology of Music. Manchester: Manchester University Press.

MAYER, L.B. (1956). *Emotion and Meaning in Music*. Chicago, IL: University of Chicago Press.

MERRIAM, A.P. (1964). *The Anthropology of Music*. Chicago, IL: Northwestern University Press.

NATTIEZ, J.J. (1990). *Music and Discourse* – Towards a Semiology of Music. Princeton, NJ: Princeton University Press.

NETTL, B. (1990). *Folk and Traditional Music of the Western Continents*. 3. ed. Englewood Cliffs, NJ: Prentice Hall.

NISBETT, A. (1973). *The Use of Microphones*. Londres: Focal Press.

PETERSON, R.A. & BERGER, D.G. (1996). "Measuring Industry Concentration, Diversity and Innovation in Popular Music". *American Popular Music*, 61, p. 175-178.

_____ (1975). "Cycles of Symbol Production: the Case of Popular Music". *American Journal of Sociology*, 40, p. 158-173.

PRATT, R. (1994). *Rhythm and Resistance*: the Political Uses of American Popular Music. Washington DC: Smithsonian Institution Press.

READ, G. (1969). *Music Notation* – A Manual of Modern Practice. Boston, MA: Crescendo.

REITAN, L. (1991). Does it Really Mean Anything: some Aspects of Meaning, In: PAYTNER, J; HOWELL, T. et al. (orgs.). *Contemporary Musical Thought*, vol. 1, p. 625-633. Londres: Routledge.

SCHAFER, M.R. (1977). *The Tuning of the World*. Toronto: Knopf.

_____ (1973). "The Music of the Environment". *Occasional Journal Devoted to Soundscape Studies*, 1, p. 3-35 [Universal Edition n. 26751].

SLOBODA, J.A. (1985). *The Musical Mind*: the Cognitive Psychology of Music. Oxford: Clarendon Press.

TAGG, P. (1982). "Analyzing Popular Music: Theory, Method and Practice". *Popular Music*, 2, p. 37-68.

WINKLER, J. (1995a). "Das Hören wecken: Erfahrungen mit dem Aktivieren des Hörens in Befragungen ueber die Klanglandschaft". Paper presented at Kongressbeitrag Hören – eine vernachlaessigte Kunst?, Basel, June.

_____ (1995b). "Klanglandschaften als Raeume der hoerenden Existenz", Paper delivered at Berlin Academy of Arts, KlangumWelten, May.

Parte III

O auxílio do computador

16
ANÁLISE COM AUXÍLIO DE COMPUTADOR: CODIFICAÇÃO E INDEXAÇÃO

Udo Kelle

Palavras-chave: codificação; análise interpretativa; reapresentação complexa; reapresentação simples; análise com auxílio de computador; dados qualitativos; exame de hipótese; construção de teoria.

Embora software para lidar com dados textuais já fosse acessível desde meados da década de 1960, não foi senão nos inícios da década de 1980 que os pesquisadores qualitativos descobriram que o computador poderia auxiliá-los no tratamento de seus dados (KELLE, 1995: 1s.). Antes disso, programas para análise de texto, como o *General Inquirer*, chamaram a atenção de apenas um grupo limitado de especialistas no campo da análise qualitativa de conteúdo. Essa relutância da maioria dos pesquisadores qualitativos ao uso de computadores, marginalizou-os, com certeza, da corrente metodológica predominante e da pesquisa experimental onde, durante as décadas de 1960 e 1970, o computador se tornou uma ajuda indispensável. Àquele tempo, os instrumentos de processamento eletrônico de dados foram vistos por muitos cientistas sociais como instrumentos que em nada poderiam contribuir, a não ser para uma análise estatística de dados numéricos (ou de análise de conteúdo quantitativa de dados textuais). A ideia de que computadores poderiam um dia se tornar um instrumental indispensável para armazenar, reapresentar e trabalhar o texto estava ainda distante.

A situação mudou completamente com a chegada do computador de uso pessoal. Do mesmo modo que outros *hommes de lettres*, os pesquisadores qualitativos descobriram muito rapidamente as enor-

PESQUISA QUALITATIVA COM TEXTO, IMAGEM E SOM

mes possibilidades de tratamento de texto, que foram oferecidas pela nova metodologia. Em meados da década de 1980, diversos pesquisadores qualitativos com avançado conhecimento e experiência em computação começaram, independentemente um do outro, a desenvolver software que poderia auxiliar na análise de dados qualitativos. Embora a maioria desses programas fosse planejada apenas para fins de projetos específicos de pesquisa, alguns pacotes foram colocados no mercado por seus criadores: programas como The Ethnograph, Qualpro e Tap, iniciaram uma sequência de desenvolvimentos no campo da computação dentro da pesquisa social qualitativa. Uma porção de pacotes de software adicionais, Nud*Ist, Max e Winmax, Atlas/ti, Hiperresearch, Hypersoft (para citar apenas alguns), apareceram em anos subsequentes. Hoje em dia, mais de 20 diferentes pacotes de software estão disponíveis podendo auxiliar pesquisadores qualitativos em seus trabalhos com dados textuais, e alguns desses programas (especialmente The Ethnograph e Nud*Ist) são amplamente usados na comunidade qualitativa. Suas primeiras versões, muitas vezes complicadas e de aparência hostil, foram rapidamente aperfeiçoadas e mais funções, cada vez mais complexas, foram sendo acrescentadas. Estes desenvolvimentos culminaram em uma competição entre os criadores a fim de incluir tantas características quanto possíveis nas últimas versões de seus programas. Hoje, o campo do auxílio computadorizado à análise de dados qualitativos pode ser visto como o campo de mais rápido desenvolvimento no domínio da metodologia qualitativa, com seus próprios "projetos de rede", conferências e listas de discussão na internet.

Devido ao fato de a literatura apresentar esses pacotes de software de maneira detalhada (por exemplo, TESCH, 1990; WEITZMAN & MILES, 1995) e estar sempre correndo o perigo de se tornar rapidamente desatualizada, este capítulo não vai se concentrar em programas específicos, mas irá discutir, de maneira mais geral, aquelas técnicas de tratamento e de análise de dados qualitativos que podem receber apoio dos programas de computador. Será dada maior ênfase aos aspectos metodológicos do emprego do computador em pesquisa qualitativa.

Questões teóricas

A operação chamada *Verstehen* (ABEL, 1948), a compreensão do sentido do texto, não poderá certamente ser executada com o auxílio de uma máquina de processamento de informação, pois ela não pode ser facilmente formalizada (KELLE, 1995: 2). Há, contudo, uma grande variedade ainda de tarefas mecânicas, implicadas na análise de dados textuais. O processo de pesquisa qualitativa gera, muitas vezes, quantidades enormes de transcrições de entrevista, protocolos, notas de campo e documentos pessoais que, se não forem trabalhados de maneira correta, podem resultar em uma "sobrecarga de dados" (MILES & HUBERMAN, 1994). Sendo que a análise de dados e a construção de teoria estão estreitamente interligadas na pesquisa qualitativa, o pesquisador pode criar muitos conceitos teóricos, nesse processo continuado, que são muitas vezes registrados em numerosos cadernos, páginas manuscritas e fichas de arquivos. Manter-se informado das ideias emergentes, das argumentações e conceitos teóricos, pode se tornar uma tarefa organizacional gigantesca.

Estes problemas já eram há séculos do conhecimento dos estudiosos que tinham de trabalhar com grandes quantidades de textos. Foi desenvolvida uma variedade de métodos que dessem conta desses problemas, a maioria deles com base ou na construção de índices ("registros" ou "concordâncias") de vários tipos, ou na inclusão de referências cruzadas no texto. Ambas as técnicas podem colaborar como uma tarefa importante no tratamento dos dados: o agrupamento de todas as passagens do texto que tenham algo em comum. Antes da chegada dos computadores, as técnicas de "cortar e colar" eram os métodos mais comumente empregados na pesquisa qualitativa para organizar o material dos dados desta maneira: os pesquisadores eram obrigados a "cortar anotações de campo, transcrições e outros materiais, e colocar os dados relacionados a cada categoria de codificação, em um arquivo separado, ou envelopes" (TAYLOR & BOGDAN, 1984: 136; cf. tb. LOFLAND & LOFLAND, 1984: 134).

Para desempenhar tais tarefas no computador, deve ser criado um banco de dados textuais não formatado. Infelizmente, software padrão como os processadores de palavras ou sistemas de bancos de dados-padrão são, em geral, de uso apenas limitado, para a construção de bancos de dados textuais não formatados, pois eles não dão conta das técnicas de tratamento de dados necessárias para estruturá-los, tais como:

- A definição de "indicadores" que contenham palavras-índice junto com os "endereços" das passagens de texto que possam ser empregadas para reapresentar segmentos de texto indexados.

- A construção de referências eletrônicas cruzadas, com a ajuda dos assim chamados "hyperlinks", que podem ser empregados para "saltar" por entre passagens de texto que estão ligadas entre si.

Todos os pacotes de software desenvolvidos especialmente para pesquisa qualitativa, estão baseados em uma, ou ambas, dessas técnicas. Além do mais, versões atuais de programas como The Ethnograph, Hyperresearch, Hypersoft, Max, Nud*Ist ou Atlas/ti, contêm uma variedade de propriedades adicionais:

- Facilidades para armazenar os comentários dos pesquisadores ("memorandos"), que podem ser ligados a palavras-índice, ou segmentos de textos.

- Propriedades para definir ligações entre palavras-índice.

- O uso de variáveis e filtros, de tal modo que a busca de segmentos de texto possa ser restringida por certas exigências.

- Facilidades para reapresentar segmentos do texto que tenham entre si relações formais especificadas (por exemplo, segmentos de texto que aparecem separados entre si por uma distância máxima especificada).

- Facilidades para reapresentação de atributos quantitativos do banco de dados.

Técnicas para análise qualitativa com auxílio de computador

Exemplos a partir da prática de pesquisa mostram como essas técnicas podem ser empregadas para auxiliar a análise de dados qualitativos.

O emprego de computadores na pesquisa qualitativa não pode ser visto como um método único, que pode ser seguido passo a passo: ele compreende uma variedade de diferentes técnicas – tanto simples como muito complexas. Certamente, a escolha correta de uma dessas técnicas somente pode ser feita tendo em vista o passado metodológico do pesquisador/a, seus problemas de pesquisa, e os objetivos desta pesquisa.

Uma precaução terminológica deve ser tomada aqui: "análise de dados qualitativos com auxílio de computador (ou com a assistência do computador)" estará, com certeza, sendo entendida erroneamente se alguém considerar os pacotes de software como The Ethnograph, Atlas/Ti, ou Nud*Ist como sendo capazes de desempenhar "análise qualitativa" do mesmo sentido que o SPSS pode fazer uma análise de variância. Estes pacotes de software são instrumentos para mecanizar tarefas de organização e arquivamento de textos, e se constituem em um software para "tratamento e arquivamento de dados", mas não são instrumentos para "análise de dados". Desse modo, a expressão "análise de dados qualitativos com auxílio de computador", como é empregada nesse capítulo, refere-se à análise interpretativa de dados textuais onde o software é usado para a organização e tratamento dos dados.

A identificação de diferenças, atributos comuns e relações entre segmentos de texto

Depois de ter coletado informações textuais não estruturadas através de trabalho de campo, ou entrevista aberta, o pesquisador qualitativo terá de construir "padrões significativos dos fatos" (JORGENSON, 1989: 107), procurando por estruturas nos dados. Tal tarefa é geralmente levada a termo através da comparação de diferentes partes dos dados, a fim de encontrar atributos comuns, diferenças ou relações entre eles. Até certo ponto, esse processo é semelhante ao de resolver um quebra-cabeça. O analista irá começar coletando certas partes dos dados textuais que se assemelham sob determinado aspecto. Ele/ela irá analisar as diversas partes e suas interconexões, isto é, a maneira específica como elas possam estar ligadas ou conectadas, para montar um quadro que tenha sentido. Em sua famosa monografia *The Discovery of Grounded Theory* (1967)[1], Glaser & Strauss cunharam, para esse processo, o termo "método de comparação constante", com o qual são identificados "padrões subjacentes", através de comparação cuidadosa e intensa. O pré-requisito central para isso é a "codificação", isto é, a ação de relacionar passagens do texto a categorias que o pesquisador ou já desenvolveu anteriormente, ou irá desenvolver para o caso específico:

> O analista começa codificando cada incidente identificado em seus dados, em tantas categorias de análise quantas possíveis, à medida que as categorias emergem, ou à medida que emirjam dados que se ajustem a uma categoria existente (1967: 105).

---

1. Estamos traduzindo nesse livro "Grounded Theory" por "Teoria Fundamentada", por já existirem traduções anteriores feitas desse modo.

Em termos práticos isso significa:

> anotando categorias nas margens, mas [isso] pode ser feito de maneira elaborada (por exemplo, em cartões). Deve-se manter em mente o grupo comparativo em que esse incidente ocorre (1967: 106).

A maioria dos programas de software para análise qualitativa dá conta desse processo de categorização e comparação dos segmentos do texto, oferecendo recursos para "codificar e reapresentar" (KELLE, 1995: 4s.; RICHARDS & RICHARDS, 1995), que permitem a anexação de "códigos" (palavras-índice), a segmentos de texto, e a reapresentação de todos os segmentos de um conjunto definido de documentos, para o qual o mesmo código foi atribuído (cf. Figura 16.1).

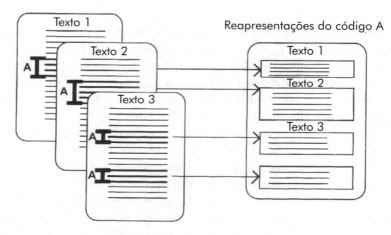

Figura 16.1 – *Codificação e reapresentação*.

A comparação das passagens de texto pode ser auxiliada, anexando a documentos inteiros variáveis particulares que podem ser usadas para reapresentações seletivas, onde a busca por segmentos de texto é dificultada devido a certas limitações, permitindo, por exemplo, a reapresentação de afirmações sobre determinados tópicos apenas naquelas pessoas entrevistadas que possuam determinadas características em comum. Por exemplo, um pesquisador qualitativo, ao analisar a divisão do trabalho doméstico entre casais, poderá primeiramente reapresentar todos os segmentos de texto em que as mulheres falam sobre trabalho doméstico, e depois contrastar esses segmentos de texto com os segmentos do mesmo tópico, presentes nas entrevistas com os maridos.

A maioria dos programas de análise qualitativa se baseia nos recursos de "codificação e reapresentação". Em um artigo sobre aspectos metodológicos do emprego do computador em pesquisa qualitativa, Coffey et al. (1996) alertaram que a ênfase unilateral nas operações de codificação e reapresentação pode levar ao esquecimento de outras técnicas no uso do computador, especialmente técnicas oferecidas por sistemas de hipertexto. Olhando para outras ciências hermenêuticas (especialmente a exegese histórico-crítica e a bíblica), podemos ver, de fato, que a indexação (codificação e reapresentação) não é sempre o melhor instrumento para auxiliar a comparação dos segmentos de texto (ou "sinopse", como é chamada na exegese bíblica). O emprego de referências cruzadas (hyperlinks), é outra estratégia importante para a administração de dados, que poderia ser útil aqui. Infelizmente, tem havido até agora somente alguns poucos pacotes de software, especificamente Atlas/ti e Hypersoft, que comportem a construção de hyperlinks.

O desenvolvimento de tipologias e teorias

Em muitos projetos de pesquisa qualitativa, a comparação de segmentos de texto leva à construção de tipologias descritivas e ao desenvolvimento de teorias. Sendo que a pesquisa qualitativa muitas vezes começa com a coleta de dados empíricos, e depois, com base neles, as teorias são desenvolvidas, os metodólogos qualitativos adotaram, às vezes, um modelo indutivista ingênuo do processo de pesquisa, supondo que as categorias teóricas iriam simplesmente emergir do material empírico, se os pesquisadores estivessem com as mentes livres de preconcepções teóricas. Este enfoque, muitas vezes influenciado pelos primeiros escritos metodológicos de Glaser e Strauss (cf., por exemplo, GLASER & STRAUSS, 1967: 37), implica que os pesquisadores qualitativos entram em seu campo empírico com absolutamente nenhum conceito teórico.

Um dos discernimentos críticos mais cruciais da filosofia moderna da ciência e da psicologia cognitiva, contudo, é o fato de que "não há, nem poderá haver, sensações que não estejam impregnadas de expectativas" (LAKATOS, 1982: 15). Em seus últimos escritos metodológicos, Strauss levou em consideração seu enfoque de observação empírica "carregada de teoria", propondo um modelo de paradigma (STRAUSS & CORBIN, 1990: 99s.). Conforme Strauss e Corbin, um "paradigma de codificação" representa uma teoria geral de ação, que pode ser empregada para construir um esqueleto, ou um "eixo", da Teoria Fundamentada em desenvolvimento; Glaser, embora em um livro posterior repudiasse totalmente os conceitos de Strauss e Corbin (GLASER, 1992), propôs uma ideia semelhante: "códigos teóricos" representam aqueles conceitos teóricos que o pesquisador/a tem a seu dispor, independentemente da coleta e da análise de dados (GLASER, 1978).

Tais paradigmas de codificação e códigos teóricos (que estão, muitas vezes, implícitos no início do estudo empírico) podem se tornar explícitos através da construção de um esquema de codificação. O seguinte exemplo mostra um esquema de codificação de um projeto de pesquisa que estuda a transição da escola para o mercado de trabalho (HEINZ, 1996; HEINZ et al., 1998). Foram feitas entrevistas abertas, a fim de reconstruir os processos de decisão de alunos que, já tendo completado a escola, iniciavam cursos de treinamento vocacional. No nosso projeto, os processos de decisão descritos pelos entrevistados eram estruturados de acordo com as três categorias seguintes:

1. aspirações, que representam as preferências dos respondentes, usadas para representar as opções ocupacionais;

2. realizações, que consistem dos passos concretos de ação que foram tomados para realizar as aspirações;

3. estimativas, que foram as avaliações dos respondentes sobre as relações entre aspirações, condições e consequências de ação.

Essas categorias representam os subcódigos 1.1-1.3; 5.1-5.3; 8.1-8.3, como mostrados na Tabela 16.1.

Tabela 16.1 – *Extrato de um esquema de codificação*

---

1 Trabalho e profissão
1.1 Trabalho e profissão/aspirações
1.2 Trabalho e profissão/realizações
1.3 Trabalho e profissão/estimativas

5 Coabitação
5.1 Coabitação/aspirações
5.2 Coabitação/realizações
5.3 Coabitação/estimativas

8 Crianças
8.1 Crianças/aspirações
8.2 Crianças/realizações
8.3 Crianças avaliações

---

16. Análise com auxílio de computador...

O segundo tipo de categorias de codificação, frequentemente usadas para codificação qualitativa, é composto de códigos derivados do conhecimento do senso comum. Nas entrevistas com os que já tinham concluído a escola, foram codificadas todas as passagens de texto, quando o entrevistado falava, por exemplo, sobre experiências em seu trabalho, sobre instituições relevantes, sobre sua família e assim por diante. As principais categorias (1, 5, 8), mostrados na Tabela 16.1, representam exemplos de categorias que foram feitas a partir do conhecimento do senso comum.

Ambos os tipos de codificação (tanto os derivados do conhecimento do senso comum como os abstraídos de conceitos teóricos) que desempenham os papéis mais importantes no começo dos processos de pesquisa qualitativa, são, ou muito triviais, ou muito abstratos. Por conseguinte, eles têm algo em comum: não denotam eventos empíricos bem definidos, mas servem a propósitos heurísticos. Eles representam algum tipo de eixo teórico, ou "esqueleto", ao qual é acrescentada a carne da informação de conteúdo empírico (STRAUSS & CORBIN, 1990; KELLE, 1994). O projeto de pesquisa mencionado acima, que começou com a estruturação do material de acordo com as categorias gerais "aspirações", "realizações" e "estimativas", acabou identificando oito diferentes tipos de aspirações biográficas, por exemplo o tipo "delegação": alguns jovens adultos tentam delegar a responsabilidade de sua carreira ocupacional aos gerentes de suas companhias ou aos oficiais da agência de emprego.

Para desenvolver tais tipologias de conceitos teóricos, é necessário uma análise bem detalhada dos segmentos de texto, a fim de encontrar aqueles aspectos (ou "dimensões") que podem servir como critérios para uma comparação, com a finalidade de desenvolver ou subcategorias, ou subdimensões das categorias já empregadas para a codificação. Esse processo de "dimensionamento" (STRAUSS & CORBIN, 1990: 69s.) pode ser esclarecido com outro exemplo de nosso projeto de pesquisa. Ali, as tendências dos respondentes com respeito ao casamento foram investigadas codificando, primeiramente, os segmentos de texto, conforme os tópicos "casamento", ou "família", fossem ou não mencionados. Em um segundo passo, os segmentos daqueles respondentes que consideravam o casamento como um objetivo crucial na vida, foram seletivamente reapresentados. A comparação dessas passagens do texto levou à identificação de três diferentes dimensões dessa categoria:

1. O casamento era visto por alguns respondentes como a única forma aceitável de coabitação.

2. Outros consideravam o casamento como o pré-requisito para a formação de uma família centrada nos filhos.

3. Ainda outros viam o casamento como uma salvaguarda. Os respondentes com essa última orientação ofereciam três argumentos diferentes: o casamento era visto como: a) oferecendo proteção financeira; b) fornecendo um apoio para o vínculo entre os parceiros; c) como um meio de responder às expectativas do meio social (pais, parentes, etc.).

Através da comparação e dimensionamento, três diferentes conjuntos de categorias de codificação foram desenvolvidas no processo de análise: primeiramente, categorias que se referem a quão importante era o tema casamento para os respondentes; segundo, categorias que se referem às orientações com respeito ao casamento entre aqueles que veem o casamento como um projeto central na vida (como a única forma aceitável de coabitação, como um pré-requisito para a formação de uma família centrada nos filhos, e como uma salvaguarda); e em terceiro lugar, categorias que se referem à defesa de por que o casamento é uma salvaguarda. A relação hierárquica entre esses conjuntos de categorias é mostrada na Figura 16.2.

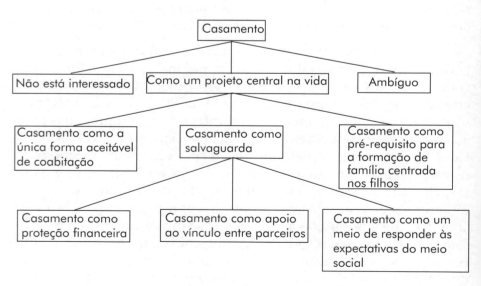

Figura 16.2 – *Um esquema de categorias hierárquicas como resultado do dimensionamento.*

Em termos de ciência da informação, a estrutura em forma de árvore, mostrada na Figura 16.2, pode ser formalmente descrita como uma rede, ou gráfico, em que as categorias, ou códigos, representam os nós do gráfico, e as linhas entre eles, as extremidades. Empregando esse enfoque de rede, é possível ampliar o princípio básico de sistemas não formatados de bancos de dados textuais, em que os códigos foram conectados por indicadores aos segmentos do texto (MUHR, 1991; 1992). Por conseguinte, é possível armazenar eletronicamente a estrutura completa da tipologia hierárquica, ou o gráfico, mostrados na Figura 16.2. Consequentemente, esse gráfico não apenas pode ser usado para dar conta da tipologia emergente, ou teoria, mas ele também permite procedimentos de reapresentação mais complexos, que percorrem um longo caminho, desde um nó em uma ponta da rede ou gráfico, até um nó na outra extremidade.

Devemos notar aqui que os gráficos podem ser estruturados de maneiras bastante diversas: Atlas/ti e Hypersoft são programas que permitem ao pesquisador definir todas as ligações possíveis entre nós (permitindo ao pesquisador definir "ciclos" e "circuitos"). Outros programas (como o Nud*Ist), impõem certas restrições ao pesquisador: por exemplo, podem limitar a construção de redes estruturadas de maneira mais fechada (tais como árvores hierárquicas).

O exame de hipóteses

O software para análise de dados textuais com auxílio de computador pode também ser útil para aprimorar conceitos teóricos e examinar hipóteses. Não se deve esquecer, porém, que nesse caso o exame de hipótese qualitativa é um processo muito diferente do teste estatístico de hipótese. Na literatura metodológica qualitativa, não se encontrará nada comparável às regras precisas de decisão, que são aplicadas no teste de significância estatística. Em lugar disso, "testar e confirmar os resultados" (MILES & HUERMAN, 1994: 262), ou a "verificação" (STRAUSS & CORBIN, 1990: 108), significam, na pesquisa qualitativa, retornar aos dados (reler as transcrições ou as anotações de campo), ou retornar ao campo (fazer novas observações e entrevistas), a fim de encontrar alguma evidência que confirme ou desconfirme os resultados. Não há, em lugar algum, regras precisas formuladas para informar ao pesquisador, com certeza, sobre quando ele/ela tem de rejeitar ou abandonar determinada hipótese. As hipóteses qualitativas, quando elas inicialmente se apresentam à mente do pesquisador não são, normalmente, proposições muito específicas e definidas sobre certos fatos, mas são conjeturas com fins de sondagem, imprecisas, e algumas vezes muito vagas, sobre possíveis relações. Melhor que chamá-las de hipóteses, seria chamá-las de hipóteses sobre que tipo de proposições, descrições ou explicações seriam úteis para uma análise posterior. Elas são intuições que "seja qual for a afirmativa específica que a [hipótese] bem-sucedida irá fazer, ela será apenas uma hipótese de um tipo, e não de outro" (HANSON, 1971: 291).

Um pesquisador qualitativo que investigue carreiras ocupacionais relacionadas a gênero pode, por exemplo, formular a hipótese de que poderá haver uma relação entre as tendências de seus entrevistados com respeito ao trabalho e à família. Para examinar essa hipótese, recursos complexos de reapresentação de dados podem ser extremamente úteis. A maioria dos pacotes de software hoje acessível, possui tais recursos complexos de reapresentação, que favorecem a busca de códigos que ocorrem conjuntamente. Tais coocorrências podem ser definidas de diversas maneiras:

- Elas são indicadas por segmentos de texto que se sobrepõem ou estão hierarquizados, aos quais os códigos sob investigação estão anexados, como é mostrado na Figura 16.3.

- Elas são indicadas por segmentos de texto que são codificados sob determinados códigos (no caso da Figura 16.3, A e B), que aparecem dentro de certa distância máxima especificada (proximidade) um do outro. Se essa distância máxima é um conjunto, digamos, de oito linhas, o programa irá reapresentar todos os casos onde um segmento de texto, codificado com o código B, comece dentro de até oito linhas a partir do começo, ou do fim, de um segmento de texto codificado com o código A (cf. figura 16.4).

- Elas são indicadas em uma ordenação sequencial (o código A é regularmente seguido pelo código B), como mostrado na Figura 16.4).

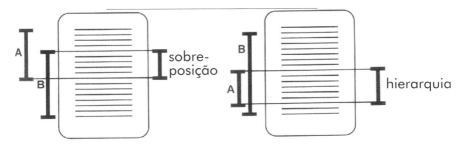

Figura 16.3 – *Segmentos de texto se que sobrepõem e estão hierarquizados.*

Figura 16.4 – *Proximidade de sequência de códigos.*

Deste modo, a hipótese de uma relação entre tendências com respeito ao trabalho e à família pode ser examinada pela reapresentação de todos os segmentos de texto codificados com "tendência com respeito ao trabalho" e "tendência com respeito à família". É claro que a noção de teste de hipótese seria, nesse caso, muito errada, caso alguém a tomasse como uma tentativa de "verificar" ou "falsificar" uma afirmação de conteúdo empírico. Mas esse tipo de exame de hipótese pode levar ao desenvolvimento de proposições que podem ser falsificadas, por exemplo, se alguém descobre que os entrevistados com tendências específicas com respeito ao trabalho, mostram também tendências específicas com respeito à família. Nesse caso, os recursos de coocorrência de códigos são empregados como um recurso heurístico com o objetivo de reapresentar o texto original no qual os códigos de coocorrência estão anexados. O pesquisador investiga, então, o sentido de determinada coocorrência através de uma análise completa do texto original. A análise interpretativa dos textos da entrevista forma a base para o esclarecimento e modificação dos pressupostos iniciais (gerais ou vagos) do pesquisador.

Os criadores de dois diferentes pacotes de software, Hyperresearch e Aquad, propõem um enfoque mais formal para o exame de hipótese qualitativa (cf. HESSE-BIBER & DUPUIS, 1995; HUBER, 1995). Ao empregar o módulo de teste de hipótese do Hyperresearch, o pesquisador formula sua hipótese na forma de "regras de criação", às quais os códigos são conectados com proposições do tipo "se-então". Um pesquisador que codificou seus dados com códigos para "eventos críticos da vida" e "distúrbios emocionais", poderá querer examinar a hipótese de que certos eventos críticos da vida são sempre, ou frequentemente, acompanhados por distúrbios emocionais. Ele poderá, então, transformar sua hipótese em uma busca de todas as coocorrências de segmentos de texto codificados como evento crítico da vida, com segmentos codificados como distúrbio emocional. Empregando o verificador de hipótese do Hiperresearch, poder-se-ia formular a regra:

Se "eventos críticos da vida" e distúrbios emocionais", *então acrescentar* "o evento da vida causou estresse".

Se o programa encontrar ambos os códigos, "eventos críticos da vida" e o código "distúrbios emocionais", em um determinado documento, a hipótese é confirmada para aquele documento, e o código "evento da vida causou estresse" é acrescentado a ele.

O Hiperresearch procura apenas a presença de determinados códigos dentro de um conjunto de documentos, e ao fazer isso, não leva em consideração a localização precisa dos segmentos de texto. Ao contrário, o programa Aquad ajuda o pesquisador/a a usar a informação com respeito a sobreposição, hierarquização, proximidade, ou sequência de segmentos de texto, para exame de hipótese. Retomando nosso exemplo anterior, e empregando Aquad, poder-se-ia primeiramente codificar os segmentos de texto com os códigos *ecv* (para "eventos críticos da vida") e *emo* (para "distúrbios emocionais"). Vamos supor que, durante esse processo, venha à mente do pesquisador a seguinte hipótese: "Sempre que os entrevistados falarem sobre eventos críticos da vida, eles irão, também, ao mesmo tempo, mencionar distúrbios emocionais". Poder-se-ia operacionalizar "ao mesmo tempo" como "dentro de uma distância máxima de cinco linhas na transcrição da entrevista", e fazer uma reapresentação que encontre todos os segmentos de texto codificados com *ecv*, onde o segmento de texto codificado com *emo* também ocorre dentro de uma distância máxima de cinco linhas. Examinando o resultado de tal reapresenta-

16. ANÁLISE COM AUXÍLIO DE COMPUTADOR...

ção, mostrado na Tabela 16.2, pode-se ver, por exemplo, que na entrevista "bioss1", a associação de *ecv* e *emo* ocorre apenas uma vez (na linha 102), enquanto que na entrevista "bioss2", há cinco passagens de texto onde os segmentos de texto codificados com esses códigos estão muito próximos um do outro.

Tabela 16.2 – *O resultado de uma busca de código de coocorrência com Aquad*

Hipótese 1 / arquivo de codificação bioss1.cod						
100	102	ecv	–	102	104	emo

Hipótese 1 / arquivo de codificação bioss2.cod						
24	28	ecv	–	26	30	emo
65	70	ecv	–	72	82	emo
110	112	ecv	–	111	115	emo
220	228	ecv	–	212	224	emo
450	452	ecv	–	456	476	emo

A coocorrência, pois, de códigos (definidos como sobreposição, hierarquização, proximidade ou ordenação sequencial de segmentos de texto), indica a presença de evidência crítica a favor, ou contra, a hipótese. Diferentemente do primeiro exemplo de exame qualitativo de hipótese (com respeito à relação entre tendências com relação ao trabalho e à família), o objetivo principal com este enfoque mais formal, seria a não reapresentação do texto, mas usar a informação representada pelos próprios códigos como um critério de tomada de decisão. Do mesmo modo que o teste de significância estatística, o processo de tomada de decisão é estritamente governado por regras. Há, contudo, determinadas exigências e limitações metodológicas para o emprego de tal estratégia:

1. O pré-requisito de teste independente exige que a hipótese não seja testada com o mesmo material empírico a partir do qual ela foi desenvolvida.

2. As hipóteses devem ser empiricamente testáveis, o que significa que elas devem ser suficientemente precisas e tenham conteúdo empírico.

3. Os códigos que são empregados para teste de hipótese devem denotar claramente fenômenos precisos de maneira confiável e estável.

Proveitos metodológicos e problemas

Desde a chegada dos primeiros programas de computador, que auxiliaram a pesquisa qualitativa, houve um debate acirrado sobre suas possíveis vantagens metodológicas e seus perigos, no qual os debatedores expressaram tanto um grande otimismo (CONRAD & REINARZ, 1984; RICHARDS & RICHARDS, 1991), como também preocupação (AGAR, 1991; SEIDEL, 1991; SEIDEL & KELLE, 1995; COFFEY et al., 1996). Com relação às vantagens do software para pesquisa qualitativa, os três aspectos seguintes são frequentemente mencionados na literatura.

Em primeiro lugar, pelo fato de mecanizar tarefas tediosas e complicadas na organização dos dados, tais como localizar e copiar segmentos de textos, o computador pode trazer grande eficiência. Desse modo, o software ajuda a poupar tempo e pode auxiliar o tratamento de grandes amostras (KELLE & LAURIE, 1995). É crucial estar consciente, contudo, que apenas um simples aumento no tamanho da amostra não irá implicar, necessariamente, que os achados da pesquisa sejam mais válidos. Na pesquisa qualitativa, uma grande amostra não é, normalmente, considerada como tendo valor em si mesma. Comparações múltiplas, contudo, entre casos intencionalmente selecionados, são cruciais para um estudo qualitativo, a fim de identificar padrões e criar categorias. Um aumento no tamanho da amostra poderá, então, acrescentar maior amplitude ao objetivo da análise. Há, contudo, também um perigo real de o software para tratamento de dados textuais ser sufocado pelo enorme volume de informação que é conseguido, quando se emprega tecnologia computadorizada. A quantia de tempo e esforço exigida para preparar os dados e colocá-los no programa, não devem ser desconsiderados e aumentam proporcionalmente com o tamanho da amostra. Deve-se, pois, estar consciente de que as possíveis vantagens de uma amostra maior, podem ser prejudicadas pelos custos extra de tempo e esforço exigidos para a preparação e entrada dos dados.

Em segundo lugar, o emprego de pacotes de software pode tornar o processo de pesquisa mais sistemático e explícito, e por isso mais transparente e rigoroso, pois sistematiza procedimentos que anteriormente eram não sistemáticos, e dando possibilidade aos pesquisadores para documentar exatamente como eles analisam seus dados (CONRAD & REINARZ, 1984). Por conseguinte, os computadores podem trazer maior confiabilidade a uma metodologia que foi sempre prejudicada devido a sua fama de seduzir o pesquisador para estilos de investigação não sistemáticos, subjetivos e jornalísticos.

Em terceiro lugar, ao livrar o pesquisador de tarefas mecânicas tediosas e complicadas, o software para tratamento de dados textuais pode liberar mais tempo, que pode ser empregado em tarefas mais criativas e analíticas. Desse modo, os programas de computador podem ampliar a criatividade do pesquisador, permitindo-lhe fazer experimentos e "brincar" com os dados, explorando a relação entre diferentes categorias de maneira mais generalizada (LEE & FIELDING, 1995).

Alertas sobre os perigos metodológicos potenciais do uso de computadores, muitas vezes estão relacionados com a possibilidade de que este possa alienar o pesquisador de seus dados e reforçar estratégias de análise, que vão contra as orientações metodológicas e teóricas que os pesquisadores qualitativos veem como a marca distintiva de seu trabalho. Em síntese, a preocupação é que o uso de programas de computador possa impor uma metodologia específica ao que os emprega. Tais inquietações foram particularmente reforçadas pela observação de Lonkila (1995: 46), de que as orientações para os usuários, bem como os escritos metodológicos sobre software para tratamento de dados qualitativos, dão a impressão de uma forte influência da Teoria Fundamentada. Mas a Teoria Fundamentada e a análise qualitativa com auxílio de computador, partilham também alguns aspectos muito problemáticos, como aponta Lonkila: ambas enfatizam exageradamente a codificação e, ao fazer isso, negligenciam outras formas de análise textual, especialmente o tipo de análise mais aprimorada, empregada na análise de discurso. Coffey et al. (1996) alertaram que os fortes laços entre software de "codificação e reapresentação", e a metodologia empírica, podem inspirar uma nova ortodoxia na pesquisa qualitativa. Um olhar mais próximo, contudo, para os fundamentos metodológicos dos criadores, dá a clara impressão de que os diferentes programas foram desenvolvidos com base em concepções teóricas e metodológicas bastante diferentes. O mesmo se aplica aos usuários: em uma meta-análise de estudos empíricos, Lee e Fielding (1996: 3.2) descobriram que 70% de uma amostra de estudos qualitativos realizados com o auxílio de computadores mostraram que não há neles uma relação explícita com a Teoria Fundamentada. Por conseguinte, a menção frequente à Teoria Fundamentada pode, talvez, ser explicada pelo fato de que os proponentes do enfoque da Teoria Fundamentada pertencem

PESQUISA QUALITATIVA COM TEXTO, IMAGEM E SOM

àqueles poucos autores que tentam descrever em detalhe os procedimentos analíticos aplicados à pesquisa qualitativa. Consequentemente, não é de se surpreender que os criadores de software auxiliadores da análise qualitativa, que não estão à procura de uma sustentação metodológica, normalmente se apoiem na metodologia da Teoria Fundamentada como um dos enfoques mais conhecidos e mais explícitos na análise qualitativa.

Lee e Fielding (1991: 8) relacionaram o medo de que o computador tome conta da análise, ao famoso arquétipo literário da novela de Mary Shelley, do século dezenove, *Frankenstein, ou o Moderno Prometeu*. Partindo de investigações empíricas entre pesquisadores qualitativos que empregam software para trabalhar com dados textuais, eles chegaram à conclusão de que o medo dos programas de computador, como se fosse um tipo de "monstro Frankenstein", é muitas vezes exagerado: na prática, os pesquisadores tendem a interromper o uso de determinado pacote, antes de se submeter a uma lógica do programa de software que seja totalmente diferente da lógica de investigação que eles querem empregar.

Outras preocupações, muito frequentemente mencionadas em debates atuais, referem-se ao perigo de que os computadores possam alienar o pesquisador de seus dados (AGAR, 1991; SEIDEL, 1991; SEIDEL & KELLE, 1995). Do mesmo modo que com o perigo de que o programa de computador possa tomar conta da análise, esse risco metodológico é também muitas vezes relacionado à codificação. Seidel e Kelle (1995) argumentam que a distinção entre dois diferentes modos de codificação é crucial para evitar uma alienação séria dos dados: os códigos podem ter uma função referencial, o que significa que eles são como que sinalizadores para certas passagens de texto; ou eles podem ter uma função factual, o que significa que eles são empregados para denotar determinados fatos. O primeiro tipo de codificação é característico de um estilo aberto e indutivo de investigação, empregado por uma análise interpretativa de dados textuais, na tradição dos enfoques da hermenêutica e do interacionismo. O segundo tipo se relaciona com o estilo dedutivo de análise textual, na tradição da análise de conteúdo clássica. Ao empregar determinados procedimentos de software para tratamento de dados textuais, os analistas podem – sem se dar conta – confundir esses dois modos de codificação: eles podem, involuntariamente, passar do uso da função referencial dos códigos (coletando segmentos de texto que se referem, de maneira ampla e geral, a um número de

— 410 —

conceitos definidos de maneira mais ou menos vaga), para o tratamento dos códigos, como se eles fossem representações de uma informação concreta. Seidel e Kelle chamam a atenção para o perigo de se perder o fenômeno, devido à reificação dos códigos: o analista começa trabalhando exclusivamente com seus códigos, e se esquece dos dados brutos, sucedendo então que o pré-requisito necessário para que ele pudesse trabalhar, não foi ainda assegurado. Há apenas uma união vaga entre um código e um dado, em vez de uma relação claramente definida entre tal código e o fenômeno: o código não foi atribuído para denotar certo acontecimento, incidente ou fato discretos, mas apenas para informar ao analista que há uma informação interessante, contida em determinado segmento de texto, relacionada a um tópico representado por um código. Esse perigo de se perder o fenômeno e reificar os códigos é especialmente predominante nos "recursos para teste de hipótese", descritos acima: ao procurar "testar hipóteses", sem ter observado os pré-requisitos necessários, isto é, ao aplicar regras estritas a códigos vagos e "difusos", os pesquisadores podem, facilmente, produzir artefatos.

Por conseguinte, a ênfase nos recursos de codificação e reapresentação dos dados, oferece novas e fascinantes possibilidades para que os analistas possam "brincar" com seus dados e, com isso, ajudar a abrir novas perspectivas e estimular novas intuições. Mas a combinação de metodologias de construção de teorias e de teste de teorias não nos deve seduzir, levando-nos a produzir uma simples mistura, ou mesmo uma confusão, nos dados.

Passos

Dentre uma grande variedade de diferentes possíveis estratégias, dois exemplos são:

1

Passo 1: formatação de dados textuais.

Passo 2: codificação dos dados com códigos específicos (codificação aberta).

Passo 3: produção de memorandos e sua anexação aos segmentos de texto.

Passo 4: comparação dos segmentos de texto aos quais os mesmos códigos foram atribuídos.

Passo 5: integração dos códigos e anexação de memorandos aos códigos.

Passo 6: desenvolvimento de uma categoria central.

2

Passo 1: formatação dos dados textuais.

Passo 2: definição de um esquema de codificação.

Passo 3: codificação dos dados dentro de um esquema de codificação predefinido.

Passo 4: anexação de memorandos aos códigos (não aos segmentos do texto!) enquanto se codifica.

Passo 5: comparação dos segmentos de texto, aos quais os mesmos códigos foram atribuídos.

Passo 6: desenvolvimento de subcategorias a partir dessa comparação.

Passo 7: recodificação dos dados com essas subcategorias.

Passo 8: produção de uma matriz de dados numérica, na qual as linhas representam os documentos do texto, as colunas apresentam as categorias (códigos), os valores das categorias e as subcategorias.

Passo 9: análise dessa matriz de dados com o SPSS.

Os usuários que empregam outras estratégias de análise qualitativa (por exemplo, teste de hipótese qualitativa, ou análise qualitativa comparativa), seguirão diferentes passos, mas irão empregar técnicas de codificação e reapresentação, de uma maneira ou outra.

Referências bibliográficas

ABEL, X. (1948)." The Operation Called Verstehen". *American Journal of Sociology*, 54 (5), p. 211-218.

AGAR, M. (1991). The Right Brain Strikes Back. In: FIELDING, N.G. & LEE, R.M. (orgs.). *Using Computers in Qualitative Research*. Newbury Park, CA: Sage, p. 181-194.

COFFEY, A.; HOLBROOK, B. & ATKINSON, P. (1996). "Qualitative Data Analysis: Technologies and Representations". *Sociological Research Online*, 1(1): <http: //www.socresonline.org.uk/socresonline/1/ 1/4html>.

CONRAD, P. & REINARZ, S. (1984). "Qualitative Computing: Approaches and Issues". *Qualitative Sociology*, 7, p. 34-60.

GLASSER, B.G. *Emergence vs. Forcing*: Basics of Grounded Theory Analysis. Mill Valley, CA: Sociology Press.

_____ (1978). *Theoretical Sensitivity: Advances in the Methodology of Grounded Theory*. Mill Valley, CA: The Sociology Press.

GLASER, B.G. & STRAUSS, A.L. (1967). *The Discovery of Grounded Theory*: Strategies for Qualitative Research. Chicago: Aldine.

HANSON, N. (1971). The Idea of a Logic of Discovery. In: TOULMIN, S. (org.). *What I Do Not Believe and Other Essays*. Dordrecht: Reidel.

HEINZ, W. (1996). Transitions in Youth in a Cross Cultural Perspective: School-to-work in Germany. In: GALAWAY, B. & HUDSON, J. (orgs.). *Youth in Transition to Adulthood*: *Research and Policy Implications*. Toronto: Thompson Educational.

HEINZ, W. et al. (1998). "Vocational Training and Career Development in Germany – Results from a Longitudinal Study". *International Journal for Behavioural Development*, 22 (5), p. 77-101.

HESSE-BIBER, S. & DUPUIS, P. (1995). Hypothesis Testing in Computer-aided Qualitative Data Analysis. In: KELLE, U. (org.). *Computer-Aided Qualitative Data Analysis:* Theory, Methods and Practice. Londres: Sage.

HUBER, G. (1995). Qualitative Hypothesis Examination and Theory Building. In: KELLE, U. (org.). *Computer-Aided Qualitative Data Analysis:* Theory, Methods and Practice. Londres: Sage.

JORGENSON, D.L. (1989). *Participant Observation*: A Methodology for Human Studies. Newbury Park, CA: Sage.

KELLE, U. (1994). Theories as Heuristic Tools in Qualitative Research. In: MASO, I.; ATKINSON, P.A. & VERHOEVEN, J.C. (orgs.). *Openness in Research*: The Tension between Self and Other. Assen: Van Gorcum.

KELLE, U. (org.). (1995). *Computer-Aided Qualitative Data Analysis:* Theory, Methods and Practice. Londres: Sage.

KELLE, U. & LAURIE, H. (1995). Computer Use in Qualitative Research and Issues of Validity. In: KELLE, U. (org.). *Computer-Aided Qualitative Data Analysis*: Theory, Methods and Practice. Londres: Sage.

LAKATOS, I. (1982). *The Methodology of Scientific Research Programmes –* Philosophical Papers, vol. 1. Cambridge: Cambridge University Press.

LEE, R.M. & FIELDING, N.G. (1996). "Qualitative Data Analysis: Representations of a Technology. A Comment on Coffey, Holbrook and Atkinson". *Sociological Research Online*, 1(4): <http://www.socresonline.org.uk/socresonline/1/4/lf.html>.

_____ (1995). User Experiences of Qualitative Data Analysis Software. In: KELLE, U. (org.). *Computer-Aided Qualitative Data Analysis*: Theory, Methods and Practice. London: Sage.

_____ (1991). Computing for Qualitative Research: Options, Problems and Potential. In: FIELDING, N.G. & LEE, R.M. (orgs.). *Using Computers in Qualitative Research*. London: Sage, p. 1-13.

LOFLAND, J. & LOFLAND, L.H. (1984). *Analyzing Social Settings*: A Guide to Qualitative Observation and Analysis. Belmont, CA: Wadsworth.

LONKILA, M. (1995). Grounded Theory as an Emerging Paradigm for Computer-assisted Qualitative Data Analysis. In: KELLE, U. (org.). *Computer-Aided Qualitative Data Analysis*: Theory, Methods and Practice. Londres: Sage.

MILES, M.B. & HUBERMAN, A.M. (1994). *Qualitative Data Analysis*: An Expanded Sourcebook. 2. ed. Newbury Park, CA: Sage [1. ed. 1984].

MUHR, T. (1992). Catching Bugs and Butterflies in Networks, paper presented at the conference The Qualitative Research Process and Computing. Bremen.

_____ (1991). Atlas/ti: a Prototype for the Support of Text Interpretation, *Qualitative Sociology*, 14(4/2), p. 349-371.

RICHARDS, L. & RICHARDS, T. (1991). The Transformation of Qualitative Method: Computational Paradigms and Research Processes. In: LEE, R.M. & FIELDING, N.G. (orgs.). *Using computers in Qualitative Research*. Londres: Sage.

RICHARDS, T. & RICHARDS, L. (1995). Using Computers in Qualitative Research. In: DENZIN, N. & LINCOLN, Y. (orgs.). *Handbook of Qualitative Research*. Thousand Oaks, CA: Sage.

SEIDEL, J. (1991). Method and Madness in the Application of Computer Technology to Qualitative Data Analysis. In: LEE, R.M. & FIELDING, N.G. (orgs.). *Using Computers in Qualitative Research*. Londres: Sage.

SEIDEL, J. & KELLE, U. (1995). Different Functions of Coding in the Analysis of Textual Data. In: KELLE, U. (org.). *Computer-Aided Qualitative Data Analysis*: Theory, Methods and Practice. Londres: Sage.

STRAUSS, A. & CORBIN, J. (1990). *Basics of Qualitative Research*: Grounded Theory Procedures and Techniques. Thousand Oaks, CA: Sage.

TAYLOR, St J. & BOGDAN, R. (1984). *Introduction to Qualitative Research Methods*: the Search for Meanings. Nova York, NY: Wiley.

TESCH, R. (1990). *Qualitative Research*: Analysis Types and Software Tools. Nova York, NY: Falmer Press.

WEITZMAN, E. & MILES, M.B. (1995). *Computer Programs for Qualitative Data Analysis*. Thousand Oaks, CA: Sage.

Leitura adicional

KELLE, U. (1997). Theory Building in Qualitative Research and Computer Programs for the Management of Textual Data, *Sociological Research Online*, 2(2): <http://www.socresonline.org.uk/socresonline/2/2/1.html>

17
PALAVRAS-CHAVE EM CONTEXTO: ANÁLISE ESTATÍSTICA DE TEXTOS

Nicole Kronberger e Wolfgang Wagner

> *Palavras-chave*: Alceste; preparação; pergunta aberta; técnica de associação de palavras; variáveis passivas.

As respostas a perguntas abertas são uma fonte útil de informações para complementar os dados quantitativos obtidos de investigações com questionário. As respostas abertas não ficam restritas às escolhas de categorias feitas pelo pesquisador, como nas respostas a perguntas fechadas. Por isso, elas propiciam um fácil acesso à compreensão espontânea dos respondentes com relação ao objeto em questão. Quando analisadas com cuidado, as respostas abertas podem ser transformadas em variáveis e juntadas ao conjunto dos dados quantitativos. Existem também programas de computador que permitem a análise automática de tais dados.

Em certo sentido, perguntas abertas são um tipo de "microentrevista" sobre um objeto específico. Diferentemente das entrevistas mais longas, contudo, as respostas a questões abertas podem ser obtidas de uma grande amostra, sem incorrer na sobrecarga normalmente implícita na transcrição e análise de longos textos. A evidente vantagem de uma amostra ampla, contudo, implica uma negociação entre a necessária brevidade das respostas e a impossibilidade de formular perguntas adicionais, como nas entrevistas mais longas.

As técnicas de associação de palavras são uma variante das perguntas abertas. Em vez de exigir dos respondentes que deem respostas através de uma frase completa, nas técnicas de associação de palavras os respondentes são solicitados a escrever quaisquer palavras que eles associem ao objeto em questão. As associações possuem a vantagem de não conter todos os diferentes termos "formais" que estruturam as linguagens naturais. Sua análise é mais direta que a das respostas abertas.

O delineamento de questões abertas

Apesar dos muitos livros-texto que tratam do delineamento de questionários, sua construção para objetivos específicos de pesquisa é ainda um tipo de arte. Se nosso interesse não for pesquisa de levantamento comercial, que necessita obedecer a um padrão estrito para garantir comparações, o delineamento de questionários para fins de pesquisa científica irá depender grandemente da criatividade do pesquisador e do tópico específico de pesquisa. Os critérios podem ser apenas um roteiro preliminar para coisas essenciais. O mesmo se diga com respeito à construção de questões abertas. As regras apresentadas nesse texto não são mais que orientações gerais e devem motivar os leitores a criar seus próprios delineamentos de acordo com o problema específico de pesquisa. Três aspectos, contudo, devem geralmente ser tratados com cuidado: a localização das perguntas abertas dentro do questionário, a preparação e a orientação para os respondentes.

A localização das questões abertas dentro de um questionário

Um ponto importante na construção do questionário é que as perguntas não apenas buscam informação dos respondentes: elas também contêm informação. Vejamos a pergunta: "Quando você ouviu falar pela primeira vez sobre alimento geneticamente modificado?" Essa frase faz com que o respondente se torne conhecedor do fato de que o alimento geneticamente modificado existe, mesmo que ele nunca tenha ouvido falar nele antes. Quando se faz uma pergunta aberta sobre, digamos, biotecnologia depois dessa pergunta, o nosso respondente irá, com muita probabilidade, apresentar opiniões sobre alimento. É, portanto, uma boa regra apresentar associações de palavras logo no início, ou o mais próximo possível do início de um questionário.

Uma colocação logo no início, contudo, traz outro problema. Para perguntas abertas, o respondente necessita estar em um estado de espírito mais espontâneo e confiável do que para perguntas fechadas. Uma solução para esse problema pode ser uma conversa introdutória com o respondente, ou um conjunto de questões sem relação nenhuma com o tópico que sirvam como uma preparação para a apresentação da questão aberta. Para se encontrar um equilíbrio entre essas exigências contraditórias, deveriam ser feitos alguns testes com alguns poucos respondentes e uma entrevista subsequente sobre suas impressões.

A preparação

A preparação do entrevistado, para que dirija sua atenção para o estímulo, é um meio de reduzir a variância nas respostas. A instrução de preparação deve ser bem próxima ao estímulo concreto. Se a pergunta é sobre, digamos, biotecnologia, uma boa ideia é predispor os respondentes pedindo-lhes que pensem sobre a última vez que ouviram alguém falar sobre biotecnologia. Eles devem, então, escrever quem era e também, talvez, quando e onde tal fato aconteceu. Tendo completado essa tarefa preparatória, o respondente será capaz de concentrar-se totalmente sobre o estímulo.

A preparação poderá tomar, também, outras formas. Em lugar de uma instrução verbal para que o entrevistado pense sobre o objeto-estímulo, poder-se-ia apresentar o objeto em uma forma icônica. As fotografias sempre produzem reações mais fortes que as instruções puramente verbais. Ícones, contudo, devem ser empregados com cautela. O pesquisador deve estar seguro de que a fotografia não contenha qualquer informação específica que possa, posteriormente, distorcer a resposta.

A instrução

Depois que a atenção do respondente estiver concentrada no objeto-estímulo, a instrução deverá ser a mais direta possível. Um exemplo poderia ser: "Quando você pensa sobre X (o objeto-estímulo), o que vem à sua mente? Por favor, escreva o que lhe vem à mente com relação a X. Você pode escrever até cinco frases". A instrução contém três mensagens:

a) qual é o objeto de estímulo

b) o que deve ser escrito

c) quanto deve ser escrito.

O ponto a) é direto, como é também o ponto b). Se um respondente nunca ouviu falar do objeto-estímulo antes, o entrevistador poderá simplesmente passar para a pergunta seguinte. O ponto c) é importante: o tipo de informação que o pesquisador quer conseguir, através de questões abertas e associações de palavras, é um padrão de contingências de palavras na amostra. Isto permite ao pesquisador avaliar campos semânticos relacionados ao objeto-estímulo que são características de subgrupos na amostra. Por isso é uma boa ideia motivar o respondente a escrever o quanto mais possível.

Quantas questões abertas são viáveis por questionário?

Responder a questões abertas é, para os respondentes, uma tarefa penosa. A fim de não sobrecarregar os que concordaram em preencher questionários, provavelmente três questões abertas por questionário seria o máximo. O tempo total de preenchimento não deveria exceder, digamos, meia hora se o pesquisador não quiser abusar da boa disposição e da boa vontade dos respondentes em colaborar. O pesquisador deverá testar a disposição dos respondentes, pois isso depende também, em grande parte, de seu nível de escolaridade e de sua prática em escrever.

A amostra

Os levantamentos com questões abertas exigem, normalmente, tamanhos de amostra maiores dos que são feitos normalmente. A razão para uma proporção maior de amostra, é que as respostas abertas sempre variam mais do que as respostas a perguntas fechadas. Esta variância necessita ser levada em consideração quando se planeja o tamanho da amostra. Além disso, a construção de tabelas de contingência de palavras dilui ainda mais a frequência dos padrões de contingência de associação.

A pesquisa lida com ao menos três comparações que permitem diferentes tamanhos de amostra. Se a comparação é a) entre associações de palavras de subamostras predefinidas e grupos sociais, cada grupo deve compreender um mínimo de 100 respondentes se a expectativa for um consenso relativamente alto dentro dos grupos. A amostra deve crescer à medida que o consenso esperado diminuir. Se o estudo tem como objetivo b) descobrir e comparar subgrupos com diferentes respostas a uma questão aberta, será difícil estimar o tamanho de tais grupos que só poderão ser conhecidos *a posteriori*; contudo, um bom palpite é um mínimo de 400 respondentes. Se c) subgrupos devem ser comparados de acordo com um delineamento experimental que envolva questões abertas, ou técnicas de associação de palavras (veja a seção sobre delineamento experimental abaixo), então cada situação experimental deve compreender ao menos 100 respondentes.

Não é raro combinar tais subgrupos para objetivos de pesquisa específicos. O pesquisador pode, por exemplo, estar interessado em ver se seu delineamento experimental produz diferentes resultados em grupos socioeconômicos definidos *a priori*, combinando assim a) e c). Nesse caso, cada condição deve conter um número razoável de respondentes. A regra geral é: quanto mais, melhor.

Delineamentos experimentais

Apesar de serem perguntas abertas e produzirem um tipo de banco de dados qualitativos, as técnicas de tarefas de associação de palavras permitem um espectro de delineamentos experimentais interessantes. Delineamentos experimentais podem ser variações nas verbalizações ou na ordem das perguntas nos questionários. Tecnicamente, tais delineamentos são chamados de levantamentos por metades.

Um exemplo de um delineamento experimental poderá ser apresentar subamostras com fraseados levemente diferentes do objeto-estímulo: por exemplo, para a metade dos respondentes se solicita que escrevam opiniões sobre "biotecnologia" e para a outra metade opiniões sobre "engenharia genética". Toda diferença entre as duas subamostras irá indicar diferentes estilos de pensamento sobre esses dois conceitos, mesmo que, tecnicamente falando, os dois termos possam ser considerados equivalentes.

O planejamento de duas questões abertas sobre dois objetos-estímulo diferentes, mas relacionados, em um questionário, nos vai permitir avaliar a interdependência semântica entre eles. No pensar cotidiano, os campos conceptuais são, muitas vezes, hierarquicamente relacionados. Isso significa que um objeto A é inferido, ou pensado, dentro do contexto do objeto B, mas não vice versa. Para esse fim, modifica-se a sequência de questões abertas sobre o estímulo A e o estímulo B varia, com metade da amostra respondendo ao A antes do B, e a outra metade respondendo ao B antes do A. Se, por exemplo, nós quisermos saber se os campos semânticos de "paz" e "guer-

17. PALAVRAS-CHAVE EM CONTEXTO...

ra" estão ou não hierarquicamente relacionados, poderemos constatar que os respondentes têm suas associações sobre "paz" influenciadas quando pensaram primeiro sobre "guerra", mas suas associações sobre "guerra" são menos influenciadas quando pensaram primeiro sobre "paz" (cf. WAGNER et al., 1996, para um exemplo).

A preparação de respostas abertas para análise

Há duas maneiras de lidar com respostas a perguntas abertas: uma é categorizar as respostas de acordo com algum esquema de categorização teoricamente informado e o outro é tomar as respostas como elas são. O primeiro modo, categorização, produz uma influência forte, e muitas vezes indevida, do referencial conceptual do pesquisador sobre os dados. A categorização somente é aceitável se os pesquisadores tiverem uma forte justificação para suas categorias. As categorizações podem facilmente ser aplicadas a um arquivo de dados quantitativos e sua análise através de pacotes estatísticos padronizados é bastante simples. Por isso, o restante desse capítulo irá se referir apenas à análise de respostas à linguagem natural.

Respostas abertas e tarefas de associação de palavras podem ser analisadas tanto através de análise de conteúdo manual (cf. Bauer, cap. 8 neste livro) como através de procedimentos estatísticos automáticos. A análise de conteúdo clássica tem a ver com o sentido de proposições e sentenças, em falas que um locutor de uma respectiva língua, culturalmente instruído e competente, pode facilmente discernir. Análise automática é feita com programas de computador que, mesmo hoje, são incapazes de entender o sentido. A análise computadorizada substitui o sentido da frase, analisando coocorrências localizadas de palavras. A ideia subjacente é que o sentido das proposições e sentenças pode ser captado, se for possível identificar aquelas palavras que andam juntas nas frases e que são ditas pelo maior número de respondentes possível.

Imaginemos o seguinte exemplo. Suponhamos que estamos fazendo um levantamento sobre o que as pessoas pensam sobre biotecnologia. Uma pergunta aberta é inserida, solicitando-se aos entrevistados que escrevam tudo o que lhes vem à mente quando eles pensam em biotecnologia. Obteremos algo semelhante à seguinte série de afirmações:

> 0001 ... Biotecnologia produz novo alimento. Isso fará com que fiquemos doentes...

0002 ... As pessoas podem contrair toda sorte de doenças ao comer verduras artificialmente criadas...

i ... Nós não sabemos ainda se o alimento geneticamente modificado produz alergias...

k ... etc. ...

Dado que um número qualificado de respondentes produz afirmações desse tipo, ou similares, que basicamente expressam o mesmo sentido, seremos capazes de observar muitas coocorrências entre "biotecnologia", "criação", "geneticamente modificados", "alimento" e "verduras", por um lado, e "doente", "doença" e "alergias", por outro lado. Os respectivos termos coocorrem, tanto na mesma como nas sentenças subsequentes. O programa poderá ser informado de que os termos relevantes são sinônimos com respeito à questão de pesquisa em foco. Por essa razão, os programas tanto nos permitem definir sinônimos manualmente ou podem possuir já um dicionário próprio. O resultado, para nosso exemplo, será que o programa irá produzir um gráfico que mostrará os termos "biotecnologia", "alimento" e "doença" em estreita proximidade. Isso leva o pesquisador a concluir que um número substancial de respondentes considere o alimento manipulado biotecnologicamente como prejudicial à saúde humana.

De maneira geral, o pesquisador pode fazer a maioria das análises básicas manualmente e não necessitará programas como o Spad.t ou Alceste, embora eles tornariam, certamente, a vida mais fácil. Antes de discutir o emprego desses programas, devemos descrever brevemente o procedimento "manual", que emprega um editor de texto e SPSS. Isso irá mostrar os elementos básicos para analisar respostas a perguntas abertas.

O tratamento de sinônimos

Respostas verbais necessitam ser tornadas homogêneas com respeito a sinônimos. O que passa a ser um sinônimo é uma questão complicada, e depende do problema de pesquisa em questão. "Proteção para a cabeça", "chapéu", "gorro" e "boné", podem ser sinônimos em alguns contextos de pesquisa, mas não em outros. Por conseguinte, o pesquisador deve decidir que variações semânticas secundárias ele quer reter. Se for aceitável homogeneizar essas ex-

17. PALAVRAS-CHAVE EM CONTEXTO...

pressões, então podemos substituir expressões menos frequentes na amostra, pelas mais frequentes. Assim, se "chapéu" for a palavra mais frequente nos dados, toda outra expressão sinônima, tal como "proteção para a cabeça", "gorro" e "boné", podem ser substituídas por "chapéu".

Os dados, muitas vezes, devem ser também homogeneizados com respeito a palavras semanticamente equivalentes em classes de palavras. Em um contexto específico de pesquisa, poderá ser perfeitamente correto igualar nomes, adjetivos e verbos que expressem um objeto, um estado de espírito ou uma atividade que estejam a eles relacionados. Qualquer uma das duas expressões "lutar" (verbo), e "batalha" (substantivo), podem ser substituídas uma pela outra, sem perda de detalhes relevantes. A mesma regra se aplica a "beleza" (substantivo), e "lindo" e "bonito" (adjetivos). Geralmente o sinônimo mais frequente deve substituir os menos frequentes.

Os sinônimos podem ser homogeneizados de maneira melhor se o pesquisador construir duas listas de palavras, uma ordenada alfabeticamente e a outra pela frequência das palavras. Tanto Spad.t como Alceste nos permitem construir tais listas, mas há um bom número de outros programas no mercado que nos permitem também ler dados verbais e produzir listas de palavras. É muito cansativo produzir tais listas manualmente, mesmo com amostras pequenas.

Muitas vezes é difícil decidir o que fazer com negações. Palavras como "não", "nunca", "nem", e "contra" devem ser, ou não, conectadas com a palavra, ou expressão, negadas, por exemplo, através de um hífen, ou outro símbolo? Muitas vezes é suficiente homogeneizar as diferentes formas de negação que existem nos textos, pois assim a negação irá aparecer na análise juntamente com a palavra negada, se elas forem suficientemente frequentes nos dados. Isso depende, certamente, do problema específico de pesquisa.

A seleção das palavras relevantes e a preparação do arquivo de dados

Uma vez homogeneizados, os dados devem ser examinados com respeito às palavras relevantes, através do emprego de uma lista de palavras ordenadas por frequência. Uma amostra média de, digamos, 200 entrevistados produzirá, em geral, mais de 1000 palavras diferentes, muitas das quais serão muito raras. As palavras que produzem contingências são aquelas com uma relação mais direta com o objeto-estímulo e com uma razoável frequência na amostra. O número de palavras relevantes, empregado para análise posterior raramente excederá o número de 20, mesmo em grandes amostras. Do mesmo modo que com o teste da "curvatura" (*scree test*) na análise fatorial clássica, o número de palavras relevantes é determinado por certa curva significativa na distribuição das palavras ordenada pela frequência. Essa técnica é razoavelmente segura no processo de separar palavras relevantes com sentido compartilhado dos termos idiossincráticos.

Por mais radical que possa parecer o fato de reduzir uma lista de 1.000 palavras, ou mais, a uma lista de apenas pouco mais ou menos de 20, esse é um passo necessário se quisermos descobrir campos de coocorrência de palavras. Quanto menos frequente uma palavra, menos provável que um número razoável de contingências com outras palavras possa ser observado na amostra.

Como uma espécie de salvaguarda, é geralmente aconselhável incluir até duas vezes mais palavras no conjunto de dados, do que o número de palavras julgado relevante, de acordo com o teste da "curvatura" (*scree test*). Isto é, o pesquisador poderá incluir palavras com ocorrência menos frequente que o mínimo exigido. Embora esse *surplus* de palavras raramente seja incluído na análise subsequente, poderá muito bem suceder que algum resultado inesperado nos leve a examinar palavras adicionais, para esclarecer o sentido específico das classes de palavras. Especialmente ao se comparar as estruturas semânticas em diferentes amostras, essas palavras adicionais podem acabar tornando-se necessárias para garantir uma completa sobreposição entre listas de palavras de diferentes amostras.

Deve-se notar que entre as palavras mais frequentes haverá sempre um grande número de verbos auxiliares, termos formais sem sentido, em geral curtos, repetidos por hábito, e outras formas linguísticas, que são irrelevantes para a pesquisa. Estas palavras, é evidente, não entrarão na lista de palavras relevantes a serem analisadas e serão descartadas.

Idealmente, os dados preparados constando de palavras, serão juntados ao arquivo que contém os dados quantitativos do estudo. Isso significa juntar o arquivo de dados quantitativos a um arquivo que contém o mesmo número de casos e n variáveis, onde n é o número de palavras relevantes e frequentes mais as "palavras *surplus*", e cada uma das variáveis designa uma palavra. Esse arquivo será uma matriz de indicadores, onde o número 1, na coluna i, significa

17. PALAVRAS-CHAVE EM CONTEXTO...

que o respondente empregou a palavra i, e o número 0 significa que ele/ela não a empregou. Note-se que ambos os arquivos necessitam ser ordenados de acordo com um critério comum, antes de serem juntados. O espaço não nos permite aqui um tratamento extensivo de como preparar o arquivo de dados (cf. WAGNER, 1997, para um exemplo prático), mas é suficiente dizer que os procedimentos de "procurar-e-substituir", nos editores de texto, bem como certos procedimentos no SPSS, permitem facilmente, com apenas alguns passos, a conversão do arquivo de dados de palavras em um arquivo de dados para o SPSS.

Análise estatística de listas de palavras com o emprego de pacotes estatísticos padronizados

Uma vez construída a matriz de indicadores e/ou juntada ao arquivo dos dados quantitativos, a análise estatística é simples. Sendo que as variáveis de palavras n representam dados de categorias, métodos como análise de correspondência (Anacor no SPSS) são os métodos para escolha. (Note-se que Homals não é muito apropriado para analisar matrizes de indicadores, porque esse programa irá processar as ocorrências 0 bem como as ocorrências 1 simultaneamente, o que irá obscurecer consideravelmente os gráficos resultantes.) De maneira alternativa, o uso de escalas multidimensionais poderá ser aplicado a uma matriz de correspondência, descrevendo o padrão de coocorrências entre palavras.

A análise de correspondência trabalha com matrizes de correspondência e ela compara perfis das linhas e colunas das categorias. Ela calcula as distâncias do X quadrado dos perfis linha/coluna, a partir da média do perfil linha/coluna, e submete a matriz da distância resultante a uma decomposição de "valor próprio"[1] ("eigenvalue"). Isto resulta em um espaço dimensional $(n-1)$, onde n é o número de linhas ou colunas, dependendo de qual seja o menor. As linhas/colunas são, então, projetadas nesse espaço, e aparecem tanto mais próximas umas às outras quanto maior for a semelhança entre seus perfis (cf. GREENACRE, 1993).

Este método estatístico opera em matrizes simétricas e quadradas, palavra por palavra, representando as frequências de coocorrência de

---

1. "Eigenvalue" – "valor próprio" – cada um de um conjunto de valores de um parâmetro, para o qual uma equação diferencial tem solução não zero (uma "eigenfunction"), sob determinadas condições.

palavras, e em matrizes assimétricas, onde, por exemplo, as linhas são categorias socioestatísticas, e as colunas são palavras. No caso das matrizes palavra por palavra, do mesmo modo, as classes no espaço resultante são compostas de palavras que aparecem em contextos semelhantes. No caso de matrizes assimétricas, as classes revelam o emprego comum, ou distinto, de palavras pelos respondentes que pertençam a diferentes categorias socioestatísticas. Devido ao fato de poder ser aplicada a todo tipo de matrizes, a análise de correspondência é frequentemente empregada para analisar dados verbais.

Enquanto que a análise de correspondência leva em consideração as distâncias entre perfis, o uso de escalas multidimensionais analisa apenas matrizes de correspondência quadradas e simétricas, assumindo que tenham dados semelhantes. A matriz é, então, submetida à decomposição de "valor próprio" (cf. nota 1), e um espaço n-dimensional é construído, onde os objetos se apresentam tanto mais próximos quanto mais frequentemente eles aparecerem juntos nas respostas. Este método é em geral menos usado, mas merece ser levado em consideração em determinados delineamentos de pesquisa.

Análise estatística de texto com linguagem natural usando Alceste

Visão geral

Alceste é uma técnica computadorizada e também uma metodologia para análise de texto. Foi desenvolvida por Max Reinert (1983; 1990; 1993; 1998) como uma técnica para investigar a distribuição de vocabulário em um texto escrito e em transcrições de texto oral. É também uma metodologia, porque o programa integra uma grande quantidade de métodos estatísticos sofisticados em um todo orgânico que se ajusta perfeitamente ao seu objetivo de análise de discurso. Tomado em seu conjunto, o programa realiza uma complexa classificação hierárquica descendente, combinando elementos de diferentes métodos estatísticos como segmentação (BERTIER & BOUROCHE, 1975), classificação hierárquica e dicotomização, baseadas em médias recíprocas, ou análise de correspondência (BENZÉCRI, 1981; GREENACRE, 1993; HAIASHI, 1950) e a teoria das "nuvens dinâmicas" (DIDAY et al., 1982).

Como todos os outros métodos destinados a analisar respostas a questões abertas, Alceste não é uma técnica para testar hipóteses *a priori*, mas um método para exploração e descrição. Embora não possa dar conta do sentido e contexto, como o fazem os métodos manuais de análise qualitativa, sua vantagem é que dentro de um curto espaço de tempo o pesquisador pode conseguir uma visão geral do volumoso *corpus* de dados.

As precondições para bons resultados com Alceste são as seguintes. Primeiro, os dados do texto que vão ser analisados com Alceste devem mostrar certa coerência. Esta é normalmente a situação quando informações como respostas a uma pergunta aberta, entrevistas, narrativas orais, dados da mídia, artigos ou capítulos de livro, enfocam um tópico específico. Em segundo lugar, o texto deve ser suficientemente grande. O programa é útil para dados de um texto de no mínimo 10.000 palavras, até documentos tão volumosos como 20 exemplares de *Madame Bovary*.

Em Alceste, uma afirmação é considerada uma expressão de um ponto de vista, isto é, um quadro de referência, dita por um narrador. Este referencial traz ordem e coerência às coisas sobre as quais se está falando. Quando se estuda um texto produzido por diferentes indivíduos, o objetivo é compreender os pontos de vista que são coletivamente partilhados por um grupo social em um determinado tempo. Quando se pensa sobre um objeto, existem sempre diferentes e contrastantes pontos de vista. O pressuposto de Alceste é que pontos diferentes de referência produzem diferentes maneiras de falar, isto é, o uso de um vocabulário específico é visto como uma fonte para detectar maneiras de pensar sobre um objeto. O objetivo de uma análise com Alceste, portanto, é distinguir classes de palavras que representam diferentes formas de discurso a respeito do tópico de interesse.

A análise de Alceste

Preparando os dados do texto: em primeiro lugar, o *corpus* dos textos é preparado pelo analista. O texto de cada respondente, ou outra unidade de texto de linguagem natural, é caracterizado por seus aspectos relevantes, como idade, sexo, profissão, etc. Em segundo lugar, as unidades de análise relevantes são definidas. Na linguagem natural, uma afirmação é uma unidade de sentido que liga um conteúdo proposicional com a intenção, a crença, o desejo e a cosmovisão de um sujeito. Ao contrário de uma única palavra, a afirmação é sobre um objeto do ponto de vista do sujeito que fala ou que escreve.

É essa dupla dimensão do sujeito e do objeto que faz da afirmação uma unidade adequada para estudar o discurso que tem lugar entre indivíduos e dentro dos grupos.

Falando de maneira geral, a definição de uma afirmação pode ser sintática, pragmática, semântica ou cognitiva. Para evitar ambiguidades, as afirmações são operacionalizadas como "unidades contextuais" na nomenclatura de Alceste. O programa determina automaticamente as unidades contextuais ao considerar a pontuação, de um lado, e o tamanho de uma afirmação (que pode ser determinado pelo usuário) com até o máximo de 250 caracteres, por outro.

A fim de eliminar sinônimos (cf. acima), diferentes formas da mesma palavra (por exemplo, plurais, conjugações e sufixos) são automaticamente reduzidos à sua radical. Verbos irregulares são identificados e transformados ao indicativo. Tudo isso é conseguido através da ajuda de um dicionário e resulta em uma matriz contendo as assim chamadas "formas reduzidas". Esse procedimento muitas vezes aumenta o número de entradas 1 na matriz dos dados e torna o método estatisticamente mais poderoso.

Um outro ponto é que nem todas as palavras carregam informação relevante. Por exemplo, em um texto a palavra "fome" é mais relevante que o artigo "o". Com base, novamente, em um dicionário, o *corpus* é subdividido em um grupo de "palavras com função", tais como artigos, preposições, conjunções, pronomes e verbos auxiliares, e um grupo de "palavras com conteúdo", tais como substantivos, verbos, adjetivos e advérbios. É esse segundo grupo de palavras que contém o sentido do discurso e a análise final é baseada nessas palavras. As palavras com função são excluídas da primeira análise, mas servem como informação adicional. Deve-se notar, contudo, que Alceste também trabalha com textos em línguas para as quais não existem dicionários; nesse caso, não são criadas formas radicais, nem é identificada a função das palavras.

A segmentação em unidades contextuais e a identificação de palavras relevantes ao discurso, concluem os primeiros passos executados por Alceste.

Criando as matrizes de dados: o objetivo da metodologia de Alceste é investigar as semelhanças e dessemelhanças estatísticas das palavras a fim de identificar padrões repetitivos de linguagem. Tecnicamente, tais padrões são representados por uma matriz de indicadores que relaciona palavras relevantes em colunas e unidades contextuais (isto é, a operacionalização das afirmações) em linhas. Lembremos que uma matriz de indicadores é uma tabela com 1 se determinada palavra está presente, e com 0 se ela está ausente, na respectiva afirmação. Normalmente essa é uma matriz bastante vazia, contendo até 98% de zeros.

A distribuição de entradas nessa matriz, bem como os resultados consequentes, dependem, com menor ênfase, do tamanho das unidades contextuais empregadas no recorte do texto. A fim de reduzir a ambiguidade de possíveis resultados e encontrar uma solução que seja relativamente estável, Alceste sempre calcula matrizes e soluções para duas unidades de tamanho um pouco diferentes. Por exemplo, uma matriz pode estar baseada em unidades com um tamanho mínimo de 10 palavras e a outra com 12. Se as duas classificações, resultantes das duas matrizes são razoavelmente semelhantes, Alceste, ou o pesquisador, pode supor que os tamanhos de unidade escolhidos são adequados para o texto em questão. Se isso não acontecer, os tamanhos das unidades podem ser mudados até que se encontre uma solução relativamente estável. A modificação experimental do tamanho das unidades de texto é um tipo de teste empírico para a estabilidade do resultado.

Procurando uma classificação: o passo seguinte consiste na identificação de classes de palavras. O método é a análise de classificação hierárquica descendente, que é adequado para matrizes de indicadores de grande escala, com poucas entradas. (Note-se que para a análise de classificação hierárquica descendente nós empregamos o termo "classe", em vez de "agrupamento" –"cluster"–, que é usado para a análise mais tradicional de agrupamento ascendente.)

O conjunto total de unidades contextuais na matriz de indicadores inicial (unidades contextuais por palavras) constitui a primeira classe. O objetivo do próximo passo é conseguir uma divisão dessa classe em duas, que separem, da maneira mais nítida possível, as classes resultantes, de tal modo que as duas classes contenham diferentes vocabulários e, no caso ideal, não contenham nenhuma palavra sobreposta. Tecnicamente, isso consiste na decomposição da matriz em duas classes através de um escalonamento otimizado e interrompendo o conjunto ordenado de palavras quando um critério, baseado em determinado valor do x quadrado, alcançar um ponto máximo. A Tabela 17.1 mostra um exemplo idealizado de tal decomposição. Os dois subconjuntos resultantes, ou classes 2 e 3, são separados de maneira otimizada no sentido de terem o mínimo de sobreposição possível, em termos de palavras. Os números na Tabela ($k2j$, $k3j$) indicam a frequência das unidades contextuais para cada classe contendo uma palavra específica j. No nosso exemplo, a classe 2 consiste de afirmações contendo palavras como "alimento" e "fruta", enquanto que palavras como "câncer" e "cura" são tipicamente da classe 3. É claro que raramente será possível separar afirmações de tal modo que palavras que ocorram em uma classe não ocorram em outra. Haverá sempre algum vocabulário sobreposto, como a palavra "digamos" no exemplo.

Tabela 17.1 – Decomposição da matriz original em duas classes

	Vocabulário específico da classe 2			Vocabulário sobreposto			Vocabulário específico da classe 3		
	alimento	fruta	...	Digamos palavra j		...	cura	câncer	
Classe 2	45	12	...	20	k_2j	...	0	0	k_2
Classe 3	0	0	...	21	k_3j	...	33	20	k_3
	45	12	...	41	kj	...	33	20	k

Como se sabe, o procedimento com X quadrado consiste na comparação de uma distribuição observada, com uma distribuição esperada. Em termos mais técnicos, o procedimento identifica, a partir de todas as separações possíveis, as duas classes que maximizam o seguinte critério de X quadrado:

$$\chi^2 = k_2 k_3 \sum_{j \in J} \left[\left(\frac{k_{2j}}{k_2} - \frac{k_{3j}}{k_3} \right) \right]^2 / k_j$$

onde

$$k_{2j} = \sum_{i \in I_2} k_{ij} ; k_2 = \sum_{i \in I_1} k_{2j} ; k_j = k_{2j} + k_{3j}$$

No presente caso, a distribuição de palavras em cada uma das duas classes é comparada com a distribuição média das palavras. Se existirem ali diferentes formas de discurso empregando vocabulário diferente, então a distribuição observada irá se desviar sistematicamente de uma distribuição onde as palavras são independentes uma da outra. Neste contesto, o critério de X quadrado é empregado não como um teste, mas como uma medida da relação existente entre palavras; esse procedimento procura separar da maneira mais nítida possível padrões de coocorrência entre as classes. Para determinar quando esse X quadrado máximo é alcançado, Alceste emprega outros procedimentos estatísticos.

O método de classificação hierárquica descendente é um procedimento iterativo. Nos passos seguintes, a maior das classes 2 e 3 é decomposta a seguir, e assim por diante. O procedimento se interrompe se um predeterminado número de repetições não resulta em divisões posteriores. O resultado final é uma hierarquia de classes (Figura 17.1).

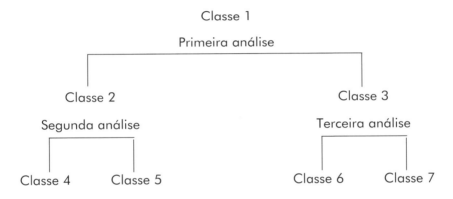

Figura 17.1 – *Representação esquemática de classificação hierárquica descendente do Alceste.*

Descrevendo e interpretando as classes: o Alceste produz um arquivo volumoso de resultados, oferecendo várias fontes para interpretação. Descreveremos aqui as seções mais importantes dos resultados. Como ilustração, tomamos um estudo comparando diferentes textos e respostas de entrevistas sobre biotecnologia (ALLUM, 1998). O autor analisou, entre outras, a resposta de uma amostra inglesa a uma pergunta aberta do levantamento *Eurobarometer* de 1996 (46.1):

"Agora, gostaria de lhe perguntar o que vem a sua mente quando você pensa sobre a moderna biotecnologia em um sentido amplo, isto é, incluindo engenharia genética."

As 973 respostas foram transcritas literalmente e submetidas à análise de Alceste.

Alceste computa, para cada classe, uma lista de palavras que são características dessa classe. A força da associação entre cada palavra e sua classe é expressa por um valor do X quadrado, e todas as palavras que excedem determinado valor do X quadrado, são listadas. Quanto maior o valor, mais importante é a palavra para a construção estatística da classe. Essas listas de palavras são a fonte básica para interpretar as classes.

Os dados do arquivo Alceste contêm não apenas palavras com conteúdo, mas também palavras com função e – se for solicitado – também atributos dos respondentes. Note-se que as palavras com função e as variáveis de atributo não entram na análise de classificação, mas servem como variáveis ilustrativas para descrição da classe. Elas são variáveis "passivas".

A análise Alceste das respostas à pergunta aberta sobre biotecnologia dá lugar uma resolução com seis classes. A Tabela 17.2 lista as palavras mais típicas para as classes ordenadas com base na força de associação. Um olhar mais cuidadoso para a lista de palavras nos permite nomear cada classe. Classe D, por exemplo, compreende um discurso que relaciona a biotecnologia à reprodução e à embriologia. Para cada classe, o arquivo resultante contém também um número de combinações características de palavras:

*** classe n. 4 (máximo de 20 X quadrados) ***

3 4 15 experimento+ proveta+ crianças

2 4 6 experimento+ proveta+

2 3 6 inseminação artificial

2 4 2 eu suponho+

2 4 2 eu penso.

2 4 2 ou não

2 4 2 sobre isso

2 4 2 com animal+

2 4 2 uma criança+

2 4 2 tratamento de fertilidade+

etc.

17. PALAVRAS-CHAVE EM CONTEXTO...

Esta lista mostra que as afirmações na classe D contêm muitas vezes as palavras "experimento", "proveta" e "crianças" combinadas.

Tabela 17.2 – *Exemplo de classes semânticas provenientes de uma amostra de pergunta aberta (Allum, 1998: 35). As palavras estão ordenadas com base na força da associação. Um + no fim de uma palavra indica sua radical*

A	B	C	D	E	F
interferindo com a natureza	não sei	preocupação não especificada	reprodução	que cura doença	alimento
interfer+	escutar	criar	artificial	câncer	cultivar
confusão	conhecer	genético	crianças	curar	animal
natureza	compreender	colocar	insemina+	doença	alimento
ao redor	outra coisa	abuso	experimento	melhorar	fruto
deixar	nada	cuidadoso	proveta	novo	ouvido
tomar	real	preocupação	gravidez	descobrir	fazenda
jogar	não pode	dizer	esperma	ajudar	para baixo
tentando	ideia	aprovar	criança+	desenvolver	bactéria
sentir	seguro	feijão	morto	droga	plantação
curso	significar	criar	especi+	tratamento	melhora
bom	dizer	fim	mulher	energia	planta
ir	mente	soja	preocupação	médic+	tomates
deixar	opinião	eles fizeram	clonagem	medicina	usar
alterar	risco	uso	órgão	prevenir	guardar
mau	isto é	em – para	porco	pesquisa	livrar
acontecer	comentário	para	seleção	tecnolog+	químic+
olhar	palavra	conseguir	human+	ajuda	detectar
natural	resposta	dar	manipul+	melhor	fácil+
Pergunta	duro	fazer	material	sem filhos	ambient+
raça	vir	pensar	pista	comunic+	erradicar
etc.	etc.	etc.	etc.	etc.	etc.

Outra, e importante, chave para nomear e interpretar o discurso em cada classe, é o conjunto de afirmações originais e prototípicas associado a ela. Essa lista é proporcionada por Alceste e nos permite determinar o contexto dentro do qual cada palavra é usada no texto original. O que segue são as afirmações mais exemplificadoras das quais a classe D foi originada (note-se que o símbolo # assinala as palavras relevantes para a classe, e $ indica o fim de uma resposta):

6 35 Clé sélectionnée : D (chave selecionada: D)

224 105 0293 #experimento #proveta #crianças #artificial #inseminação #clonagem #transplantando #porcos #órgãos em #humanos$

157 47 0400 vai de #clonando DNA e #experimento #proveta #humanos$

659 47 2028 #experimento #proveta #crianças #transplantes$

80 42 0489 faz com que uma #mulher tenha uma criança ou uma #menina se ela quiser então poderá haver produção de #crianças através de #experimentos de #proveta #criação é uma bela porcaria ter belos pepinos que têm #perdido seu gosto$

679 39 2068 #experimento #proveta #crianças problemas de mulheres na TV e #esperma e o pai da #criança$

750 36 2103 #experimento #proveta #crianças confusão sobre isso #materiais não se deveria$

0449 eles podem #manipular a química da #espécie #humana$

146 35 0407 #experimento #proveta #crianças$

211 35 0347 #experimento #proveta #crianças$

319 35 0213 a mulher tendo uma #criança do #esperma de seu marido #morto$

769 35 2142 #experimento #proveta #crianças$

592 29 2397 interromper uma #gravidez se o feto tem #doença #seleção #inseminação #artificial$

Os resultados podem ser representados graficamente em um espaço de correspondência. Para esse fim, uma matriz empregando tabelas cruzadas de classes e palavras em sua forma reduzida (radicais) é submetida a uma análise de correspondência. Ela apresenta uma representação espacial das relações entre as classes, onde suas posições refletem sua relação em termos de proximidade. Três gráficos são construídos: o primeiro representa as relações entre as palavras com conteúdo, o segundo representa as palavras com função, e o terceiro projeta as variáveis passivas, isto é, os atributos dos respondentes, no espaço das palavras com conteúdo e das classes de discurso. Os três gráficos podem ser sobrepostos e lidos em conjunto.

Finalmente, os resultados devem ser interpretados. É aqui que entram em jogo o pesquisador e seu conhecimento do campo, para dar uma interpretação teórica empiricamente justificada. No caso ideal, a interpretação deveria fornecer o conteúdo semântico à informação puramente estrutural do espaço discursivo produzido por Alceste, apoiando-se em outros métodos de análise de texto e análise de discurso.

Do mesmo modo que na análise de Alceste, os dados de resposta apresentados aqui foram analisados de acordo com seu conteúdo e categorizados manualmente na maneira tradicional. Na Figura 17.2, as classes de Alceste e as categorias avaliativas conseguidas através da análise de conteúdo manual são projetadas em um espaço de correspondência. Como se pode perceber, as afirmações que pertencem às classes "interferindo na natureza" e "preocupação não especificada", são claramente categorizadas como negativas, e a classe "curando doenças", no polo oposto, é categorizada como positiva. As categorias restantes de avaliação "neutra", e "ambivalente", ficam no meio, e aparecem próximas àquelas classes de Alceste que não puderam ser classificadas ou que contêm respostas "não sei". A alta correspondência entre a análise de conteúdo automática e a tradicional, representa uma validação mútua dos diferentes métodos.

Problemas e exemplos

Apesar de sua grande versatilidade, Alceste possui algumas limitações. A principal é que só existem dicionários para um pequeno número de línguas: atualmente as línguas contempladas são o inglês, francês, italiano, português e espanhol. Infelizmente, nem todos os dicionários são completos e algumas vezes eles não conseguem identificar os plurais e outras formas. Línguas não romanas não são absolutamente contempladas. Porém, não é tão difícil construir um dicionário de palavras com função para qualquer língua (como fazer isso é explicado no manual). A exclusão de artigos, conjunções e palavras semelhantes da análise, melhora substancialmen-

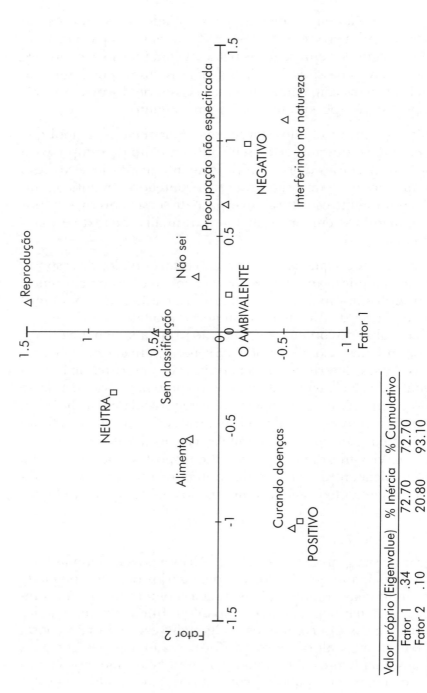

Figura 17.2 – *As classes Alceste e as categorias avaliativas derivadas através da análise de conteúdo manual projetadas em*

te o resultado de Alceste. Outra possibilidade para lidar com o problema da falta de dicionários é fazer manualmente alguma preparação do conteúdo específico do texto. Análises preliminares nos permitem identificar palavras relevantes que podem ser reduzidas a sua forma radical com a ajuda das funções procurar-e-substituir, como descritas acima.

Alceste é muito complexo, mas apesar disso é relativamente transparente, uma vez que o usuário tenha identificado os locais para os parâmetros mais importantes. Em geral, a forma-padrão de análise produz resultados palpáveis, em aproximadamente 80% dos casos.

Há uma quantidade de estudos que nos dá uma ideia de como usar Alceste. Reinert (1993) analisou 212 pesadelos contados por adolescentes franceses. Comparando e contrastando o vocabulário distribuído por três classes, Reinert identificou três tópicos principais nos pesadelos: separação, que se refere ao mundo social do sonhador; ser preso e ameaçado por um agressor, que se refere ao mundo perceptível do sujeito; e cair e submergir, que se refere ao mundo arcaico, proprioceptivo, do indivíduo.

Noel-Jorand et al. (1995) aplicaram o método a narrações orais de 10 médicos que tinham realizado uma expedição científica ao Monte Sajama (6542mts de altitude). A análise de discurso foi realizada para auxiliar a compreensão da adaptação psicológica a ambientes em situação-limite. Os autores diferenciaram diversas formas de enfrentar o medo e a ansiedade.

Lahlou (1996; 1998) aplicou Alceste separadamente, em entrevistas, e em verbetes de uma enciclopédia referentes a comer e a atividades ligadas a comer. Ele foi capaz de mostrar que as classes que apareciam na análise das entrevistas – com exceção de uma – eram virtualmente idênticas às classes derivadas da enciclopédia. Do mesmo modo, Beaudouin et al. (1993) analisaram respostas a uma pergunta aberta: "Qual é um café da manhã ideal?" A análise forneceu seis classes, que podem ser sintetizadas em um nível mais abstrato como duas categorias: o nome dos produtos associados com café da manhã, e o contexto espacial, temporal e social do café da manhã.

Visão geral

Foi visto que respostas verbais abertas de questionários podem ser analisadas "manualmente" usando procedimentos estatísticos padronizados, bem como através de procedimentos totalmente automatizados, que foram planejados especificamente para trabalhar com dados textuais. Além de Alceste, há um antigo programa, Spad.t (Sistème Portable pour l'Analyse des Données Textuelles: Lebart et al., 1989; Lebart & Salem, 1988), que se coloca em algum lugar entre a análise manual e Alceste. Ele é também planejado especificamente para dados textuais, e nos permite aplicar uma ampla variedade de procedimentos estatísticos, tais como diferentes versões da análise de correspondência, ou análise de agrupamento. Ele não emprega dicionários e pode, por isso, ser usado em praticamente todas as línguas que empregam caracteres romanos. O programa Prospero, que está sendo desenvolvido na Universidade de Paris, vai até mesmo um passo além das capacidades de Alceste: ele é planejado para dar conta das relações semânticas e gramaticais na língua francesa.

Análise automática de texto é uma ferramenta poderosa que nos permite manejar *corpora* de textos cujo enorme tamanho está além do alcance de até mesmo o mais corajoso analista qualitativo. Analisar questões abertas em questionários é apenas um pequeno exemplo de tais tarefas, a maioria das quais irá implicar muitos dados da mídia e de entrevistas.

Passos práticos para fazer uma análise Alceste

1. *Dados adequados*: textos que são produzidos com (ou sem) pequena estruturação pelo pesquisador serão os mais apropriados para uma análise Alceste (por exemplo, respostas a uma questão aberta, entrevistas de narrativa, artigos de mídia, etc.).

2. O *corpus* de dados deve ser coerente e homogêneo, isto é, os textos devem ser produzidos sob condições similares e enfocarem o mesmo tópico. Um mínimo de 10.000 palavras deve ser organizado como um arquivo ASCII com quebras de linha.

3. *Preparação dos dados*: símbolos como o asterisco (*), ou o símbolo do dólar ($) possuem um sentido especial em Alceste; por isso, devem ser substituídos por outros caracteres. Apóstrofes e caracteres específicos não universais, devem ser substituídos por transliterações (por exemplo, a letra alemã "ä", deve ser substituída por "ae".

17. Palavras-chave em contexto...

4. Rotular unidades de texto com "variáveis passivas", os atributos do locutor ou as características do texto.

5. Se Alceste não possui dicionários, um dicionário deve ser construído para excluir as palavras com função (artigos, preposições). O manual explica como fazer isso. Alguma preparação dos dados pode ser feita manualmente (usando os recursos localizar-e-substituir, já acessíveis em programas de processamento de texto).

6. *Execução do programa*: uma primeira análise Alceste pode ser feita usando parâmetros *default* provisórios. Usuários mais experientes podem mudar os parâmetros de acordo com as necessidades da pesquisa.

7. Para garantir resultados estáveis, Alceste computa duas classificações, empregando diferentes extensões de unidades de texto. Uma solução aceitável classifica ao menos 70% das unidades de texto. Classes estáveis podem ser aumentadas através da manipulação dos parâmetros Alceste.

8. *Exame dos resultados*:

   a) As classes de palavras resultantes devem ser interpretadas. O arquivo produzido por Alceste oferece auxílio para interpretação: listas de palavras com vocabulário característico de uma classe, combinações frequentes de palavras, texto completo das afirmações originais em uma classe.

   b) "Variáveis passivas" e palavras com função associadas a uma classe fornecem informação adicional no contexto e na dinâmica dos discursos.

9. Integrar os diferentes resultados em uma interpretação compreensiva.

Nota

Os autores se mostram reconhecidos e gratos pela permissão dada por Nicholas C. Allum de usar dados e resultados de Allum (1998) como um exemplo ilustrativo do procedimento de Alceste.

Referências bibliográficas

ALLUM, N.C. (1998). A Social Representations Approach to the Comparison of Three Textual Corpora Using Alceste. Unpublished Thesis, London School of Economics and Political Science.

BEAUDOUIN, V.; LAHLOU, S. & YVON, F. (1993). Réponse à une Question Ouverte: Incidence du Mode de Questionnement, paper presented at Secondes Journées Internationales d'Analyse Statistique de Données Textuelles, Montpellier.

BENZÉCRI, J.P. (1981). *Pratique de l'Analyse des Données*: linguistique et lexicologie. Paris: Dunod.

BERTIER, P. & BOUROCHE, J.M. (1975). *Analyse des Données Multidimensionnelles*. Paris: Presses Universitaires de France.

DIDAY, E.; LEMAIRE, J.; POUGET, J. & TESTU, F. (1982). *Eléments d'Analyse des Données*. Paris: Dunod.

GREENACRE, M.J. (1993). *Correspondence Analysis in Practice*. Londres: Academic Press.

HAYASHI, C. (1950). "On the Quantification of Qualitative Data from the Mathematics-statistical Point of View". *Annals of Statistical Mathematics*, II.

LAHLOU, S. (1998). *Penser Manger*. Paris: Presses Universitaires de France.

_____ (1996). "A Method to Extract Social Representations from Linguistic Corpora". *Japanese Journal of Experimental Social Psychology*, 35, p. 278-291.

LEBART, L. & SALEM, A. (1988). *Analyse statistique des Données Textuelles*. Paris: Dunod.

LEBART, L. et al. (1989). *Système Portable pour l'Analyse des Données Textuelles, version 1.1, Manuél de l'utilisateur*. Paris: Cisia (1 Avenue Herbillon, F-94160 Saint-Mandé, France).

NOEL-JORAND, M.C. et al. (1995). "Discourse Analysis and Psychological Adaptation to High Altitude Hypoxia". *Stress Medicine*, 11, p. 27-39.

REINERT, M. (1983). "Une Méthode de Classification Descendante Hiérarchique: Application a l'Analyse Lexicale par Contexte". *Les Cahiers de l'Analyse des Données*, 8(2), p. 187-198.

REINERT, M. (1998). *Manuel du Logiciel ALCESTE (Version 3.2)* (computer program). Toulouse: Image (CNRS-UMR 5610).

_____ (1993). "Les 'Mondes Lexicaux' et leur 'Logique' à Travers l'analyse Statistique d'un Corpus de Récits de Cauchemars". *Langage et société,* 66, p. 5-39.

_____ (1990). Alceste. "Une Méthodologie d'analyse des Données Textuelles et une Application: Aurélia de Gérard de Nerval". *Bulletin de Méthodologie Sociologique,* 26, p. 24-54.

WAGNER, W. (1997). Word Associations in Questionnaires – a Practical Guide to Design and Analysis. In: *Papers in Social Research Methods – Qualitative Series,* vol. 3. Londres: London School of Economics and Political Science.

WAGNER, W.; VALENCIA, J. & ELEJABARRIETA, F. (1996). "Relevance, Discourse and the 'Hot' Stable Core of Social Representations: a Structural Analysis of Word Associations". *British Journal of Social Psychology,* 35, p. 331-352.

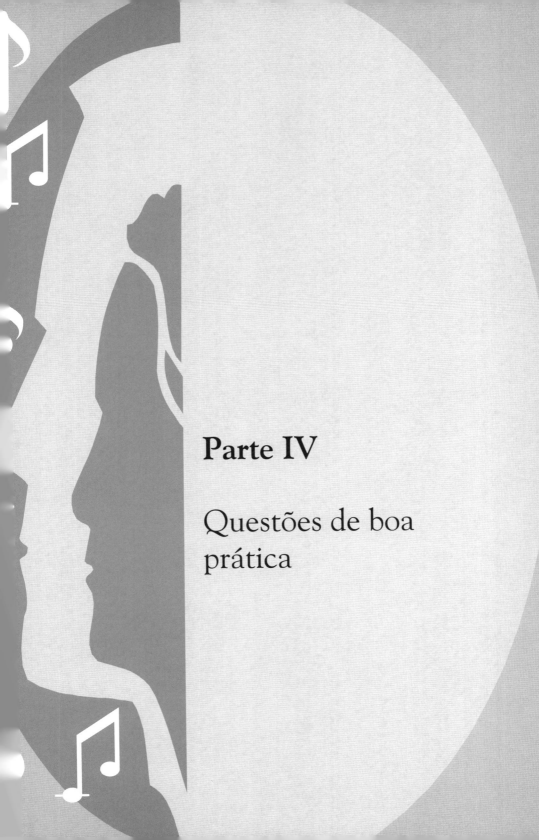

Parte IV

Questões de boa prática

18
FALÁCIAS NA INTERPRETAÇÃO DE DADOS HISTÓRICOS E SOCIAIS

Robert W.D. Boyce

Palavras-chave: falácia das posições adversárias; falácia de evidência relativizada; falácia da narrativa anacrônica; falácia da autovalidação; falácia da evidência desproporcional; falácia do fato oculto; falácia das causas necessárias e suficientes; falácia da causa mecanicista; falácia do reducionismo; falácia da falsa dicotomia; falácia da causa supérflua.

A história, como uma disciplina acadêmica, sente-se desconfortável ao sentar com as ciências sociais. Tal realidade é claramente ilustrada pelo fato de que na Inglaterra a história econômica e social recebe verbas do Conselho de Pesquisa Econômica e Social, enquanto que a história política, intelectual e internacional ou diplomática – que, por falta de um termo melhor, poderia ser chamada de história tradicional – recebe verbas do Comitê de Pesquisa em Artes e Humanidades. Divisões funcionais desse tipo ocultam o fato de que a maioria do trabalho histórico transita por tais fronteiras até certo ponto artificiais. Como, por exemplo, se poderiam categorizar outras como *Religion and the Decline of Magic: Studies in Popular Beliefs in Sixteenth– and Seventeenth-Century England*, de Keith Thomas, ou *The Making of the English Working Class*, de E.P. Thompson, ou *Death in Hamburg: Society and Politics in the Cholera Years 1830-1910*, de Richard Evans, três excelentes trabalhos que contribuem para nossa compreensão da história intelectual e política, bem como da história social? Em lugar de duas ou três categorias, nos últimos 50 anos a disciplina acadêmica da história foi sendo continuamente dividida e subdividida, e compreende atualmente ao menos doze subdivisões. Mas, correndo-se o risco de uma grosseira simplificação, pode-se dizer que a divisão imposta pelos organismos de financiamento público reflete uma diferença básica com respeito à metodologia que divide a profissão. Os que se dedicam à história econômica e social, ou o que foi chamado, de maneiras diversas, de história científica, quantitativa, cliométrica, ou simplesmente nova história, com raras exceções associam-se deliberadamente com as ciências sociais. Historiadores do tipo tradicional, por outro lado, não se sentem bem, quando não se mostram hostis à ideia de que suas atividades sejam uma forma de ciência e, de modo geral, preferem se ligar, por sua vez, às humanidades. Apesar disso, eles iriam negar peremptoriamente que tal prática implique menor rigor no uso de provas, ou de testes de validade. Iriam dizer também que seu espectro de temas compreende a maioria das áreas discutidas pelos seus colegas "científicos" e ainda muito mais. Conforme Robert Fogel, vencedor do prêmio Nobel por seu trabalho pioneiro em cliométrica:

> Os historiadores científicos procuram se concentrar nas coletividades de pessoas e de acontecimentos recorrentes, enquanto que os historiadores tradicionais tendem a se concentrar em indivíduos particulares e em acontecimentos específicos (FOGEL & ELTON, 1983: 42).

Mas o historiador científico, ao menos o da linha de Fogel, que constrói ou testa modelos empregando ferramentas matemáticas e estatísticas, raramente se aventurou para além da história econômica, social ou demográfica, enquanto que os acontecimentos do historiador tradicional, incluem desenvolvimentos políticos, intelectuais e sociais, revoluções, guerras, migrações, partidos políticos, governos, estados, costumes, crenças e invenções, nascimentos de crianças, amor, casamento e morte, e seus indivíduos incluem os poderosos e os pobres, os famosos e os infames, os criadores e os destruidores e, no mais das vezes, grupos, em vez de indivíduos singulares. O campo de trabalho do historiador tradicional é, por consequente, excepcionalmente amplo. Na verdade, a única restrição que seria aceita, é que esse campo deveria possuir alguma significância social. Sendo assim, poderíamos ser tentados a concluir que a história (daqui em diante significando a história tradicional, a não ser que se diga expressamente que não) é, na verdade, uma ciência social ou até mesmo, devido ao fato de percorrer todas as ciências sociais, a disciplina qualitativa *par excellence*.

Fazendo história

Antes de decidir onde se coloca a história em relação às ciências sociais e o que ela tem a oferecer a estudantes engajados em pesquisa qualitativa, será útil descrever brevemente o que os historiadores fazem quando fazem história.

O registro da história é tão velho quanto os próprios registros escritos. Como uma disciplina acadêmica, contudo, ela apareceu apenas no final do século dezoito, ou começo do século dezenove, junto com a secularização do pensamento e o surgimento das ciências sociais modernas. Talvez se deveria dizer, em vez disso, das *outras* ciências sociais, pois poucos estudiosos, naquele tempo, pensaram em distinguir a história das outras disciplinas. O século dezenove foi a grande era da história, quando os historiadores se engajaram na promoção do liberalismo ou, em alguns casos, do antiliberalismo, na construção de nações autoconscientes e em fornecer um racional para novos empreendimentos na construção de impérios transoceânicos, e foram recompensados com o estabelecimento de cadeiras de história dentro do sistema universitário. Os grandes historiadores nacionalistas – Treitschke na Alemanha, Michelet na França, Macaulay na Inglaterra, Koskinen, autor da primeira história importante da Finlândia, Palacký, o historiador da Boêmia – decidiram demonstrar implicitamente, e em alguns casos explicitamente, que a história tinha fixado um lugar especial para suas próprias nações, cuja experiência específica, ou caráter, fundamentou as reivindicações de autogoverno, independência ou *status* destacado no mundo. Com respeito a isso, o projeto desses historiadores trouxe uma feição distinta ao de Saint-Simon, Comte, Hegel, Marx, Engels e Spencer, todos eles, fossem idealistas ou materialistas, se engajaram em formas de historicismo, que pressupunha que o conjunto da existência humana, passado, presente e futuro, era modelado por grandes forças impessoais que operavam com fundamento em leis que poderiam ser identificadas. Cada vez mais, a história científica também propiciou trabalhos que, devido a seu comprometimento com fontes manuscritas, tornou-os massivos, pedantes e praticamente impenetráveis ao leitor comum.

Pelo fim do século dezenove, houve uma forte reação contra essa forma de positivismo e contra o pressuposto de que o curso da história é determinado por leis identificáveis. Influenciados pelo trabalho de filósofos como Friedrich Nietzsche, Henri Bergson, Benedetto Croce e depois R.G. Collingwood, os historiadores passaram a insistir, sempre mais, na especificidade de sua atividade. O passado poderia ser compreendido não por dedução ou indução lógica, mas através de um processo de empatia com respeito ao assunto. Sendo que os historiadores lidam com processos dinâmicos, e não com situações estáticas, eles têm de fazer algo mais além de observar acontecimentos pelo lado de fora. Eles têm de penetrar no espírito que informou ou guiou esses processos, "entrar para dentro" deles, um processo comumente identificado pelo termo alemão *Verstehen*, para distingui-lo de *Wissen*, que significa, nesse caso, (mera) descrição factual das aparências externas. Mas os historiadores não chegaram a um consenso com respeito a algum desses enfoques nem no início do século vinte, nem nos dias de hoje. Embora seja provavelmente certo dizer que os historiadores, como grupo, se distinguem por sua relativa indiferença a questões metodológicas, uma intensa disputa continua entre epistemólogos e estudiosos do método histórico sobre se a natureza de toda explicação histórica é essencialmente semelhante à empregada nas ciências sociais (ou naturais).

O coração da disputa tem a ver com o que passou a ser chamado de explicações, no campo da história, de leis gerais explanatórias.[1] Carl Hempel, Sir Karl Popper, Ernest Nagel, Maurice Mandelbaum e outros, argumentaram que o historiador, consciente ou inconscientemente, se compromete com o uso de leis, ou princípios, ou regularidades estabelecidas, formuladas nas ciências naturais e sociais (GARDINER, 1974). Embora ele possa querer explicar um acontecimento específico ou o comportamento de um indivíduo singular, ou de um grupo de indivíduos, o acontecimento ou comportamento terá de ser um exemplo de um fenômeno reconhecível, ou de um conjunto de fenômenos, governados por princípios sociais e leis, se ele estiver engajado em uma pesquisa que tenha algum mérito, socialmente falando. Nas palavras de Fogel:

> Os historiadores na verdade não têm escolha em empregar, ou não empregar, modelos comportamentais, pois todas as tentativas de explicar o comportamento histórico ... seja chamado de Ideengeschichte, imaginação histórica, ou modelagem comportamental, implica determinado tipo de modelo. A escolha concreta é se esses modelos são implícitos, vagos e internamente inconsistentes, como os seguidores da cliométrica afirmam ser frequente-

---

1. "Leis gerais explanatórias" foi a tradução preferida para o conceito de "Covering Laws" de Hempel.

18. FALÁCIAS NA INTERPRETAÇÃO DE DADOS...

mente o caso na pesquisa histórica tradicional, ou se os modelos são explícitos, com todos os pressupostos relevantes claramente colocados (FOGEL & ELTON, 1983: 25-26).

Proponentes desse ponto de vista não minimizaram a dificuldade de especificar as leis gerais explanatórias implícitas na explicação histórica. Popper, em *The Open Society and its Enemies*, admite a dificuldade:

> Se nós explicamos... a primeira divisão da Polônia em 1772 mostrando que ela não poderia possivelmente resistir ao poder somado da Rússia, Prússia e Áustria, então nós estamos tacitamente empregando alguma lei universal trivial, como: "Se dentre dois exércitos que estão igualmente bem armados e comandados, um possui uma tremenda superioridade em homens, então o outro nunca vencerá." ...Tal lei pode ser descrita como uma lei da sociologia do poder militar; mas é sempre muito comum levantar um problema sério para os estudantes de sociologia, ou despertar sua atenção (1945: 264).

Popper, contudo, não pôde ver outro fundamento para aceitar uma explicação histórica, que não fosse um exercício informal de dedução. Hempel, do mesmo modo, aceita que o historiador, ao procurar explicar acontecimentos complexos, raramente pode formular as leis em questão "com suficiente precisão e ao mesmo tempo de tal modo que elas estejam de acordo com toda a relevante evidência empírica acessível". Do mesmo modo que o cientista natural engajado no trabalho de campo, o historiador apenas aponta em direção às leis relevantes ou, como Hempel diria, traça um "esboço de explicação", que compreende uma indicação das leis e as condições iniciais exigidas, depois se dedica à elaboração das circunstâncias específicas do acontecimento particular. Mas, desde que conceitos tais como sistemas de crenças, ideologias políticas, revolução, genocídio, educação, emprego, especulação, prosperidade e outros semelhantes sejam empregados, o historiador se torna dependente de abstrações de regularidade potencialmente definível. De qualquer modo, nem o historiador, nem seu assunto, seja ele um indivíduo, uma comunidade, ou toda uma classe de pessoas podem existir, ou pensar, ou agir fora da sociedade e, consequentemente, fora das regularidades ou leis identificadas pelos cientistas sociais. O historiador que imagina que ele pode compreender seu comportamento simplesmente pela aplicação do senso comum está, para emprestar uma frase do economista J.M. Keynes, quase certo de ser o escravo involuntário de alguma teoria social ultrapassada.

Poucos historiadores que trabalham com temas tradicionais, discordariam totalmente da última afirmação, pois muitos deles iriam, de imediato, reconhecer sua dívida para com as ciências sociais. A maioria, contudo, se não todos, iria quase que com certeza rejeitar a premissa principal do argumento de que sua tarefa é essencialmente a de identificar leis gerais explanatórias – ou a de aplicá-las, através de qualificações adequadas, a acontecimentos específicos. Esse distanciamento da teoria das leis gerais explanatórias é devido, em parte, mas apenas em parte, a uma relutância dos historiadores a serem considerados como os soldados de infantaria, ou como os trabalhadores do campo, coletando dados e compilando exemplos para que outros possam construir sobre eles suas generalizações. Tal relutância é, em parte, devida, como colocam William Dray e Sir Isaiah Berlin (GARDINER, 1974: 87-88, 161-186), à convicção do historiador de que o conceito de ator histórico como agente, e por isso da incompletude da própria história, é incompatível com os pressupostos deterministas das ciências sociais. Mas ela também provém da convicção do historiador de que sua explicação dos acontecimentos emprega, de maneira específica, uma metodologia diferente. Como coloca Dray, a referência à teoria das leis gerais explanatórias, como uma descrição de sua atividade profissional, é estranha a seu "universo de discurso" (GARDINER, 1974: 87). Mesmo quando seu assunto é, primariamente, algo físico, como uma casa rural, um esporte, um exército ou uma epidemia; uma coisa abstrata, como um sistema de crenças, uma ideologia, um ritual de casamento ou a representação simbólica da guerra; ou um acontecimento específico como uma guerra, uma conferência de paz ou uma eleição; a questão que requer explicação é a lógica de um empreendimento humano específico, levado a cabo por um indivíduo ou um grupo de indivíduos. As descobertas das ciências sociais podem ser úteis para apontar linhas de investigação potencialmente fecundas, mas elas não podem ser um substituto da prova, que deriva apenas do registro histórico. O desafio do historiador não é aplicar, ou testar teorias sociais, mas determinar "que séries de intenções interligadas, decisões, e ações... em conexão com que séries de situações e acidentes" podem explicar o comportamento de seu sujeito, ou o fenômeno em questão (HEXTER, 1971: 33). Ele faz isso descrevendo o mundo de seu sujeito, retratando-o por todos os lados e, por assim dizer, a partir de dentro. Herbert Butterfield, por muitos anos professor de História Moderna em Cambridge, coloca assim essa questão:

18. FALÁCIAS NA INTERPRETAÇÃO DE DADOS...

> Nossa maneira tradicional de fazer história... recusou satisfazer-se com qualquer atitude meramente causal, ou reservada, com respeito a personalidades do passado. Ela não os tratou como meras coisas, ou apenas avaliou traços delas como os trataria um cientista; e ela não se contentou com meramente falar delas como um observador externo faria. Ela insiste que a história não pode ser contada corretamente a não ser que nós vejamos as personalidades a partir de dentro, que sintamos com elas como um ator pode sentir o papel que ele desempenha – pensando novamente seus pensamentos e colocando-nos na posição não do observador, mas do agente da ação. Se alguém disser que isso é impossível – como de fato o é – isso não apenas permanece ainda como algo a que se deve aspirar, mas de qualquer modo o historiador deve colocar-se no lugar do personagem histórico, deve sentir suas dificuldades, deve pensar como se fosse essa pessoa. Sem essa arte, não é apenas impossível contar a história corretamente, mas é impossível interpretar os próprios documentos dos quais a reconstrução depende... Nós podemos até dizer que isso é parte da ciência da história, pois isso produz resultados comunicáveis – a percepção de um historiador pode ser ratificada por estudiosos em geral, que colocam em circulação, desse modo, a interpretação que é produzida (Apud DRAY, 1957: 119-120).

O último ponto é um ponto importante. Alguns epistemólogos desenvolveram uma teoria sobre o historiador, que se baseia apenas em uma teoria de verdade de "correspondência" ou de "coerência", pela qual o historiador nada mais faz do que perguntar se o comportamento de seu sujeito, ou do acontecimento em questão, "tem sentido" para ele, ou se é consistente com sua própria experiência (GARDINER, 1974: 155). Na verdade, a questão que o historiador coloca não é se isso faz sentido a ele, mas se isso faz sentido dentro da experiência de seu sujeito, ou dentro das outras circunstâncias do tempo, desde que elas possam ser conhecidas. Para responder a isso, requer-se que o historiador explique o sistema de ideias que governa o comportamento de seu sujeito, que pode ser – e quase certamente é – substancialmente diferente do seu próprio. Como o historiador vai, precisamente, lidar com isso, pode ser ilustrado com um exemplo: as relações Oriente-Ocidente, imediatamente após a morte de Stalin, em março de 1953, quando os sucessores de Stalin mostraram seu desejo de abertura política e do fim da Guerra Fria.

Nesse caso, o historiador que está interessado em conhecer porque o Ocidente não aproveitou as iniciativas soviéticas, ou porque não sinalizou para o fim da Guerra Fria, dirigiria, sem dúvida, sua atenção para os líderes dos principais poderes ocidentais que tiveram a oportunidade de responder às indicações soviéticas. O historiador iria perceber que os líderes, mesmo os dos países mais poderosos, não são totalmente livres. Suas ações são condicionadas tanto por fatores externos, tais como compromissos de alianças, leis constitucionais e estruturas políticas, como por fatores internos, tais como crenças involuntárias, convicções ou medos. Que liberdade de ação eles possuem, é uma questão de verificação empírica através do recurso a evidências orais ou escritas. O historiador faz isso através do exercício de "colocar-se dentro" do mundo de seus sujeitos, nesse caso o Presidente dos Estados Unidos, Dwight Eisenhower, seu Secretário de Estado, John Foster Dulles, e outros chefes de estado ocidentais. Direta ou indiretamente, ele estabelece, então, as avaliações mentais que eles poderiam ter ao responder às sinalizações soviéticas. O historiador emprega comumente empatia, projeção, percepção, intuição e assim por diante, no exercício da explicação de suas ações. Mas ele combina isso com um processo indutivo, empírico, de construção e modificação de sua explicação à luz da evidência acessível. Para colocar-se dentro da mente de Foster Dulles, ele não deve simplesmente perguntar "Que teria feito eu, se fosse chamado a julgar as intenções da União Soviética nos meados da década de 1950?" Ele se dedicaria a uma leitura cuidadosa dos relatórios confidenciais das missões diplomáticas e das fontes de inteligência dos Estados Unidos que teriam passado pela mesa de Dulles por esse tempo, e tentaria saber se Dulles realmente os leu, e tenha ficado impressionado por eles. Ele lerá os telegramas de Dulles aos enviados estrangeiros, suas falas públicas, seus memorandos ao Presidente Eisenhower e, se possível, seus diários particulares, a fim de avaliar como ele imaginava suas ações. Sendo que essa é uma história contemporânea, ele poderia examinar os registros da mídia; e mesmo hoje ele poderia fazer entrevistas com testemunhas. Iria considerar a possível influência, sobre as avaliações de Dulles, que representou o ambiente intensamente religioso em que ele cresceu, sua educação, sua formação em direito, sua idade, sua saúde. Consideraria como Dulles reagiu em situações anteriores, que tivessem alguma semelhança com a situação em questão. Jogaria sua rede mais longe, para examinar as narrativas de observadores estrangeiros da cena Oriente-Ocidente. E colocaria isso ao lado de estudos semelhantes do comportamento de outros chefes de estado implicados. O historiador não deixará simplesmente sua imaginação correr solta, mas, como Collingwood e Butterfield sugerem, tentará limpar sua mente de seus pre-

18. FALÁCIAS NA INTERPRETAÇÃO DE DADOS...

conceitos pessoais, a fim de captar o ponto de vista e os sentimentos de seu sujeito. Desse modo, ele constrói um quadro das influências sobre as estimativas de seu sujeito: o pessoal e o privado, o emocional e o religioso, o político, o oficial, o internacional. Quanto mais ele souber sobre seu sujeito e sobre seu mundo pessoal, tanto mais consistente se tornará a evidência de sua descrição sobre as avaliações de seu sujeito. E embora isso não possa jamais ser mais que uma explicação tentativa, provisória, pois novos fatos podem sempre vir à luz, e até mesmo fatores totalmente novos que terão influência sobre as estimativas possam ser identificados, o historiador pode ter a esperança de produzir uma narrativa que seja plausível e aberta ao exame e à refutação.

O trabalho do historiador, pois, tem uma estreita semelhança com as atividades de um magistrado que investiga, ou de um detetive legal, cuja tarefa é também explicar motivos, razões ou causas de uma ação humana específica, e que é, igualmente, levada a efeito através da construção de um quadro detalhado das circunstâncias que envolvem o indivíduo, ou o grupo, implicados no acontecimento. Embora esse método não se fundamente em leis, nem procure construir novas leis, ele depende de critérios rigorosos de evidência e métodos lógicos de interpretação. Ele é pragmático e indutivo; ele implica o teste de hipóteses e o registro explícito e cuidadoso das fontes. De tempos em tempos, ele é até mesmo muito bem escrito. E sendo que possui todas essas características, ele merece um lugar ao lado, se não dentro, das ciências sociais.

Falácias do historiador

Se o que foi dito acima apresenta um quadro identificável de como o historiador normalmente trabalha, ele também aponta para problemas peculiares que confrontam os historiadores. Pois embora eles comumente lidem com acontecimentos específicos, o exercício de explicar motivos humanos ou comportamento, provavelmente vai abarcar um espectro extremamente amplo de evidência e possíveis interpretações. Por conseguinte, mesmo quando seus tópicos de pesquisa criam a impressão de um detalhismo estreito, os historiadores são, normalmente, generalistas. Esse fato os confronta com problemas no delineamento das perguntas, na construção lógica de argumentos e no tratamento de uma ampla gama de evidência qualitativa. Sendo que todos os cientistas sociais estão propensos aos mesmos erros, a continuidade deste capítulo será dedicada à discussão de alguns dos mais notórios. Vários foram tirados do livro *Historians' Fallacies: Towards a Logic of Historical Thought* (1971), de David Hackett Fischer, que eu recomendo a todos que buscam uma discussão mais longa dos problemas metodológicos que confrontam os historiadores. Outros, juntamente com as várias ilustrações, se baseiam principalmente em minha experiência de historiador internacional.

A falácia da falsa dicotomia

Na primeira seção de seu livro sobre falácias no delineamento da pergunta, Fischer identifica 11 erros de procedimento sendo, talvez, o mais comum o que ele chama de falácia das falsas questões dicotômicas, ou o que se poderia chamar mais diretamente de falácia da supressão da dimensão central de um fato. Exemplos aparecem frequentemente na imprensa diária, em termos mais ou menos assim: "Swampy, herói ou bandido?", ou "O Relatório Scott: acusação condenatória ou apologia?" Os historiadores parecem propensos, também, a essa falácia, e nos Estados Unidos, dúzias de historiadores altamente respeitados suplementaram sua renda editando textos para alunos com títulos como: *A Mente Medieval – Fé ou Razão?;* ou: *Jean Monnet – Gênio ou Manipulador?*

O problema com todas esses proposições é, certamente, que elas sugerem uma dicotomia entre dois termos que não são, na verdade, nem mutuamente exclusivos, nem coletivamente exaustivos. O Relatório Scott da Casa dos Comuns da Inglaterra, sobre a exportação de equipamento de defesa, foi provavelmente tanto uma acusação como uma apologia, ambos... e... e mais. Do mesmo modo Jean Monnet, um gênio e sintetizador, manipulador e idealista, técnico e político, é muito interessante ser reduzido a um ou dois rótulos de qualquer tipo. Por conseguinte, a própria pergunta inevitavelmente distorce a resposta dada. Isto é provavelmente bastante óbvio, mas é surpreendente constatar quantas vezes estudiosos profissionais caem nesse erro.

A falácia das posições adversárias

A falácia das posições adversárias traz alguma semelhança com a falácia da falsa dicotomia, mas reflete uma decisão consciente no procedimento: o pressuposto de que se chegará mais rapidamente à verdade se cada historiador adotar uma posição oposta. Essa estratégia comum pode ser vista de modo particularmente claro na história da Guerra Fria. A maioria dos livros dos historiadores acadêmicos ocidentais, do final da década de 1940 e da década de 1950, trabalhava com o pressuposto de que os poderes ocidentais eram inocentes com respeito a todas as intenções agressivas e culpados, no máximo, por se equivocarem, enquanto que a União Soviética procurava constante e agressivamente estender sua dominação territorial. Eles foram sucedidos pelos assim chamados historiadores revisionistas, na sua maioria estudiosos dos Estados Unidos que, influenciados pela Guerra do Vietnã e pelos conflitos no hemisfério ocidental, afirmaram o ponto de vista oposto, de que os Estados Unidos eram um poder imperialista e que a Guerra Fria deveria ser explicada quase que exclusivamente pelos esforços dos Estados Unidos em conseguir uma hegemonia global. Deve-se dizer, contudo, que é muito provável que nenhuma das posições *possa* ser correta. A falácia dos historiadores é *pressupor* que uma ou outra das posições é verdadeira, sem se deter e examinar se de fato é ou não.

A falácia da causa supérflua

Fischer discute uma porção de falácias de causalidade, mas a mais comum discutida por ele pode ser chamada de falácia da causa supérflua. Aqui o erro está em explicar um acontecimento referindo-se ao motivo de um ou outro agente que se pode demonstrar ter existido, mas que tem pouca ou nenhuma influência concreta sobre o resultado. Um exemplo particularmente útil é a explicação oferecida por diversos historiadores dos Estados Unidos sobre a decisão do governo britânico de retornar ao padrão ouro em 1925. Estes historiadores foram capazes de demonstrar que os banqueiros centrais americanos queriam decididamente que a Inglaterra retornasse ao padrão ouro e encorajaram as autoridades britânicas a assim proceder. Foram também capazes de demonstrar que o retorno inglês provavelmente beneficiou os Estados Unidos e prejudicou concretamente a economia inglesa. Concluíram, por isso, que a Inglaterra retornou ao padrão ouro porque foi pressionada ou induzida a proceder assim pelos Estados Unidos. O que eles não conseguiram fazer, contudo, foi examinar detalhadamente as estimativas das autoridades britânicas. Se eles tivessem feito isso, teriam descoberto que as autoridades britânicas tinham suas próprias razões para querer retornar ao padrão ouro, e que a pressão americana não estava absolutamente presente em seus planos (cf., por exemplo, COSTIGLIOLA, 1977). Por conseguinte, ela foi uma causa totalmente supérflua.

A falácia das causas necessárias e suficientes

Os historiadores que se sentem mal com a ideia de serem meros contadores de histórias e estão ansiosos em instilar rigor em seu trabalho, frequentemente segmentam suas explicações dos acontecimentos em fatores discretos, ou as rotulam como causas necessárias e suficientes, ou algumas vezes como causas subjacentes e imediatas; e eles normalmente descrevem seu trabalho como analítico e não como (meramente) narrativo (cf. HEXTER, 1971: 110-118; ELTON, 1970: 121-124). A prática é particularmente comum em textos escolares, onde o objetivo é parcialmente mostrar que grandes acontecimentos, tais como a Revolução Francesa, ou a I e a II Guerras Mundiais, tinham origens complexas, envolvendo a economia, cultura, tecnologia, democracia, clima e assim por diante. O fim é louvável, mas os resultados nunca são convincentes, porque o enfoque é inerentemente falho. Em primeiro lugar, iremos descobrir que muitos dos fatores estavam presentes antes que o acontecimento ocorresse e por isso em nada influíram para explicar por que o evento específico se deu naquela ocasião. Em segundo lugar, o pressuposto, implícito ou explícito, é que os fatores podem ser quantificados, de tal modo que expliquem o acontecimento. Mas o resultado é inevitavelmente um argumento circular: que o acontecimento A sucedeu porque os fatores X, Y e Z cresceram em tamanho ou intensidade, até o ponto que A acontecesse. O acréscimo de um refinamento como, por exemplo, a introdução de causas subjacentes e imediatas, não resolve o problema. Pois ele omite aquela coisa necessária para a explicação histórica, isto é, a descrição de como essas causas, ou fatores, afetaram o comportamento dos sujeitos, seus padrões de pensamento ou crenças, suas avaliações e suas ações durante o período do acontecimento em questão. Consequentemente, de um modo ou outro, o historiador deve contar a história (engajar-se na narrativa) a fim de demonstrar a coerência de sua análise. Querer fazer diferente, é cometer a falácia das causas necessárias e suficientes.

A falácia da narrativa anacrônica

O que Fischer chama de falácia do presentismo, é uma falácia ao menos tão comum como a anterior, porém mais conhecida. Poderia-

18. Falácias na interpretação de dados...

mos chamá-la também de falácia da narrativa anacrônica, pois o erro é ler o passado como se ele não fosse mais do que um palco para o presente. No contexto britânico, o exemplo mais notório é a interpretação Whig da história, que seria como se toda a história política da Inglaterra fosse pouco mais que a história dos Whigs, ou liberais, lutando para erradicar a tirania da autoridade arbitrária e da tradição. A inferência – uma inferência falsa – é a de que todos os agentes partilham dos mesmos motivos e trabalham para os mesmos fins; e que todos os acontecimentos devem ser examinados apenas enquanto contribuem para a construção dessa história. Nos últimos anos podemos discernir semelhante tendência entre os historiadores britânicos internacionais em suas explicações do período de entre guerras. Esse é um período extraordinariamente importante na história inglesa, que termina com o fracasso da conciliação, a irrupção da II Guerra Mundial, a quase extinção da democracia e da liberdade na Europa, o Holocausto, o deslocamento ou o desmantelamento dos grandes impérios coloniais e com o começo nos 50 anos da Guerra Fria. Por essa razão, os historiadores em geral examinam o período de entre guerras em busca das origens desses acontecimentos calamitosos. Não há nada de errado nisso, mas o quadro então criado é um quadro em que os líderes políticos da Inglaterra, França e outros países estavam quase que completamente preocupados com a aproximação da guerra. Isso pode muito bem ter sido verdade para Hitler, mas não era provavelmente o caso da maioria dos líderes dos poderes democráticos. Uma vez começada a crise econômica mundial em 1929, e tendo a produção caído bruscamente, o desemprego subido e o próprio sistema capitalista parecendo estar à beira do colapso, sua principal preocupação era quase que certamente a economia doméstica e os ataques dos opositores políticos domésticos; e isso provavelmente continuou assim até pelo menos 1938. Somente então a ameaça da guerra ocupou o centro de suas agendas, e mesmo então não durante todo o tempo. Por conseguinte, como nesse caso, os historiadores podem distorcer o passado ao tomar um resultado específico na história e desvesti-lo de tudo o que aconteceu, com exceção dos antecedentes diretos do evento em questão. A menos que se apresente uma explicação adequada para tal seletividade, ela distorce tanto o contexto como os motivos e o historiador é, então, culpado daquilo que nós podemos chamar de falácia da narrativa anacrônica.

A falácia reducionista

Ainda dentro das falácias de causalidade, chegamos à falácia reducionista. Como observa Fischer, os historiadores são obrigados a dizer verdades seletivas e com isso seus modelos causais podem ser reducionistas em determinado sentido, mas alguns modelos causais são mais reducionistas que outros. Quando um modelo causal é reducionista a tal grau, ou de tal modo, que a distorção resultante é disfuncional para a resolução do problema causal em questão, podemos então dizer que o historiador é culpado da falácia reducionista. Uma forma comum dessa falácia é identificar um único elemento na explicação apresentada e reivindicar, sem nenhuma razão necessária, que ele é a chave de toda a "história". A.J.P. Taylor foi um mestre nessa forma de falácia reducionista: ele gostava de identificar o fato mais trivial, ou qualquer outro fator, como merecedor de especial menção, provavelmente apenas para provocar seus leitores ou ouvintes. Um dos exemplos mais marcantes, nos anos recentes, foi fornecido por Jacques Parizeau, líder do partido separatista de Quebec, Primeiro-Ministro de Quebec e, merece ser acrescentado, antigo professor de economia da Universidade de Montreal. Depois de saber que o segundo *referendum* para a soberania para Quebec tinha sido derrotado por apenas um ponto percentual, em outubro de 1995, Parizeau responsabilizou publicamente pelo resultado as minorias étnicas de Quebec e as grandes firmas. Em certo sentido ele estava certo: os grupos minoritários e os diretores de algumas grandes firmas de Quebec (tanto de fala inglesa como de fala francesa) quase que com certeza votaram decididamente contra a soberania ou independência. Mas juntos eles chegavam apenas a escassos 10% da população da província. De igual importância, em termos eleitorais, foi a rejeição da opção pela soberania feita pela região de fala francesa Outouais, onde muitas pessoas dependiam, para seu trabalho, da capital federal do Canadá, Otawa – Hull. De maneira não menos importante, quase 100% dos moradores de fala francesa dos arredores de Quebec se dividiram quase que de maneira igual a favor e contra a soberania. Diferentemente das minorias étnicas e das grandes firmas, ter-se-ia esperado que os votantes da cidade de Quebec iriam apoiar fortemente a soberania, pois sua cidade provavelmente se tornaria a futura capital de uma Quebec independente e conquistaria a maior porção do aumento dos empregos e do prestígio resultantes. O fato de Parizeau culpabilizar apenas um ou dois pequenos grupos de votantes, cujo comportamento era totalmente previsível, e ignorar outros grupos de ao menos igual importância e de maior valor para a compreensão do ponto de vista da maioria foi, por conseguinte, uma interpretação grotesca, bem como detestável, da evidência. Ao proceder assim, podemos dizer que ele cometeu uma falácia reducionista.

A falácia da causa mecanicista

Outro erro comum de análise provém daquilo que Fischer chama de falácia da causa mecanicista. Esta é uma prática errônea, que implica em separar os componentes de um complexo causal e analisá-los separadamente, e até mesmo avaliar separadamente sua influência causal, como se eles fossem elementos discretos, determinados por forças discretas, e não como sendo dinamicamente relacionados entre si. Um exemplo notável é o que se constitui como o argumento central de um livro, muito bem aceito, de Geoffrey Luebbert, *Liberalism, Fascism or Social Democracy: Social Classes and the Political Origins of Regimes in Interwar Europe* (1991). O estudo de Luebbert pretende explicar por que alguns países europeus, entre as duas grandes guerras, apoiaram formas democráticas de governo, enquanto que outros abandonaram a democracia em favor de regimes fascistas. Ele desmonta os componentes da sociedade em classes, trata-as como elementos discretos e conclui, então, que os diferentes resultados devem ser explicados pelo fato de que, nos países que adotaram o fascismo, as classes dos trabalhadores rurais se aliaram com a classe média urbana, enquanto que nos países que permaneceram democracias, as classes dos trabalhadores rurais repartiram seu apoio entre diversos outros grupos e partidos políticos. Além de ser extremamente reducionista – o que é, afinal, uma classe média urbana? e que partidos políticos na Alemanha, Itália, França, etc., eram constituídos unicamente por uma classe ou por outra? – o problema com esse enfoque é que, em diferentes países, os vários elementos causais se comportaram de forma diversa com respeito a diferentes tradições políticas, diferentes líderes e diferentes circunstâncias contemporâneas. Identificar apenas uma diferença, como se essa fosse a causa, é pressupor uma identidade não apenas para as classes, partidos e agentes individuais, mas também de igual modo para as relações causais entre eles. Este é um exemplo da última falácia de causalidade, a falácia da causa mecanicista.

A falácia do fato oculto

Em sua seção sobre falácias de significância factual, Fischer lista de novo aproximadamente uma dúzia de erros comuns, um dos quais ele chama de falácia do fato oculto. Tal prática parece ser particularmente comum entre historiadores internacionais. O erro consiste em acreditar que fatos de significância especial são aqueles que são particularmente obscuros e que, se descobertos, deverão merecer um lugar especial na explicação dos acontecimentos em foco. Tal notoriedade, na história internacional, é, em grande parte, o resultado do recente interesse na espionagem e na subversão, como fatores que expliquem assuntos internacionais. A história dos serviços secretos é intensamente interessante, é claro, e em algumas instâncias se mostrou de crucial importância na explicação de grandes acontecimentos internacionais. Alguns exemplos chocantes provêm da II Guerra Mundial. Um deles é o uso que os aliados fizeram da máquina Enigma para decifrar sinais alemães, o que contribuiu, sem dúvida, para se vencer a campanha no deserto da África do Norte e na Batalha do Atlântico. Outro é a aplicação de contrainteligência, para enganar os alemães, sobre a importância do desembarque do Dia D em 1944 para adiar, dessa forma, um contra-ataque das forças em prontidão na França. Mas há muitos outros casos, onde o fato de determinada evidência estar profundamente ocultada e difícil de ser trazida à luz do dia resultou em que se lhe atribuísse importância indevida. Uma coisa é mostrar que chefes de estado recebiam informação reveladora das fontes de serviço secreto. Outra é mostrar que tal informação afetou decisivamente suas ações. Muitas vezes, na verdade, a própria qualidade reveladora da informação tornou difícil aos chefes de estado colocá-la em suas previsões. Esse foi evidentemente o caso, em maio e junho de 1941, quando Stalin recebeu informações secretas de uma iminente invasão alemã, e em 1944 e inícios de 1945, quando os espiões soviéticos noticiaram o desenvolvimento de uma bomba atômica nos Estados Unidos. Embora essa fosse uma informação enormemente importante, parece que Stalin foi incapaz de entender sua importância, pois tal fato não se adequava a sua visão do quadro mundial. Mas a descoberta desses fatos levou alguns historiadores a dar-lhes grande proeminência em suas narrativas.

A falácia da evidência relativizada

Do mesmo modo que na antropologia, sociologia, relações internacionais e algumas outras ciências sociais, a história também tem

18. FALÁCIAS NA INTERPRETAÇÃO DE DADOS...

seus partidários do pós-modernismo. Embora não se constituam em uma escola, ou em um movimento único, os pós-modernistas estão unidos na questão de ver os textos, tanto como a base de nosso entendimento do passado como também como construções mais ou menos opacas, através das quais nenhum passado "real" pode ser trazido à luz e cujo sentido, por isso, depende essencialmente dos preconceitos do leitor individual. Esse fato levou alguns historiadores a se devotarem ao estudo dos historiadores, os criadores reais da história, e outros, a colocar de lado importantes temas, em favor de incidentes, ou indivíduos, às margens dos grandes acontecimentos, e ainda outros a ler a evidência documentária "imaginativamente", indo muito além do que historiadores convencionais provavelmente considerariam como inferência legítima. Apesar da extrema fragilidade dos fundamentos teóricos, alguns dos resultados publicados são bons, e alguns são excelentes, embora deva ser dito que seus méritos pouco têm a ver com o pós-modernismo (cf. EVANS, 1997: 244-249). Mas há uma forma de relativismo muito comum nos trabalhos tradicionais de história que merece nossa atenção, onde diferentes temas, conceitos ou instituições são fundidos, sem a devida consideração a seu caráter distintivo. Alguns exemplos podem ser encontrados no livro *Britain, France and the Unity of Europe, 1945-1951*, de J.W. Young (1984), um dentre vários trabalhos feitos por historiadores britânicos contemporâneos, que procuram reabilitar a história convencional das relações externas britânicas do pós-guerra, rejeitando a explicação de que a relação especial anglo-americana foi a peça central da política britânica. Em lugar disso, eles afirmam que, ao contrário, a política britânica foi moldada pela ideia de uma "terceira força" e orientada em direção à formação de um bloco liderado pela Inglaterra, que incluía a Europa continental e a África Colonial. Tentativas de revisionismo dessa sorte são muito comuns na historiografia moderna, e algumas se mostraram bem-sucedidas, mas seu sucesso depende da qualidade da evidência que lhes dá sustentação. Infelizmente, no caso de Young a evidência é muito tênue. Tenta parecer mais forte, contudo, através da relativização de coisas bastante diferentes. Desse modo, a Inglaterra e a política externa inglesa, em um exame mais detalhado, acabam sendo a política, e às vezes meramente as reflexões de Ernest Bevin, o Secretário de Política Externa. A objeção contra essa fusão é que, embora Bevin pudesse – ou não pudesse – estar preparado para pensar uma "união", ou "bloco", ou uma união nos direitos alfandegários, com partes do Continente, ele nunca mencionou tais ambições, nunca se comprometeu formalmente com elas, e nunca procurou a aprovação do Conselho de Ministros; e, como o próprio Young reconhece, tal aprovação estava virtualmente fora de questão, devido à firme oposição de outros ministros seniores. Do mesmo modo, o argumento que a Inglaterra, em vez da França, merecia o selo de "bom europeu" no período de pós-guerra, se fundamenta na junção de "cooperação" com "integração", e em iniciativas limitadas com esquemas abrangentes. A Inglaterra procurou cooperação com a França e outros países continentais e até mesmo, em um sentido vago, a unidade europeia, mas era uma cooperação do tipo tradicional, envolvendo tratados de amizade e defesa mútua, e a unidade baseada em pouco mais que uma boa vontade entre os estados soberanos. Ela claramente não era dirigida aos receios da França sobre o recrudescimento do poder alemão, que parecia inevitável, caso se permitisse a reabilitação da força industrial alemã, como a Inglaterra e os Estados Unidos – os poderes "anglo-saxões" – claramente desejavam. Sucessivos governos franceses procuraram políticas que se dirigiam às bases do poder, tanto dividindo a Alemanha como integrando-a nas novas estruturas europeias, com o fim de limitar sua soberania nacional. Sugerir, como o faz Young, que a concessão relutante da Inglaterra de uma garantia militar formal à França, é evidência de um compromisso em favor de uma unidade europeia e, em certo sentido, comparável aos objetivos do movimento europeu expresso no Congresso de Hague, em 1948, é cometer a falácia da evidência relativizada.

A falácia da evidência desproporcional

Possivelmente, o problema mais comum que confronta o historiador provém da natureza desigual da evidência acessível. Historiadores políticos se defrontam, frequentemente, com o problema, devido ao fato de que as instituições do estado quase que invariavelmente geram e preservam muito mais evidência que os indivíduos singulares, grupos ou organizações que entram em contato com elas. Sir Geoffrey Elton, o antigo Regius Professor de História Moderna em Cambridge, descreveu como esse problema surgiu, ao estudar os esforços do governo de Henrique VIII para fazer cumprir a nova ordem política e eclesiástica, produzida pela recente Reforma, na Inglaterra. Ele teve acesso a uma abundância de fontes – estatutos, proclamações, relatórios da corte e assim por diante. Tudo isso era contemporâneo aos acontecimentos em questão e era, em geral, de muito boa qualidade. Mas praticamente tudo fora produzido pelo estado e pelos seus oficiais, e não pelas vítimas das sanções. Ciente desse problema, procurou compensar a omissão da melhor maneira que pôde (FOGEL & ELTON, 1983: 86-87).

Historiadores contemporâneos enfrentam o mesmo problema, e por razões praticamente idênticas. O livro *Politicians and the Slump: The Labour Government of 1929-1931* (1970), de Robert Skidelsky, ilustra as distorções que podem ocorrer. Um dos primeiros historiadores a ter acesso aos documentos oficiais, quando foram colocados à disposição, em 1968, Skidelsky, em seu trabalho muito bem escrito e amplamente lido, foi capaz de confirmar que o segundo governo trabalhador se preocupou com os gastos públicos crescentes e com o déficit orçamentário, mas ignorou as inovações fiscais radicais propostas por Sir Oswald Mosley (um ministro do governo) e certos economistas radicais, como J.M. Keynes. Isto é inteiramente documentado pelo relatório oficial, mas o quadro, assim apresentado, da política inglesa durante o colapso é, apesar disso, seriamente enganador. Na verdade, o problema fiscal era apenas uma questão secundária: a grande controvérsia, dentro dos partidos, entre partidos e nacionalmente, era se seria preciso substituir o livre mercado por alguma forma de protecionismo imperial. Isso fica evidente através do exame da imprensa política e econômica, e outras fontes não oficiais, que confirmam a quase completa ignorância da potencial inovação fiscal keynesiana, e uma intensa preocupação com a retomada da questão tarifária. Mas como o governo se colocou firmemente contra qualquer abandono do livre mercado, recusando virtualmente até mesmo discuti-lo, apesar da pressão de todos os lados, os documentos oficiais dão a impressão enganadora de que foi o problema fiscal, e não a questão dos impostos, a grande questão do dia. Permitindo que seu trabalho fosse estruturado dessa maneira, Skidelsky sucumbiu à falácia da evidência desproporcional.

A falácia da evidência seletiva

A última falácia, que deveria ser de igual interesse por parte dos historiadores e dos cientistas sociais, pode ser chamada de falácia da evidência seletiva. Ela é capaz de produzir distorções semelhantes à falácia anterior, mas surge conscientemente da tentativa sincera do historiador de aplicar um modelo, ou provar uma teoria, que o leve a subverter a evidência de qualquer outro fato, ou dados, que possam servir a seu propósito. Um exemplo de certa importância política é a crescente reinterpretação da política externa americana em 1920. Até 1960, as versões históricas oficiais afirmavam que os Estados Unidos foram, finalmente, forçados a sair de seu tradicional compromisso de isolamento, por causa da II Guerra Mundial; a Guerra Hispano-Americana de 1898 e a I Grande Guerra o força-ram a entrar, apenas temporariamente, na arena internacional. Em meio à crise provocada pela Guerra do Vietnã, a geração mais jovem de historiadores, inspirando-se no trabalho de Charles Beard, D.F. Fleming e outros, questionaram esse ponto de vista dominante com uma nova e ambiciosa interpretação da história dos Estados Unidos, de acordo com a qual o país foi impelido por sua dinâmica interna para uma expansão externa, desde os inícios das Treze Colônias. A década de 1920 apresentou, contudo, certo problema para essa nova interpretação, pois três administrações sucessivas pareciam ter lavado as mãos diante dos problemas internacionais, recusando filiar-se à Liga das Nações e, como afirmava a geração mais antiga de historiadores, retiraram-se ao isolacionismo. Determinados a mostrar que isso estava errado, os historiadores mais jovens procuraram nova evidência para o expansionismo, e a descobriram na expansão da atividade financeira e comercial dos Estados Unidos na América Latina e na Europa. O estado estava presente, como que pairando na retaguarda, apoiando-se na influência dos negócios americanos para garantir seus objetivos no além-mar. As falhas desse argumento são, contudo, palpáveis. Em primeiro lugar, o conceito de isolacionismo, no contexto dos Estados Unidos, surgiu durante a Guerra da Independência e significou o distanciamento dos obstáculos diplomáticos europeus, de tal modo que os Estados Unidos ficassem livres para seguir seu caminho, sem qualquer interferência do Velho Mundo. Não significou isolar os Estados Unidos do comércio internacional e, especialmente, de não comerciar com a América Latina, que o Presidente Monroe e outros procuraram isolar, de igual modo, da interferência (política) europeia. Por conseguinte, a indicação de um crescimento no comércio com a Europa na década de 1920 não significa subverter o ponto de vista mais antigo, e não se constitui como evidência de um crescente envolvimento na América Latina, pelo contrário, a reforça.

Alguns dos historiadores mais jovens, cientes desse problema, procuraram buscar mais provas a favor de seu argumento, demonstrando que o estado estava ativamente envolvido, por detrás dos bas-

18. FALÁCIAS NA INTERPRETAÇÃO DE DADOS...

tidores, usando os negócios comercias e financeiros como um instrumento, ou uma arma, a fim de influir nas questões internacionais. Sem deixar pedra sobre pedra, eles conseguiram descobrir numerosas afirmações de líderes políticos dos Estados Unidos afirmando que o comércio e os intercâmbios eram vitais para eles. Conseguiram também mostrar que, em diversas ocasiões, os diplomatas dos Estados Unidos foram preparados para prevenir os relutantes líderes europeus que, se eles não resolvessem suas diferenças com respeito a indenizações e defesa mútua e segurança, seria impossível fazer crescer o capital nos mercados dos Estados Unidos. Nenhuma dessas afirmações, contudo, é capaz de fundamentar o peso interpretativo que eles pretendem dar. Mostrar o Presidente Hoover falando a uma associação de exportadores americanos, dizendo que ele considerava o comércio exterior como vital para os Estados Unidos, dificilmente prova alguma coisa – embora poderia provar, se ele lhes tivesse dito que o comércio exterior não era vital. Isso é apenas o que alguém iria esperar que ele, ou qualquer outro convidado político, iria dizer em uma ocasião assim. Se alguém olhar de maneira muito firme para a evidência, poderá associar os políticos a praticamente qualquer posição. Alguns historiadores descrevem Hoover como um internacionalista independente (cf., por exemplo, WILSON, 1975; e para outras histórias revisionistas, LEFFLER, 1979; COSTIGLIOLA, 1984; GARDIER, 1964); mas para sustentar esta afirmação, o historiador terá de examinar, entre outras coisas, as ações de Hoover. Nesse caso, a decisão de Hoover de encorajar esperanças de maior proteção comercial, durante a eleição presidencial de 1929 e, posteriormente, de concordar com um aumento massivo na já protecionista taxa tarifária dos Estados Unidos sugere, no final das contas, que suas afirmações de comprometimento com o comércio mundial não eram para ser levadas muito a sério. Quanto aos alertas dos diplomatas, eles eram suficientemente razoáveis, mas poderiam ter sido feitos por qualquer um, e chegavam apenas a uma colocação do óbvio, que os banqueiros dos Estados Unidos provavelmente não iriam emprestar a países que não possuíam estabilidade financeira ou política, quando excelentes oportunidades de investimento existiam mais à mão, na própria casa. Essas dificilmente se constituíam em iniciativas inteligentes de uma administração internacionalista inflexível, como afirmam os historiadores, pois existe abundante evidência de que os diplomatas nada fazem para influenciar o fluxo dos investimentos dos Estados Unidos, pois isso iria criar uma responsabilidade aos investidores que a administração estava decidida a evitar. Sugerir que as afirmações dos diplomatas chegassem a interferir, ou não, no cerne do capital americano, vai diretamente contra a política do Tesouro dos Estados Unidos, que estava protegido contra todas as tentativas de mudança pelos supostos aliados do Tesouro, os banqueiros. Nenhuma dessas deficiências, contudo, sustou a integração dessa nova visão nos livros-texto das escolas americanas, e presumivelmente tal visão se constitui hoje na versão geralmente aceita do passado da nação.

Elton, em um debate com Fogel, defendeu que "modelos... ditam os termos de referência, definem os parâmetros, dirigem a pesquisa, e por isso se prestam muito a deturpar a pesquisa para evidência empírica, tornando-a seletiva" (FOGEL & ELTON, 1983: 119). Tendo em mente a própria visão política profundamente conservadora de Elton, e a maneira como isso parece ter afetado sua escolha do tópico de pesquisa e do resultado (EVANS, 1977: 193-195), parece correto afirmar que grande parte do excelente trabalho histórico foi inspirada por modelos, ao menos de tipo político ou ideológico. Mas nesses casos, os historiadores conservaram seu enfoque crítico, seu respeito pela evidência e sua disposição de adaptar suas teorias à luz dessa realidade. Como coloca Richard Evans, o julgamento histórico não necessita ser neutro (mesmo que isso fosse possível):

> Mas isso significa que o historiador tem de desenvolver um modo de conhecimento imparcial, uma capacidade de autocrítica e uma habilidade de compreender o ponto de vista de outra pessoa. Isso se aplica tanto à história politicamente comprometida como à história que acredita ser, ela mesma, politicamente neutra. A história politicamente comprometida apenas se prejudica se distorce, manipula ou obscurece o fato histórico, em favor da causa que ela afirma representar (1997: 252).

Conclusão

Como esta breve discussão sugere, os historiadores tradicionais ficam satisfeitos por permanecer fora do campo da ciência social, e geralmente rejeitam a sugestão de que ao examinar o passado eles estejam empregando leis gerais explanatórias, ou testando leis sociais, ou princípios similares a leis. Contudo, seus temas, suas fontes e sua preocupação com uma análise rigorosa e aberta, coloca-nos próximos, se não concretamente dentro, das ciências sociais. Além disso, a metodologia do historiador enfrenta muitas armadilhas na colocação do problema e na solução do problema, que são muito conhecidas do cientista social. A questão de se determinado enfoque com respeito ao conhecimento socialmente útil é de mais valor que outro deve permanecer aberta, mas há muita evidência de que cada um desses enfoques tem algo a aprender um do outro.

Passos na análise histórica

1. Assegure-se que, no delineamento de suas questões, está dando espaço a todas as respostas possíveis.

2. Avalie se a lógica de sua análise está aberta à acusação de arbitrariedade ou circularidade e, se necessário, mude-a.

3. Revise suas fontes e sua maneira de lidar com a evidência, tendo o cuidado de remover fontes de distorções; revise a possibilidade de ampliar o espectro e as fontes de evidência.

Referências bibliográficas

COSTIGLIOLA, F.C. (1977). "Anglo-American Financial Rivalry in the 1920s". *Journal of Economic History*, 37(4), p. 922 and passim.

COSTIGLIOLA, F. (1984). *Awkward Dominion*: American Political, Economic, and Cultural Relations with Europe, 1919-1933. Ithaca, Nova York: Cornell University Press.

DRAY, W.H. (1957). *Laws and Explanation in History*. Oxford: Clarendon Press.

ELTON, G.R. (1970). *Political History*: Principles and Practices. Nova York/Londres: Basic Books.

EVANS, R. (1997). *In Defence of History*. Londres: Granta Books.

FISHER, D.H. (1971). *Historians' Fallacies*: *Towards a Logic of Historical Thought*. Londres: Routledge & Kegan Paul.

FOGEL, R.W. & ELTON, G.R. (1983). *Which Road to the Past? Two Views of History*. New Haven/Londres: Yale University Press.

GARDINER, P. (org.) (1974). *The Philosophy of History*. Oxford: Oxford University Press. [Contains essays by R.G. COLLINGWOOD,

P. WINCH, M. MANDELBAUM, W. DRAY, C.G. HEMPEL, Q. SKINNER, W.H. WALSH, J. PASSMORE, I. BERLIN & E. NAGEL].

GARDNER, L.C. (1964). *Economic Aspects of New Deal Diplomacy*. Madison: University of Wisconsin Press.

HEXTER, J.H. (1971). *The History Primer*. Nova York/Londres: Basic Books.

LEFFLER, M.P. (1979). *The Elusive Quest. America's Pursuit of European Stability and French Security, 1919-1933*. Chapel Hill: University of North Carolina Press.

LINK, W. (1970). *Die amerikanische Stabilisierungspolitik in Deutschland 1921-1932*. Düsseldorf: Droste Verlag.

LUEBBERT, G.M. (1991). *Liberalism, Fascism, or Social Democracy*: Social Classes and the Political Origins of Regimes in Interwar Europe. Nova York/Oxford: Oxford University Press.

POPPER, C. (1945). *The Open Society and its Enemies*. Londres: Routledge and Kegan Paul.

SKEDELSKY, R. (1970). *Politicians and the Slump*: The Labour Government of 1929-1931. Harmondsworth: Penguin Books.

THOMAS, K. (1971). *Religion and the Decline of Magic*: Studies in Popular Beliefs in Sixteenth and Seventeenth Century England. Londres: Weidenfeld and Nicholson.

THOMPSON, E.P. (1963). *The Making of the English Working Class*. Londres: V. Gollancz.

WILSON, J.H. (1975). *Herbert Hoover, Forgotten Progressive*. Boston: Little Brown.

YOUNG, J.W. (1984). *Britain, France and the Unity of Europe, 1945-1951*. Leicester: Leicester University Press.

Leituras adicionais

APPLEBY, J.; HUNT, L. & JACOB, M. (1994). *Telling the Truth about History*. Nova York: W.W. Norton & Co.

DALZELL, C.F. (org.) (1977). *The Future of History* – Essays in the Vanderbilt University Centennial Symposium. Nashville, TN: Vanderbilt University Press. [See especially Lawrence Stone, History and the Social Sciences in the Twentieth Century].

MARWICK, A. (1989). *The Nature of History*. 3. ed. Basingstoke: Macmillan Education.

STERN, F. (org.) (1971). *The Varieties of History*: Voltaire to the Present. 2. ed. Cleveland, OH/Nova York, NY: World Publishing [Contains chapters by practitioners including Charles Beard, Thomas Cochran, Richard Hofstadter, Sir Lewis Namier and Jacques Barzin, as well as a useful introduction by Stern].

THOMPSON, E.P. (1978). *The Poverty of Theory and other Essays*. Londres: Merlin Press.

19
PARA UMA PRESTAÇÃO DE CONTAS PÚBLICA: ALÉM DA AMOSTRA, DA FIDEDIGNIDADE E DA VALIDADE

George Gaskell e Martin W. Bauer

Palavras-chave: validação comunicativa; amostra representativa; construção de confiabilidade; tamanho da amostra; construção do *corpus*; surpresa; prestação de contas pública; descrição detalhada; indicação de qualidade; transparência; relevância; triangulação; fidedignidade; validade.

Em um recente editorial de *Discourse and Society*, Van Dijk (1997) faz a pergunta: "será que vale tudo, não há critérios normativos comuns de qualidade [para análise de discurso] como na maioria das outras disciplinas sérias das humanidades e das ciências sociais? É claro que há". Ele continua dizendo que o que necessitamos são critérios de boa análise qualitativa. Foram preocupações como essas de van Dijk que, em parte, inspiraram este volume.

Na discussão sobre pesquisa qualitativa, a questão da transparência nos procedimentos e dos critérios de prática ficou em segundo plano, prevalecendo uma interminável e polêmica luta para mostrar diferenciações diante da metodologia "positivista". Seja qual for o mérito dessa postura epistemológica, a retórica do "nós contra os outros" leva à construção de um estranho espantalho. Ela uniformiza grosseiramente a variedade de autoentendimentos científicos no inimigo "positivismo". Nós queremos evitar totalmente essa discussão: ela simplesmente não contribui para fazer avançar os interesses da pesquisa qualitativa no atual estado de coisas.

Na medida em que a pesquisa qualitativa chega a possuir uma massa crítica, ela também desenvolve um saber acumulado com respeito a vários critérios implícitos em avaliar e guiar empreendimentos de pesquisa. O que necessitamos agora são critérios explícitos, afirmações públicas sobre o que constitui uma "boa prática", e até mesmo ideias sobre administração de qualidade no processo de pesquisa (cf. ALTHEIDE & JOHNSON, 1994; FLICK, 1998; SEALE, 1999). Tal prática trará benefícios tanto internos como externos. Fundamentalmente, isso introduz credibilidade externa pública para uma prática que até o presente permaneceu um tanto obscura e esotérica. Na competição com outras formas mais estabelecidas de pesquisa social isso virá legitimar cada vez mais práticas de pesquisa qualitativa. Para o programa de pesquisa qualitativa há os benefícios internos de estabelecimento de um referencial para discussão construtiva e revisão por pares. Há também os benefícios didáticos, presentes na possibilidade de treinamento mais eficiente de novos pesquisadores. Muitos estudantes necessitam, obviamente, de um enfoque mais didático para treinamento em pesquisa.

Distanciando-nos do "vale tudo", por um lado, e da postura de revolta contra a "quantificação", por outro, abre-se um caminho difícil entre duas igualmente indesejáveis posições. Por um lado espreita o Scylla do elitismo dos peritos; do outro o Charybdis da burocratização. O perito conhece qualidade quando ele a vê, semelhante a uma avaliação estética. O problema aqui é que há mais exigência de boa pesquisa do que estetas disponíveis. Quando os estetas entram em desacordo, muitas vezes fica difícil saber sob que critérios eles fazem isso. O *status* do esteta está, entre outras coisas, baseado em um extenso aprendizado. Se a pesquisa qualitativa quiser ir além de um pequeno grupo de mestres, tal postura com relação a uma avaliação de qualidade não é viável.

Para o burocrata, os critérios são objetificados e se tornam um fim em si mesmos. A pesquisa conseguiu seu tamanho de amostra planejado, a reflexividade foi documentada, ou a triangulação é clara? A avaliação se baseia na correção dos procedimentos, sem nenhuma referência ao conteúdo e à relevância dos resultados. Para evitar esses extremos ao afastarmo-nos do "vale tudo", gostaríamos de discutir duas ideias: a indicação dos métodos qualitativos e a qualidade de pesquisa para cada método.

A indicação do método

O primeiro problema que o pesquisador enfrenta é que método usar para estudar um problema particular, e como justificar o delineamento, a escolha dos dados e os procedimentos analíticos. Podemos pensar esse problema à semelhança da prática médica na "indicação" de um tratamento. Um paracetamol é uma boa indicação para uma enxaqueca: ele geralmente cura a dor de cabeça. Paracetamol, contudo, não é indicado para uma infecção: para esse problema, a melhor indicação é um antibiótico. É interessante notar que ambos os tratamentos possuem certas contraindicações: na medicina, como na pesquisa social, toda intervenção possui tanto vantagens como desvantagens.

Uma lógica semelhante de indicação pode ser aplicada às escolhas entre procedimentos de pesquisa qualitativa. Até certo ponto, a escolha do método é uma função da orientação teórica do pesquisador. Mas além disso, podemos supor que alguns métodos se adaptam melhor ao lidar com um problema específico que outros. Por exemplo, se quisermos conhecer o conteúdo da produção midiática, uma análise de conteúdo será uma indicação melhor que um conjunto de entrevistas ou uma análise de conversação. Uma escolha mais difícil seria, uma vez tendo optado pela análise de conteúdo, qual dos métodos acessíveis seria o melhor indicado para o problema em questão: análise retórica, análise de discurso ou análise clássica de conteúdo? O de que se necessita é algo semelhante a um diagrama de decisão diagnóstica para a escolha da maneira como conseguir os diferentes dados e como escolher os enfoques de análise semelhantes aos que estão disponíveis para a indicação de procedimentos estatísticos.

Na pesquisa quantitativa, o nível de mensuração, por exemplo, o ordinal ou o de intervalo, juntamente com as características do delineamento, tais como dois ou mais grupos para comparação, fornecem um diagnóstico seguro para a escolha dos procedimentos estatísticos apropriados. Isso nos traz eficientes critérios didáticos para uma decisão sobre se vamos usar o X quadrado, ou o *tau* de Kendall, ou a correlação de Pearson a fim de estudar a relação entre duas variáveis. Procedimentos similares de diagnóstico estão ausentes nos textos de pesquisa qualitativa.

Neste contexto, um primeiro ponto de partida é considerar dois problemas de delineamento, comuns a toda pesquisa. Em primeiro lugar, o projeto de pesquisa se refere a um único ponto no tempo, é um estudo transecional? Ou o projeto se refere a diversos pontos no tempo, é um estudo longitudinal? Em segundo lugar, o projeto se concentra na experiência e ações do indivíduo ou em experiências e ações coletivas? Essa pode ser uma distinção fundamental com respeito à indicação de diferentes métodos qualitativos para diferentes

— 472 —

19. PARA UMA PRESTAÇÃO DE CONTAS PÚBLICA...

objetivos. Note-se aqui que a distinção entre transecional e longitudinal se refere ao delineamento da pesquisa e não necessariamente ao conteúdo da investigação. Muitos delineamentos transecionais – tomemos, por exemplo, as entrevistas – não se restringem ao presente, mas incluem reconstruções do passado. As técnicas de entrevista narrativa e episódica têm como objetivo específico trazer o passado para o presente. A Tabela 19.1 categoriza diferentes métodos qualitativos com respeito a sua indicação dentro de duas dimensões de delineamento e fornece uma base para fazer escolhas preliminares entre métodos com base em informações seguras.

Tabela 19.1 – *A indicação de métodos conforme delineamentos de pesquisa e focos de atividade*

Transecional	Longitudinal
Uma só vez	Vários pontos no tempo
Ação individual	
Texto	*Texto*
Entrevistas individuais em profundidade	Análise de conteúdo de materiais bibliográficos, por exemplo, diários
Entrevistas narrativas	Entrevistas repetidas para um estudo de caso de um indivíduo
Entrevistas episódicas	*Imagem visual*
Imagem visual	
Observações estruturais	*Bemetologia*
Ação coletiva	
Texto	*Texto*
Entrevistas narrativas	Análise de conteúdo de materiais públicos, por exemplo, jornais
Análise de conversação	Anotações de campo na observação participante
Análise de discurso	
Analise retórica	
Análise de argumentação	
Entrevistas com grupos focais	
Imagem	*Imagem*
Análise de filmes e vídeos	Fotografias de diferentes períodos
Som	*Som*
Cenário sonoro	Mudanças em cenários sonoros
Análise multimídia	Cantométrica
	Análise da complexidade melódica
	Mudança em gostos musicais

Pesquisa qualitativa com texto, imagem e som

O que deve ser evitado é uma mentalidade de "prego e martelo". Um martelo e poucos pregos são extremamente úteis na melhoria e manutenção de uma casa. O martelo, contudo, não é o mais indicado para certas tarefas – reparar um cano de água, por exemplo. A pessoa habilidosa irá selecionar a ferramenta apropriada para a tarefa específica. Mas se a pessoa apenas sabe trabalhar com martelo, então todos o problemas de arrumação de uma casa se tornam uma questão de martelo e prego. Isso implica que a indicação apropriada necessita a consciência e a competência em empregar diferentes instrumentos metodológicos. Transformar cada peça de pesquisa social em um conjunto de entrevistas, ou em uma análise de discurso ou, dependendo do caso, em um experimento, é cair na armadilha da monologia metodológica.

Tendo selecionado um método específico, o pesquisador necessita, então, de algumas orientações sobre como trabalhar com ele e como trabalhar bem. Do mesmo modo, outros irão querer ver se o método foi empregado adequadamente. Esta é para o pesquisador e para o grupo de pares a questão da propriedade de indicação. Isso significa que nós precisamos uma descrição explícita da "boa prática", seja qual método empregarmos. Com algum distanciamento do problema deveríamos ser capazes de julgar se o pesquisador é um profissional competente, está posando de amador ou é um aprendiz bem-intencionado. Percebe-se claramente uma relação entre qualidade de pesquisa e o método a ser indicado. Os pesquisadores podem chegar coletivamente a um discernimento sobre a indicação comparativa entre diferentes métodos somente se fizerem esforço para desenvolver indicação de qualidade para os métodos específicos.

Boa prática de pesquisa: a emergência de critérios de qualidade

Sendo que a pesquisa quantitativa possui um discurso bem desenvolvido e uma tradição com respeito à avaliação da qualidade da pesquisa, particularmente no que diz respeito aos critérios de fidedignidade, validade e representatividade, é importante começar com uma discussão sobre eles, que pode servir como um pano de fundo para as questões de garantia de qualidade na pesquisa qualitativa. Nessa introdução à tradição quantitativa, indicaremos também questões paralelas para a pesquisa qualitativa.

— 474 —

Fidedignidade e validade

Campbell e Stanley (1966) apresentam um tratamento cuidadoso das questões de qualidade na pesquisa quantitativa para o campo da educação. Seu primeiro critério de qualidade é a validade interna. Validade interna pergunta se o delineamento da pesquisa e as maneiras de coletar dados, a organização do experimento, são construídos de tal modo que permitam sejam tiradas conclusões com confiança. Embora eles escrevam em um contexto de delineamentos experimentais e quase experimentais, as ideias que estão por detrás da validade interna possuem uma equivalência funcional na investigação qualitativa. Se um relatório sobre análise de conteúdo não disser nada sobre o referencial de codificação, ou se uma interpretação de algumas entrevistas omitir detalhes sobre o tópico-guia, um leitor poderá se perguntar se esses são os produtos de uma pesquisa cuidadosa ou o produto da imaginação do pesquisador.

Talvez o tratamento mais substancial de qualidade seja o existente na teoria da mensuração e em psicometrias específicas para a mensuração de características pessoais tais como inteligência e personalidade (CRONBACH, 1951; CORTINA, 1993). A mensuração é a atribuição de números a objetos ou acontecimentos, de acordo com regras. Os números podem ser 1 e 0, para indicar a presença ou ausência de determinada propriedade, a contagem das vezes, ou representações numéricas de diferentes quantias do indicador em questão. Há diversos níveis de mensuração – nominal, ordinal, de intervalo e de razão – que irão atribuir números a diferentes quantias de um indicador, com diferentes graus de precisão. Seja qual for o nível, toda mensuração está sujeita a erro. Em geral:

número observado = número verdadeiro + erro sistemático + erro randômico

Na conversação informal e, por exemplo, no contexto de teste de mensuração da inteligência, isto significa que o número da mensuração da inteligência é constituído pelo nível real de inteligência da pessoa, mais todo viés sistemático inerente ao próprio teste e os fatores do acaso. Krippendorff (1980; 1994) estende esses princípios à análise de materiais textuais e de filmes.

A fidedignidade e a validade são os critérios empregados para avaliar até que ponto um indicador empírico específico representa um construto teórico ou hipotético especificado. A fidedignidade tem a ver com a consistência da mensuração – o quanto o teste é internamente consistente e apresenta os mesmos resultados em tentativas repetidas. Há duas técnicas principais para o estabelecimento de fidedignidade: medidas de consistência entre itens e procedimentos de teste-reteste. A validade é o quanto o instrumento capta o que ele deveria mensurar. A validade traz a ideia de propósito: não é um teste que é válido, mas a interpretação dos dados que surge de um procedimento especificado. Há várias formas de validade. Em primeiro lugar, a validade de conteúdo, que se refere à adequação da amostra ao campo em questão. Em segundo lugar, a validade de critério, que é o quanto o teste distingue acuradamente entre grupos que sabemos serem diferentes com respeito à característica que está sendo analisada, ou o quanto prediz corretamente como as pessoas, que sabemos diferirem nessa característica, irão se comportar no futuro. E finalmente, a validade de construto que se refere às relações entre resultados do teste e o referencial teórico que cerca o conceito. Devido ao fato de a validade se fundamentar sempre em algum critério externo, muitas vezes uma mensuração prévia do mesmo conceito, há sempre um elemento de tautologia na avaliação do argumento de validade (BARTHOLOMEW, 1996).

O dilema fidedignidade-validade

É um axioma aceito em psicometria que a fidedignidade de um instrumento coloca os limites superiores da validade. Com uma régua não fidedigna, seria difícil fazer alguma contribuição útil (válida) à cartografia. Mas ao mesmo tempo, alta fidedignidade não confere automaticamente validade. A relação específica, contudo, entre fidedignidade e validade faz menos sentido na medida em que passarmos à interpretação de material textual ou da evidência da entrevista. Na interpretação, a validade pode estar associada à baixa fidedignidade: isto é o que se chama de dilema fidedignidade-validade.

Tomemos a análise de conteúdo clássica de um *corpus* de texto. Dois codificadores podem ter uma concordância 100% sobre a ocorrência de palavras específicas, mostrando assim fidedignidade no uso de um referencial de codificação. Isto não significa, contudo, que eles tenham uma interpretação válida do texto. A conotação de uma palavra pode mudar devido ao contexto. Igualmente, a ausência de concordância entre codificadores pode ser diagnosticada de duas maneiras. Por um lado, ela pode, na verdade, demonstrar um mau treinamento dos codificadores, ou uma codificação randômica

— 476 —

do material. Mas essa discordância pode também mostrar que o texto não se presta a uma interpretação consensual. Pode ser um texto aberto que convida a um número de compreensões diferentes e legítimas. Com referência a isso, baixa fidedignidade não é um mero número, ela é uma parte esclarecedora do processo de investigação. Do mesmo modo, a interpretação não pode ser deixada ao arbítrio do consenso, pois a interpretação da minoria pode ser a correta e o tempo poderá provar que ela estava certa. Ao menos no que se refere às interpretações, devemos deixar esta possibilidade em aberto (ANDREN, 1981).

A fidedignidade se aplica a alguma forma de referencial de codificação e é aqui que o conceito de validade é relevante. Com algumas exceções, um referencial de codificação é normalmente baseado em alguns conceitos teóricos. As noções teóricas se tornam mais concretas através da especificação de um conjunto de categorias de conteúdo analítico. Associações presumidas entre as categorias e relações com outros indicadores formam uma parte da rede teórica. Pode-se dizer que o quanto as categorias captam, ou constroem uma amostra adequada dos dados a serem analisados, seja bastante semelhante à validade de conteúdo. Além do mais, as relações observadas entre as categorias e a teoria se aproximam da ideia de validade de construto. Juntando estas duas vertentes da fidedignidade e da validade, podemos falar de níveis de "objetividade", no sentido de dizerem mais sobre o objeto do que sobre o observador.

Representatividade

A maior parte da pesquisa social procura fazer afirmações gerais que vão além do conjunto específico das observações empíricas. Isso traz à cena a questão da generalização, o que Campbell e Stanley (1966) chamam de validade externa. O problema que o pesquisador enfrenta é com que fundamento ele pode generalizar com confiança para um contexto mais amplo a partir de achados específicos da pesquisa. Este contexto pode ser outros atores, situações ou registros. Confiança, ou a falta dela, se fundamenta no quanto a amostra estudada é representativa do contexto mais amplo: em outras palavras, o quanto a amostra reproduz as qualidades distributivas desse contexto, sejam pessoas, situações ou registros.

Como podem ser estabelecidas as reivindicações de representatividade? Seria fundamentalmente uma questão do tamanho da amostra? É certo que com apenas alguns poucos casos observados será difícil a alguém defender representatividade. Algumas afirmações gerais sobre adolescentes na Inglaterra dos dias de hoje, baseadas em um pequeno estudo de caso em Manchester, não seriam muito convincentes. Um leitor poderá questionar, com razão, se aqueles adolescentes, no estudo de caso, são típicos ou representativos da juventude da Inglaterra. Mas, do mesmo modo, amostras grandes não garantem representatividade: tudo depende da lógica do procedimento para selecionar os respondentes. Se os respondentes são autosselecionados, como os que telefonam durante um programa de televisão, problemas com respeito a vieses na amostra, que a tornaria atípica da população, devem ser levadas a sério.

Um dos poucos exemplos de uma forma sistemática de generalização provém do levantamento com amostra randômica. Com uma amostra probabilística de um tamanho especificado é possível generalizar os resultados para a população de onde se extraiu a amostra dentro de limites de confiança especificados. Para uma amostra probabilística de 1.000, e para toda observação de 50%, os limites de confiança normalmente aceitos são mais ou menos 3.2%. Isso vale para qualquer população, seja ela do tamanho de Londres, ou para toda a Inglaterra.

Essencialmente, o que a teoria da amostra oferece é um conjunto de procedimentos técnicos elaborados para seleção da amostra e uma base para avaliar e quantificar as generalizações de confiança da amostra para uma população maior (KISH, 1965). Embora um método de amostra sistemático semelhante seja aplicável a algumas formas de materiais textuais, por exemplo cobertura da mídia, ou evidência documentária (LACY & RIFFE, 1996), ele não é uma opção para a maioria da pesquisa qualitativa (cf. BAUER & AARTS, cap. 2, neste volume). Permanece, contudo, o problema de estabelecer evidência que dê sustento às exigências de especificidade dos resultados da pesquisa qualitativa.

Em busca de critérios alternativos funcionalmente equivalentes

Como delineamos acima, no coração da tradição quantitativa está um conjunto de critérios para avaliar a qualidade da pesquisa. Os pesquisadores incorporam os problemas de fidedignidade, validade e representatividade no delineamento, na análise e nos relatórios de pesquisa, do mesmo modo que outros podem empregar esses

19. Para uma prestação de contas pública...

critérios para julgar se eles podem confiar nas conclusões conseguidas por outro pesquisador. Contra este pano de fundo de um discurso bem estabelecido sobre o que constitui uma pesquisa de boa qualidade, nós identificamos várias posições com respeito a critérios para pesquisa qualitativa (cf. KIRK & MILLER, 1987; FLICK, 1998: 257).

Em primeiro lugar, existe a posição de projetar diretamente a representatividade, fidedignidade e validade da tradição quantitativa para a pesquisa qualitativa. Estes critérios, argumenta-se, são e devem ser aplicáveis a qualquer forma de dados sociais. Que conclusões podem ser tiradas de observações não fidedignas e sem validade que não estejam baseadas em um racional de amostra sistemático? A tarefa do pesquisador qualitativo é simplesmente explicar como sua amostra é representativa de uma população em estudo, e como os procedimentos de pesquisa podem ser vistos como fidedignos e válidos. Esta solução é rejeitada por muitos pesquisadores qualitativos com base no argumento de que ela não consegue reconhecer o caráter, as intenções e os objetivos específicos da investigação qualitativa. Além disso, há definições não numéricas de fidedignidade, validade e representatividade. Medidas de correlação e variância são simplesmente irrelevantes para a maioria da investigação qualitativa, que tem a ver com sentidos e interpretações e não com números.

Uma segunda posição é de franca rejeição. Amostragem, fidedignidade e validade, argumenta-se, são "positivistas", e expressões do olhar masculino agindo com um interesse do conhecimento com base no controle. Os pesquisadores qualitativos rejeitam o positivismo e a ambição de controlar e, consequentemente, a fidedignidade e a validade devem ser rejeitadas. Todos os assim chamados critérios de qualidade são formas de controle social da comunidade científica sobre seus membros, que devem, em princípio, ser rejeitados. Para alguns a revolta contra critérios rígidos é a própria essência da pesquisa qualitativa. Tal atitude de libertação que implique uma total rejeição pode estar entre as primeiras etapas de uma emergente tradição de pesquisa, mas certamente levará, a longo prazo, a uma autoderrota. Os problemas vão se tornando evidentes à medida que os sinais de institucionalização começam a florescer. Todo editor de revista irá necessitar de critérios para selecionar os trabalhos, na medida em que o suprimento de material começar a exceder o espaço economicamente disponível. Isso nos faz retornar ao dilema editorial de Van Dijk, mencionado acima. Ele deplora o fato de que seu pedido de aperfeiçoar a descrição do procedimento analítico tenha sido rejeitado pelos autores, fundamentados no fato de que isso iria se constituir em uma imposição de um "discurso de poder", cuja análise tinha sido um interesse central da própria revista. O editor, pareceu, sentia-se vencido por seu próprio intento (VAN DIJK, 1997).

Uma terceira posição apoia a ideia de critérios de qualidade, mas defende o desenvolvimento de critérios relevantes especificamente à tradição qualitativa. Amostragem, fidedignidade e validade serviram bem à pesquisa quantitativa, mas não se prestam para a avaliação da investigação qualitativa. Diversos critérios *sui generis* desse tipo foram propostos para identificar aspectos de boa prática na pesquisa qualitativa, por exemplo, persuasividade, acessibilidade, autenticidade, fidelidade, plausibilidade e probidade (HATCH & WISNIEWSKI, 1995; SEALE, 1999). Consideramos tal esforço como um caminho construtivo para se avançar, mas gostaríamos de oferecer um enfoque sistemático ao problema.

Nossa postura, fundamentada na defesa do *ethos* científico na pesquisa social, é a procura de critérios com equivalência funcional à tradição quantitativa. A pesquisa qualitativa deve desenvolver seus próprios critérios e regras, se quiser demonstrar sua autonomia como uma tradição de pesquisa. Isto não implica nem uma rígida competição com os critérios existentes, nem a rejeição completa de qualquer critério, mas um "caminho intermediário". Esse caminho intermediário deve ser descoberto perguntando quais são as funções dos critérios e regras tradicionais do método. A partir destas funções abstratas, será possível construir e reespecificar critérios que são diferentes, em essência, da pesquisa quantitativa, mas que são equivalentes funcionais para os métodos qualitativos.

Uma vez assumido o compromisso de estabelecer um conjunto de critérios específicos para a pesquisa qualitativa, abrem-se dois diferentes caminhos para avançar. Eles são uma reflexão filosófica, a partir de cima, na forma de dedução de princípios, ou uma observação empírica da "boa prática", a partir de baixo, como é evidenciado, por exemplo, em procedimentos e critérios para publicações, em orientações editoriais e em pesquisa qualitativa (cf. *Medical Sociology Group*, 1987, em SEALE, 1999). No que segue, tentaremos uma conjugação entre desenvolvimento de critérios a partir de cima, e observações a partir de baixo. O resultado é um conjunto de critérios que nós consideramos serem funcionalmente equivalentes aos critérios tradicionais de pesquisa quantitativa no que diz respeito a

19. Para uma prestação de contas pública...

conquistar a confiança dos pares, demonstrando a relevância da pesquisa e, desse modo, assegurando uma credibilidade pública ao processo de investigação.

Consideramos a formulação de proposições e a prestação de contas pública como sendo questões centrais no processo de investigação. As proposições baseadas na pesquisa empírica de qualquer tipo devem ir além da mera conjetura ou intuição. É necessária uma evidência que dê garantia às proposições que são feitas em uma arena pública em nome da ciência social. Mas que significa prestação de contas pública no contexto da pesquisa social?

A prestação de contas pública não é uma questão de prestar contas dos custos e benefícios, nem é a ideia de que a boa pesquisa necessita de apoio público para suas conclusões. O que queremos sublinhar é a ideia de que a ciência opera em um espaço público. Não é um empreendimento privado. Suas proposições e garantias, a fim de se qualificarem como conhecimento público, são "objetificadas" e tornadas públicas, e por isso estão abertos ao escrutínio público. Esta não é uma característica específica da pesquisa qualitativa, mas se aplica a qualquer forma de ciência, que nós consideramos como uma produção de conhecimento metodologicamente fundamentada.

Na Tabela 19.2, são sugeridos os critérios de equivalência funcional para as tradições quantitativas e qualitativas. Dentro da prestação de contas pública nós vemos duas amplas categorias que fornecem a base para garantia de qualidade. Estas são a confiabilidade e a relevância, que captam a essência da avaliação de qualidade e se aplicam igualmente às tradições de pesquisa qualitativa e quantitativa.

Tabela 19.2 – *Equivalentes funcionais para avaliação de qualidade com referência à prestação de contas pública*

Tradição quantitativa		Tradição qualitativa
		Triangulação e reflexividade (c)
Fidedignidade das mensurações (c)	Confiabilidade (c)	Transparência e clareza nos procedimentos (c)
Validade interna (c)		Construção do *corpus* (c, r)
Tamanho da amostra (c)		Descrição detalhada (c, r)
Amostragem representativa (r)	Relevância (r)	Surpresa pessoal (r)
Validade externa (r)		Validação comunicativa (r)
Validade das mensurações (r)		

PESQUISA QUALITATIVA COM TEXTO, IMAGEM E SOM

Os indicadores de confiabilidade permitem ao leitor e ao receptor da pesquisa estarem "confiantes" de que os resultados da investigação representam a "realidade" e são mais que o produto da imaginação fértil do pesquisador. Em outras palavras, os indicadores de confiabilidade mostram que os resultados não são construídos ou falsificados com objetivos externos à pesquisa. Eles são o resultado de um encontro empírico com o mundo, especificado pelo tempo e espaço, que foi organizado pelos pesquisadores de maneira transparente. Para a pesquisa qualitativa, a confiabilidade é indicada pela a) triangulação e compreensão reflexiva através de inconsistências; b) pela clareza nos procedimentos; c) pela construção do *corpus* e d) pela descrição detalhada.

Os indicadores de relevância, por outro lado, se referem ao quanto a pesquisa é viável, no sentido de que ela se liga à teoria internamente ou, externamente, se apresenta como uma surpresa em confronto a algum senso comum. A relevância incorpora tanto a utilidade quanto a importância. Nem tudo o que é útil é também importante, e coisas importantes podem não ser imediatamente ou podem não ser nunca úteis. O inesperado e a surpresa devem ser um critério tanto para a pesquisa quantitativa como para a qualitativa. As duas tradições, contudo, podem estruturar a surpresa de diferentes maneiras: o teste de hipótese, por um lado, e novas compreensões e representações, por outro. A relevância é indicada por a) construção do *corpus*; b) descrição detalhada; c) valor surpresa e d) em alguns casos, pela validação comunicativa.

Nos parágrafos que se seguem, descreveremos seis critérios de qualidade que, de diferentes maneiras, contribuem para a confiabilidade e a relevância da pesquisa qualitativa.

Triangulação e reflexividade (indicador de confiabilidade)

O entendimento das outras pessoas e também de materiais textuais se inspira na experiência da diversidade. O pesquisador social está sempre em uma posição de tentar descobrir sentidos em outras pessoas, a partir de outros ambientes sociais, mas, inevitavelmente, tendo como base o autoconhecimento. O entendimento de nós mesmos e de outros pode ser uma busca interminável, mas ele tem seu ponto de partida na consciência de perspectivas diferentes, que levam à reflexividade, à descentração de nossa própria posição. A reflexividade implica que, antes e depois do acontecimento, o pesqui-

— 482 —

19. Para uma prestação de contas pública...

sador não é mais a mesma pessoa. Apelar para a triangulação de perspectivas e métodos teóricos (FLICK, 1992) é um modo de institucionalização do processo de reflexão em um projeto de pesquisa. Em outras palavras, o delineamento força o pesquisador a considerar as inconsistências como uma parte de um processo contínuo do projeto de pesquisa. A aproximação do problema a partir de duas perspectivas ou com dois métodos irá, inevitavelmente, levar a inconsistências e contradições. Estas diferenças irão exigir a atenção do pesquisador a fim de poder ponderar sua origem e sua interpretação. É evidente que algumas inconsistências podem ser fruto de limitações metodológicas, mas elas podem também demonstrar que os fenômenos sociais se apresentam diferentes na medida em que eles são enfocados de diferentes ângulos. Do mesmo modo que uma montanha, que tem uma configuração e uma aparência diferentes se vista do norte, do sul, ou de cima, mas que continua ainda sendo sempre a mesma montanha. Na pesquisa qualitativa procuramos descobrir evidência de um trabalho com inconsistências, lutando com as inconsistências, tanto dentro de nós mesmos quanto entre colegas, gerando assim novas compreensões, através da fusão de horizontes, onde cada horizonte depende de uma perspectiva (GADAMER, 1989: 306). A ideia de se levar em conta a reflexividade não deve, contudo, ser entendida equivocadamente, como se fosse um convite para se relatar a autobiografia do pesquisador, em vez de ser um relatório de pesquisa. O foco da pesquisa permanece o mundo e não o pesquisador.

Transparência e clareza nos procedimentos (indicador de confiabilidade)

Nem seria necessário dizer que a boa documentação, a transparência e clareza nos procedimentos na busca e na análise dos dados são uma parte essencial da qualidade do trabalho de pesquisa. A função central da documentação deve ser capacitar outros pesquisadores para reconstruir o que foi feito, a fim de testá-lo, ou imitá-lo, para registro histórico (LAZARSFELD, 1951). A função de memória da documentação é importante. Por mais óbvia que ela seja, existem fatores estruturais que se contrapõem a essa exigência. Os trabalhos de pesquisa são, na maioria das vezes, muito curtos para incluir descrições metodológicas detalhadas. A recente tendência de algumas revistas de abrir um espaço em uma rede eletrônica, com apêndices de publicações correntes, é apenas uma solução parcial, pois não está claro por quanto tempo esses espaços em rede permanecerão

— 483 —

acessíveis depois da data de publicação. Até mesmo editores de livros estão cada vez mais relutantes em produzir publicações que incluam uma ampla seção metodológica. A primeira exigência desses editores é, muitas vezes, a de encurtar o registro dos métodos e procedimentos. É difícil imaginar como um livro como *Authoritarian Personality* poderia ter provocado tanta atenção analítica secundária sem que ele tivesse documentado originalmente o processo de pesquisa com amplos detalhes. O que necessitamos são exigências mínimas para documentação em pesquisa qualitativa, como as que existem, por exemplo, para a pesquisa de levantamento, na revista *Public Opinion Quarterly*. A clareza na descrição dos procedimentos é necessária em todas as formas de investigação científica.

A transparência desempenha para a pesquisa qualitativa funções semelhantes à validade interna e externa na pesquisa quantitativa. Ela pode ser avaliada a partir de uma descrição detalhada, por exemplo, da seleção e das características dos respondentes e/ou dos materiais; do tópico-guia das entrevistas e/ou do referencial de codificação para uma análise de conteúdo; do método de coleta de dados, do tipo de entrevista, ou do tipo de análise de conteúdo.

A análise com auxílio de computador que emprega Caqdas pode ser considerada como uma iniciativa bem-vinda que traz transparência e disciplina para a análise qualitativa, embora a partir de pressupostos tecnológicos. Na verdade, a codificação flexível e a indexação, a análise lógica de conexões de textos na forma de buscas booleanas, e o acompanhamento de ideias para interpretação através de "memorandos", são qualidades inovadoras desses novos desenvolvimentos (cf. Kelle, cap. 16, neste volume). Essas não são, contudo, ferramentas mágicas; pelo contrário, elas trazem consigo ciladas disfuncionais, que são conhecidas como "patologias de codificação" (FIELDING & LEE, 1998; SEIDEL, 1991). Muitos estudantes e pesquisadores incorrem no perigo de perder de vista seu tópico de pesquisa, emaranhados em uma gama infindável de ordenamentos e reordenamentos de centenas, e até mesmo milhares de códigos que, supostamente, deveriam oferecer garantias a uma teoria fundamentada. Além do mais, há uma tendência de usar essas ferramentas como indicadores retóricos, onde a mera menção de tais pacotes de software supostamente daria garantia de qualidade, como se fosse um tipo de proeza tecnológica.

19. PARA UMA PRESTAÇÃO DE CONTAS PÚBLICA...

A construção do corpus *(indicador de confiabilidade e relevância)*

Na maioria da pesquisa social a opção por uma amostragem sistemática simplesmente não é possível, e por isso reivindicações de representatividade ou validez externa são uma questão de argumentação. A construção do *corpus* é funcionalmente equivalente à amostra representativa e ao tamanho da amostra, mas com o objetivo diverso de maximizar a variedade de representações desconhecidas. Os pesquisadores querem mapear as representações de uma população e não medir sua distribuição relativa na população (cf. BAUER & AARTS, cap. 2, nesse volume). O tamanho da amostra não interessa na construção do *corpus*, contanto que haja certa evidência de saturação. A construção do *corpus* é um processo iterativo, onde camadas adicionais de pessoas, ou textos, são adicionados à análise, até que se chegue a uma saturação e dados posteriores não trazem novas observações. Uma boa distribuição de poucas entrevistas ou textos ao longo de um amplo espectro de estratos tem prioridade sobre o número absoluto de entrevistas ou textos no *corpus*. Alguns poucos exemplares de cada estrato ou função social têm prioridade sobre uma seleção aleatória entre estratos ou dentro dos estratos. Ambos os critérios, construção do *corpus* e amostragem representativa, trazem confiabilidade, bem como dão garantia à relevância dos resultados.

Descrição detalhada (indicador de confiabilidade e relevância)

De modo geral, a pesquisa qualitativa deve fazer uso extenso de registros literais das fontes. O registro do texto literal feito com acurada fidelidade é semelhante ao uso de notas de rodapé para o historiador: é a referência da origem de uma afirmação. O leitor pode aceitar a interpretação oferecida ou chegar a um ponto de vista diferente. O que deve ser evitado é a prática ou a aparência de seleção cuidadosa e edição de pequenos extratos significativos com a finalidade de legitimar os preconceitos do escritor. É claro que se deve atingir um equilíbrio nesse caso. Uma compilação de 20 transcrições de entrevistas, ou de 200 recortes de jornais, não constituem uma obra de ciência social. No outro extremo, um pequeno parágrafo reivindicando condensar tais materiais em alguns poucos pontos, sem apresentar as fontes, deixaria o leitor imaginando como teriam surgido estas heroicas generalizações e interpretações. Neste sentido, a fonte é um indicador de confiabilidade.

Um registro cuidadosamente indexado é também um indicador de relevância, no sentido de que ele fornece ao leitor intuições a respeito do colorido local, da linguagem e do mundo da vida dos atores sociais. Um relatório bem escrito, do mesmo modo que um bom teatro, traz o leitor para o meio dos atores sociais. Eles começam a tomar sentido para ele, e à medida que tal sentido vai surgindo, assim também as afirmações e generalizações vão conseguindo credibilidade (GEERTZ, 1983).

A surpresa como uma contribuição à teoria e/ou ao senso comum (indicador de relevância)

Um indicador de relevância de qualquer pesquisa deve ser seu valor de surpresa. A evidência pode trazer surpresa de duas maneiras: tanto com respeito a algum ponto de vista do senso comum como com respeito a alguma expectativa teórica. Na pesquisa quantitativa, isso é formalizado nos procedimentos de teste de hipótese e de falsificação.

A pesquisa qualitativa exige uma demonstração similar de valor de surpresa, a fim de evitar a falácia da evidência seletiva na interpretação (cf. Boyce, cap. 18, neste volume). Por conseguinte, para pesquisa textual, poder-se-ia esperar encontrar evidência de intuições reveladoras, de abertura diante de evidência contrária ou uma mudança de mentalidade que pudesse ter ocorrido durante o processo de pesquisa (GADAMER, 1989: 353). A fim de evitar o uso de entrevistas qualitativas, ou análise de texto, como geradores de citações que possam ser empregadas para apoiar ideias preconcebidas, toda pesquisa necessita documentar a evidência com uma discussão sobre as expectativas confirmadas ou não. Apenas uma evidência que leva à confirmação irá provavelmente levantar dúvidas e suspeita sobre a qualidade da pesquisa e da análise.

A validação comunicativa (indicador de relevância)

A validação da análise de entrevista ou dos materiais de texto através da confrontação com as fontes e obtenção de sua concordância e consentimento, foi proposta como um critério de qualidade, o assim chamado critério de validação comunicativa dos participantes, ou dos entrevistados. Este é um procedimento básico de validação do projeto de "teorias subjetivas" de Groeben et al. (1988; cf. STEINKE,

1998). Há semelhanças entre este critério e o levantamento com retroalimentação, que na literatura organizacional da década de 1960 foi considerado uma alavanca na mudança organizacional planejada na pesquisa-ação (MILES et al., 1969). Em muitas situações de validação consensual, e discussões sobre discordâncias que surgem na interpretação, podem ser de valor para o pesquisador e para os participantes. Isto mostra respeito para a perspectiva do ator social e é consistente com o interesse do conhecimento do "empoderamento".

Contudo, isso não poder ser uma condição *sine qua non* da relevância da pesquisa. Tomemos um exemplo extremo: confrontando o abuso do poder por parte de um ator social, o pesquisador qualitativo iria seguramente procurar evitar uma validação comunicativa. É provável que o ator social interessado recusará aceitar o ponto de vista do pesquisador. Se o pesquisador sucumbir à "censura" do ator social, isso iria ameaçar a independência da pesquisa. O ator não pode se constituir em autoridade última na descrição e interpretação de suas próprias ações. O observador tem diferentes vantagens sobre o observado e isso pode ser de valor intrínseco, independentemente do consentimento do ator observado. Por exemplo, o conhecimento implícito ou os pontos cegos da auto-observação muitas vezes escapam à consciência imediata do ator social. O observador está em uma situação privilegiada quanto a isso. Em primeiro lugar, o observador vê o que o ator não pode ver sobre si mesmo, como o conhecimento implícito ou rotinas comportamentais e práticas culturais aceitas sem discussão. Em segundo lugar, o observador vê todo o quadro, o que inclui o ator e seu meio social e físico. Isto se estende para além do olhar habitual do ator. Em terceiro lugar, o observador, como cientista social, emprega abstrações com respeito às práticas ou representações que o ator observado pode não aceitar ou entender. Um caso clássico é o conceito de "falsa consciência", ou o de "inconsciente". Mas isso não é afirmar que o observador produz descrições objetivas e válidas, significa antes que ele pode ter a vantagem de estar em uma perspectiva diferente com respeito ao ator. Tomar o ator como autoridade última na estrutura e função de suas representações é perder a oportunidade de aprender e criticar a partir de diferentes perspectivas.

Síntese e conclusão

Argumentamos que uma prestação de contas pública, na pesquisa qualitativa, se fundamenta em reivindicações a partir de dois amplos critérios, o da confiabilidade e o da relevância. Para fundamentar tais reivindicações, o delineamento, os métodos e procedimentos, e a análise e relatório, devem dar conta, e devem ser percebidos como dando conta, de certos critérios de qualidade. Trouxemos à discussão, neste capítulo, os indicadores clássicos de fidedignidade, validade e amostra representativa da tradição quantitativa. Através da ideia de se abstrair uma equivalência funcional dos critérios da pesquisa quantitativa, oferecemos seis critérios de boa prática para guiar uma pesquisa qualitativa. Estes são a triangulação e reflexividade de perspectivas, a documentação transparente de procedimentos, os detalhes da construção do *corpus*, a descrição detalhada dos resultados, a evidência de surpresa pessoal, e em algumas circunstâncias, a validação comunicativa. Sob alguns aspectos, esta é uma lista, ou fórmula, com dois objetivos relacionados. Ela tem a intenção de funcionar como um conjunto de orientações, embora não especificadas, para dar forma ao delineamento, à análise e ao relatório da investigação qualitativa. Paralelamente, ela é uma síntese daquilo que o revisor crítico deve perguntar com respeito a um trabalho de pesquisa, e um lembrete ao pesquisador sobre que passos apropriados devem ser tomados para oferecer a garantia necessária.

Para concluir, este volume tentou apresentar aos leitores tanto os conceitos subjacentes aos vários procedimentos da pesquisa qualitativa como as maneiras práticas de usá-los. Mas, juntamente com nossos colaboradores, esperamos ter conseguido um pouco mais que isso. A tradição da pesquisa qualitativa necessita desenvolver um corpo de experiência e de perícia comprovada a fim de prestar informações sobre escolhas entre diferentes métodos (a indicação do método), e sobre como avaliar a adequação de um estudo quando emprega determinado método (critério de qualidade). É necessário um compromisso coletivo na elaboração de tais critérios de qualidade tanto para o ensino como para a pesquisa. Ignorar ou rejeitar o desafio irá, a longo prazo, condenar a pesquisa qualitativa à estagnação nas ciências sociais. Se a pesquisa qualitativa quiser competir dentro do cenário mais amplo deverá justificar seus métodos e proposições e responder às exigências de credibilidade pública, confiabilidade e relevância. Não consideramos nossas propostas como a solução definitiva de algo que é essencialmente um problema de prática. Pelo contrário, esperamos que essas sugestões venham estimular um debate crítico e construtivo com respeito a uma preocupação emergente de muitos com referência à pesquisa qualitativa.

Referências bibliográficas

ALTHEIDE, D.L. & JOHNSON, J.M. (1994). Criteria for Assessing Interpretive Validity in Qualitative Research. In: DENZIN, N.K. & LINCOLN , Y.S. (orgs.). *Handbook of Qualitative research*. Londres: Sage, 485-499.

ANDREN, G. (1981). Reliability and Content Analysis. In: ROSENGREN, K.E. (org.). *Advances in Content Analysis*. Beverly Hills: Sage, p. 43-67.

BARTHOLOMEW, D.J. (1996). *The Statistical Approach to Social Measurement*. Londres: Academic Press.

CAMPBELL, D.T. & STANLEY, J.C. (1966). *Experimental and Quasi-experimental Designs for Research*. Chicago: Rand McNally.

CORTINA, J.M. (1993). "What is Coefficient Alpha? An Examination of Theory and Applications". *Journal of Applied Psychology*, 78, p. 98-104.

CRONBACH, L.J. (1951). "Coefficient Alpha and the Internal Structure of Tests". *Psychometrica*, 16, p. 297-334.

FIELDING, N. & LEE, R. (1998). *Computer Analysis and Qualitative Research*. Londres: Sage Publications.

FLICK, U. (1998). *An Introduction to Qualitative Research*. Londres: Sage Publications.

_____ (1992). "Triangulation Revisited: Strategy of Validation or Alternative?". *Journal for the Theory of Social Behaviour*, 22, 2, p. 175-197.

GADAMER, H.G. (1989). *Truth and Method*. 2. ed. Londres: Shead & Ward [German original, 1960].

GEERTZ, C. (1983). *Local Knowledge*: Further Essays in Interpretative Anthropology. Nova York: Basic Books.

GROEBEN, N.; SCHEELE, J. & SCHEELE, B. (1988). *Forschungsprogramme Subjektive Theorien* – Eine Einfuehrung in die Psychologie des Reflexiven Subjekts. Tuebingen: Franke.

HATCH, J.A. & WISNIEWSKI, R. (1995). Life History and Narrative: Questions, Issues, and Exemplary Works. In: HATCH, J.A. & WISNIEWSKI, R. (orgs.). *Life History and Narrative*. Londres: The Falmer Press, p. 113-136.

KIRK, J. & MILLER, M.L. (1987). *Reliability and Validity in Qualitative Research* – Qualitative Research Methods. Vol. 1. Londres: Sage Publications.

KRIPPENDORFF, K. (1994). *On the Reliability of Unitizing Continuous Data*, vol. 25, p. 47-76.

_____ (1980). *Content Analysis*: an Introduction to its Methodology. Beverly Hills, CA: Sage Publications.

LACY, S. & RIFFE, D. (1996). "Sampling Error and Selecting Intercoder Reliability Samples for Nominal Content Categories". *Journalism and Mass Communication Quarterly*, 73, p. 963-973.

LAZARSFELD, P.F. (1951). "The Obligation of the 1950s Pollster to the 1984 Historian". *Public Opinion Quarterly*, Winter, p. 617-638.

MILES, M. et al. (1969). The Consequences of Survey Feedback: Theory and Evaluation. In: BENNIS, W.G.; BENNE, K.D. & CHIN R. (orgs.). *The Planning of Change*. 2. ed. Nova York: Holt, Reinhart and Winston, p. 457-467.

SEALE, C. (1999). *The Quality of Qualitative Research*. Londres: Sage Publications.

SEIDEL, J. (1991). Method and Madness in the Application of Computer Technology to Qualitative Data Analysis. In: FIELDING, N.G & LEE, R.M. (orgs.). *Using Computers in Qualitative Research*. Londres: Sage Publications, p. 107-117.

STEINKE, I. (1998). Validierung: Ansprueche und Deren Einloesung im Forschungsprogramme Subjektive Theorien. In: WITTE, E.H. (org.). *Sozialpsychologie der Kognition:* Soziale Repraesentationen, Subjektive Theorien, Soziale Einstellungen. Lengerich: Papst, p. 120-148.

VAN DIJK, T.A. (1997). "Editorial: Analysing Discourse Analysis". *Discourse and Society*, 8, p. 5-6.

GLOSSÁRIO

Acomodação: processo de mudança de um discurso feito para uma comunidade, de tal modo que ele seja relevante e compreensível por outra comunidade. Uma acomodação científica é feita quando um trabalho técnico para um periódico de pesquisa é transformado para um público leigo.

Agregação: refere-se à aglomeração de dados, acontecimentos ou processos. A aglomeração de dados é chamada de agregação artificial. A aglomeração de acontecimentos e processos é chamada de agregação natural. Por exemplo, a agregação artificial é realizada calculando-se estatísticas, isto é, médias; a agregação natural é realizada pela ação conjunta de grandes quantidades de eventos ou processos. A agregação natural, bem como artificial, é vista como o mecanismo básico para a emergência de leis.

Alceste: programa de computador para pesquisa qualitativa que distingue diferentes tipos de discurso em textos naturais, através da realização de uma análise estatística automática.

Meio social: grupo de pessoas que pensam e sentem de maneira distinta. Na pesquisa qualitativa, as pessoas podem ser tipificadas pela combinação de estrato e função social por um lado, e pelas representações características de um tema, por outro.

Ambiguidade: característica básica da linguagem que causa as maiores dificuldades para se fazer análise de conteúdo computadorizada; também chamada de polissemia. As palavras significam coisas diferentes em diferentes contextos. Não há uma relação entre palavras e conceitos. Por exemplo, homônimos são palavras com o mesmo som ou a mesma grafia, mas com diferentes significados referenciais. A mesma palavra pode ser apreendida em sentidos diferentes, ou pode ter diferentes conotações. Através do uso metafórico, nós movemos as palavras através de contextos, a fim de estruturar uma compreensão específica do mundo. Na ironia ou sarcasmo, nós dizemos uma coisa, mas significamos o oposto. A ambiguidade na linguagem privilegia o codificador humano na análise de conteúdo, que pode lidar com essas dificuldades interpretativas com eficiência.

Amostragem: selecionar aleatoriamente unidades de análise de um referencial de amostragem, de tal modo que as estimativas da população sejam obtidas com margens de erro conhecidas.

Amostragem aleatória: na análise de conteúdo e na pesquisa de levantamento, este é o princípio-chave para selecionar unidades de análise. O referencial de amostragem lista todas as unidades de uma população e dá a elas uma probabilidade conhecida de poderem ser selecionadas. Isto permite ao pesquisador determinar um parâmetro, dentro do limite de confiança conhecido. A amostragem aleatória substitui pelo erro conhecido. Em contraste, a construção do *corpus* é um princípio de seleção em situações onde o referencial de amostragem é impensável. A seleção por acaso, ou por conveniência, é procedimento não sistemático, em contraste tanto com a amostragem quanto com a construção do *corpus*.

Amostra representativa: seleção aleatória de unidades de análise da população, de tal maneira que as estimativas das características derivadas da amostra são iguais às da população, dentro de limites de confiabilidade conhecidos. A amostra representativa não produz e a margem de erro é conhecida.

Análise com auxílio de computador: o uso de software de computador para o tratamento de dados qualitativos, a fim de automatizar tarefas mecânicas que estão envolvidas na análise interpretativa desses dados.

Análise de dados: qualquer abordagem qualitativa ou quantitativa, para reduzir a complexidade no material dos dados, e para chegar a uma interpretação coerente do que é pertinente e do que não é.

Análise interpretativa: processo hermenêutico (e não algorítmico), através do qual um interpretador humano tenta descobrir sentido (*Verstehen*) nos dados qualitativos.

Analogia: na retórica, uma comparação feita para mostrar semelhança. A analogia pode também ser uma forma de raciocínio, em

GLOSSÁRIO

que a semelhança entre duas ou mais coisas é inferida de uma semelhança conhecida entre elas em outros aspectos.

Ancoragem: na semiologia, quando uma imagem é acompanhada pelo texto que serve para tirar a ambiguidade da imagem, diz-se que o texto ancora a imagem. Deve ser distinguida de revezamento.

Apoio: uma premissa que fundamenta a garantia no argumento.

Argumento: a unidade básica da análise retórica. Normalmente, um argumento prático é um ponto, ou uma série de razões usadas para apoiar uma proposição específica. Os elementos básicos são proposição, dados, garantia, apoio e refutação.

Argumentação: a) atividade verbal ou escrita que consiste em uma série de afirmações com o objetivo de justificar, ou refutar determinada opinião e persuadir um público; b) nas entrevistas narrativas, aqueles elementos não narrativos do texto, que justificam ações com a apresentação de razões, explicam regras, ou mencionam relações entre coisas, ou conceitos.

Associação de palavras: variante da técnica de perguntas abertas, que solicita aos respondentes que escrevam quaisquer palavras que eles associem com o objeto em foco.

Avaliação: nas conversações, um turno que envolve apreciação, seguido normalmente por um segundo turno em que se concorda, ou se melhora, a avaliação.

Bemetologia (em inglês, *bemetology*): acrônimo para representar "meteorologia comportamental" (*be*havioral *me*teorology). Refere-se à exigência metodológica de juntar continuamente dados comportamentais e experimentais, como é feito na meteorologia.

Cânones retóricos (partes da retórica): as cinco divisões do estudo da retórica nos tempos clássicos: invenção, disposição, estilo, memória e apresentação.

Cantométrica: procedimento complexo, que inclui 37 dimensões analíticas, desenvolvido por Alan Lomax, para comparar e tipificar cantos populares em todas as culturas humanas.

Caqdas: significa Computer-Assisted Qualitative Data Analysis Software – software para análise de dados qualitativos com auxílio de computador –, uma tradição recente de desenvolvimentos de software para auxiliar a análise de dados qualitativos. Estes pacotes de software auxiliam indexação e conexão de unidades de análise; permitem que se façam memorandos em tais conexões, na forma de comentários *ad hoc*; permitem operações complexas de procura-e-recuperação com índices; fornecem ferramentas gráficas para representar as ligações entre os textos; e oferecem interfaces numéricas para análise estatística de frequências de códigos em um *corpus* de materiais.

Cenário sonoro: termo criado pelo compositor canadense Murray Schafer, para analisar e melhorar a ecologia acústica humana. Um projeto de âmbito mundial reconstrói, registra e descreve sons da vida cotidiana, passada e presente. O projeto é descritivo, bem como prescritivo, com a missão de diminuir o ruído para melhorar a qualidade da vida moderna. Técnicas como perfil de sonoridade, caminhadas de escuta e diário de som, foram desenvolvidas para avaliar a qualidade de alta, ou baixa fidelidade, ou a proporção natural/artificial de um cenário sonoro específico.

Códigos de tempo: em vídeos, os segundos, minutos e horas que registram o tempo concreto de registro durante uma filmagem.

Codificação: a aplicação de um procedimento conceptualmente construído a um conjunto de materiais. A anexação de palavras indexadas (códigos) aos segmentos da unidade de um registro (por exemplo, a transcrição de uma entrevista, ou um protocolo de campo).

Coerência: critério de boa prática na análise de conteúdo. Um referencial de codificação é coerente se os códigos derivam de um princípio conceptual superior trazendo, desse modo, complexidade de uma maneira organizada. Pode ser considerado como um critério estético: referenciais de codificação coerentes contribuem para uma análise de conteúdo bela.

Complexidade melódica: série de tentativas para construir indicadores culturais a partir da estrutura melódica de peças musicais, tais como hinos nacionais ou músicas campeãs de audiência em paradas de sucesso. Esses indicadores normalmente levam em consideração a frequência e a magnitude das mudanças de tom, a direção da progressão tonal e a combinação entre música e texto.

GLOSSÁRIO

Concordância: procedimento computadorizado que lista todos os cotextos de uma palavra-chave, dentro de um determinado *corpus* de texto. Normalmente, o tamanho do cotexto pode ser especificado pelo número de palavras antes e depois de uma palavra-chave, pela frase ou pelo parágrafo, dentro do qual uma palavra-chave ocorre. Considerada anteriormente como uma atividade manual de intenso trabalho, é agora disponível em questão de segundos, servindo para avaliar os sentidos das palavras ou para conferir a qualidade de uma consulta de um texto on-line.

Conotação: na semiologia, tipo de significação de segunda ordem. Um sentido adicional de um signo, além de sua denotação: o signo denotativo se torna o significante do significado conotativo. A fim de apreender a conotação de um signo, é necessário um conhecimento cultural ou convencional suplementar.

Construção: termo que realça o papel que a linguagem desempenha na criação de nossos mundos sociais, em oposição a meramente refleti-los ou descrevê-los.

Coocorrência: análise computadorizada que avalia o número de vezes em que duas palavras aparecem juntas, dentro de uma unidade específica de texto. A distribuição de frequência destas coocorrências é modelada estatisticamente, a fim de se conseguir uma representação gráfica da estrutura associativa, em um determinado *corpus* de texto.

Construção de confiabilidade: característica da pesquisa de boa qualidade. A fidedignidade e o tamanho da amostra na pesquisa quantitativa e a triangulação, a transparência, a construção do *corpus* e a descrição detalhada, na pesquisa qualitativa, são medidas para construir confiabilidade junto ao público, em relação aos resultados da pesquisa.

Construção de *corpus*: processo de coletar materiais, na pesquisa qualitativa. Não está baseado em princípios aleatórios, mas é, contudo, sistemático, levando em consideração a relevância, homogeneidade, sincronicidade e saturação. Implica a ampliação de funções e de estratos (variáveis externas), até que o espectro das representações focais (variáveis internas) de um tema esteja saturado.

Construção de teoria: na análise de texto computadorizada, a comparação de segmentos de texto codificados através da análise interpretativa, a fim de desenvolver uma rede complexa de conceitos, categorias ou tipos gerais.

Corpus: conjunto limitado de materiais determinado de antemão pelo analista, com certa arbitrariedade, e sobre o qual o trabalho é feito. Podem-se distinguir *corpora* com objetivos gerais, tais como *corpora* linguísticos, de *corpora* tópicos, tais como um conjunto de entrevistas qualitativas em um projeto de pesquisa social.

Dados: fatos ou evidência que estão à disposição do proponente de um argumento.

Dados qualitativos: dados não estruturados, por exemplo, transcrições de entrevistas abertas, anotações de campo, fotografias, documentos ou outros registros.

Dados visuais como indicadores de disposições psicológicas coletivas: um filme, um comercial de Tv, uma pintura popular, uma fotografia famosa, podem ter ressonância geral para um grande número de pessoas. Tais materiais podem nos dizer algo sobre seus gostos, desejos, fantasias ou opiniões.

Definição subjetiva: o sentido subjetivo de determinada palavra, fenômeno ou coisa, empregado por um entrevistado.

Delineamento de pesquisa: várias estratégias para pesquisa, que incluem negociações entre os custos para implementá-las e os resultados a serem esperados. Os princípios do delineamento incluem o levantamento social, experimentação, estudos de painel, estudos de caso, observação participante e etnografia.

Delineamento paralelo: essa ideia sugere que o estudo do mundo vivido de uma comunidade é conseguido de maneira mais apropriada através da análise longitudinal coordenada, tanto dos dados da mídia como através de entrevistas diretas. A interpretação de ambos os dados é favorecida pelo contexto recíproco. Por exemplo, nem os levantamentos, nem as entrevistas qualitativas são autoexplicativos; sua interpretação é favorecida analisando-se o processo de cultivação do ambiente simbólico pelos meios de comunicação de massa de uma comunidade.

Denotação: na semiologia, a significação de primeira ordem. O significado literal, ou primário, de um signo. Para apreender esse sentido é suficiente apenas o conhecimento cotidiano.

GLOSSÁRIO

Descrição detalhada: indicador de boa prática da pesquisa qualitativa. A pesquisa é, muitas vezes, relatada com descrições detalhadas de situações, acontecimentos e experiências, como mostradas nas entrevistas, observações ou documentos, que fazem uso extenso de citações literais. Isso aumenta a relevância da evidência e favorece a confiabilidade do público em relação aos dados.

Dicionário: ferramenta na análise de conteúdo computadorizada. Ele define uma lista de conceitos, através de uma lista específica de palavras-símbolo. Uma palavra-símbolo é atribuída a um conceito singular. O computador identifica palavras-símbolo como sequências e as atribui automaticamente ao conceito predefinido. A construção de um dicionário para um *corpus* de texto específico constitui uma interpretação do pesquisador. O procedimento é limitado pela ambiguidade de palavras isoladas com relação a conceitos.

Dilema fidedignidade-validade: definição psicométrica de fidedignidade e validade implica que fidedignidade é o limite superior de validade. Este não é o caso nos procedimentos interpretativos. Na avaliação da boa prática de análise de conteúdo, pode surgir um dilema. A validade de uma análise complexa é muitas vezes conseguida através da redução da fidedignidade do codificador. Interpretações válidas não são, necessariamente, consensuais; a divergência, por si mesma, produz informação. O mapeamento estrito de critérios de qualidade entre pesquisa quantitativa e qualitativa é inadequado.

Dinâmica de grupo: as características emergentes de várias pessoas em interação, por exemplo, no contexto de uma entrevista com grupo focal.

Discurso: a) falas e textos linguísticos de todo tipo, incluindo a conversação que ocorre naturalmente, artigos de jornal ou dados de entrevista; b) na linguística, todo agrupamento de palavras em unidades maiores que uma sentença.

Eliciação (evocação) de dados: termo genérico para todo método de extração de dados de qualquer tipo, falando com as pessoas, observando as pessoas, ou coletando registros materiais.

Entrevista com grupo focal: um pequeno número de pessoas, normalmente de seis a oito, encontra-se para discutir um tema de interesse comum, liderado por um moderador, muitas vezes acompanhado por um ou dois observadores.

Entrevistas individuais em profundidade: uma entrevista semiestruturada com um único respondente, em contraste com a entrevista estruturada de pesquisa de levantamento e as conversações mais longas da observação participante.

Entrevista narrativa: método específico de entrevista que consiste em pedir às pessoas que contem sua vida, tanto como um todo, ou focando, por exemplo, em uma doença, ou em sua biografia profissional. A parte principal da entrevista é uma narrativa espontânea mais longa da história de vida do indivíduo, durante a qual o entrevistador se abstém de intervenções diretivas.

Episódio: pequeno evento, com uma estrutura narrativa que pode ser parte de uma narrativa, ou de uma história maior.

Episódio repetido ("repisode"): episódio que acontece repetidamente (por exemplo, "toda vez que eu vou à escola, eu primeiro encontro meu vizinho e depois meu amigo").

Erro de amostragem: o erro conhecido, associado a uma estratégia de amostragem específica. O erro de amostragem é expresso à margem de uma estimativa da média, ou da variância, de uma observação.

Esquema autogerador: a entrevista narrativa faz uso de uma competência universal de se contar histórias. Uma vez iniciada a narração, ela conduz o narrador a detalhar a estruturação, atribuir relevâncias a um ponto de vista particular e a levar a história a um final. Outros termos são "esquema da história", "lógica narrativa", "exigências inerentes", "convenção narrativa" e "gramática da história".

Estratégia de amostragem: procedimento para selecionar aleatoriamente itens, ou pessoas, de um referencial de amostragem, empregando práticas já existentes, tais como amostragem sistemática, estratificação ou agrupamentos, ou combinações complexas de tais estratégias.

Estratos e funções: na construção do *corpus*, o espectro de variáveis externas, que são controláveis para a seleção de materiais, ou pessoas. Estratos adicionais e funções sociais acrescentam variedade de representações, até que a saturação seja alcançada. Estrato se refere à diferenciação hierárquica e função à diferenciação de papel entre grupos sociais.

GLOSSÁRIO

Ethos: uma das três provas de Aristóteles (juntamente com *pathos* e *logos*). Essas provas estruturam o argumento. *Ethos* é o argumento que apela para a credibilidade pessoal como evidência de uma posição particular.

Evento musical total: concepção de música que vai além do mero evento sonoro, e inclui o comportamento e a experiência do músico, do público, a situação em que a música é executada e o discurso sobre música entre os participantes.

Evidência de vídeo: a qualidade do som e da imagem como variáveis de evidência; o ângulo de registro, como implicando, possivelmente, representação distorcida ou viés.

Exame de hipótese: o emprego de complexas técnicas de consulta (de materiais) na análise computadorizada, a fim de descobrir segmentos de texto que podem ser considerados como evidência, ou contraevidência, de certos pressupostos (mais ou menos precisos).

Expressão indéxica: expressão como, por exemplo, "aqui", ou "agora", que muda de sentido conforme a situação concreta em que ela é dita. Os analistas da conversação defendem que todas as expressões são indéxicas.

Fala conclusiva: a fase final de uma entrevista narrativa. Depois que o gravador foi desligado, a conversação provavelmente continua, informalmente, e com um sentimento de relaxamento. Esses "comentários" revelam pistas importantes para a interpretação contextual da narrativa registrada. As falas conclusivas devem ser registradas em um protocolo de memória, imediatamente após a entrevista.

Falácia da autovalidação, da evidência seletiva: consiste na tentativa sincera de aplicar um modelo, ou provar uma teoria, que leva a subverter a evidência de qualquer fato, ou dado, que possa servir a esse objetivo.

Falácia da causa mecanicista: consiste em fragmentar os componentes de um complexo causal e analisá-los separadamente, e até mesmo avaliar sua influência causal separadamente, como se eles fossem elementos discretos, determinados por forças discretas, e não como sendo dinamicamente relacionados um com o outro.

— 499 —

Falácia da causa supérflua: consiste em explicar um acontecimento a partir da ação de um ou outro agente, que se pode provar ter existido, mas que teve pouca ou nenhuma influência sobre os resultados.

Falácia das causas necessárias e suficientes: postura analítica que consiste em fragmentar explicações de acontecimentos em fatores discretos, qualificando-os como causas necessárias e suficientes ou, às vezes, como causas subjacentes e imediatas.

Falácia da evidência desproporcional: distorções que podem ocorrer, pois diferentes atores não levam em consideração grande quantidade de informações. A informação disponível pode tornar relevante o que tinha menos significação.

Falácia da evidência relativizada: consiste em considerar os textos, tanto como a base de nossa compreensão do passado, mas também como construções mais ou menos opacas, através das quais nenhum passado "real" pode ser recuperado e cujo sentido, por conseguinte, depende essencialmente do prejulgamento do leitor individual. Também conhecida como a falácia do pós-modernismo.

Falácia da falsa dicotomia: consiste em sugerir uma dicotomia entre dois termos, que na verdade não são nem mutuamente exclusivos, nem coletivamente exaustivos.

Falácia da narrativa anacrônica: consiste em ler o passado como se não fosse mais que um palco para o presente. Conhecida também como a falácia Whig da história. É a analogia temporal do etnocentrismo: o entendimento de outra cultura, ou de outro tempo, em termos de sua própria cultura, ou de seu próprio tempo presente.

Falácia do fato secreto: consiste na crença de que fatos ocultos possuem um significado específico e que, se descobertos, teriam papel importante na explicação dos acontecimentos em questão.

Falácia da posição adversária: pressuposição de que a verdade é mais rapidamente alcançada se cada historiador, ou cientista social, adotar uma posição adversária.

Falácia da redução: consiste em identificar um elemento singular na explicação apresentada e reivindicar, sem razões fundamentadas, que ele é o elemento-chave de toda a história. A distorção resultante é disfuncional para a explicação.

GLOSSÁRIO

Fala/texto contextualizados: na análise de discurso, a proposição básica que afirma que toda fala e texto têm a ver com contextos específicos.

Fase de questionamento: a terceira fase da entrevista narrativa. Depois da fase da narrativa principal, o entrevistador faz as perguntas imanentes, traduzindo livremente perguntas exmanentes para os referenciais e o vocabulário do informante. Regras de procedimento excluem perguntas do tipo "por quê?", ou mostram contradições na narrativa.

Fidedignidade: indicador de qualidade na pesquisa social quantitativa. Um instrumento mede um fenômeno consistentemente se aplicado repetidas vezes, ou por diferentes pessoas. Por exemplo, um teste de inteligência deveria apresentar o mesmo número no QI, em repetidas aplicações para a mesma pessoa.

Folha de codificação: na análise de conteúdo feita manualmente, os codificadores assinalam seus julgamentos para cada unidade de texto em uma folha de codificação – uma folha de codificação para cada unidade de codificação. A folha de codificação traduz as unidades de texto para um formato adaptado à análise estatística – um valor para cada código, para cada unidade de texto, para cada codificador. Estes registros são posteriormente inseridos no computador como dados em números brutos. As folhas de codificação podem ser diretamente construídas no próprio computador, semelhantes às que se tem à mão evitando, desse modo, que a entrada de dados possa ser uma fonte de erros no processo. Uma folha de codificação é sempre apoiada por um livro de codificação explicativo.

Formulação: na conversação, um turno oferecido como uma reafirmação, com palavras diferentes, da essência daquilo que falou um locutor anterior.

Garantia: na argumentação, uma premissa que consiste em razões, fundamentações ou regras, empregada para assegurar que os dados são legitimamente utilizados para apoiar a proposição.

Gênero: tipo de discurso com características distintas, por exemplo, os "filmes de *cow-boys*", como um gênero de filme, ou reportagens, como um gênero jornalístico.

Gostos musicais: associação empírica entre preferências musicais e categorias sociais de pessoas. Os gostos musicais são parte do capital cultural e das distinções sociais. Os gostos podem ser usados como indicadores culturais da posição das pessoas no espaço social.

Homogeneidade: princípio da construção de *corpus*. Os textos, ou outros materiais, devem se constituir de um material constitutivo único, e não de uma mistura de diferentes materiais. Por exemplo, não é aconselhável misturar transcrições de entrevistas individuais com transcrições de entrevistas com grupos focais, ou textos de jornal com transcrições de entrevistas, dentro de um único *corpus*. Estes materiais precisam ser analisados separadamente.

Ícone: na semiótica, um tipo de signo em que a relação entre o significante e o significado é de semelhança, representação pictórica ou reprodução, por exemplo, uma fotografia. Este é o tipo de signo menos arbitrário/convencional na semiótica de Peirce.

Indicação de qualidade: cada método de pesquisa possui sua "boa prática", que é indicada por alguns critérios. Para a pesquisa quantitativa, normalmente são conferidos a representatividade da amostra, o tamanho da amostra e a fidedignidade e validade das medidas numéricas. Na pesquisa qualitativa, critérios equivalentes estão menos claramente desenvolvidos. Eles podem incluir triangulação, transparência, construção de *corpus*, surpresa pessoal, descrição detalhada e, algumas vezes, validação comunicativa.

Indicação de um método: no delineamento da pesquisa, o problema de escolher o método de pesquisa apropriado ao problema em questão. Por exemplo, para objetivos diferentes, o pesquisador irá preferir a observação à entrevista, ou um levantamento baseado em questionários a entrevistas com grupos focais. A contraindicação se refere ao conhecimento de quando não empregar um determinando método.

Indicadores culturais: análise de séries temporais de um texto, imagem ou materiais sonoros, a fim de mapear as flutuações no uso de aspectos simbólicos, referências e ícones, em uma comunidade. Presume-se que essas mudanças no uso de aspectos e imagens, indiquem as mudanças nos valores culturais, nas ideias e representações, do mesmo modo que a fumaça indica o fogo oculto. Os indicadores são muitas vezes mais fáceis de observar do que os

GLOSSÁRIO

valores culturais que eles representam; desse modo, eles são medidas eficientes do ponto de vista da pesquisa.

Índice: a) na semiótica, um tipo de signo em que a relação entre o significante e o significado é de contiguidade, ou causalidade, por exemplo, a fumaça significa fogo. O conhecimento convencional é mais importante para um índice do que para um ícone; b) na análise computadorizada, qualquer etiqueta, ou marcador, anexado a uma unidade de texto, com fins de consulta.

Informante: o entrevistado, em uma entrevista narrativa.

Interesses do conhecimento: refere-se à tipificação de Habermas das três tradições de conhecimento – empírico-analítico, hermenêutico e crítico –, cada um deles associado a um interesse do conhecimento específico: controle, construção de consenso e emancipação, ou "empoderamento". Não devem ser confundidos com um método específico de pesquisa, ou com os interesses individuais de uma pessoa.

Kwic (*keyword in context* – palavra-chave em contexto): termo genérico para procedimentos computadorizados, que auxilia na análise dos textos, identificando palavras singulares juntamente com seu cotexto, por exemplo, nas análises de concordância ou de coocorrência.

Kwoc (*keyword out of context* – palavra-chave fora de contexto): termo genérico para procedimentos computadorizados, que contribui para análise de textos, focando na ocorrência de palavras isoladas. Tal prática inclui listagens de vocabulário, contagem de palavras e análises baseadas em dicionário.

Lematização: o tratamento preparatório do texto, exigido para eficientes análises de Kwic e Kwoc. Estas análises computadorizadas exigem rotinas que reduzem diferentes formas gramaticais das palavras a um sentido único da raiz. Por exemplo, para fins de uma análise específica, as formas da palavra jogar, jogo, joga, jogou, jogando, etc. são equivalentes ao radical "jog", que pode ser tomado como símbolo do conceito "atividade de lazer" (Kwoc), ou em estreita associação com a palavra "criança" (Kwic).

Lei e chance: lei se refere a toda regularidade que permite predições de qualquer sorte. Chance se refere a eventos aleatórios, ou processos, que não podem ser preditos. Lei e chance não devem ser confundidos com determinismo e indeterminismo.

Lei do instrumento: refere-se à observação de que a capacidade humana para definir e resolver problemas depende das habilidades e instrumentos disponíveis; também conhecida como dependência funcional do pensamento. Em outras palavras: dê a uma criança um martelo e ela verá tudo como tendo necessidade de ser batido. A lei enfatiza a importância de um pluralismo metodológico para a pesquisa social.

Leitura cética: na análise de discurso, um modo de ler um texto, que implica questionar sua organização e pressupostos, perguntando-se continuamente quais características do texto estão fazendo com que alguém o leia desse modo. É o oposto da leitura acadêmica de se ler um texto buscando os pontos essenciais.

Léxico: na semiologia, um corpo de conhecimento cultural convencional, exigido para se compreender uma significação de segunda ordem, como conotação, ou mito (cf. tb. sistema referente).

Livro de codificação: instrumento básico de toda análise de conteúdo, que apresenta a ordem do sistema de categorização/codificação e as definições de cada código, com exemplos. É uma prática excelente em toda análise de conteúdo que fundamenta uma codificação fidedigna; e também documenta o processo de codificação para escrutínio público.

***Logos*:** uma das três provas de Aristóteles, que estruturam um argumento (juntamente com *ethos* e *pathos*: os três mosqueteiros). *Logos* é o apelo à razão. Cada argumento segue uma determinada lógica, um determinado *logos*, um apelo-padrão específico àquilo que é razoável, ou racional.

Materiais de estímulo: técnicas, tais como associação livre, montagens de fotografias, categorizações com cartões e tarefas de desempenho de papel, planejadas para eliciar ideias que podem ser difíceis de serem articuladas, e para promover a discussão em entrevistas com grupos focais.

Memória e conhecimento episódicos: a parte da memória humana e do conhecimento em que eventos concretos são armazenados, inseridos em seu contexto com uma estrutura temporal, ligados a

GLOSSÁRIO

circunstâncias e a pessoas específicas (por exemplo, "minha primeira aula na escola").

Memória semântica: as partes da memória humana que consistem em conceitos, definições e suas inter-relações, regras e esquemas de acontecimentos. Estes são generalizados e descontextualizados de circunstâncias concretas, de pessoas ou acontecimentos.

Metáfora: uma figura de retórica. Comparação implícita entre duas coisas de natureza diferente, mas que têm assim mesmo algo em comum.

Metonímia: uma figura de retórica. É a substituição de alguma palavra atributiva ou sugestiva, por aquilo que é realmente significado.

Métrica: na análise de conteúdo, os códigos têm uma qualidade métrica, ou de escala, diferentes. Podem ser escalas categoriais, ordinais, de intervalo ou de razão. Escalas categoriais classificam unidades; escalas ordinais as ordenam em graus; escalas de intervalo, além disso, estabelecem as distâncias com relação a uma escala de unidade igual; e escalas de razão, avaliam a distância de um ponto zero. Dependendo da qualidade da escala, procedimentos estatísticos diferentes podem ser aplicados para redução dos dados.

Mídia como um fato social: implica que nós temos que tratar as apresentações na mídia como tendo sujeições e influências no mundo social, do mesmo modo que o mercado de ações, as Nações Unidas ou a indústria nuclear.

Mito: na semiologia, um tipo de significação de segunda ordem. O processo pelo qual o sentido cultural e ideológico se torna natural, invisível e sem tempo, ou "dado". Os semiólogos tentam desmistificar esse processo, através do desmascaramento da construção do signo e através da reintegração de sua motivação histórica e ideológica.

Modelo estacionário e rotativo: os termos se referem ao enfoque de pesquisa de campo da *bemetologia*. Em vez de aplicar questionários e inventários, a *bemetologia* apela para registros de dados que ocorrem naturalmente, tais como o estudo do comportamento concreto, como a base da avaliação da personalidade. O modelo estacionário recolhe dados em situações como hospitais, escolas e jardins de infância, onde muitas pessoas permanecem por certo tempo. O modelo rotativo acompanha os movimentos, ou registra as experiências de uma pessoa, através de situações diferentes. Os modelos estacionário e rotativo de avaliação da personalidade tornam-se possíveis com recursos técnicos, tais como computadores portáteis, ou registradores de eventos especialmente construídos para esse fim.

Moderador: papel do entrevistador na condução da entrevista de grupo focal.

Modo e meio de representação: a fim de distinguir tipos de materiais de dados, é útil considerar duas dimensões básicas de representar o mundo. O modo refere-se ao comportamento e à comunicação formais ou informais; o meio se refere ao movimento, ao texto escrito, à imagem visual ou ao som. Este esquema permite a alguém distinguir diversos tipos de dados e avaliar a adequação de métodos específicos de pesquisa.

Modularidade: princípio de eficiência para a construção de referenciais de codificação, na análise de conteúdo. O mesmo código é usado para diferentes funções no processo de codificação, o que aumenta a complexidade da codificação, sem acrescentar esforço de aprendizagem.

Monitoramento contínuo do comportamento ou da experiência: uma exigência metodológica que a *bemetologia* supre: como o comportamento, ou a experiência, é um processo incessante, ele deve, por consequência, ser também registrado continuamente.

Música: sons intencionalmente organizados, que constituem uma atividade multifuncional elaborada, na maioria das culturas. A música é produzida pela voz humana, como canto, por instrumentos especialmente fabricados e pela combinação dos dois.

Narração principal: a segunda fase da entrevista narrativa. A narração principal não deve ser interrompida. O entrevistador se engaja numa escuta ativa, fazendo anotações, se conveniente, e encorajamentos periódicos verbais e não verbais, para que o narrador continue. A coda marca o fim dessa fase, com a qual o informante indica claramente, depois de repetidas sondagens, que não há mais nada a ser dito.

Narrativa: alguns textos são narrativas. Em uma narrativa, o contador de histórias coloca várias ações e experiências em uma sequência. Elas são as ações e experiências de muitos personagens. Esses personagens tanto influem em situações como reagem a situações. As mudanças trazem à luz novos elementos das situações e dos personagens que previamente estavam implícitos. Ao proceder assim, elas ensejam o pensamento, a ação, ou ambos. Todos estes elementos revelam a trama da narrativa.

Narrativa biográfica: a história de vida de uma pessoa é recontada: a vida como um todo, ou certos períodos de uma vida, como nas narrativas de doenças, ou de mudanças de profissão.

Narrativa e representação: a distinção entre narrativa e representação chama a atenção do pesquisador sobre as incertezas epistêmicas das narrativas. Embora a técnica da entrevista narrativa seja justificada pela forte afinidade entre a experiência e o contar histórias, o elo entre narração e experiência vivida é muitas vezes tênue: o contador de histórias neurótico nos conta o que pensa que nós queremos ouvir e não necessariamente sua experiência; o contador de histórias político nos conta o que deveria ter acontecido; e a pessoa sob efeito de trauma nos conta menos do que aquilo poderia ter sido experimentado.

Notação e transcrição: a) eventos musicais podem ser representados em forma escrita como notação ou transcrição, fazendo uso de convenções de signos elaboradas. A notação serve principalmente à memória do artista; as transcrições ajudam a análise de eventos musicais; b) toda translação de materiais de qualquer formato para um formato escrito, baseada em notação convencional. As convenções definem o nível de detalhe que deve ser mantido.

Número de entrevistas qualitativas: existem dois aspectos a serem considerados: a quantidade de texto que pode ser convenientemente analisado e a saturação de sentido, significando que não serão esperadas novas surpresas com entrevistas adicionais. O objetivo é maximizar o espectro de opiniões e experiências, com um pequeno número de entrevistas.

Objeto: na *bemetologia*, um objeto pode ser tudo o que é referido por um predicador da observação, ou da experiência. Como tal, ele é definido pela posição mais à esquerda, no esquema de predicação: objeto ← predicado ← valor do predicado ← valor de tempo.

Organização retórica: refere-se à questão de que a maioria dos discursos é construída para ser persuasiva, para conseguir aprovação diante de versões diferentes do acontecimento, do fenômeno, ou do grupo que é o objeto do discurso.

Orientação da ação: na análise de discurso, quando se realça o ponto de que o discurso não é apenas sobre coisas, mas que ele implica também em fazer coisas.

Par adjacente: em conversações, dois turnos em que o segundo é, até certo ponto, predizível a partir do primeiro, como, por exemplo, pergunta e resposta, ou convite e resposta.

Paradigma ou conjunto associativo: na semiologia, o grupo de signos alternativos que podem ser substituídos pelo signo escolhido. Os membros desse conjunto são, em certo sentido, similares ao signo escolhido (por exemplo, tipos de chapéus, diferentes cores), mas suas diferenças do signo escolhido ajudam a delimitar o sentido.

Paradoxo do *corpus* teórico: um *corpus* seleto de opiniões, atitudes e cosmovisões representa um universo de tais representações se o espectro de variedade estiver incluído; contudo, o *corpus* é necessário antes que alguém possa determinar essas subdivisões de variedade. A forma de sair desse paradoxo é construindo *corpora* passo a passo e iterativamente.

Patologias de codificação: práticas disfuncionais que surgem do uso de Caqdas. Por exemplo, dá-se ênfase à construção de extensos sistemas de índices hierárquicos para algumas poucas transcrições de entrevistas. Este procedimento pode se tornar um obstáculo para a interpretação dos dados, pois o pesquisador vai se concentrar no sistema de índices e perde de vista seu problema de pesquisa, que necessita uma redução de complexidade. O resultado pode ser uma crise no processo de pesquisa.

***Pathos*:** uma das três provas de Aristóteles, que estrutura o argumento (juntamente com *ethos* e *logos*: os três mosqueteiros). *Pathos* é o apelo à emoção do público, a fim de persuadir.

Percepção, percepção distorcida, percepção informada: na análise de materiais visuais, a diferença entre "apenas ver" e "ver por dentro", isto é, ver o detalhe e o sentido dentro de uma imagem referenciada.

GLOSSÁRIO

Pergunta aberta: pergunta colocada em um questionário, que fornece dados qualitativos, para investigar a estrutura natural das respostas, com respeito a um tópico específico.

Perguntas exmanentes e imanentes: na entrevista narrativa, distinguem-se dois tipos de perguntas. Perguntas exmanentes são aquelas nas quais o entrevistador está interessado; essas perguntas, contudo, devem ser traduzidas para o vocabulário e referências do informante, isto é, para perguntas imanentes. Nem todas as perguntas exmanentes são traduzíveis, pois a narrativa do informante pode não oferecer um ponto de ancoragem para a tradução.

População: o conjunto completo de itens, ou pessoas, que são o alvo da inferência estatística, baseada na amostragem aleatória. Uma população é definida com objetivos práticos por um referencial de amostragem.

Predicador: na *bemetologia*, todo termo que não possa ser uma descrição definitiva, ou um nome próprio, e que é atribuído a um objeto (físico ou não físico) é chamado de predicador. Por exemplo, em "João ← agressivo", o termo "agressivo" é um predicador. A expressão completa "João ← agressivo" é chamada de uma predicação.

Predicação em cascata: na *bemetologia*, uma expressão metafórica introduzida para designar dados comportamentais ou experienciais, como uma sequência complexa de referências: objeto ← predicador ← valor do predicador ← valor de tempo.

Preparação: consiste em concentrar a atenção de um respondente no tópico (estímulo) de interesse, fazendo uma pergunta inicial geral, ou apresentando um ícone.

Prestação de contas pública: característica da boa pesquisa social e a função de indicação de qualidade na pesquisa social. Critérios explícitos de boa prática garantem sua natureza pública. A pesquisa social é uma atividade de conhecimento público. A credibilidade pública é garantida através da construção da confiabilidade e da relevância.

Proposição: nos argumentos, uma afirmação que contém estrutura e é apresentada como o resultado do argumento, apoiada por fatos.

Reapresentação complexa (*complex retrieval*): a busca de segmentos de texto codificados, que está restrita por certas limitações, por exemplo, a consulta de documentos com um atributo comum, ou a busca de coocorrência de segmentos de texto aos quais determinados códigos foram atribuídos.

Reapresentação comum (*ordinary retrieval*): a busca computadorizada de todos os segmentos de texto em um determinado documento ou em um conjunto de documentos, aos quais foi atribuído o mesmo código, ou índice.

Recuperação: na semiologia, o processo pelo qual os construtores de mitos reagem à desmistificação, assimilando e neutralizando a crítica.

Referencial de amostragem: operacionalização de uma população de itens, ou de pessoas, expressa em uma listagem. Um referencial de amostragem expressa uma população imperfeitamente e pode resultar em uma não cobertura de partes da população.

Referencial de codificação: a ordenação sistemática de códigos em uma análise de conteúdo. Um bom referencial de codificação é internamente coerente, no sentido de que cada código deriva de uma concepção analítica mais abrangente.

Reflexividade: a) uma característica da pesquisa, na tradição crítica. As maneiras pelas quais os pesquisadores devem refletir sobre suas próprias práticas; b) na análise de discurso, a atenção dada à reflexividade provém do simples fato de que o discurso do analista não é menos construtivo, orientado para a ação e retórico, do que o discurso que está sendo analisado.

Refutação: em um argumento, a premissa que limita a generalidade da garantia através de considerações ulteriores, por exemplo, com "a não ser que".

Registros visuais: toda imagem que contém dados sobre um estado passado do mundo pode ser tratada como um registro. Isso pode incluir impressos, registros sísmicos, fotografias de construções, de cenários, fotos de passaportes ou registros de emprego.

Relevância: a) um dos quatro princípios da construção do *corpus*, de acordo com o qual os textos e outros materiais devem ser coletados para um objetivo único. Ela serve como um lembrete para ser levado em consideração na seleção dos materiais; b) uma característica de boa qualidade na pesquisa. A importância da evidência da pes-

GLOSSÁRIO

quisa para as pessoas envolvidas, para a teoria e os conceitos em questão, ou para os objetivos do projeto de pesquisa. Os indicadores, na pesquisa quantitativa, são a representatividade e a validade; na pesquisa qualitativa, são a construção do *corpus*, a surpresa e a validação comunicativa.

Representação: a) um conjunto socialmente construído e estruturado de sentidos e técnicas corporificados em diferentes modos (formais ou informais) e em diferentes meios (movimento, texto, imagem e som); b) modelo de segunda ordem, de dimensão inferior, dos acontecimentos do mundo real de primeira ordem, de três ou quatro dimensões; c) o espectro de opiniões, atitudes, pontos de vista, ideias, que devem ser saturadas no processo de construção do *corpus*. As representações são variedades de sentido reveladas através da pesquisa qualitativa.

Resolução: todo o instrumento de mensuração representa a "realidade" em termos de unidades de resolução, mais ou menos aprimoradas. Na *bemetologia*, o nível de resolução comportamental, ou experiencial, é o conjunto de valores do predicador, por exemplo, o esquema de codificação empregado para observar o comportamento, ou a experiência.

Retórica: as três definições padrão de retórica são: a) o ato de persuasão; b) a análise do ato de persuasão, o estudo da técnica e das regras para empregar a linguagem com eficiência (especialmente no discurso público); c) uma cosmovisão sobre o poder da linguagem para estruturar a ação e a crença humanas.

Retórica da pesquisa: a pesquisa é considerada como sendo uma atividade pública, que implica persuadir outros do valor das observações de alguém. Nesse contexto, a função da metodologia é redistribuir o esforço do pesquisador para reforçar o *logos* de um argumento, em lugar do seu *pathos*, ou do seu *ethos*.

Retroalimentação por vídeo/foto: consiste no uso de vídeo, ou imagem fotográfica, para estimular os informantes a comentar sobre imagens e, desse modo, tanto explicar o que está acontecendo como ajudar na evocação de memórias, opiniões e comentários valorativos.

Revezamento (*relais*, fr.; *relay*, ingl.): na semiologia, onde tanto a imagem como o texto, contribuem reciprocamente para o sentido geral, diz-se que eles estão numa relação de revezamento. Deve ser distinguido de ancoragem.

Ruído: sons desagradáveis que são produzidos como efeitos colaterais da atividade humana e a maioria das vezes sem intenção. O espectro de sons pode ser separado em ruído e música, e suas fronteiras variam histórica e culturalmente. Mudanças nessa fronteira podem servir como um primeiro indicador de tendências culturais.

Saturação: princípio da construção do *corpus* usado para selecionar entrevistados ou textos. O processo de seleção é interrompido quando se torna claro que esforços adicionais não irão trazer mais nenhuma variedade. Unidades adicionais dão lugar a retornos decrescentes.

Scitexing: manipulação eletrônica de imagens.

Significado: na semiologia, o componente mental de um signo. O conceito, ou ideia, ao qual o significante se refere.

Significado musical: capacidade da música de conter significação, como referência interna ou externa, é controvertida. Uma referência interna aponta para outra música através da citação, imitação ou similaridade. Referências externas são miméticas, através da imitação de movimento ou emoções, através dos meios musicais, como na música programática; ou são simbólicas, como nas associações arbitrárias a acontecimentos coletivos, ou a experiências de emoção privadas.

Signo: unidade básica de análise para a semiologia. O signo é a conjunção arbitrária de um significante e um significado.

Significante: na semiologia, o componente material de um signo que se refere a um significado. Na fala, é a imagem acústica.

Símbolo: na semiótica, um tipo de signo em que a relação entre o significante e o significado é puramente arbitrária, ou convencional, por exemplo, uma rosa vermelha significando amor.

Sincronicidade: princípio da construção do *corpus* de acordo com o qual textos e outros materiais devem ser selecionados dentro de um ciclo único de mudança. Materiais diferentes possuem ciclos "naturais" de mudança diferentes. O período selecionado não

Glossário

deve exceder a mais de um desses ciclos. A pesquisa diacrônica implica a comparação de dois *corpora* através de ciclos de mudança.

Sinédoque: figura retórica da fala na qual a parte está pelo todo, por exemplo, a coroa representa a monarquia.

Sintagma: na semiologia, as relações entre os signos escolhidos em um texto, ou imagem. Para o texto, as relações sintagmáticas são temporais ou lineares. Para as imagens, as relações sintagmáticas são espaciais.

Sistema referente: na semiologia, aquilo que é referido pelo significante das conotações: um recurso socialmente partilhado, que possibilita a um intérprete fazer uma interpretação.

Situação ideal de pesquisa: tipo ideal de delineamento de pesquisa que combina dados de a) auto-observações de atores no campo; b) observações de observadores ingênuos dentro do mesmo mundo vivencial; c) observação sistemática do campo de ação, e d) triangulação de todos os três tipos de dados.

Som: termo genérico para dados auditivos que são tomados como uma expressão da atividade humana e como uma forma de comunicação humana. Os sons se distinguem em ruído, muitas vezes não desejado, caótico e desagradável, e em música, em geral desejada, organizada e agradável.

Surpresa: critério de qualidade na pesquisa qualitativa. Para evitar a falácia da evidência seletiva, os pesquisadores qualitativos devem documentar suas próprias surpresas durante um projeto de pesquisa. Nova evidência, no sentido de novas intuições, só pode ter credibilidade se ela estiver fundamentada em surpresas locais experienciadas pelo pesquisador.

Tamanho da amostra: indicador de qualidade na pesquisa social quantitativa. O poder de uma inferência estatística depende do tamanho da amostra, entre outras coisas. Quanto maior o tamanho da amostra, menor é o erro de amostragem. Mais precisamente: duplicar a amostra reduz o erro pela raiz quadrada de 2; ou, para reduzir o erro pela metade, será necessário um quarto do tamanho da amostra. Essa lógica não se aplica à construção do *corpus* na seleção qualitativa.

Técnica do incidente crítico: técnica de entrevista para explorar as circunstâncias de acontecimentos em que uma crise, ou um problema, surge em uma organização, por exemplo, um acidente.

Teorias pessoais (*eigentheory*): a análise de entrevistas narrativas reconstrói os acontecimentos (o que aconteceu e como aconteceu), bem como as teorias pessoais do informante sobre os acontecimentos (por que isso aconteceu, por que agi assim, ou experimentei isso dessa maneira). As teorias pessoais tipificam as próprias explicações dos informantes, as justificações e como é conferido sentido às experiências e aos acontecimentos.

Texto indexado e não indexado: análise de entrevistas narrativas distingue dois tipos de texto na transcrição. Texto indexado se refere a acontecimentos, pessoas, tempos e localizações, fornecendo a base para reconstruir a estrutura dos acontecimentos. Texto não indexado é o residual, que pode incluir descrições de experiências, de atribuições de motivos e proposições gerais e argumentos legitimadores. Os últimos são indicadores para teoria pessoal (*eigentheory*) do informante.

Tópico: os analistas da conversação questionam a ideia de um tópico único de discurso, sobre o qual a conversa gira, uma vez que diferentes participantes podem estar interessados em diferentes tópicos. Mas eles podem mostrar como os participantes apresentam a relevância (ou irrelevância) de sua contribuição concreta com respeito àquilo que eles assumem ser o tópico.

Tópico-guia: conjunto de questões/temas amplos, baseado nas finalidades e objetivos da pesquisa e usado para estruturar a conversação, no decurso de uma entrevista.

Tópico inicial: primeira frase de uma entrevista narrativa inclui a formulação do tópico inicial feita pelo entrevistador. Sua função é estimular uma narração continuada. Várias regras são sugeridas a fim de conseguir tal objetivo.

Trajetórias, individuais e coletivas: análise de entrevistas narrativas, especialmente em investigações biográficas, reconstrói, através de uma série de passos analíticos, as trajetórias profissionais individuais e coletivas de acontecimentos e experiências. Através da comparação sistemática das narrativas individuais, o analista tipifi-

GLOSSÁRIO

ca as experiências coletivas, com transições características e sequências de acontecimentos.

Translação: todo passo, na análise empírica, implica uma translação do material, de um contexto a outro.

Transparência: critério de boa prática, na pesquisa qualitativa. A seleção dos dados, o tempo e a localização da coleta, e os procedimentos de análise, devem ser suficientemente documentados, de tal modo que eles possam ser imitados. Isso aumenta a confiabilidade pública nos dados.

Triangulação: critério de boa prática, na pesquisa qualitativa, que emprega diversos métodos, ou teorizações, do mesmo problema. Isso conduz, muitas vezes, à evidência contraditória, que repercute no processo de pesquisa. A resolução dessas contradições necessita ser documentada.

Turno: nas conversações, toda a fala de um participante entre aquela do locutor anterior e a do seguinte. O turno, e não a frase, é a unidade básica da análise de conversação. Equivale a uma frase, mas enfatiza a maneira como essa fala é situada dentro de uma interação.

Turno preferido: nas conversações, a segunda parte de um par adjacente, que é o mais predizível, e é, em geral, dito diretamente. Um turno não preferido é, em geral, apresentado com alguma hesitação, prefácio ou modificação. O conceito não implica que o locutor prefira psicologicamente o tipo de resposta dada; é uma afirmação sobre a regularidade, e não sobre o afeto.

Unidade de codificação: unidade de texto que é ligada a um código, tanto automaticamente por computador como por um intérprete humano. As unidades podem ser definidas fisicamente, sintaticamente, proposicionalmente ou tematicamente.

Validação comunicativa: critério de qualidade que pode, às vezes, ser aplicado à pesquisa qualitativa. Os resultados são levados de volta aos entrevistados que forneceram a informação e é solicitado a eles que concordem ou discordem, para assegurar que sua situação não está sendo mal interpretada. Porém, na pesquisa investigativa sobre atores poderosos, o convite para "censurar" a versão do pesquisador pode não ser apropriada.

Validade: indicador de qualidade da pesquisa social quantitativa. Um instrumento mede o fenômeno para cuja mensuração ele foi construído. Por exemplo, para um teste que reivindica medir "inteligência", exige-se uma prova que mostre que ele executa aquilo a que ele se propôs. Há vários tipos de validade: concorrente, predicativa, de construto e validade natural (suposta).

Valor de código: na análise de conteúdo, um código é uma categoria com dois ou mais valores. Cada unidade de texto é classificada em categorias, ligando, desse modo, cada unidade com apenas um valor de código para cada categoria. Em princípio, os valores de código são mutuamente exclusivos, exaustivos, derivam de um único conceito, e não têm conexão lógica com os valores de outros códigos.

Valor de predicador: se o próprio predicador é tomado como um objeto, o que se atribui a esse objeto é chamado de um valor de predicador. Na *bemetologia*, o termo foi introduzido para caracterizar dados comportamentais, ou experienciais, como afirmações. Exemplo: João ← agressivo ← físico ← ontem. O termo "físico", atribuído a "agressivo", é considerado como sendo o valor de predicador.

Variáveis passivas: variáveis que descrevem atributos de um locutor, ou características de uma unidade de texto, que estão ligadas aos padrões semânticos revelados pela análise de coocorrência.

Vídeo participativo: um vídeo em que as pessoas filmadas têm uma participação efetiva no conteúdo, estilo, edição e distribuição.

Viés da amostra: as diferenças não conhecidas entre uma amostra e sua população. Amostras distorcidas não são representativas, devido a sua não cobertura pelo referencial da amostra, ou pela inadvertida seleção demasiado numerosa de subgrupos da população.

Coleção fazer jornalismo

A APURAÇÃO DA NOTÍCIA
Métodos de investigação na imprensa
O jornalista e professor Luiz Costa Pereira Junior disponibiliza nesta obra muito mais do que técnicas e métodos para os profissionais e estudantes da área. Sabe-se que atualmente é grande o despreparo dos jornalistas nas redações e as queixas recaem justamente nas instituições de ensino superior. Este livro é uma proposta de mudança de sistema e não de adaptação do meio.

GUIA PARA A EDIÇÃO JORNALÍSTICA
O *Guia para a edição jornalística* é mais uma obra da coleção Fazer Jornalismo, que introduz o debate sobre a forma de trabalhar do jornalista. Não pretende dizer o que é certo ou errado, mas esclarecer certas dúvidas pertinentes para esses profissionais. A rotina diária do jornalista, esteja ele trabalhando em veículos de comunicação ou em extrarredação, é muito corrida, e aperfeiçoar o trabalho se torna uma missão quase impossível.

SOBRE ENTREVISTAS
Teoria, prática e experiências
Uma das principais dúvidas dos estudantes diz respeito à produção de entrevistas: – Como começar e como terminar? O mercado exige, além de criatividade, um jogo de cintura para lidar com as técnicas. Apesar das constantes mudanças no âmbito da comunicação social, as entrevistas são uma forte vertente no trabalho jornalístico, e associar teoria e prática é uma tarefa de mestre. Stela Guedes divide aqui as experiências adquiridas na profissão e disserta sobre as diversas formas de se trabalhar a entrevista.

METODOLOGIA DE PESQUISA EM JORNALISMO
Fundamental para qualificar as pesquisas no campo jornalístico. Um livro organizado para auxiliar pesquisadores, da pós-graduação e da graduação, na articulação entre teoria, problematização, objeto e método, a obra discute as relações entre o Jornalismo e outras disciplinas, explicitando métodos e casos de metodologias aplicadas nesta área.

REPORTAGEM DE TELEVISÃO
Como produzir, executar e editar
Especifica as frases de uma reportagem para televisão. Apresenta uma série de cinco reportagens analisando suas pautas, textos feitos pelos repórteres e as modificações realizadas pelo editor de texto. Visa orientar aqueles que desejam trabalhar em televisão ou que simplesmente querem conhecer um pouco mais a respeito do processo de produção de notícia na televisão.

Conecte-se conosco:

📘 facebook.com/editoravozes

📷 @editoravozes

𝕏 @editora_vozes

▶ youtube.com/editoravozes

💬 +55 24 2233-9033

www.vozes.com.br

Conheça nossas lojas:
www.livrariavozes.com.br

Belo Horizonte – Brasília – Campinas – Cuiabá – Curitiba
Fortaleza – Juiz de Fora – Petrópolis – Recife – São Paulo

  Vozes de Bolso

EDITORA VOZES LTDA.
Rua Frei Luís, 100 – Centro – Cep 25689-900 – Petrópolis, RJ
Tel.: (24) 2233-9000 – E-mail: vendas@vozes.com.br